RING

MURDER
BALLADS

999 ANS DE SERIAL KILLERS

STÉPHANE BOURGOIN

999 ANS DE SERIAL KILLERS

document

ring.fr

ÉDITIONS RING

Collection
MURDER BALLADS

-

Document

-

RING
www.ring.fr

-

-

Direction artistique
Jany Bassey

Fiche signalétique du coupable

Nom

BOURGOIN

Prénom

STÉPHANE

Âge

60 ANS

Occupation

AUTEUR MULTI-RÉCIDIVISTE ; LIBRAIRE ; AUTEUR ET RÉALISATEUR DE DOCUMENTAIRES POUR LA TÉLÉVISION ; DIRECTEUR DE COLLECTIONS DE DVD ET DE LIVRES ; ANCIEN CONFÉRENCIER À L'ÉCOLE DE LA GENDARMERIE NATIONALE.

Casier judiciaire

A EFFECTUÉ DE NOMBREUX SÉJOURS EN PRISON DEPUIS 1979 (SAN QUENTIN, SING SING, FLORIDA STATE PRISON, VACAVILLE, COLUMBIA CORRECTIONAL FACILITY, MICHAEL UNIT, POLUNSKY, WARREN CORRECTIONAL INSTITUTION, PORT ELIZABETH, ETC.).

Forfaits précédents

- *SÉRIE B*, AVEC PASCAL MÉRIGEAU, EDILIG, 1983.

- *ROGER CORMAN*, FILMO, 1983.
- *TERENCE FISHER*, FILMO, 1984.
- *RICHARD FLEISCHER*, FILMO, 1986.
- *FREDERIC BROWN*, LE RÊVEUR LUNATIQUE, ENCRAGE, 1988.
- *JACK L'ÉVENTREUR*, FLEUVE NOIR, 1992.
- *LE CANNIBALE DE MILWAUKEE*, FLEUVE NOIR, 1993 & MÉRÉAL, 1999.
- *L'ÉTRANGLEUR DE BOSTON*, FLEUVE NOIR, 1993 & MÉRÉAL, 1998.
- *FEMMES TUEUSES*, FLEUVE NOIR, 1994.
- *L'ALMANACH DU CRIME ET DES FAITS DIVERS*, MÉRÉAL, 1997.
- *LE LIVRE ROUGE DE JACK L'ÉVENTREUR*, GRASSET, 1998.
- *LE VAMPIRE DE DÜSSELDORF*, MÉRÉAL, 1998.
- *L'OGRE DE SANTA CRUZ*, MÉRÉAL, 1998.
- *LE MONSTRE DE ROCHESTER*, MÉRÉAL, 1999.
- *LA MAIN DE LA MORT - HENRY LEE LUCAS*, MÉRÉAL, 1999.
- *100 ANS DE SERIAL KILLERS*, MÉRÉAL, 1999.
- *STÉPHANE BOURGOIN PRÉSENTE 12 SERIAL KILLERS*, MANITOBA/LES BELLES LETTRES, 2000.
- *LE NOUVEL ALMANACH DU CRIME & DES FAITS DIVERS*, EDITIONS EDITE, 2001.
- *13 NOUVEAUX SERIAL KILLERS*, MANITOBA/LES BELLES LETTRES, 2001.
- *MICKI PISTORIUS, UNE FEMME SUR LA TRACE DES SERIAL KILLERS*, ÉDITIONS 1, 2001.
- *LES SERIAL KILLERS SONT PARMI NOUS*, ALBIN MICHEL, 2003.
- *LE CINÉMA X*, OUVRAGE COLLECTIF SOUS LA DIRECTION DE JACQUES ZIMMER, LA MUSARDINE, 2003.
- *SERIAL KILLERS - ENQUÊTE SUR LES TUEURS EN SÉRIE* (NOUVELLE ÉDITION REVUE ET AUGMENTÉE), GRASSET, 2003.
- *LES CRIMES CANNIBALES* (AVEC ISABELLE LONGUET, SOUS LE PSEUDONYME COMMUN D'ETIENNE JALLIEU), EDITIONS SCÈNES DE CRIMES, 2004.
- *LE LIVRE NOIR DES SERIAL KILLERS*, GRASSET 2004.
- *SERIAL KILLERS - LES NOUVEAUX MONSTRES* (SOUS LE PSEUDONYME D'ETIENNE JALLIEU), EDITIONS SCÈNES DE CRIMES, 2005.
- *L'ANNÉE DU CRIME* (AVEC ISABELLE LONGUET, SOUS LE PSEUDONYME D'ETIENNE JALLIEU), EDITIONS SCÈNES DE CRIMES, 2006.
- *INFANTICIDES* (AVEC ISABELLE LONGUET, SOUS LE PSEUDONYME COMMUN D'ETIENNE JALLIEU), EDITIONS SCENES DE CRIMES, 2007.

- *L'ALMANACH DU CRIME & DES FAITS DIVERS. SANG POUR SANG NOUVEAU* AVEC UN DVD GRATUIT : « PAROLES DE SERIAL KILLERS », EDITIONS EDITE, 2006.
- *LE DAHLIA NOIR - AUTOPSIE D'UN CRIME DE 1947 À JAMES ELLROY* (AVEC JEAN-PIERRE DELOUX ET FRANÇOIS GUÉRIF), EDITIONS EDITE, 2006.
- *PROFILEUSE - UNE FEMME SUR LA TRACE DES SERIAL KILLERS*, GRASSET, 2008.
- *LES CLEFS DE L'AFFAIRE FOURNIRET - COMPRENDRE ET LUTTER CONTRE LE CRIME EN SÉRIE* (AVEC L'ASSOCIATION VICTIMES EN SÉRIE), PASCAL GALODÉ ÉDITEURS, 2009.
- *LE LIVRE NOIR DE SERIAL KILLERS*, POINTS SEUIL POLICIER, 2010.
- *TUEURS*, EDITIONS GRASSET, 2010.
- *PROFILEUSE - UNE FEMME SUR LA TRACE DES SERIAL KILLERS*, POINTS, 2011.
- *SERIAL KILLERS - ENQUÊTE MONDIALE SUR LES TUEURS EN SÉRIE*, GRASSET, 2011.
- *TUEURS*, POINTS, 2012.
- *« LA TOTALE »*, COFFRET DE TROIS LIVRES, EDITE, 2012.
- *MES CONVERSATIONS AVEC LES TUEURS*, GRASSET, 2012.

Signes distinctifs

COLLECTIONNE LES ROMANS POLICIERS ET LES OUVRAGES DE CRIMINOLOGIE, AINSI QUE LES FILMS ET PLUS DE 70 RENCONTRES AVEC DE DANGEREUX TUEURS PARMI LESQUELS ED KEMPER, HENRY LEE LUCAS, OTTIS TOOLE, JEFFREY DAHMER, STEWART WILKEN, GERARD SCHAEFER, DONALD HARVEY, TOMMY LYNN SELLS, ROD FERRELL, ETC. PASSIONNÉ PAR LA CUISINE ET LES CHATS.

Prix littéraires

DEUX TROPHÉES 813

LE PRIX MAURICE RENAULT

Site

WWW.AU-TROISIEME-ŒIL.COM

CE SITE PROPOSE PLUS DE 45000 ARTICLES EN LIGNE DEPUIS 2003 SUR LES FAITS DIVERS, LA CRIMINOLOGIE ET LE ROMAN POLICIER.

Compte Twitter

@STEFBOURGOIN

Introduction

L'ouvrage inédit que vous tenez entre les mains a été construit à l'image de mes deux « Almanach du crime et des faits divers » (réédités dans un coffret « La Totale », par les éditions Edite, en mars 2012) : pour chaque jour de l'année, une histoire ou un portrait de tueur en série. Ce livre ne prétend pas être une encyclopédie, ni une somme des connaissances sur les serial killers, mais une sorte de coupe transversale sur le sujet.

Si les États-Unis restent le « fournisseur » majoritaire de ces récits, j'ai voulu dépeindre des affaires dans des pays qui ne sont jamais traités par les médias traditionnels, que ce soit l'Afrique du Sud, le Kenya, l'Indonésie, la Corée du Sud, la Slovaquie, le Brésil, etc. Les serial killers ne sont pas « nés » au XXe siècle, il y en a eu à toutes les époques. Souvenez-vous de Gilles de Rais qui a combattu aux côtés de Jeanne d'Arc. Là aussi, ces époques révolues font l'objet de plusieurs éclairages.

La médiatisation des affaires de serial killers et la mode de films et séries TV telles que *Esprits criminels*, *Dexter*, *Profilage*, *Cracker*, *Millennium*, *Crimes en série*, *Profiler*, etc. entraînent dans leur sillage une dérive inquiétante : les exemples pourraient être multipliés d'individus dangereusement fascinés par les serial killers et par tout ce qui touche au phénomène. Vous le constaterez au travers de plusieurs cas dépeints dans l'ouvrage. Depuis près d'une dizaine d'années, je suis moi-même victime de cet engouement qui se manifeste sous la forme d'un harcèlement, parfois amical ou d'intérêt professionnel, de la part d'étudiants en criminologie, en droit ou en journalisme, mais souvent contraignant (pour moi) et quelquefois dangereux, au point de s'apparenter à celui des « stalkers ». Je ne compte plus les déséquilibrés – dans leur majorité écrasante, il s'agit de jeunes femmes – qui me téléphonent ou m'écrivent, avec des demandes ahurissantes : une femme souhaitant faire parvenir sa photo au tueur nécrophile Ed Kemper qui, obligatoirement, va tomber fou amoureux d'elle et se suicider dans sa cellule parce qu'il ne pourra pas la tuer ! Je lui dois près d'un millier d'appels téléphoniques. Une autre me propose un pont d'or pour que je lui fournisse des photos de scènes de crimes ; une autre encore qui se prétend traquée par son voisin qui est « forcément » un serial killer ou, pour le moins, un violeur en série, etc.

Pour vous faire toucher du doigt l'ampleur de cet « engouement », je reçois tous les jours plus de cent coups de fil ou courriers électroniques. Une bonne moitié de ces demandes concerne ce que j'appelle le « syndrome Clarice Starling », du nom du personnage interprété par Jodie Foster dans *Le Silence des agneaux*, sur le métier de profiler : quelles sont les démarches à suivre, les études à mener, pourrais-je vous accompagner lorsque vous allez interroger des serial killers. Sans compter, parfois, des questions farfelues sur l'heure exacte de naissance de tel ou tel tueur afin d'en dresser le thème astral !

Mais comme vous le constaterez par vous-même, la fiction est très loin d'atteindre la démesure et la folie de certaines des affaires que j'ai pu traiter dans ce livre. Dans la mesure du possible, j'ai voulu apporter un petit plus à ces 365 portraits en signalant un reportage ou un documentaire télévisé pour vous permettre de mieux approfondir le cas, ces émissions sont majoritairement en anglais car il y a peu de documents disponibles en français. Malgré le sujet, je vous en souhaite bonne lecture.

Stéphane Bourgoin
@stefbourgoin

Janvier

1ER JANVIER 1987

LE SERIAL KILLER GARY HEIDNIK ENLÈVE DEBORAH DUDLEY

Arrêté en 1978, pour le kidnapping d'une retardée mentale de trente-quatre ans, Heidnik passe quatre ans dans un établissement psychiatrique. En 1986, il s'achète une maison à Philadelphie, dont il aménage la cave pour la transformer en un harem pour ses esclaves sexuels.

En l'espace de quelques mois, Heidnik kidnappe quatre jeunes femmes qu'il enchaîne, dénudées et affamées, pour les violer quotidiennement. Deux d'entre elles meurent et sont démembrées. On le suspecte même de cannibalisme, puisque des restes humains sont découverts dans une casserole de sa cuisine. Comme dans le cas de Jeffrey Dahmer, Heidnik est dénoncé par ses voisins qui se plaignent d'odeurs de putréfaction en provenance de sa maison de Philadelphie. Il est condamné à mort le 3 juillet 1988, avant d'être exécuté par injection létale le 6 juillet 1999.

La séquence du puits où Buffalo Bill garde ses prisonnières dans *Le Silence des agneaux* de Jonathan Demme provient du cas de Gary Heidnik. Lorsque ce serial killer s'estime insatisfait des performances sexuelles de ses victimes, il les jette dans un trou au fond de sa cave qui est rempli d'eau glacée et dans lequel il plonge, parfois, un câble électrique. On peut penser que le tueur que traque Morgan Freeman dans *Le collectionneur* (1997) de Gary Fleder s'inspire aussi de Gary Heidnik, car les tueurs en série qui gardent aussi longtemps leurs victimes vivantes sont des exceptions dans l'histoire de la criminalité.

POUR EN SAVOIR PLUS :

Un site et une interview vidéo avec Josefina Rivera, une survivante de Gary Heidnik :

- http ://locuscriminis.com/2012/04/twenty-five-after-gary-heidnik-set-out.html

Un documentaire sur son cas :

- http ://www.youtube.com/watch?v=PO9EAu-BXCk

2 JANVIER 1938

NAISSANCE DE IAN BRADY

Avec sa complice Myra Hindley, ce jeune homme anglais, fasciné par la torture et les ouvrages sur le nazisme, tue deux enfants et un adolescent entre 1963 et 1965. Le couple photographie une des victimes dans des poses pornographiques et se repasse une bande enregistrée avec les cris de terreur de l'enfant pendant qu'ils font l'amour. Tous deux condamnés à perpétuité, Myra Hindley avoue plusieurs autres crimes en 1988. Elle décède d'une pneumonie le 15 novembre 2002.

En mars 2000, dans une décision sans précédent, la justice refuse à Ian Brady le droit de se suicider. L'affaire a été évoquée dans deux excellents téléfilms britanniques en 2006 *See No Evil : The Moors Murders* et *Longford*. En 2011, l'éditeur français Camion Blanc a publié une traduction française de l'ouvrage de Ian Brady : *Les portes de Janus – Anatomies de serial killers*.

POUR EN SAVOIR PLUS :

Un documentaire sur les « Moors Murders » (en anglais) :

- http ://www.youtube.com/watch?v=jzigTs02aSI

3 JANVIER 2004

UN SERIAL KILLER DE PROSTITUÉES PLAIDE COUPABLE ET ÉCOPE DE LA PERPÉTUITÉ

José Elias Castillon, trente-deux ans, a été condamné à deux peines de prison à perpétuité, après avoir plaidé coupable, le 6 janvier 2004, pour deux meurtres commis à Texas City (Texas) et un kidnapping en mai 2001. Son procès qui devait se dérouler en avril 2004 est annulé et il évite ainsi la peine de mort en échange de ses aveux. Les familles des victimes ont été consultées avant cette négociation et elles ont accepté cette décision.

Castillon pourra demander une libération conditionnelle lorsqu'il sera âgé de cent trois ans. Il est arrêté en mai 2001 lorsque son véhicule est identifié par un policier, grâce au témoignage d'une prostituée qui lui a échappé. Le tueur en série l'avait emmenée à l'endroit même où ses deux victimes avaient été assassinées quelques jours auparavant. Le 16 mai 2001, les autorités avaient découvert le corps dénudé et ensanglanté de la prostituée Dana Feazell près d'un chemin de terre à « Loop 197 South » et, cent mètres plus loin, celui de Cammy Keleman, une femme de Galveston de trente-deux ans. Keleman a été égorgée, tandis que Feazell a été étranglée et mutilée de manière si atroce que les enquêteurs n'ont jamais voulu dévoiler de détails supplémentaires.

Pendant l'enquête, les policiers ont appris qu'une autre prostituée de 39 ans avait été enlevée et conduite au même endroit dans un petit véhicule de couleur blanche. Une fois violée, elle est jetée hors de la voiture, les mains liées et la bouche obstruée par du sparadrap. Elle parvient à s'enfuir avant que son agresseur ne puisse la tuer et la mutiler. Une fois mis sous les verrous, Castillon a été confondu par de nombreux indices retrouvés sur la scène de ses crimes.

4 JANVIER 2004

ARRESTATION D'UN TUEUR EN SÉRIE DE CHAUFFEURS DE TAXIS À DULUTH

Les chauffeurs de taxi de Duluth poussent un soupir de soulagement après l'arrestation du tueur en série Larry Gene Wright, quarante-six ans, qui a poignardé Michael Raymond Maki le 23 octobre et Joseph Earl Zimmerman le 21 novembre 2003. Lors des interrogatoires, Wright n'a donné aucun mobile pour les meurtres, indiquant simplement qu'il « voulait les tuer. » Plusieurs experts psychiatres ont conclu que Wright était atteint de démence, mais qu'il était susceptible d'être jugé. Un troisième chauffeur de taxi, Larry Vanderwerff, a été abattu par Lance Jermaine Mayberry, vingt et un ans, le 21 décembre 2003, mais, dans ce cas, c'était pour lui voler sa caisse.

Selon une étude du ministère du Travail américain, les chauffeurs de taxi ont soixante fois plus de chances de se faire assassiner que n'importe quel autre métier.

5 JANVIER 2004

« ELVIS LE CANNIBALE » DU MOZAMBIQUE EST PRÉSENTÉ DEVANT LE JUGE DU DISTRICT POUR SE VOIR NOTIFIER UN EXAMEN PSYCHIATRIQUE

Le 5 septembre 2003, la police a dû tirer des coups de feu en l'air pour disperser une foule hostile devant la Cour de justice d'Esikhawini (Afrique du Sud) lors de la première apparition d'Elvis Mashaba Mathenjwa, un Mozambicain d'environ trente ans, arrêté trois jours plus tôt, après que les restes humains d'une femme eurent été découverts près d'un fait-tout rempli de parties de corps. La victime avait disparu le 30 août ; son mari avait signalé son absence aux autorités. Pendant les deux semaines précédentes, les restes dépecés de deux autres femmes ont été trouvés dans le voisinage et plusieurs témoins affirment avoir aperçu Elvis quitter précipitamment les lieux. Mathenjwa s'est installé en Afrique du Sud il y a dix ans environ, après avoir quitté le Mozambique.

Une deuxième apparition devant la même cour le 11 septembre 2003 se solde par des émeutes encore plus violentes que la première fois et « Elvis le cannibale » doit s'enfuir dans une voiture blindée de la police. La troisième tentative, le 5 janvier 2004, est la bonne. Son apparition devant le juge Nombuso Maphanga a duré moins de dix minutes, le temps qu'Elvis se voit notifier un examen psychiatrique avant son procès.

Le 22 septembre 2004, Elvis est admis d'urgence à l'hôpital pour des soins intensifs. Cinq jours plus tard, par une curieuse ironie du destin, « Elvis le cannibale » décède d'une gastro-entérite.

6 JANVIER 2004

LES DERNIÈRES PAROLES, AVANT SON EXÉCUTION, D'UN VIOLEUR ET SERIAL KILLER

Un violeur et tueur en série, exécuté le 6 janvier 2004, est le premier condamné à mort de l'État du Texas à recevoir une injection létale. Ynobe Katron Matthews, qui est âgé de vingt-sept ans, a renoncé à ses deux dernières procédures d'appel. « Enfant, j'étais déjà bagareur. A vingt-quatre ans, j'avais toujours l'impression d'être un môme. J'ai eu des gosses à dix-sept ans. Je crois que je n'ai jamais vraiment grandi, » explique-t-il. Il a été condamné pour le viol, suivi de strangulation de Carolyn Casey, vingt et un ans. Pour tenter d'effacer les traces de son crime, il a mis le feu à l'appartement de la victime.

Le 28 mai 2000, des pompiers qui interviennent dans l'appartement de Carolyn découvrent son corps en position assise sur le lit. Du papier et du matériel de maquillage ont été enflammés tout autour. Une vitre a été cassée pour faire croire à un cambriolage. Matthews vit dans le même immeuble avec une amie. Interrogé par la police, il accepte de se faire prélever un échantillon de salive dont l'ADN correspond à des fragments de peau retrouvés sous les ongles de la victime. Face à cette évidence, Matthews affirme que Carolyn et lui ont eu des rapports sexuels consensuels, mais il finit par avouer le crime.

Ynobe Matthews a reconnu deux meurtres mais il a aussi été condamné pour trois viols et deux autres tentatives. On le soupçonne encore de nombreux forfaits. « Comment j'en suis arrivé là ? L'alcool et mon manque de maturité. Un cocktail explosif. On ne donne pas un flingue chargé à un gosse. Je crois que j'avais les mauvaises munitions en main. »

« C'est ma faute si j'en suis arrivé là. Un point, c'est tout, » déclare le condamné du couloir de la mort. Son ADN et ses empreintes sont aussi découverts sur la scène de crime de Jamie Hart, vingt et un ans, qui est violée et étranglée le 1er mai 1999. Le meurtre reste non élucidé pendant quatorze mois.

Lors de son procès, les jurés ont appris que Matthews était un accroc à la cocaïne qui commettait des actes de cruauté envers les animaux. Sa dangerosité en prison est si forte qu'il faut constamment le faire escorter par deux gardiens et lui mettre des fers aux pieds dès qu'il quitte sa cellule.

Des victimes de viols ont témoigné à son sujet : « il m'étrangle jusqu'à ce que je perde connaissance, avant de relâcher sa prise. Et il recommence. Sans jamais s'arrêter. » Sur les deux corps des femmes violées, les enquêteurs ont mis à jour de multiples marques de strangulation.

Matthews, qui est père de trois garçons et d'une fille, âgés de trois à dix ans, a déclaré vouloir être exécuté le plus vite possible, en pensant à ses victimes : « est-ce que tu veux continuer à leur faire du mal ? Est-ce que tu souhaites qu'elles oublient tout ça ? Veux-tu leur donner une nouvelle chance ? À présent, c'est entre Dieu et MOI. Je suis face à mon Créateur. C'est lui qui choisira ma punition, et c'est quelque chose que je ne peux pas refuser. Nous sommes au bout du chemin, et ça, je peux l'accepter. »

7 JANVIER 2004

EN FLORIDE, UN REDOUTABLE TUEUR EN SÉRIE PROCLAME SON INNOCENCE

Quatre mois après que la police l'accuse d'être un serial killer, Henry Lee Jones reste enfermé dans une cellule de la prison de Broward dans l'attente de mises en examen pour des crimes dont il est soupçonné en Floride. Après son arrestation le 17 septembre 2003, Jones est inculpé pour l'assassinat d'un couple dans le Tennessee. « Je sais que je n'ai rien fait, » explique Jones. « Je ne me fais pas trop de soucis. C'est juste la faute à pas de chance si deux types que je connaissais ont été tués. Ils perdent leur temps avec moi, et le vrai tueur doit bien rigoler. »

La police de Miami affirme que Henry Lee Jones, quarante ans, qui est inculpé pour un homicide commis avec un complice, est très certainement un serial killer responsable de nombreux meurtres en Floride et dans d'autres États. Dans les prochaines semaines, Jones doit encore être extradé à Bartlett, dans le Tennessee, pour y répondre des assassinats de Clarence et Lilian James, un couple sans histoires, qui est tué le 23 août 2003. Lilian James est découverte à moitié dénudée, allongée sur son lit. Elle a été poignardée à de nombreuses reprises, avant d'avoir la gorge tranchée, tout comme son époux qui a connu le même sort dans une pièce voisine. Les autorités de Floride accumulent les preuves à l'encontre de cet homme de race noire pour les homicides de Keith Gross, vingt-quatre ans, le 9 septembre 2002, et Carlos Perez, dix-neuf ans, le 26 août 2003, mais elles estiment que le tueur a aussi frappé au Mississipi, en Alabama et en Georgie. « Je connaissais Gross, c'était un brave type. On buvait des coups ensemble, on passait du bon temps en fumant des joints. Un point, c'est tout, » raconte Jones.

Des similitudes frappantes entre les crimes

Henry Jones a passé la plupart de son existence derrière les barreaux et sa première condamnation date de 1982, à l'âge de dix-huit ans. Il a déjà été condamné pour harcèlement, possession de drogue, diverses agressions et vols. Lorsqu'il est libéré en 1997, Jones est arrêté à huit reprises pour divers crimes et délits. Et pourtant, il affirme avec aplomb : « lorsque je suis sorti de prison, j'ai laissé tout ça derrière moi. Je suis ravi d'être enfin libre. » Pour les enquêteurs qui l'ont interrogé, Jones est « un homme colérique qui n'éprouve aucun remords pour ses victimes. Il estime que tout lui est dû. » Sa signature sur les scènes de crime se manifeste sous la forme de liens et il emporte, à chaque fois, un seul objet ayant appartenu à ses victimes. Pour l'inspecteur Tim Bronson, « nous avons de nombreuses preuves physiques qu'il nous faut analyser et recouper avec les autres juridictions concernées. » Dans le cas des assassinats de Gross et de Perez, les deux jeunes hommes ont été ligaturés autour du cou, torturés, étranglés, avant d'avoir la gorge tranchée.

Henry Lee Jones est né dans une famille de quinze enfants. Sa mère se marie à sept reprises et l'un des maris avait pour habitude d'attacher Henry sur son lit avant de le frapper.

Le 14 mai 2009, Henry Lee Jones est condamné à la peine de mort par la cour du Tennessee. Il n'a pas encore été jugé pour les crimes commis en Floride, des analyses sont actuellement effectuées dans un laboratoire de police de l'État.

POUR EN SAVOIR PLUS :

Henry Lee Jones témoigne lors de son procès en 2009 :

- http ://www.youtube.com/watch?v=OLWPmI3drLg

8 JANVIER 2012

LA POLICE BRITANNIQUE ANNONCE L'ARRESTATION D'UN « ANGE DE LA MORT » DANS UN HÔPITAL DE STOCKPORT

La police britannique, qui enquête sur une série de décès suspects dans un hôpital causés par des perfusions salines contaminées, a arrêté un infirmier soupçonné du meurtre de trois patients. Victorino Chua, quarante-six ans, a d'abord été arrêté pour avoir falsifié des dossiers médicaux à l'hôpital Stepping Hill de Stockport, dans le nord-ouest de l'Angleterre. La police de Manchester a indiqué deux jours plus tard qu'il était soupçonné de trois meurtres et de dix huit cas de blessures graves entre le 1er juin et le 15 juillet 2003.

« Nous avons pris la décision d'arrêter cet homme pour présomption de meurtre en étroite consultation avec (le parquet) », a déclaré le chef adjoint de la police Terry Sweeney. L'infirmier est interrogé sur la contamination des perfusions salines qui ont causé chez des patients une chute du taux de sucre dans le sang à des niveaux anormalement bas. Trois patients, hospitalisés dans des services de soins intensifs, sont morts rapidement. La police enquête aussi sur la mort d'un homme de quatre-vingt-deux ans, le 31 décembre 2012, quelques mois après un supposé empoisonnement à l'hôpital. Les enquêteurs estiment que vingt et un patients ont été délibérément empoisonnés dans cet hôpital. Ils ont interrogé quelque 650 personnes dans le cadre de cette enquête.

En juillet 2012, l'ex-infirmier a été libéré faute de preuves suffisantes à son encontre.

9 JANVIER 2004

ON OUBLIE PENDANT SEPT ANS DE PENDRE LE CONDAMNÉ À MORT : IL EST GRACIÉ

Aussi incroyable que cela puisse paraître, le gouvernement de l'État d'Uttar Pradesh (Inde) et ses treize fonctionnaires affectés au Département de la justice se sont rendu compte, le 9 janvier 2004, qu'ils avaient complètement oublié de pendre un tueur condamné à la peine capitale en 1996. D'après les lois en vigueur, le condamné ne peut plus être exécuté, car le délai légal a été dépassé.

En 1996, la Cour d'Allabahad a condamné Gurmeet Singh à la peine de mort pour l'assassinat de treize membres de sa famille. Parmi les victimes, on dénombre trois nièces, quatre neveux, deux jeunes frères et leurs épouses, dont l'âge varie de deux à soixante ans. Le mobile des meurtres est l'héritage de la fortune familiale. L'accusé n'a jamais fait appel de la sentence et Gurmeet Singh a vécu le plus tranquillement du monde dans une cellule de la prison du District de Naini.

10 JANVIER 2004

TWIN PEAKS DANS UNE COMMUNAUTÉ PENTECÔTISTE SUÉDOISE : MEURTRES, SEXE ET MYSTÈRES

Tout a commencé le samedi 10 janvier 2004 dans une maison de bois bleu pastel avec la découverte du corps d'Alexandra Fossmo, belle jeune femme de vingt trois ans, abattue de trois balles de revolver de calibre 38 dans son lit. Son époux, le pasteur Helge Fossmo, trente-deux ans, un barbu aux cheveux et aux yeux sombres, dormait dans une autre chambre, contiguë. À trois heures trente du matin, Alexandra a reçu deux balles dans la tête et une dans le bas-ventre.

Son mari prétend ne pas avoir entendu les détonations. Les trois enfants issus de son premier mariage n'auraient rien entendu non plus. La même nuit, peu de temps après ce meurtre pour le moins discret, Fossmo est réveillé par… la sonnerie de son téléphone portable : on l'avertit d'une tentative de meurtre qui vient d'être commise sur la personne de Daniel Linde, trente et un ans, vivant à une cinquantaine de mètres de chez lui. Son voisin est grièvement blessé ; il a reçu deux balles – de calibre 38 – dont une dans le cou qui a failli lui être fatale. C'est madame Linde qui a prévenu le pasteur, juste après avoir téléphoné aux secours.

La nuit est glaciale, la neige monte jusqu'aux mollets, à Knutby, bourgade paisible mais insipide d'un millier d'habitants dont une centaine, pour la plupart âgés de dix-huit à trois ans, sont adeptes de l'Église libre pentecôtiste Filadelfia. En Suède, les Pentecôtistes comptent 90000 membres, répartis en quelque 500 paroisses, toutes indépendantes, avec pour point commun une forme exacerbée de puritanisme. Cette Église libre a été importée des États-Unis, au début du XXe siècle, où 20% environ de la population suédoise avait émigré à la fin du siècle précédent, à la recherche de travail. En Suède, les Pentecôtistes jugent l'Église luthérienne trop éloignée de la Bible. Et à Knutby-la-monotone, qui se situe à quatre-vingt kilomètres au nord de Stockholm et dépend administrativement de la municipalité d'Uppsala, on ne compte pas moins de six pasteurs, dont une femme, pour la petite centaine d'adeptes qui a choisi de s'installer un peu à l'écart des autres villageois. Là, ils vivent en autarcie, suivant en toutes choses les préceptes – les ordres, faudrait-il peut-être dire – de leurs six chefs spirituels. Aucun contrôle extérieur n'est exercé sur la paroisse. Les membres doivent respecter une sobriété absolue; les mariages entre les fidèles sont arrangés par les pasteurs qui leur dictent en outre leurs conduites sexuelles. Certains journalistes n'hésitent pas à parler de « dérives sectaires ».

L'auteur présumé des deux agressions est interpellé le lendemain à cent kilomètres de là, chez ses parents où il avait immédiatement fui au volant de sa Volvo 340 bleue. Il s'agit de Sara Svensson, frêle et blonde jeune femme de vingt-six ans, l'ancienne nourrice de la famille Fossmo, pour laquelle elle ne travaillait plus depuis deux mois après trois ans de bons et loyaux services. Elle affirme s'être débarrassée de l'arme en la jetant dans la mer, lorsqu'elle a emprunté le grand Pont d'Öland. L'ancienne nurse fait des aveux complets : jeune femme psychologiquement fragile, elle affirme avoir été guidée par des voix et avoir tué « pour l'amour de Dieu ». En novembre 2003, elle a commis une première agression sur Alexandra Fossmo, à coups de marteau (une crise de jalousie), à la suite de quoi elle a quitté son emploi et le village, chassée par la communauté qui voyait en elle une dangereuse pécheresse. Mais elle a continué à communiquer à distance avec le pasteur, jusqu'à la nuit du meurtre.

Sara Svensson est inculpée de meurtre et de tentative de meurtre. Elle prétend avoir agi seule mais, maîtresse de son ex-employeur, il apparaît qu'elle est une femme sous influence. Elle finit par expliquer son geste, au bout d'une semaine : « j'étais un robot programmé pour tuer. Je ne voulais pas tuer Daniel ni la femme de Helge. Ce sont mes amis. Mais je l'ai fait pour leur bien. Le pasteur m'a expliqué que leur heure était venue et que les tuer me rapprocherait de Dieu et leur ouvrirait les portes du Paradis. » Ce discours religieux frénétique, voire fanatique – et à but purement utilitaire – lui était distillé depuis longtemps par SMS et conversations téléphoniques interposés ; on en a dénombré quelque 2200. Les enquêteurs décident alors d'arrêter le pasteur. Il est inculpé de complicité et d'incitation au meurtre, pour avoir manipulé la nourrice. On le place en détention à la prison d'Uppsala. Et la femme de Daniel Linde, le voisin blessé, est également mise en examen. Les policiers ont appris qu'elle aussi était devenue la maîtresse du pasteur Fossmo. Le pasteur est soupçonné d'avoir planifié l'assassinat de sa femme et celui du mari de son amante afin de contourner l'une des règles strictes de sa communauté : l'interdiction de divorcer. Seuls peuvent se remarier les veuves et les veufs. Helge Fossmo aurait donc simplement voulu changer d'épouse en « téléguidant » ce double meurtre. La police se met alors à fouiller dans son passé...

et à rouvrir l'enquête qui avait suivi la mort de sa première épouse, Hélène, retrouvée morte à vingt-sept ans, le 18 décembre 1999, dans sa baignoire, vêtue de sa robe de chambre. Le mari a fait la macabre découverte au petit matin, réveillé par un ami venu lui apporter les clés d'une voiture. Les enquêteurs ont conclu à une mort accidentelle, due à une mauvaise chute. Sa tempe aurait heurté la robinetterie... Mais on a appris après la réouverture de l'enquête qu'elle avait ingéré une très forte de dose de « Dextropropoxyphène », un médicament antidouleur qui peut engendrer une paralysie du système respiratoire. En fait, il apparaît que la première enquête n'avait pas été correctement menée. Et Helge Fossmo est désormais également soupçonné du meurtre de sa première femme.

Le 9 février, des plongeurs commencent à rechercher l'arme du crime, que Sara Svensson affirme avoir jeté du haut du Pont d'Öland, qui enjambe la Baltique de Kalmar à l'Ile d'Öland. Ils finissent par la retrouver, le 17 février. L'ex-nourrice est jugée déséquilibrée par les experts psychiatres. Sa dépendance mentale envers le pasteur volage ne fait aucun doute. Quant à l'épouse du voisin blessé, qui entretenait une relation sexuelle et amoureuse avec le pasteur, elle sera blanchie de l'accusation de complicité de meurtre. Sara Svensson, elle, continue de protéger le pasteur contre vents et marées. Elle refuse de le mettre en cause, dévorée par la passion pour son « gourou » avec lequel elle a entamé une relation un an après son propre mariage. Le pasteur justifiait cet adultère par son besoin de soigner une étrange maladie.

Parmi les six pasteurs du village figure Åsa Waldau, la sœur aînée de la seconde femme du pasteur, qui s'est autoproclamée « Fiancée du Christ », Kristi Brud, dont elle prétend être l'incarnation humaine. Une femme énigmatique, charismatique et autoritaire, qui a intimé à sa sœur l'ordre d'épouser Helge Fossmo. C'est elle qui avait repris en main, au milieu des années 90, la communauté alors vacillante dans le but de la transformer en une « élite élue de Dieu ». Le pasteur Fossmo, lui, a contribué à fanatiser et à endurcir la communauté. Et pour parvenir à ses fins personnelles, il n'a pas hésité à hypnotiser la nurse de ses enfants, à en faire son esclave spirituelle. Les relations entre les membres de cette communauté se sont révélé être un véritable imbroglio, qui a éclaté au grand jour à la faveur d'un fait divers à tiroirs dont l'épilogue était des plus sordides.

Le 18 mai 2004 s'est ouvert le procès de Helge Fossmo, né en Suède de parents norvégiens, benjamin de cinq enfants, décrit comme excessivement gâté et très paresseux, et de Sara Svensson. S'agissant de la mort d'Hélène, première épouse de l'accusé, les experts estiment qu'elle a pu être frappée violemment à la tête, sans pouvoir l'affirmer de façon absolue.

Le 30 juillet, le pasteur sera donc blanchi de cette accusation de meurtre. En revanche, il sera reconnu coupable d'incitation au meurtre de sa seconde épouse et de celui – raté – du mari de l'une de ses maîtresses. Il écopera d'une peine de prison à vie. Sara Svensson, bien que reconnue coupable du meurtre d'Hélène et de la tentative de meurtre sur Daniel, est néanmoins internée dans un établissement psychiatrique car souffrant de troubles mentaux, aux dires des experts.

Cette double sentence a clos un feuilleton dont chaque nouvel épisode a connu son lot de rebondissements. Le « polar de Knutby » a bien sûr fait les choux gras des médias du Royaume, peu habitué à ce genre d'affaire criminelle.

11 JANVIER 1948

DÉCOUVERTE DE CORPS DE NOUVEAUX-NÉS TUÉS PAR MYUKI ISHIKAWA

Miyuki Ishikawa est une sage-femme japonaise, née en 1897, qui est accusée d'avoir assassiné de nombreux enfants avec plusieurs complices dans les années 1940. On estime le nombre des victimes dans un chiffre situé entre quatre-vingt et cent soixante-neuf; les enquêteurs parlent de cent trois enfants. Une fois arrêtée, elle a été condamnée à quatre ans de prison, une sentence plutôt légère en regard du nombre élevé de ses victimes. Sage-femme d'expérience, Ishikawa dirige l'hôpital de Kotobuki avec son époux Takeshi.

Dans les années quarante, de nombreux parents ne possèdent pas les fonds nécessaires pour régler les soins et les frais de l'hôpital, et Miyuki se voit obligée de « sélectionner » ceux qu'elle va négliger, voire abuser, avec la complicité de plusieurs employées. D'autres, effarées par de telles méthodes, décident de quitter l'établissement. Le docteur Shiro Nakayama est complice de ces actes et il falsifie les certificats de décès.

Le 12 janvier 1948, deux officiers de police du commissariat de Waseda découvrent les restes de cinq nouveaux-nés. Les autopsies démontrent qu'ils ne sont pas morts d'une cause naturelle. Miyuke Ishikawa est arrêtée trois jours plus tard. Pour sa défense, elle prétend que les parents sont responsables du décès de leur progéniture. L'opinion publique lui est favorable, dans un premier temps.

L'enquête se poursuit et l'on découvre une quarantaine de cadavres dans la maison d'un entrepreneur de pompes funèbres. Trente autres victimes sont mises à jour dans un temple. La Haute Cour de justice de Tokyo condamne Ishikawa à huit ans de prison, son mari Takeshi à quatre ans et le docteur Nakayama écope aussi de la même peine. Le procès en appel de 1952 permet d'écourter cette sentence de moitié. La justice japonaise ne les a pas accusés du crime d'infanticide, mais de négligence.

Cette affaire permet l'instauration d'une loi sur l'avortement pour des raisons économiques, le 24 juin 1949.

12 JANVIER 1975

TED BUNDY TUE CARYN CAMPBELL, UNE INFIRMIÈRE DE VINGT-TROIS ANS, QUI FAIT DU SKI À ASPEN, DANS LE COLORADO.

Exécuté sur la chaise électrique de « Florida State Prison » à Starke, en Floride, le 24 janvier 1989, Ted Bundy est soupçonné d'avoir assassiné trente-six femmes, mais les enquêteurs estiment que le nombre de ses victimes est beaucoup plus élevé.

En 2011, un échantillon de son sang, prélevé en 1978 lors de l'assassinat d'une fillette âgée de douze ans, a permis de recréer son profil génétique. Un premier profil génétique du serial killer avait été dressé en 2002 à partir d'un échantillon recueilli lors de son autopsie tentative, mais il n'était pas suffisamment complet pour être intégré à la base de données nationale du FBI.

POUR EN SAVOIR PLUS :

L'ultime interview de Ted Bundy, le 23 janvier 1989, un jour avant son exécution :

+ http ://www.youtube.com/watch?v=h8XAJ_tzvTM

13 JANVIER 2004

LE SERIAL KILLER JACK TRAWICK DISTILLE SON POISON SUR LE NET

À Birmingham, en Alabama, Mary Kate Gach croyait en avoir fini avec Jack Trawick, lorsqu'il a été condamné à mort pour le meurtre de sa fille en 1992. Mais Jack Trawick continue de la tourmenter, ainsi que d'autres parents, en écrivant sur Internet comment il a frappé à coups de marteau, étranglé et poignardé Stephanie Gach, ainsi que d'autres jeunes femmes. Les récits ont été mis en ligne par un correspondant et admirateur du serial killer. Dans un des textes, Trawick écrit : « je recommencerais avec plaisir, même si la mort m'attend au bout. » Il a avoué l'assassinat de Stephanie Gach, vingt et un ans, avant d'être condamné en 1994. L'année suivante, il est à nouveau reconnu coupable du meurtre d'Aileen Pruitt, vingt-sept ans, tuée quatre mois avant Stephanie.

Jack Trawick, soixante-deux ans, a été exécuté par injection mortelle le jeudi 11 juin 2009 dans l'Alabama.

14 JANVIER 2004

LE « FREEWAY SLAYER », TUEUR DE SIX PROSTITUÉES, EST IDENTIFIÉ DIX ANS APRÈS LES FAITS

Ivan Hill, quarante-deux ans, déjà détenu pour un vol à main armée, a été identifié comme étant le « 60 Freeway Slayer » des années 1990 (le « tueur de l'autoroute 60 »), un serial killer de six femmes le long de l'autoroute de Ponoma (Californie). Des tests ADN l'ont formellement lié à cette série de crimes au cours de laquelle il aurait étranglé six femmes, pour la plupart des prostituées, en 1993 et 1994, avant de déposer les corps à Chino, Ontario, Pomona et Diamond Bar and Industry. Hill, qui a passé plus de la moitié de son existence derrière les barreaux, a plaidé non coupable pour les meurtres de Roxanne Bates, trente et un ans, Helen Ruth

Hill, trente-six ans, Donna L. Goldsmith, trente-cinq ans, Cheryl Sayers, trente-quatre ans, Betty Sue Harris, trente-sept ans, et de Debra Denise Brown, trente-trois ans. D'autres analyses ADN menées les années suivantes ont porté le nombre de ses victimes à neuf femmes.

Ivan Hill a été condamné à la peine de mort le 22 mars 2007 pour l'assassinat de neuf femmes. Il est actuellement dans le couloir de la mort de l'État de Californie.

15 JANVIER 1951

ARRESTATION DU TUEUR EN SÉRIE WILLIAM COOK

L'un des plus terrifiants tueur du XXe siècle avait le mot « Malchance » gravé sur les doigts de sa main gauche. Il en était fier et sa courte existence en fut la preuve vivante. Lorsqu'il est exécuté dans la chambre à gaz de la prison de San Quentin en Californie le 12 décembre 1951, William Cook a tué cinq personnes dont trois enfants. Cet autostoppeur n'exprime jamais le moindre remords pour ses actes.

Né en 1929 près de Joplin dans le Missouri, le jeune Billy Cook est élevé à la dure avec sept frères et sœurs. Son père mineur de fond ne sait ni lire ni écrire et, après la mort de son épouse, il élève la famille dans un puits de mine abandonné. Un soir alors qu'il sort ivre d'un bar, comme à son habitude, le père monte à bord d'un train de marchandises pour ne plus jamais revenir. Les autorités découvrent les enfants affamés qui survivent comme des rats dans une grotte.

Tous les enfants sont placés dans des familles d'accueil sauf le petit Billy. Son apparence physique est sinistre car il souffre d'une maladie congénitale qui l'oblige à garder en permanence son œil droit ouvert. Ce « mauvais œil » l'empêche d'être adopté. Les services sociaux sont forcés de payer quelqu'un pour le prendre. Une femme accepte mais Billy n'y trouve qu'indifférence. Deux Noëls de suite, sa mère adoptive lui offre une bicyclette mais, à chaque fois, ce cadeau est repris par les magasins car elle n'a pas réglé les mensualités.

À l'adolescence, Cook quitte l'école et reste dehors presque toutes les nuits. Il passe son temps à voler et à se bagarrer. Arrêté, il déclare au juge préférer une maison de correction à sa famille d'adoption. Son souhait est exaucé. Libéré quelques mois plus tard, il a dix-huit ans quand il dérobe onze dollars à un chauffeur de taxi, avant de voler une voiture. William Cook est condamné à cinq ans d'emprisonnement dans une maison de correction où son comportement agressif lui vaut d'être transféré dans une prison pour adultes au pénitencier d'État du Missouri. Ses accents de fureur sont fréquents et il est craint par les autres détenus.

Un compagnon de cellule a le malheur de faire une remarque humoristique sur son œil droit, ce qui lui vaut d'être quasiment battu à mort à coups de batte de base-ball.

En 1950, Cook sort de prison. Il a vingt-deux ans et il retourne brièvement dans sa ville natale de Joplin où il rencontre son père. Étrange réunion entre un fils rempli de haine qui n'a jamais connu l'amour et un père alcoolique qui l'a abandonné. Le jeune homme lui annonce qu'il va partir sur les routes le flingue à la main. Son père l'aperçoit une dernière fois dans la rue en train de hurler des imprécations.

William Cook fait du stop à travers le sud-ouest des États-Unis avant d'arriver dans la petite ville de Blythe en Californie avec, pour seul compagnon, un pistolet de calibre 32 qu'il s'est procuré à El Paso, au Texas. C'est à Blythe qu'il trouve l'unique emploi de sa courte existence comme plongeur d'un restaurant, mais le vagabondage reprend vite le dessus et il prend la route pour le Texas.

La nuit du 30 décembre 1950, Cook est devant une station-service de Lubbock dans le Texas lorsqu'un véhicule s'approche pour faire le plein. Il s'enquiert de la destination du chauffeur. « Où allez-vous ? »

– Tulsa, répond le conducteur.

– Je vais à Joplin.

L'homme hésite. Il y a quelque chose de bizarre dans cet œil qui ne se ferme jamais, mais il se sent fatigué et il craint de s'endormir au volant. Pendant des kilomètres, le conducteur parle sans jamais obtenir la moindre réponse de Cook dont le visage est fermé. Soudain, il sent le canon d'un pistolet s'enfoncer dans ses côtes. Il stoppe le véhicule. Cook s'empare de son portefeuille et lui ordonne de grimper dans le coffre. L'otage craint pour sa vie, il se sert du démonte-pneu pour briser la serrure du coffre. Lorsque le véhicule ralentit pour bifurquer sur une route secondaire, il ouvre rapidement le coffre et saute. Cook a entendu du bruit. Il stoppe la voiture. Une silhouette court dans l'obscurité. « T'as intérêt à t'arrêter, mec ! » hurle Cook. « Je vais te flinguer ! » Il hésite un long moment et il renonce à son projet. Pourquoi gâcher de précieuses munitions. Il se remet au volant et démarre dans la nuit.

Sur la Route 66, entre Claremore et Tulsa, en Oklahoma, William Cook tombe en panne d'essence. Quelques minutes plus tard, il voit une Chevrolet s'arrêter à côté de lui. À la veille du Nouvel An, Carl Mosser se sent d'humeur généreuse. Il est accompagné de sa femme Thelma et de leurs trois enfants, Ronald, sept ans, Gary, cinq ans, et Pamela, trois ans, ainsi que du chien de la famille. Il ne se doute pas qu'il va vivre trois jours d'enfer.

Cook dégaine son pistolet et s'installe sur le siège avant, à côté de l'épouse de Mosser. D'un geste, il indique à Carl de démarrer. « Qu'est-ce que vous nous voulez ? ». Cook reste silencieux près d'une heure avant de se contenter d'un laconique : « conduisez. » Le père de famille s'exécute. La voiture zigzague à travers tout le Sud-Ouest de Tulsa jusqu'à Wichita Falls au Texas. Les enfants ont faim et l'essence va bientôt manquer. Dans une station-service de Wichita Falls, Carl Mosser et Cook vont faire des provisions. C'est à cet instant que l'otage décide d'attaquer son kidnappeur. Un employé âgé est présent. Mosser crie pour qu'il l'aide. Effrayé, le vieillard sort un pistolet du tiroir-caisse. « Il était dans ma voiture toute la journée ! Il a un flingue et dit qu'il va tous nous tuer ! » « Fichez le camp de ma boutique ! » s'écrie l'employé. Les deux hommes se battent et s'effondrent contre une vitrine du magasin qui se brise. Cook ordonne à Mosser de reprendre le volant et de démarrer. Le vieillard saute dans une camionnette pour les suivre. Cook tire plusieurs balles dans sa direction. Le poursuivant s'arrête en bord de route.

Enragé, William Cook ordonne à Mosser de le conduire jusqu'à Carlsbad, au Nouveau-Mexique. Puis c'est El Paso, Houston et Winthrop dans l'Arkansas. Il veut retourner dans sa ville natale de Joplin dans le Missouri. Thelma, hystérique, pleure sans arrêt et les enfants hurlent à n'en plus finir. Cook est à bout de nerfs. Il bâillonne tous les passagers, sauf le père.

Un véhicule de police les dépasse lentement. Cook se rend compte des risques encourus, cela fait près de trois jours qu'ils voyagent ainsi. Il ordonne à Carl Mosser de stopper la Chevrolet avant de vider son arme sur tous les membres de la famille Mosser.

Même le chien n'échappe pas à sa rage meurtrière. Il traverse Joplin avec les cadavres à bord pour s'en débarrasser dans un puits de mine abandonné, un endroit qu'il a fréquenté durant son enfance.

William Cook tombe en panne dans le Comté d'Osage, en Oklahoma, où il parvient à désarmer le shérif adjoint Warren Smith qu'il laisse attaché au bord de la route. Il s'enfuit à bord du véhicule de police mais, pour éviter de se faire repérer, Cook sait qu'il doit vite l'abandonner. Il arrête un automobiliste, Robert H. Dewey, qu'il blesse d'une balle avant de l'achever d'un tir à bout portant dans le crâne. Il balance le corps dans un fossé.

Les autorités l'ont maintenant identifié. Près d'un millier de policiers sont à ses trousses mais Cook a déjà franchi la frontière mexicaine. Le 15 janvier 1951, l'inspecteur Francisco Morales reconnaît la voiture de Cook et l'arrête après s'être emparé de son arme. La police mexicaine le confie aux bons soins du FBI. Les cadavres de la famille Mosser ont été retrouvés, mais le Département de la justice préfère le faire juger en Californie pour le seul assassinat de Robert Dewey. Lors de son procès, William Cook desserre à peine les lèvres. Il ne montre aucune émotion lorsque la Cour le condamne à la peine de mort. C'est sans un mot qu'il pénètre, le 12 décembre 1952, dans la cage vitrée de la chambre à gaz de la prison de San Quentin.

L'histoire de William Cook et de son odyssée meurtrière inspire le seul film noir de l'histoire du cinéma américain à jamais avoir été réalisé par une femme, l'actrice Ida Lupino, qui signe un chef d'œuvre avec « The Hitch-Hiker », « Le voyage de la peur » filmé moins d'un an après l'exécution du tueur en série.

POUR EN SAVOIR PLUS :

Pour voir le film « Le voyage de la peur » d'Ida Lupino, cliquez sur le lien source :

- http ://www.youtube.com/watch ?v=tnfjJ4kw2wA

16 JANVIER 2004

DIX-HUIT ANS APRÈS LES FAITS, UN SERIAL KILLER EST ARRÊTÉ AU TEXAS

William Deparvine et Russell Kenburg écument les bars ensemble et, un jour de 1985, ils décident de s'installer au Texas pour démarrer un commerce. Kenburg n'a pas d'argent à investir mais, qu'à cela ne tienne, Deparvine a un plan. Ils prendront des assurances-vies pour les utiliser comme garanties. Kenburg nomme son associé comme bénéficaire de la sienne, d'une valeur de 5 millions de dollars. Contrairement à ses promesses, Deparvine ne contracte pas d'assurance-vie.

Quelques semaines plus tard, Kenburg, trente ans, est retrouvé assassiné d'un coup de fusil à canon scié, au bord d'une autoroute. Le 16 janvier 2004, les autorités du Texas ont annoncé l'inculpation de Deparvine, cinquante et un ans, pour le meurtre de Kenburg et de six autres homicides non résolus. Ancien étudiant en droit, Deparvine est suspecté dans la mort d'un habitant de St Petersburg en 1989 qui devait témoigner contre l'accusé dans une affaire de faux.

Dix juridictions, dont le FBI, travaillent de concert pour retracer les voyages de Deparvine, qui passe par le Michigan, la Floride et le Texas. Le 25 novembre 2003, il aurait tué le couple Van Dusen de Tierra Verde, après leur avoir acheté un camion Chevrolet. On le suspecte aussi des meurtres suivants : John C. Dunbar, quarante ans, dont le corps est découvert dans un fossé à Sarasota, le 10 juillet 1989 ; Glenn Mills, quarante et un ans, qui est abattu devant son domicile de St Petersburg, le 22 août 1989 ; Sally et Richard Gary Smith assassinés dans leur maison de Clearwater le 1er septembre 1989, elle est abattue et poignardée tandis que son mari est étranglé ; Lucinda McClean, trente-six ans, de Sarasota dont le cadavre est trouvé le 12 septembre 1989, à quelques mètres de l'endroit où l'on a jeté le corps de John Dunbar, deux mois plus tôt.

William Deparvine a été condamné à plusieurs reprises pour faux et usage de faux, escroqueries à l'assurance et pour des actes de pyromanie, pour lesquels il purge dix ans de prison de 1993 à 2003. Il est condamné à la peine de mort le 9 janvier 2006 et est en attente d'être exécuté dans le couloir de la mort de l'État de Floride.

17 JANVIER 2004

À TOKYO, UN JAPONAIS TUEUR DE PROSTITUÉES AVOUE DIX MEURTRES

Mis en examen pour l'assassinat par overdose d'une prostituée chinoise, dans une chambre d'hôtel, Kazuo Karakizawa, soixante ans, un ex-adjoint du chef de la gare de Nagano, a chloroformé une autre travailleuse du sexe d'un salon de massage dans le quartier Bunkyo-ku de Tokyo en août 2003. Ensuite, il lui a dérobé 47 000 yens. Dans ses aveux, Karakizawa, originaire de Chikuma, a déclaré : « j'ai commencé par élever des poulets pendant l'été 2002. Mais ça n'a pas marché et mes dettes se sont élevées à plus d'un million de yens. J'ai décidé de me lancer dans le crime. C'était plus facile. » L'année dernière, il avait déjà été soupçonné d'avoir volé 55 000 yens à une autre prostituée chinoise. Il aurait d'ores et déjà admis dix victimes « à son tableau de chasse ».

18 JANVIER 1987

CATHERINE MAY WOOD ET GWENDOLYN GRAHAM TUENT MARGUERITE CHAMBERS, UNE PATIENTE DE SOIXANTE ANS.

Le 29 novembre 1988, ces deux infirmières de l'hôpital « Alpine Manor » à Grand Rapids, dans le Michigan, sont arrêtées pour avoir étouffé cinq malades dont elles avaient la charge. Ces assassinats font partie d'un étrange pacte amoureux entre les deux femmes : les noms ou prénoms de leurs victimes commencent par les lettres du mot M-U-R-D-E-R.

POUR EN SAVOIR PLUS :

Une émission de la série « Most Evil » consacrée à Wood et Graham, mais aussi à MaryBeth Tinning et à Aileen Wuornos :

- http ://www.youtube.com/watch ?v=INxRadymvb8

19 JANVIER 2004

ARRESTATION D'UN TUEUR EN SÉRIE EN AFRIQUE DU SUD

Le tueur en série Lolo John Sithole, alias « Losby », a été arrêté sans offrir de résistance, le 19 janvier 2004, à 8 h 30, dans une maison de Nellmapius (Afrique du Sud). Âgé de vingt-cinq ans, c'est un des criminels les plus recherchés d'Atteridgville qui tombe entre les mains de la police. Il a tué Dupi Mathibela, dix-huit ans, début janvier 2004, lors d'un échange de coups de feu avec les forces de l'ordre. À Atteridgville, il abat en pleine rue Raymond Tshepiso, avant de le dépouiller de son argent. Il est aussi fortement soupçonné du meurtre de David Phao à son domicile de Phomolong, ainsi que d'une tentative d'assassinat dans le cimetière de Saulsville où Charles Mulaudzi est grièvement blessé. Les autorités estiment que ce n'est qu'une partie des crimes commis par « Losby ».

20 JANVIER 2004

LES SEIZE MEURTRES DU « MONSTRE DE FLORENCE » ONT-ILS ÉTÉ COMMANDITÉS PAR UNE SECTE SATANIQUE ?

L'affaire du « Monstre de Florence », qui a défrayé la chronique pendant près de vingt ans, connaît un rebondissement capital près de vingt ans après le dernier crime. Entre 1968 et 1985, huit couples de jeunes gens (parmi lesquels des Italiens, des Français, des Allemands) ont été sauvagement assassinés et mutilés en Toscane. Les parties génitales et les seins ont été coupés. A l'époque, la police a attribué ces meurtres à Pietro Pacciani, un paysan à l'intelligence moyenne, ainsi qu'à deux autres personnes. Pacciani a été condamné à la prison à vie, en 1994. Deux ans plus tard, les deux acolytes ont été condamnés à la même peine, avec trente ans incompressibles.

Pietro Pacciani a fait appel, a été libéré, mais il est décédé avant le début de son second procès en appel. On l'a retrouvé mort à son domicile, apparemment d'une crise cardiaque, le 22 février 1998. Il avait soixante-treize ans. Son corps a été autopsié : l'examen a révélé la présence d'une grande quantité de médicaments incompatibles avec les problèmes cardiaques de Pacciani.

À l'époque, la police suspectait déjà une affaire de secte satanique mais sans trouver aucune piste fiable. Elle vient de rouvrir le dossier sur la base de révélations obtenues grâce à des écoutes téléphoniques. L'un des suspects placés sur écoute a évoqué le meurtre d'un jeune médecin de trente-six ans, Francesco Narducci, dont le corps a été repêché dans le lac de Trasimeno en 1985, une mort qualifiée d'accidentelle. Cet homme faisait en fait partie d'une secte satanique. Dans le réfrigérateur de la villa qu'il louait, la police a trouvé des boîtes contenant des morceaux de cadavres, notamment des organes génitaux plongés dans le formol, lesquels provenaient des corps des jeunes femmes assassinées. Ils étaient utilisés dans des rites sataniques.

Depuis ces révélations, les enquêteurs font la chasse aux satanistes de la région florentine ; ils soupçonnent une secte d'avoir commandité les meurtres et les mutilations à des fins de messes noires. Quatre notables sont dans le collimateur de la police, parmi lesquels un ex-pharmacien, un dermatologue spécialisé dans les maladies vénériennes et un avocat. La police soupçonne les quatre notables d'être impliqués dans les seize meurtres.

POUR EN SAVOIR PLUS :

Une émission de la série « Serial Killers » sur le monstre de Florence :

+ http ://www.youtube.com/watch?v=EupAfICc_wc

21 JANVIER 1953

NAISSANCE DE DALE PIERRE

Avec son complice, William Andrews, ils torturent et massacrent les employés et les clients d'un magasin de Hi-Fi, à Ogden, dans l'Utah. On les oblige à boire de la soude caustique, une adolescente est violée, tandis que Dale Pierre enfonce un stylo à bille dans l'oreille d'un des otages. Les deux hommes tirent une balle dans la tête de chacune des victimes ; par miracle, deux personnes survivent et identifient les coupables. Dale Pierre est exécuté par injection létale le 28 août 1987.

22 JANVIER 1981

DISPARITION DE TERRY PUE, UNE DES VICTIMES DANS L'AFFAIRE DES « ATLANTA CHILD MURDERS » POUR LAQUELLE WAYNE WILLIAMS EST JUGÉ COUPABLE.

Supposé responsable des « Atlanta Child Murders » qui auraient coûté la vie à trente victimes âgées de neuf à vingt-sept ans, accusé de deux des crimes, Williams est, par la suite, condamné pour les vingt-huit autres. Dans les dix-huit mois qui suivent son arrestation, plus de vingt autres crimes semblables sont perpétrés à Atlanta.

En 1985, un téléfilm, *The Atlanta Child Murders* (Les enfants d'Atlanta), est réalisé avec John Erman avec Morgan Freeman, James Earl Jones, Rip Torn, Jason Robards, Martin Sheen :

+ http ://www.youtube.com/watch?v=nZbbbYHgRjI

23 JANVIER 2008

UN FAN D'HANNIBAL LECTER ÉCRIT UNE SCÈNE DE MEURTRE ET PASSE À L'ACTE EN PLAÇANT UNE POUPÉE DANS LE VENTRE DE SA MÈRE

L'accusé a reconnu avoir poignardé à mort son frère de quinze ans, sa soeur de treize ans, ainsi que sa mère au domicile familial de Hachinohe (Japon). Les médias expliquent qu'il a ensuite ouvert le ventre de sa mère pour y glisser une poupée, avant de mettre le feu à l'appartement. Les enquêteurs ont retrouvé une nouvelle dans le disque dur de son ordinateur où le garçon décrit des scènes de meurtre. Dans l'une d'entre elles, un personnage glisse un objet dans le ventre de sa mère après l'avoir tuée. Interrogé par un hebdomadaire local, le père de famille, un ancien repris de justice divorcé depuis une dizaine d'années, raconte que son fils lui a envoyé des livres lorsqu'il était en prison : « ils appartenaient tous à la trilogie d'Hannibal Lecter ».

Lorsque le père a été libéré en novembre 2007, son fils lui a dit écrire une nouvelle sur sept personnages commettant des crimes chacun de leur côté, avant de s'unir pour détruire une ville entière. « J'espère un jugement rapide. Je veux qu'il soit condamné à mort, franchement c'est ce que je ressens », a-t-il affirmé.

24 JANVIER 2004

DU FOND DE SA PRISON AUSTRALIENNE, « IVAN LE TERRIBLE » LANCE UN DÉFI AUX POLICIERS

Le serial killer australien Ivan Milat, déjà condamné à sept peines de réclusion à perpétuité pour les assassinats de sept touristes, lance un défi au chef de la police Ken Moroney, en lui demandant que des enquêteurs viennent l'interroger dans sa cellule de Goulburn Super Max au sujet de deux infirmières, Gillian Jamieson et Deborah Balkan, qui ont disparues le 12 juin 1980. La police a rouvert le dossier en 2003 et Milat est leur principal suspect, car il fut le colocataire des deux jeunes femmes. En 1980, un portrait-robot d'un suspect potentiel ressemblait beaucoup à Ivan Milat, qui aime s'habiller comme un cowboy, arborer des armes à feu, et se fait appeler « Tex » ou « Bargo Bill ».

Dans sa lettre, Milat écrit : « j'exprime mon dégoût pour la stratégie de la police. On donne des détails aux médias en indiquant que je suis le principal suspect et on laisse les journalistes suggérer que les enquêteurs ont résolu l'affaire ; du coup, je suis condamné d'avance par les journalistes. D'ailleurs aucun policier n'est venu me poser des questions à ce sujet et je n'attends aucune réponse de leur part. »

Milat affirme que la police lui a aussi mis trois meurtres sur le dos, ceux de trois jeunes femmes qui ont disparues à Newcastle il y a plus de vingt ans et dont il déclare être innocent. Le tueur en série, âgé de cinquante-neuf ans, attend qu'une date soit fixée pour son appel devant la Haute-Cour de justice d'Australie pour les réquisitions qu'il a effectuées concernant son premier procès.

Tous les appels d'Ivan Millat ont été rejetés et pour protester contre ces décisions, le serial killer a entamé une grève de la faim qui lui a fait perdre vingt-cinq kilos en 2011. Il s'est également automutilé à plusieurs reprises, notamment le 26 janvier 2009 en se coupant un petit doigt qu'il voulait adresser à la Haute Cour de justice.

POUR EN SAVOIR PLUS :

Une émission de la série « Born To Kill » sur Ivan Milat :

- http ://www.youtube.com/watch ?v=Ev8PLgYVXyc

25 JANVIER 2006

L'INCROYABLE INTERVIEW D' « EL SADICO », UN TUEUR EN SÉRIE DE GAYS À MEXICO

Lors de la conférence de presse des autorités judiciaires de la ville de Mexico, le jeudi 26 janvier 2006, le procureur général Bernardo Batiz s'est félicité de l'arrestation de deux tueurs en série. Le premier est Juana Barraza, une ex-catcheuse surnommée « Mataviejitas » parce que ses victimes sont toutes des personnes âgées. Cette affaire très médiatisée au Mexique a quelque peu occultée l'annonce de la mise sous les verrous de Raul Osiel Marroquin Reyes, un ancien militaire de vingt-cinq ans, meurtrier de quatre gays et kidnappeur de deux autres homosexuels relâchés après le paiement d'une rançon de 50 000 €.

Surnommé « El Sadico » ou « Matagays », Reyes se laissait draguer par ses futures victimes dans des bars et se présentait sous le nom de « Carlos », avant de les séquestrer, de les torturer puis de les pendre. « J'ai éliminé quatre homosexuels dont l'existence mettait en danger la société », explique-t-il dans une incroyable conférence de presse télévisée en direct à huit heures trente du matin. Souriant, affable, Reyes déclare qu'il n'est pas homosexuel, ni homophobe. « Si j'en avais la possibilité, je tuerais à nouveau mais, cette fois-ci, j'utiliserais des méthodes plus raffinées. C'est pour tromper les autorités que j'ai gravé un pentagramme sur le front d'une de mes victimes [...] Je n'ai absolument aucun remords pour les victimes et leurs familles. Je suis seulement triste pour ma propre famille qui doit être bouleversée. Par ailleurs, contrairement à la plupart des serial killers, je dois dire que je n'ai pas connu une enfance malheureuse, j'ai été très bien élevé, on ne m'a pas violé ni frappé. »

POUR EN SAVOIR PLUS :

Un reportage (en espagnol) avec une interview de « El Sadico » :

- http ://www.youtube.com/watch?v=xvIGpypvZK8

26 JANVIER 2006

LE SUÉDOIS VAMPIRE ET CANNIBALE, ACCUSÉ DU MEURTRE DE SES DEUX SŒURS, EST CONDAMNÉ À L'INTERNEMENT PSYCHIATRIQUE

Lennart Persson, un Suédois de vingt-neuf ans interpellé en octobre 2005 et accusé du meurtre par arme blanche de ses deux soeurs de lait, Anna, dix-neuf ans, et Camilla, trente-quatre ans, dont il a bu le sang et consommé des morceaux de chair prélevés sur la poitrine respectivement en mars et en octobre 2005, est passé en jugement le 26 janvier dans la ville de Gävle, à une centaine de kilomètres au nord de Stockholm. Il s'agit du premier cas de vampirisme répertorié en Suède (mais pas du premier cas de cannibalisme). Lennart a été reconnu coupable, preuves ADN et aveux à l'appui, des deux meurtres, et « condamné » à l'unanimité à être hospitalisé dans un centre fermé afin d'y recevoir des soins psychiatriques.

Cette mesure - d'une durée indéterminée - est assortie d'une sécurité supplémentaire étant donné la gravité des faits qui lui sont reprochés : seul le tribunal départemental sera habilité à décider d'une éventuelle permission de sortie ou d'une sortie tout court, et non le médecin chef chargé de l'expertise psychiatrique, comme c'est le cas dans les affaires de moindre gravité.

Au grand dam de l'assistance, l'accusé a demandé à quitter la salle d'audience au bout d'une demi-heure, lorsque le procureur a commencé à faire le récit des actes de vampirisme ; Lennart a fait passer un mot à son avocat dans lequel il lui disait qu'il ne supportait pas la séance et qu'il serait incapable de répondre aux questions. Il s'est donc refusé à expliquer aux personnes présentes les motivations de ses actes. Il a été emmené dans une cellule voisine d'où il a pu suivre les débats via un haut-parleur.

Dans la salle, la cour a diffusé les bandes audio des interrogatoires de police qui ont suivi l'arrestation de Persson. Il y déclare notamment qu'il a été surpris de constater à quel point il était facile de vivre avec le premier meurtre sur la conscience – Tommie Karim, le petit ami de la première victime, a été suspecté à sa place d'avoir commis le meurtre – ajoutant qu'il avait eu l'impression qu'un autre que lui avait commis ce meurtre. Mais Lennart s'est déclaré poursuivi par des cauchemars et redoutait surtout les confrontations avec sa famille. Il avait également peur de ses propres crises d'agressivité. Son avocat a expliqué que Lennart nourrissait des fantasmes de meurtre depuis de nombreuses années, et que ces fantasmes se focalisaient sur les enfants.

Lorsque Lennart s'est rendu chez sa deuxième sœur, en octobre, et qu'il l'a agressée subitement, elle lui a dit, toute surprise « je suis ta sœur, je t'aime ! », « Moi aussi », lui aurait-il répondu, continuant à lui asséner des coups de couteau, que le légiste n'a pas été en mesure de dénombrer précisément (entre soixante et quatre-vingt). Lennart Persson a également été condamné à verser 703 000 couronnes (76 000 €) de dommages et intérêts aux proches de ses victimes, notamment à Tommie Karim, compagnon de la première victime et père de leur petit garçon d'un an dont la garde lui avait été retirée depuis mars 2005 et qui vient juste de le récupérer.

LE PREMIER CAS DE VAMPIRISME RECONNU EN SUEDE

Lennart a avoué avoir bu le sang de ses deux victimes (dans le but d'acquérir leur force) et avoir consommé des morceaux de chair découpés sur la poitrine de l'une d'elles, ce que les autopsies ont confirmé. Magnus Isaksson, avocat de la défense, a déclaré que son client plaiderait la culpabilité, mais l'expertise psychiatrique réalisée à la fin de 2005 révèle qu'il souffre de graves troubles mentaux. Lennart, jeune homme solitaire, avait pour habitude de se promener dans la rue avec un couteau dans la poche et de suivre des gens de près, imaginant qu'il allait les tuer. Hospitalisé en psychiatrie dans l'attente de son procès, il n'avait reconnu les faits qu'après que les enquêteurs lui eurent signifié, le 31 octobre, que les analyses ADN le mettaient en cause dans les deux meurtres. Les faits se sont déroulés à Gävle, ville côtière située à une centaine de kilomètres au nord de Stockholm. Le quotidien Aftonbladet publie des détails très intéressants sur cette affaire de double meurtre, de vampirisme et de cannibalisme qui, cela va sans dire, laisse le pays en état de choc. Il ressort de l'interrogatoire mené par la police que Lennart, plongeur dans une cantine municipale, nourrissait des fantasmes obsédants de meurtre depuis plusieurs années ; ils sont devenus plus virulents au cours de la dernière année. Il s'est déclaré hanté par des démons qui lui auraient insufflé ces fantasmes. En février 2005, ils sont devenus si forts qu'il s'est rendu dans un magasin pour acheter un couteau de cuisine, un modèle de luxe à plus de 500 couronnes (plus de 50 €). Son but était clair : il lui fallait tuer, « je devais faire quelque chose d'absolu ».

Le matin du 30 mars, après une nuit blanche, il a senti l'agressivité monter en lui, « il fallait que je m'attaque à quelqu'un ». Il s'est alors rendu, le couteau en poche, chez sa sœur de dix-neuf ans, Anna Norell. Il avait à peine franchi la porte de l'appartement qu'il l'a poignardée, sans réfléchir, une quarantaine de fois : la scène a duré environ vingt minutes. Son colocataire et petit ami, Tommie Karim, était dehors. Lorsqu'il a entendu des cris, il est monté, a aperçu le meurtrier mais n'est pas entré dans l'appartement – heureusement pour lui : « sinon, je l'aurais certainement tué lui aussi, j'étais parti pour tuer, ça fonctionnait comme ça, j'étais une bombe suicidaire, un kamikaze, je n'avais pas la moindre idée de la façon dont je pouvais me sortir de cette situation ». Par chance aussi, le bébé de sa sœur avait passé la nuit chez son grand-père. Avant de quitter les lieux, Lennart a bu le sang de sa victime et découpé des morceaux de chair pour les manger. Il est rentré chez lui en autobus, couvert de sang, sans que personne ne remarque quoi que ce soit. Il a même fait un crochet par la bibliothèque, sans difficulté, pour s'y laver les mains. Chez lui, il s'est débarrassé de ses vêtements ; il n'a conservé qu'un morceau de sa veste pour pouvoir respirer l'odeur du sang. C'est Tommie, vingt ans, le petit ami de la victime, que la police a interpellé et placé en détention. Il est resté emprisonné pendant deux mois, jusqu'au 27 mai, et a continué de faire figure de suspect pendant cinq autres bien qu'une analyse ADN ait prouvé que le sang retrouvé sur place n'était pas le sien. Lennart a assisté à l'enterrement de sa sœur. Il a déclaré avoir été très surpris par le calme qui l'habitait après ce premier meurtre ; « il était incroyablement facile de vivre avec ». Pourtant, il aimait bien sa sœur Anna.

Le 25 octobre, Lennart s'est acheté un nouveau couteau. Ses fantasmes de meurtres continuaient de le hanter. Il a fait le récit de la journée où il a tué sa sœur de trente-quatre ans, Camilla Lifvendahl. « Je marchais dans les rues de Skutskär, j'étais simplement à la recherche d'une personne que je pourrais tuer et dont je pourrais boire le sang. J'ai d'abord observé les enfants qui allaient à l'école, mais il y avait des adultes avec eux, et j'en étais content. Puis je me suis souvenu que ma sœur était seule, alors je me suis rendu à son domicile, j'ai frappé à la porte, elle était chez elle. Je ne peux pas l'expliquer correctement, c'était tellement irréel, je suis entré, elle était en train de faire la vaisselle, elle m'a demandé « alors comme ça tu viens me rendre visite, subitement ? » – « oui… », j'ai répondu de façon évasive, tout en sortant le couteau que je cachais sous ma veste blanche. À ce moment-là je suis entré dans la cuisine et je l'ai poignardée, très froidement. » Il raconte les coups de couteau répétés, jusqu'à l'épuisement. Le médecin légiste relèvera une soixantaine de coups. « Après j'ai fouillé l'appartement pour trouver sa fille et la tuer. J'étais frustré qu'elle ne soit pas là. » C'est alors qu'il a bu le sang de sa sœur. Il s'est aperçu qu'il s'était blessé à la main ; il l'a lavée. « J'étais planté là, à me dire "qu'est-ce que j'ai fichu ? C'est ma grande sœur, je la connais depuis dix-sept ans, qu'est-ce que j'ai fichu ?" Et puis soudain, il s'est mis à faire un froid glacial de nouveau. Je suis sorti, j'ai repris mon vélo et je suis rentré chez moi comme si rien ne s'était passé, et j'étais presque content. J'ai accompli ça, je me suis senti satisfait, j'ai eu du sang, les démons m'avaient quitté, tout allait bien de nouveau. » L'enquête révèlera par la suite qu'il avait un jour envoyé à sa sœur une lettre anonyme, à connotation sexuelle.

De retour chez lui il a brûlé ses vêtements. « À ce moment-là, je savais, la police allait venir me chercher, c'est fini, enfin, j'étais si heureux ce soir-là, incroyablement heureux, bien que j'ai assassiné ma sœur. C'était comme si cela ne s'était pas passé. » Il a regardé le télétexte qui mentionnait le meurtre, mais il a été très déçu que la police ne vienne pas l'arrêter. « C'est là que les démons ont commencé à revenir. J'ai le sentiment que je vais m'en sortir, malgré ce meurtre, et que je vais être obligé de tuer encore plus de gens, et j'ai peur d'avoir des idées de meurtre dirigées contre ma propre famille. J'ai peur de me précipiter sur le monde pour poignarder à mort un enfant ou une femme qui passe par là avec son landau. La police ne fait rien. La police ne vient pas, elle ne m'arrêtera pas. Hors de moi, pour ne pas tuer quelqu'un, pour ne pas blesser d'enfants, j'essaie de me suicider. » Il a avalé du nettoyant ménager, a vomi puis est tombé dans un état comateux. La police est arrivée dans la soirée, et il a été conduit à l'hôpital. « Je sentais que c'était enfin terminé, ils ont fini par venir. »

Lennart a été un enfant « spécial », solitaire, il n'était jamais invité aux fêtes de ses camarades d'école, faisait l'objet de moqueries de leur part dès le premier jour de la rentrée, précise Aftonbladet.

Il faisait des bonhommes de neige noirs qu'il affublait de défenses en guise de dents. Mais tout son entourage a été surpris d'apprendre qu'il était devenu un meurtrier aussi « bestial ».

À son domicile – une cabane en bois de dix mètres au fond du jardin de ses parents – les enquêteurs n'ont rien trouvé qui pouvait laisser supposer de telles tendances. Il avait un poste de télévision, une étagère avec des CD musicaux (surtout de la country ; il rêvait d'aller à Nashville), une petite voiture et sa collection d'animaux en peluche. Il avait été adopté par une famille, ainsi que ses deux futures victimes. La plus jeune avait été prise en charge à l'âge de quinze ans ; Lennart avait alors neuf ans. Sa sœur a fui la famille d'accueil deux ans plus tard.

Cette affaire est unique dans l'histoire de la criminalité suédoise : Lennart est le premier vampire reconnu. Les experts médicaux décrivent le meurtrier comme vraiment « particulier » et dangereux. Olle Lindquist, professeur de médecine légale, estime que Lennart s'est comporté comme un tueur en série. Ce qui l'étonne, c'est qu'il ne soit jamais passé à l'acte auparavant. Il y a eu précédemment plusieurs cas de cannibalisme en Suède. Pour rappel : en 1969, à Karlstad, un ouvrier de l'industrie papetière a tué à coups de hache son amie enceinte, âgée de vingt-trois ans. Il a consommé sa chair, sous forme de sandwichs. La police a trouvé des magazines pornos à tendance sadomasochiste dans son appartement ; l'homme faisait une fixation fétichiste sur les ongles longs. Il a été condamné pour meurtre mais interné en psychiatrie. Il est sorti de l'hôpital au bout de trois ans.

Un autre cas a défrayé la chronique, à Malmö en 1979 : un étudiant de trente ans a reconnu avoir noyé et dépecé son amie de vingt-huit ans. Il a fait une dizaine de repas avec sa chair. Il a été arrêté par la police pour le vol du téléviseur de sa mère...Lors d'un contrôle de routine, les policiers ont retrouvé dans son réfrigérateur plusieurs kilos de chair humaine décomposée, enveloppée dans des tissus. L'homme a été interné avant d'être remis en liberté ; il lui arrive d'être de nouveau hospitalisé de temps à autre.

27 JANVIER 1992

AILEEN WUORNOS EST DÉCLARÉE COUPABLE LORS DE SON PROCÈS

En décembre 1989, lesbienne à la dérive, Aileen Wuornos fréquente les bars des Hell's Angels et commence une odyssée meurtrière de onze mois qui s'achève par la mort de dix hommes d'âge mûr. Elle prétend faire de l'auto-stop, se laisse draguer et abat ses amants d'occasion, en laissant, parfois, un préservatif sur le cadavre.

Aileen Wuornos est exécutée le 9 octobre 2002. Ses ultimes paroles sont : « oui, je voudrais juste dire que je m'envole, et je reviendrai, comme *Independance Day* avec Jésus. Le 6 juin, comme dans le film. En vaisseau-amiral et tout, je reviendrai, je reviendrai. »

POUR EN SAVOIR PLUS :

Une émission de la série « Serial Killers » sur Aileen Wuornos :

- http ://www.youtube.com/watch ?v=mjUyZxO0JYs

28 JANVIER 2012

DÉBUT DU PROCÈS D'UN TUEUR EN SÉRIE RUSSE AUTEUR DE SEIZE MEURTRES ET VIOLS

Vladimir Mirgorod, un Moscovite de trente-deux ans, est reconnu coupable du meurtre de quinze femmes et d'un adolescent et de plusieurs viols et violences sexuelles. Il a été condamné à la réclusion criminelle à perpétuité par un tribunal de Moscou. Toutes les victimes sont mortes étranglées par ligature, à Moscou et dans ses alentours entre 2002 et 2004. Entre janvier 2005 et juillet 2010, Mirgorod est en prison pour vol et viol. Lors de sa libération, les enquêteurs ont enregistré ses empreintes digitales et ils ont découvert qu'elles correspondaient à celles trouvées sur les lieux de quatre assassinats de femmes. Questionné par la police, le suspect avoue trois meurtres sans rapport avec ceux dont il était soupçonné. Lors de ses aveux, Mirgorod reconnaît qu'en 2003, il a étranglé une femme, après une querelle au domicile de cette dernière, avant de tuer son jeune fils mineur qui rentrait chez lui. Selon le parquet, le tueur en série a toujours opéré de la même manière pour tuer ses seize victimes : il leur donnait rendez-vous dans un lieu peu fréquenté, les violait puis finissait par les étrangler à l'aide d'une cordelette.

29 JANVIER 2009

ARRESTATION D'UN SUD-CORÉEN QUI A ASSASSINÉ SEPT FEMMES

Un Sud-Coréen de trente-huit ans a avoué avoir tué sept femmes après son arrestation pour l'assassinat présumé d'une étudiante. Kang Ho-sun aurait commis ces crimes entre décembre 2006 et novembre 2008. Le suspect a expliqué avoir violé ses victimes avant de les étrangler avec un bas nylon. Impliqué dans l'assassinat de son épouse il y a quatre ans, l'homme dit éprouver une irrésistible pulsion de meurtre. En 2005, son épouse a péri dans l'incendie de leur habitation. Le suspect a été arrêté dans le cadre de l'enquête sur la disparition d'une étudiante à trente kilomètres au sud de Séoul. Il a reconnu avoir enlevé la jeune femme en décembre 2008 à l'extérieur de Séoul avant de l'assassiner. Son corps a été retrouvé en janvier 2009. Kang Ho-sun a ensuite fait d'autres aveux après la découverte, sur son terrain, de traces de sang correspondant à l'ADN d'une femme de ménage de quarante-huit ans portée disparue.

Kang Ho-sun mange avec beaucoup d'appétit. Il ronfle bruyamment dans son sommeil, et, durant ses interrogatoires, multiplie les blagues d'un goût douteux. C'est ainsi que les détectives dépeignent ce masseur thérapeute de trente-huit ans, marié quatre fois et père de trois garçons, qui vivait dans une ferme à Suwon, à trente kilomètres au sud de Séoul.

À chaque fois, son scénario est immuable. Kang Ho-sun approche des femmes en voiture, un peu partout à travers le pays, les viole, puis les étrangle avec des bas, avant d'enterrer leurs corps dans un rayon de sept kilomètres autour de sa ferme. Une étudiante, une femme au foyer de quarante-huit ans, une hôtesse d'un bar karaoké, une secrétaire de cinquante-deux ans figurent parmi les victimes. « Après le premier meurtre, je ne pouvais plus contrôler mes fortes envies [...] J'éprouvais le besoin de tuer n'importe quelle femme, de manière répétée », a-t-il expliqué avec calme et sans ressentir le moindre remords.

C'est une tentative de viol ratée qui l'a trahi. Son casier judiciaire était bien rempli : des vols, des escroqueries et, en janvier 2008, une affaire de viol. D'après certains médias, Kang Ho-sun est suspecté d'avoir aussi tué sa mère et sa quatrième femme, mortes dans l'incendie de leur maison. Il pourrait avoir commis ce crime pour toucher une assurance-vie d'environ 300 000 €.

Kang Ho-sun a déclaré aux enquêteurs qu'il souhaitait écrire ses mémoires, afin que ses trois enfants touchent des droits d'auteur. Il a été condamné à la peine de mort le 22 avril 2009. Le nombre total de ses victimes s'élève à dix personnes.

30 JANVIER 2004

UN SERIAL KILLER EST ARRÊTÉ À PLEVEN, EN BULGARIE

Une équipe d'enquêteurs spécialisés du ministère de l'Intérieur bulgare a arrêté Yulian A., un présumé serial killer de vingt et un ans, dans la ville de Pleven, à environ cent quatre-vingt kilomètres de Sofia. La semaine précédente, le meurtrier a poignardé de plusieurs dizaines de coups de couteau deux victimes, une femme et un jeune chauffeur de taxi. Le mobile des crimes de Yulian A. n'est pas connu. Depuis plusieurs mois, la rumeur courrait qu'un tueur en série était à l'œuvre à Pleven, mais elle a toujours été démentie par les autorités. Le 31 janvier 2004, près de deux cents chauffeurs de taxi ont circulé en procession à travers les rues de la ville en hommage à leur collègue et pour montrer leur réprobation face à cette agression. On ignore le nombre total des victimes du serial killer de Pleven.

31 JANVIER 2004

LE SERIAL KILLER ALLEMAND THOMAS RUNG CONDAMNÉ POUR TENTATIVE DE MEURTRE EN PRISON

Thomas Rung, tueur en série allemand déjà condamné en 1996 deux fois à la prison à vie pour le meurtre de six femmes et d'un homme, vient d'être de nouveau condamné, à dix ans de détention, pour tentative de meurtre sur un codétenu. Rung, quarante-deux ans, un mètre quatre-vingt-treize et 100 kg, s'est senti « floué » par un codétenu de trente-sept ans lors d'une transaction portant sur quelques dizaines de grammes de haschish. « Il m'a énervé », dira Rung, qui s'est alors mis à le tabasser, a tenté de l'étrangler, jusqu'à lui faire perdre connaissance, et a caché le corps sous un lit. L'agression s'est produite le 29 juin 2003. En juillet 2002, déjà, Rung avait été condamné à trente-deux mois de prison pour coups et blessures sur un codétenu. Plus personne ne veut de lui à la prison de Tegel.

Février

1er FÉVRIER 2004

OUVERTURE D'UN PROCÈS D'UN SERIAL KILLER AYANT FAIT SOIXANTE-SEPT VICTIMES EN CHINE

Le procès de Yang Xinhai, trente-huit ans, s'est déroulé à Luohe, dans la province du Henan. Les débats ne sont pas publics car le serial killer aux soixante-sept victimes a aussi violé vingt-trois femmes dont certaines vont témoigner à la barre. Les premiers meurtres ont commencé en 2000, après une déception sentimentale, et il est arrêté en novembre 2003.

Cet individu de petite taille – 1 m 62 – est un routard introverti depuis qu'il a quitté l'école à l'âge de dix-sept ans. Il se déplace constamment à bicyclette pour tuer partout où il passe. Il massacre des familles entières à coups de couteau et de marteau.

Selon Shi Guizhong, directeur de la Sécurité publique de la province de Hebei : « la plupart des personnes assassinées sont des fermiers dans des zones rurales isolées. Même si nous l'avons arrêté à Cangzhou le 3 novembre dernier, il a tué dans d'autres provinces. » Il est interpellé à cause de son attitude suspecte lors d'une rafle et ce n'est qu'une fois emmené au commissariat que les autorités se sont rendu compte qu'il était recherché pour des homicides commis dans quatre provinces. Yang Xinhai n'est qu'un des nombreux pseudonymes qu'il a utilisés, car son vrai nom est Wang Ganggang. Outre ses meurtres, il a aussi grièvement blessé quatre personnes. Wang s'est enfui vers le nord et la province de Hebei où il a commis ses derniers crimes, notamment dans la ville de Shijiazhuang, où il a tué deux personnes.

Condamné à mort, le tueur en série a renoncé à toute procédure d'appel et il a été exécuté deux semaines plus tard, le 13 février 2004. Suivant ses dernières volontés, on a fait don de ses organes à la science.

POUR EN SAVOIR PLUS :

Un reportage sur Yang Xinhai :

- http ://www.youtube.com/watch?v=QACn5q4Eamg

2 FÉVRIER 1978

UN TUEUR EN SÉRIE INCONNU SURNOMMÉ « THE ORIGINAL NIGHT STALKER » OU « EAST AREA RAPIST » ASSASSINE BRIAN ET KATIE MAGGIORE

De nouvelles expertises ADN viennent de révéler qu'un double meurtre commis dans le Comté de Goleta en juillet 1981 fait partie de la macabre série du « East Area Rapist », aussi connu sous le surnom de « The Original Night Stalker » (qui n'a rien à voir avec Richard Ramirez surnommé le « Night Stalker »). Entre 1976 et 1986 ce serial killer non identifié a assassiné sept personnes et commis au moins cinquante agressions sexuelles. On le soupçonne aussi d'un autre double meurtre perpétré en 1979.

POUR EN SAVOIR PLUS :

Une émission de la série « Cold Case Files » sur « The Original Night Stalker » :

- http ://www.youtube.com/watch?v=45QDIbXbtVk

3 FÉVRIER 2004

UN ÉVENTREUR DE CHEVAUX SÉVIT DEPUIS ONZE ANS EN ALLEMAGNE

Une récompense de 120500 € a été offerte pour tout renseignement conduisant à l'arrestation d'un « éventreur de chevaux » qui a tué une centaine de bêtes depuis onze ans dans le nord et l'est de l'Allemagne, a annoncé le 3 février la police criminelle régionale de Hanovre (Basse-Saxe), qui mène l'enquête. Cette importante somme a été réunie par des personnes privées et des associations.

Un profil psychologique du tueur a par ailleurs été établi : il pourrait s'agir d'un chasseur, d'un collectionneur d'armes ou d'un sportif. Cet homme doit avoir accès à des armes et posséder au moins quatre pistolets et deux carabines.

La police criminelle ajoute que son âge devrait s'établir entre trente et soixante ans, qu'il doit avoir un travail durant la semaine et être mobile. Il a aussi une certaine connaissance des chevaux – il a notamment réalisé sur l'une des bêtes une laparatomie d'une grande précision, c'est-à-dire une ouverture chirurgicale de la cavité abdominale, et il sait comment gagner leur confiance. « Il tue des chevaux de toutes tailles, sans distinction de sexe, de race ou d'âge », a souligné le porte-parole de la police de Hanovre. Il doit également avoir une connaissance du travail du métal puisqu'au moins un cheval a été tué à l'aide d'une arme artisanale.

La police a commencé par penser que « l'éventreur de chevaux » sévissait depuis 1999, dans le Land de Basse-Saxe, avant de trouver une « signature sans équivoque » sur des chevaux tués entre 1995 et 1997, dans le même land. Le même homme est peut-être l'auteur d'une série de vingt-cinq meurtres commis en 1993-1994. Il s'est ensuite déplacé vers l'est, sous la pression policière. Entre 1993 et 2000, en Basse-Saxe, plus de 270 chevaux ont été blessés et près de 80 tués.

En 2003, la police a fini par adresser une mise en garde à la population : l'éventreur pourrait fort bien un jour s'attaquer à des êtres humains, notamment des enfants, car la plupart des tueurs en série ont commencé leur « carrière » avec des animaux.

4 FÉVRIER 2004

DÉBUT DU PROCÈS DU MASSACRE DE « SIZZLERS » OÙ NEUF GAYS ONT ÉTÉ TUÉS DANS LA VILLE DU CAP

Le procès des deux hommes responsables du massacre de neuf homosexuels le 20 janvier 2003 dans le salon de massage « Sizzlers » à Sea Point, dans la ville du Cap (Afrique du Sud) promet d'être long avec quatre-vingt-neuf témoins appelés à la barre. Après une brève journée le 4 février 2004, les audiences doivent reprendre le 2 mars. Entre-temps, le juge a demandé une expertise psychiatrique de trente jours des deux accusés, car leur comportement lors du crime paraît pour le moins « étrange ».

Le serveur Adam Woest et le chauffeur de taxi Trevor Theys de Mitchells Plain sont jugés pour treize inculpations, dont neuf pour meurtre, vol aggravé et possession d'armes à feu. D'après les conclusions de l'enquête, Theys vole un coffre-fort qui contient un pistolet parabellum 9 mm de marque Norinco appartenant à son frère Charles. Le lendemain, Aubrey John Otgaar, propriétaire d'un salon de massage et d'une agence de rencontres homosexuelles, nettoie l'établissement de Graham Street avec ses employés lorsqu'un client se présente. Gergory Berghaus se rend dans un des salons privés avec Sergio De Castro. Un peu plus tard, Otgaar arrive à son tour dans le foyer en compagnie des deux accusés qui portent des gants de chirurgien. Les deux hommes sont armés et déclarent qu'ils veulent voler tous les clients présents. Les montres et les bijoux sont dérobés, ainsi que les deux coffres de l'établissement. Un des otages, Timothy Boyd, est contraint de ligoter tous les autres. Mais Woest est furieux car il estime que les liens ne sont pas assez serrés. Il ordonne que tout le monde se mette à plat ventre. Theys est chargé de les attacher. Il leur enfonce des chaussettes dans la bouche et les bâillonne avec du ruban adhésif. Pendant ce temps, des clients sonnent à la porte, mais Woest leur annonce que le club est complet pour la soirée. Woest et Theys se rendent dans la cuisine d'où ils reviennent armés de couteaux. Ils poignardent systématiquement les hommes dans le dos et dans la nuque.

Otgaar parvient à défaire ses liens et il tente d'attaquer les deux criminels qui le frappent à coups de couteaux. Il s'effondre sur le plancher. Woest l'asperge d'essence et se prépare à mettre le feu quand Otgaar le supplie de l'épargner : il renonce à son projet. Theys surveille les otages pendant que son complice fouille la maison. Woest se rend dans le salon privé où se trouvent De Castro et Berghaus. On entend des coups de feu. Il retourne dans le foyer où Theys achève tous les otages avec son arme de poing. Otgaar, De Castro, Stephanus Fouche, Travis Reade, Johan Meyer et Timothy Boyd meurent sur le champ. Berghaus, Marius Meyer et Warren Visser décèdent à leur arrivée à l'hôpital.

Il n'y aura qu'un seul survivant, dont l'identité reste secrète car c'est le témoin clef des enquêteurs. Theys et Woest quittent les lieux avec leur butin : 7000 rands en liquide (environ 1000 €), des montres, des bijoux et un collier en or.

Le 16 mars 2004, les deux hommes sont condamnés à neuf peines de réclusion à perpétuité, une pour chacune de leur neuf victimes. Adam Woest, vingt-sept ans, et Trevor Theys, quarante-quatre ans, ont aussi été condamnés à vingt années supplémentaires pour tentative de meurtre et quinze ans pour vol à main armée. « Les crimes pour lesquels vous êtes condamnés portent la marque d'une sauvagerie totale et d'un mépris extrême », a déclaré le juge Nathan Erasmus en énonçant la sentence. « À l'examen des faits et de votre attitude, il ne fait aucun doute que les remords que vous avez exprimés ne sont pas sincères, et qu'ils sont uniquement inspirés par la pitié sur votre propre sort. »

POUR EN SAVOIR PLUS :

Un reportage avec des interviews et images d'archives (en afrikaans et en anglais) :

- http ://www.youtube.com/watch?v=4y8961jBJiE

5 FÉVRIER 2008

ARRESTATION D'UNE BANDE DE TUEURS EN SÉRIE RACISTES À MOSCOU

Quatre jeunes « nationalistes » russes, dont une jeune femme, âgés de dix-sept à vingt-deux ans, ont été arrêtés à Moscou « pour plusieurs meurtres de personnes d'apparence non slave », rapporte Kommersant. Ces dernières arrestations portent à neuf le nombre de skinheads de la « bande à Artur Ryno », qui serait responsable de l'assassinat de plusieurs dizaines de non-russes. Étudiant dans une école d'art, Artur Ryno a admis le meurtre de trente-sept Asiatiques et Caucasiens qu'il « hait depuis l'enfance et dont il veut « purger la ville ». Il est emprisonné depuis avril 2007, avec son complice Pavel Skatchevski, après le meurtre d'un homme d'affaires tué de trente-cinq coups de couteaux à Moscou. Ryno est depuis revenu sur ses aveux mais il demeure mis en examen pour vingt assassinats. Les membres de cette bande communiquent par Internet et se retrouvent souvent pour des « opérations de nettoyage ethnique ». Ils attaquent leurs victimes par groupe de deux à cinq, armés de couteaux, de poinçons ou de tournevis. Dix autres hommes pourraient faire partie de ce gang et être impliqués dans plusieurs meurtres racistes commis en janvier 2008 à Moscou.

POUR EN SAVOIR PLUS :

Un reportage sur le gang d'Artur Ryno :

- http ://www.youtube.com/watch ?v=9Yheqg0tEz0

6 FÉVRIER 1991

DÉCOUVERTE DU CORPS D'ELAINE MCCOLLUM ASSASSINÉE PAR DAVID GERARD

Frankie Cochran savait que son compagnon David Gerard était possessif et violent. Lorsqu'elle veut le quitter, il la menace avec un marteau.

Une semaine plus tard, il s'en sert pour la frapper d'innombrables fois à la tête. Puis il la poignarde à la gorge. Mais Frankie survit à ses terribles blessures. L'une de ses ex a eu moins de chance : elle est morte dans l'incendie criminel de sa maison, ainsi que ses enfants et sa mère.

Une prostituée est sauvagement assassinée, une autre femme est écrasée de nombreuses fois. Tous ces crimes ont un lien : David Gerard, né en 1960, est le plus jeune d'une famille de quatre enfants élevés par une mère célibataire et très stricte. Abandonnant vite sa scolarité, il survit grâce à des petits boulots dans des fermes du Comté de Gray Harbour et travaille comme videur d'un bar d'Aberdeen dans l'État de Washington. C'est grâce à l'acharnement d'un policier, Len Youmans, que le serial killer est arrêté.

7 FÉVRIER 1980

TED BUNDY EST CONDAMNÉ À LA PEINE DE MORT

Le plus célèbre des serial killers est exécuté le 24 janvier 1989, en Floride, pour trois meurtres ; il est suspecté d'une vingtaine d'autres crimes à travers les USA et d'une série de vingt-huit assassinats au Canada connus sous le nom de « Highway Murders ». La nuit précédant son exécution, Bundy avoue de nombreux meurtres dans une interview télévisée, espérant ainsi, mais en vain, surseoir au châtiment.

7 FÉVRIER 2010

DÉBUT DU PROCÈS D'UN SERIAL KILLER DE GAYS À SAINT-PÉTERSBOURG

En janvier 2009, Mikhail Kourilik, un Ukrainien de vingt-six ans, lie connaissance avec trois homosexuels sur un site de rencontres.

Invité chez eux à Saint-Pétersbourg, il en tue deux à coups de couteau et de marteau, le troisième, grièvement blessé, survit à ses blessures. À chaque fois, il les dépouille de leurs biens et s'empare de leurs cartes de crédit.

À la fin de son procès, Kourilik est condamné à vingt-trois ans de prison. On le soupçonne d'avoir commis d'autres forfaits.

8 FÉVRIER 2004

AFRIQUE DU SUD : LE « MONSTRE DE MITCHELL'S PLAIN » VIOLE UNE FEMME DEVANT SA FILLE DE QUATRE ANS

Le 27 juin 2008, Lewis Bowman, vingt-sept ans, surnommé « Le Monstre de Mitchell's Plain », a été condamné à cinq peines de prison à perpétuité pour les trois meurtres et deux viols par la Haute Cour du Cap, en Afrique du Sud. Il a également écopé d'une peine de 197 années de prison pour ses autres forfaits.

Dans la maison des Oliver sur Burgundy Street, Valerie, Terence et leur fils Ricardo sont ligotés, puis poignardés par l'accusé au fur et à mesure qu'ils rentrent du travail. Leurs corps sont ensuite empilés les uns sur les autres. Ils sont déjà morts depuis plusieurs jours lorsque Bowman croise une collègue de travail dans le centre de Mitchell's Plain. Ils sont employés dans une boucherie et il leur est arrivé de sortir ensemble. Sous le prétexte de lui donner deux sacs à ramener, Bowman la convainc de l'accompagner jusqu'au domicile des Oliver qui l'ont « toujours traité comme un fils ». Comme elle ne peut pas faire garder sa fille de quatre ans, celle-ci monte avec eux en taxi jusqu'à Burgundy Street. Une fois dans la maison, l'odeur de décomposition est si forte que Bowman lui indique qu'un chien a fait ses besoins. Il installe la mère et la fille devant la télévision. Pendant que Bowman s'affaire ailleurs, la mère s'impatiente et part à sa rencontre. Furieux, Bowman la frappe au visage, avant de la menacer d'un couteau. Il lui ordonne d'attacher sa fille, mais elle n'y arrive pas. Le tueur ligote les deux victimes et il couvre la fillette d'un duvet pendant qu'il viole sa mère. Il lui indique qu'il doit se rendre à la boucherie pour travailler et qu'il va revenir « s'occuper d'elles ». Terrorisée, la jeune femme urine sur les liens qui lui enserrent les poignets, afin d'avoir du jeu et elle parvient à se libérer. Elle se déshabille complètement pour se glisser entre les barreaux d'une fenêtre et, une fois dehors, elle donne l'alerte.

9 FÉVRIER 2006 ET 9 FÉVRIER 2008

LE « TUEUR DU 9 FÉVRIER » TUE SES VICTIMES À DEUX ANS D'INTERVALLE

Les enquêteurs de Salt Lake City, dans l'Utah, ont créé une unité spéciale de huit policiers pour tenter de résoudre trois assassinats commis le même jour, à deux ans d'intervalle. Cette affaire est considérée comme un « cold case ». La loi américaine dans certains Etats juge que le meurtre d'une femme enceinte équivaut à deux assassinats.

Sonia Mejia, vingt-neuf ans, est violée et assassinée dans son appartement de Taylorsville, le 9 février 2006. Elle était sur le point d'accoucher. Deux ans plus tard, c'est au tour de Damiana Castillo, cinquante-sept ans, d'être étranglée à son domicile de West Valley City.

Le suspect est décrit comme un homme d'origine hispanique âgé d'une vingtaine d'années. Les policiers possèdent son ADN.

POUR EN SAVOIR PLUS :

Un reportage de Fox News :

- http ://www.dailymotion.com/video/xhjsjr_february-9-serial-killer_news#.USuVSBw2r5g

10 FÉVRIER 2009

EXÉCUTION AU TEXAS DU « BATHTUB KILLER »

Dale Scheanette, un homme noir de trente-cinq ans, condamné à mort pour le viol et le meurtre de deux jeunes femmes en 1996, a été exécuté par injection létale dans le pénitencier de Huntsville, au Texas.

Le 17 septembre 1996, le corps de Christine Vu, vingt-six ans, est trouvé dans la baignoire de son appartement d'Arlington. Elle a été violée, étranglée puis noyée. Tous ses membres sont attachés avec du sparadrap. Une empreinte digitale et de l'ADN sont prélevés sur la scène de crime.

Le 24 décembre 1996, la tante et l'oncle de Wendie Prescott, vingt-deux ans, surpris de ne pas la voir arriver chez eux, découvrent son corps nu, ligoté, la tête immergée dans sa baignoire à moitié remplie. L'autopsie indique qu'elle a été violée et étranglée avant de mourir noyée. Les enquêteurs trouvent une empreinte digitale, mais ce n'est que quatre ans plus tard, en 2000, qu'elle est identifiée comme appartenant à Dale Scheanette. Surnommé « Le tueur à la baignoire », Scheanette est suspecté de nombreux autres crimes. Quatre viols lui ont été attribués entre septembre 1998 et octobre 1999 dans la région de Dallas et de Fort Worth. L'une de ses victimes est l'actrice et présentatrice de télévision Chima Simone.

11 FÉVRIER 2004

À HONG KONG, DEUX FILLETTES SONT TUÉES PUIS VIOLÉES POUR DES RITES DE MAGIE NOIRE

Deux jeunes filles de Hong Kong ont été tuées puis violées pour des rites de magie noire, afin de « créer » des fantômes destinés à tourmenter l'épouse du meurtrier. Les victimes âgées de un et onze ans ont été kidnappées à deux semaines d'intervalle par Duong Vinh Cuong, père de trois enfants, après que sa femme l'eut quitté, selon les dires de la Haute Cour de Hong Kong. Ayant appris la magie noire en Thaïlande, Duong a avoué avoir voulu former un lien de sang avec les victimes. Pour ce faire, il les étouffe avec des oreillers pour lâcher les esprits vengeurs des fantômes sur son épouse infidèle. Afin de parachever son rituel, cet émigré d'origine vietnamienne devait assassiner cinq personnes liées par le sang et, ensuite, se suicider. Après les meurtres, il tente de se suicider au gaz avec ses trois enfants âgés de deux à six ans, à son domicile du quartier de Yuen Long. Mais une explosion due à la fuite de gaz détruit l'appartement : Duong et ses enfants survivent à l'incendie qui s'ensuit. Les corps des deux victimes sont trouvés cachés dans un placard.

12 FÉVRIER 2009

DEUX SERIAL KILLERS CANNIBALES, PÉDOPHILES ET NÉCROPHILES CONDAMNÉS À LA PEINE DE MORT

Le tribunal de Ghaziabad, dans la banlieue de New Delhi, a condamné à mort Moninder Singh Pandher, un homme d'affaires, et son cuisinier Surinder Koli pour l'assassinat de Rimpa Halder, quatorze ans, l'une des dix-neuf victimes d'une série d'enlèvements, de viols, de meurtres, d'actes de cannibalisme et de nécrophilie, qui ont secoué l'Inde il y a plus de deux ans. Dans les derniers jours de décembre 2006, la police découvre les restes d'une vingtaine de fillettes, enterrés dans le jardin de la maison de Noida où vivaient Moninder Singh Pandher et son domestique Surinder Koli, à Noida. Dans la « maison de l'horreur », Koli avoue avoir séquestré avec son patron des petites filles kidnappées dans des bidonvilles, certaines âgées à peine de trois ans, avant de les tuer, de les violer et de démembrer certains des cadavres pour les dévorer ou en jeter d'autres aux toilettes.

Depuis le début de l'enquête en 2007, le bilan officiel se chiffre à dix-neuf morts mais compte tenu du nombre d'ossements et d'organes mis au jour, il pourrait être de quarante victimes.

Les plaintes de parents de Noida ont été ignorées par les autorités policières parce que les victimes étaient toutes issues de milieux défavorisés. Six policiers ont été suspendus en 2007 pour négligences répétées. En janvier 2007, les accusés avaient été tabassés par une foule déchaînée alors qu'ils quittaient le tribunal après des audiences préliminaires.

POUR EN SAVOIR PLUS :

Une émission de la série *India Investigates* (en hindi) avec des reconstitutions et images d'archives sur les meurtres d'enfants de Nithari :

- http ://www.youtube.com/watch ?v=hp4ttQaTRzw

13 FÉVRIER 1948

NAISSANCE D'ALLAN LEGERE, SURNOMMÉ « LE MONSTRE DE MIRAMICHI »

Surnommé le « Monstre de Miramichi », Allan Joseph Légère est né au Nouveau-Brunswick. Vendeur de voitures à Winchester, en Ontario, dans les années 1970, il est d'abord incarcéré en 1986 pour le meurtre de John Glendenning, un commerçant, un crime pour lequel il écope de la prison à perpétuité.

Le 3 mai 1989, Légère parvient à s'évader de l'hôpital où on le conduit pour recevoir des soins. Pendant sept mois, le tueur en série reste libre et sème la terreur dans la région. Il commet quatre meurtres – il viole et assassine trois femmes et tue un prêtre –, en plus de déclencher des incendies volontaire. Il est finalement arrêté le 24 novembre 1989. Allan Légère est à nouveau condamné à la prison à vie le 3 novembre 1991.

POUR EN SAVOIR PLUS :

Un documentaire sur le « Monstre de Miramichi » :

- http ://www.youtube.com/watch ?v=wgIILtoSfp8

L'université du Nouveau Brunswick a mis en ligne des milliers de pages du dossier criminel d'Allan Légère :

- http ://www2.unb.ca/lawlibrary/Legeretoppage.php

14 FÉVRIER 1961

DISPARITION DE CLAUDETTE CAROLYN COVEY À HONDO, DANS L'ÉTAT DU TEXAS

Le jour de la Saint-Valentin, en 1961, Claudette Carolyn Covey, quatorze ans, disparaît à Hondo, dans le Texas. Le soir d'Halloween de la même année, son corps est découvert dans un champ. Elle a été tuée de deux balles dans la tête. Dès le départ, tout le monde est persuadé de la culpabilité de Charlie Hitzfelder, le fils de dix-huit ans du shérif local. Personne ne sera jamais inculpé de cet assassinat, à cause de l'influence de cet officier de police corrompu.

De 1961 jusqu'à sa mort en 1998, Hitzfelder est au centre de nombreuses affaires de meurtres et de disparitions de jeunes filles dans les alentours de Houston et de Galveston. Il est aussi arrêté pour les viols de plusieurs adolescentes âgées de douze ans. Après la mort du shérif et de son fils, ses ex-femmes et des proches racontent l'existence violente et incestueuse de ce serial killer.

15 FÉVRIER 1992

LE « CANNIBALE DE MILWAUKEE » EST CONDAMNÉ À 996 ANNÉES DE PRISON

La nuit du 22 juillet 1991, deux policiers en patrouille dans les rues de Milwaukee aperçoivent un homme noir qui leur fait signe, une menotte accrochée à son poignet. Tracy Edwards, trente-deux ans, leur raconte qu'il vient d'échapper au locataire d'un appartement qui lui a montré des photos d'hommes mutilés et qui l'a menacé avec un couteau lorsqu'il a voulu quitter les lieux. Lorsqu'ils se rendent sur place au 924 North 25th Street, la cage d'escalier des Oxford Apartments dégage une odeur nauséabonde de décomposition qui s'amplifie devant la porte de l'appartement 213. L'homme qui leur ouvre est Jeffrey Dahmer, un homme blond de trente et un ans. Dans le deux pièces, les policiers sont confrontés à une vision de l'enfer : des photos couleurs montrent en gros plans des cadavres mutilés, le réfrigérateur contient quatre têtes coupées, 5 autres sont disposées dans un carton et dans un tiroir. Le congélateur révèle des poumons, des intestins, des reins et un cœur emballés individuellement. Des mains et des parties génitales en putréfaction sont empilées dans une boîte. Dans la chambre à coucher, des restes d'au moins trois victimes baignent dans un mélange d'acide et d'eau au fond d'un tonneau en plastique bleu. En tout, la police récupère les membres de onze victimes différentes dans l'appartement de Jeffrey Dahmer.

Dahmer, qui vient récemment de perdre son emploi de magasinier à la chocolaterie Ambrosia, passe aux aveux sans rien cacher de ses motivations qui vont de la mutilation au cannibalisme en passant par la nécrophilie. Les dix-sept meurtres avoués de Dahmer mettent aussi en lumière les grossières incompétences de la police de Milwaukee qui fait preuve de racisme et d'homophobie. Seules trois victimes sont blanches et la plupart sont gays. Bien que seize victimes aient disparues entre le 15 septembre 1987 et le 19 juillet 1991, aucun effort d'investigation n'a été mis en place par les autorités. Pire encore, un adolescent Laotien de quatorze ans, qui était parvenu à fuir à moitié nu et drogué de l'appartement 213, a été ramené par des policiers et confié à Jeffrey Dahmer. Le serial killer tuera sa victime quelques heures plus tard. L'arrestation et l'ampleur des crimes du « Cannibale de Milwaukee » choquent l'Amérique qui est alors fascinée par le film *Le silence des agneaux*.

Fils d'un chimiste industriel, Jeffrey Dahmer est né en 1960 à Milwaukee, mais il passe la majeure partie de son enfance dans la ville rurale de Bath, dans l'Ohio. Violé à l'âge de huit ans par un adolescent, Dahmer et son frère assistent impuissants aux constantes disputes de leurs parents. À dix ans, Jeffrey collectent les animaux écrasés sur la route pour les disséquer et les dissoudre dans de l'acide. Il enterre les restes dans un cimetière privé parsemé de petites croix blanches. Un voisin indique aux autorités qu'il trouvait des carcasses de chiens, chats ou grenouilles empalées près de la maison des Dahmer. À l'école, Jeffrey se distingue par un comportement irrationnel : il se met à hurler sans raison ou se déplace en marche arrière dans les couloirs du lycée. Ses camarades de classe qualifient son attitude par le terme « faire une Dahmer ». Il devient alcoolique et se réfugie dans des fantasmes homosexuels déviants. En juin 1978, son père quitte le domicile familial et sa mère part s'installer dans le Wisconsin avec le plus jeune frère. Jeffrey est abandonné, seul, sans aucune nourriture pendant près d'un mois.

Le 18 juin 1978, Dahmer prend en stop Steven Hicks qu'il ramène à la maison pour lui offrir un verre. Lorsque Hicks veut partir, Dahmer le frappe à la tête avec des haltères. Puis il l'étrangle par terre avec la barre. Dahmer garde le corps pendant deux jours où il le dissèque pour manipuler les organes tout en se masturbant. Il jette la chair dans diverses poubelles et pulvérise les os qu'il dissémine sur la propriété. En août 1991, Dahmer conduit les autorités jusqu'aux restes de Hicks : près de 500 fragments d'os seront mis à jour.

Sur les recommandations de son père, Dahmer s'engage 3 ans dans l'armée le 29 décembre 1978. Envoyé à Baumholder, en Allemagne, il en est renvoyé le 26 mars 1981, à cause de ses problèmes d'alcoolisme. De retour aux États-Unis, il s'installe chez sa grand-mère à West Allis, dans la banlieue de Milwaukee. Il travaille la nuit pour la chocolaterie Ambrosia, mais il reste toujours hanté par ses fantasmes de nécrophilie. Il dérobe un mannequin qu'il utilise pour des jeux sexuels, tente de déterrer le cadavre d'un adolescent dans un cimetière mais y renonce car le sol est gelé. Dahmer visite aussi de nombreuses entreprises de pompes funèbres dans l'espoir d'y trouver un corps. Il fréquente les saunas du quartier gay de la ville où il drogue de nombreux hommes pour les violer une fois qu'ils se sont endormis. Neuf ans après le meurtre de Steven Hicks, Dahmer drague Steven Tuomi avec qui il prend une chambre à l'hôtel Ambassador. Il se saoule et se réveille le lendemain matin auprès du cadavre du jeune homme de vingt-huit ans. Dahmer n'a aucun souvenir de ce meurtre. Après avoir acheté une valise, il transporte le corps jusqu'au domicile de sa grand-mère où il le démembre. Dahmer y tuera deux autres victimes en septembre 1987 et janvier 1988 avant que sa grand-mère lui demande de quitter les lieux, car elle est incommodée par les odeurs des soit disantes expériences chimiques de son petit-fils. Le 25 septembre 1988, Dahmer emménage dans l'appartement 213 des Oxford Apartments où il assassine treize jeunes hommes.

Dès le lendemain de son emménagement, Jeffrey est arrêté pour l'agression sexuelle d'un jeune Laotien de treize ans à qui il a offert cinquante dollars pour poser nu. Le 30 janvier 1989, il est condamné à un an de prison, mais la justice lui accorde le droit de sortir toutes les nuits pour garder son emploi à la chocolaterie Ambrosia. Pour les treize meurtres qu'il commet entre mars 1989 et juillet 1991, Jeffrey utilise toujours le même mode opératoire. Il réduit en poudre des pilules d'un puissant somnifère qu'il place au fond d'un verre qui sera offert à ses futures victimes. Il part draguer dans des bars gays de Milwaukee où il propose de l'argent pour des photos de nus. Une fois que la victime s'est endormie sur son canapé, Dahmer la déshabille et lui impose une relation sexuelle avant de la photographier dans des poses explicites. Il ingurgite ensuite beaucoup d'alcool et étrangle l'homme évanoui avant de le démembrer avec une scie ou un couteau électrique. Le véritable mobile de ses crimes est que Jeffrey ne supporte pas que ses rencontres d'un soir l'abandonnent : il veut les garder à tout jamais auprès de lui. Les têtes sont très importantes car elles représentent l'essence même d'un individu selon les termes employés par le tueur en série. Pour ceux qu'il préfère, Dahmer cuisine des morceaux de leur chair. Un biceps est poêlé, des cœurs sont assaisonnés avec du poivre et de la sauce à viande.

Ses fantasmes de domination et de toute puissance croissent avec les meurtres. Jeffrey Dahmer rêve de se créer un harem d'esclaves sexuels, des sortes de zombies qu'il pourrait commander au doigt et à l'œil. Pour ce faire, il lobotomise ses victimes encore vivantes en perçant leurs crânes avec une perceuse électrique puis en leur injectant du chlorure. De manière incroyable, au moins deux des victimes survivent quelques heures au traitement pseudo-chirurgical de Jeffrey Dahmer.

Lors de son procès qui débute le 30 janvier 1992, Jeffrey Dahmer plaide coupable pour les quinze meurtres pour lesquels il est jugé. Il plaide l'irresponsabilité, mais les jurés décident qu'il est sain d'esprit. Le 15 février 1992, le tueur cannibale est condamné à 936 années de prison. Pendant son incarcération à la prison de Portage, Dahmer est assassiné le 28 novembre 1994 à coups de barre de fer par un autre détenu, Christopher Scarver, qui tue aussi un autre détenu. Scarver affirme être le Fils de Dieu et avoir agi car Dieu le lui a ordonné. Vingt ans après la fin des meurtres du Cannibale de Milwaukee, celui qui a permit de l'arrêter le 22 juillet 1991, Tracy Edwards a été inculpé pour le meurtre d'un SDF à Milwaukee le 27 juillet 2011. Edwards, qui ne s'est jamais remis de son expérience dans les griffes de Dahmer, a sombré dans la drogue et l'alcool avant de devenir un SDF. Dix-sept ans après son décès, Jeffrey Dahmer peut être considéré comme responsable d'une dix-huitième victime.

POUR EN SAVOIR PLUS :

La version intégrale d'une interview de Jeffrey Dahmer, en compagnie de Lionel, son père :

- http ://www.youtube.com/watch?v=vPMBfX7D4WU

16 FÉVRIER 2010

ALAE EDDINE BENHAMMOU TUE TROIS FEMMES À TANGER

Alae Benhammou a déjà tué un homme en 2002 lorsqu'il est arrêté pour le meurtre par égorgement de trois femmes à Hay Branès (Maroc).

17 FÉVRIER 1933

NAISSANCE DE BLANCHE TAYLOR MOORE

Profondément religieuse, épouse fidèle et grand-mère adorée, Blanche Moore est l'incarnation (trop) parfaite de la féminité du sud profond des États-Unis. Pendant des mois, elle est au chevet de son mari, le révérend Moore, jusqu'à ce que des analyses révèlent qu'il a été empoisonné à l'arsenic.

Petit à petit, l'enquête met à jour le sordide passé de Blanche Taylor Moore, dont tous les compagnons décèdent mystérieusement Adolescente, elle est louée par son père, un prédicateur itinérant, qui rembourse ainsi ses dettes de jeu.

Le 18 janvier 1991, elle est condamnée à la peine de mort par un tribunal de Caroline du Nord où elle est toujours incarcérée à l'heure actuelle.

POUR EN SAVOIR PLUS :

Un documentaire sur Blanche Taylor Moore :

- http ://www.youtube.com/watch?v=lJCbAYvSUNw

18 FÉVRIER 2011

LE SERIAL KILLER TRAVESTI QUI ADORAIT SE DÉGUISER EN ADOLF HITLER A ÉTÉ EXÉCUTÉ

L'État de l'Ohio a exécuté le tueur en série Frank Spisak condamné à la peine de mort le 10 août 1983. Ses voisins de Cleveland le connaissaient sous le surnom de « Frankie Ann Spisak », un travesti qui rêvait de changer de sexe. Mais ils ignoraient son autre personnalité : un jour, Spisak décide de ne plus porter de robes ni de maquillage. Il se transforme en Adolf Hitler avec la même coiffure et moustache que le dictateur. En février 1982, Spisak lance sa première mission « rechercher et détruire » pour « nettoyer la ville ».

Dans les toilettes d'un bâtiment de l'université d'État de Cleveland, il abat le Révérend Horace Rickerson, un homme de race noire. Quatre mois plus tard, il tire sur un autre noir, John Hardaway, cinquante-cinq ans, mais celui-ci en réchappe. Durant le mois d'août, Spisak frappe à trois reprises : Timothy Sheehan, cinquante ans, que le tueur pense être juif, Brian Warford, un noir de dix-sept ans, puis une troisième victime qui est blessée. En septembre, Frank Spisak est arrêté pour avoir tiré par la fenêtre de son appartement. Il est relâché, mais un appel anonyme conseille à la police d'effectuer des vérifications sur son arme et de la comparer aux meurtres non élucidés de Cleveland.

Pendant son procès, Frank Spisak plaide l'irresponsabilité et affirme que la « guerre » qu'il a menée provient d'ordres directs de Dieu, son « supérieur immédiat ». Il ajoute que les juifs sont responsables de sa période travestie parce qu'ils ont « pris le contrôle de mon cerveau pendant que je ne faisais pas attention ». A l'énoncé du verdict, Spisak prononce un « Heil Hitler ! » tonitruant.

POUR EN SAVOIR PLUS :

Des images d'archives du témoignage de Frank Spizak à son procès :

- http ://www.youtube.com/watch?v=TSWMu7fij0c

19 FÉVRIER 2009

L'EX-POLICIER UMESH REDDY, SURNOMMÉ « THE BANGALORE SERIAL KILLER », VOIT SA CONDAMNATION À LA PEINE DE MORT CONFIRMÉE EN APPEL

Né en 1969, Umesh Reddy a été un officier de police renommé pour ses nombreuses arrestations de criminels. Entre le début des années 1990 et 2002, celui que les médias indiens ont appelé le « Jack l'éventreur de Bangalore » viole et tue au moins dix-neuf jeunes femmes. Sa méthode préférée consiste à assassiner ses victimes à l'arme blanche. Il parvient à s'évader à six reprises avant d'être capturé de manière définitive le 17 mai 2002.

Il est condamné à la peine de mort le 27 octobre 2006.

20 FÉVRIER 2004

UN JEUNE ALCOOLIQUE, PASSIONNÉ DE FILMS VIOLENTS, MASSACRE QUATRE PERSONNES EN QUELQUES JOURS

Un jeune homme de vingt-cinq ans a assassiné quatre personnes de sang-froid. C'est à l'occasion de ce qui a failli devenir son cinquième meurtre que Mirko H. a été appréhendé par les forces de l'ordre, dans la nuit du 19 au 20 février 2004, dans le Land de Thuringe (centre de l'Allemagne). Lors d'un interrogatoire qui a duré huit heures, Mirko a avoué les meurtres et l'explication qu'il a donnée à son geste était assez sommaire. « Je voulais me venger », a déclaré cet homme alcoolique depuis l'âge de quinze ans, qui a interrompu sa scolarité très jeune avant d'abandonner son apprentissage de cuisinier. Il vivait de l'aide sociale, percevant une allocation de 280 euros par mois. « Si l'on ne m'avait pas arrêté, plusieurs autres personnes seraient mortes », a-t-il ajouté. D'après Frank Blasius, l'officier de la Crim' qui a procédé à l'interrogatoire, il prévoyait de faire au moins six autres victimes. Et le policier a eu l'impression qu'il était content de s'être fait pincer « pour arrêter la série de meurtres ». Lorsqu'il a agressé la cinquième personne – un thérapeute de trente-huit ans qui s'était occupé de lui en cure de désintoxication alcoolique – il lui a lancé « Tu es le cinquième ! ». Par chance, le « cinquième », grièvement blessé à l'arme blanche, a quand même réussi à désarmer son agresseur et à alerter des voisins qui l'ont maîtrisé jusqu'à l'arrivée de la police. « Je voulais me venger » : si l'on en croit les déclarations du présumé tueur en série, ceux qui sont devenus ses victimes se seraient moqués de lui, lui auraient refusé leur aide ou fait du mal.

La série de meurtres a commencé le mercredi 28 janvier. Mirko s'est rendu dans la région où habitait Iena, chez Rainer F., un ex-médecin de cinquante-deux ans, surendetté et lui aussi dépendant de l'aide sociale. Il l'a tué à l'arme blanche. À propos de son acte de ce jour-là, il a déclaré aux enquêteurs qu'il avait découvert « à quel point il était facile de tuer un homme ».

Les trois autres personnes ont été tuées le 16 février, deux semaines et demie seulement après le premier meurtre. Mirko est d'abord allé trouver Thomas B., un homme de quarante-trois ans qui lui aurait refusé son aide. Il l'a tué à coups de ciseaux et de couteau, puis a tenté de maquiller la scène de crime en suicide à l'aide des ciseaux. Avant de quitter l'appartement de Thomas B., le couteau dans sa poche, il a pris une collation et un bain. Le même jour, Mirko a tué deux autres fois. Sur les indications données par le suspect, la police a retrouvé dans un appartement les corps d'un homme de cinquante-trois ans, Gerd S., qui avait reçu trente coups de couteau, et d'une de ses amies qui se trouvait chez lui à ce moment-là. Ilona H., âgée de quarante-six ans, a vécu un long martyr : Mirko lui a répété qu'elle allait mourir – il avait verrouillé la porte d'entrée – et a fini par la tuer de huit coups de couteau. Il a ensuite entrepris d'empiler les deux cadavres, qu'il avait au préalable déshabillés (« C'était rigolo à voir »). Après quoi il a piqué un somme sur le canapé, à proximité de ses victimes.

Enfant, Mirko aurait été battu par les différents partenaires de sa mère, tous alcooliques. Par le passé, il a été condamné à plusieurs reprises pour dégradation de matériel, coups et blessures et infraction à la loi sur les armes. Son film préféré, parmi une collection personnelle de quelque 300 vidéos violentes, était *American History X*, l'histoire très brutale d'un groupuscule de militants d'extrême droite aux États-Unis. Lors de son procès, qui s'est ouvert le 21 octobre 2004, le quadruple meurtrier, un homme de petite taille, au crâne rasé et affichant un tatouage sur le cou, s'est exprimé à voix tellement basse que son avocat a été obligé de rapprocher le micro de sa bouche. Mirko H. a raconté les circonstances de son passage à l'acte. En janvier, il avait dû pour la énième fois interrompre une cure de désintoxication alcoolique : il s'était tout simplement fait mettre à la porte de l'établissement spécialisé pour avoir consommé de l'alcool. Il est alors retourné dans son appartement, après avoir fini de boire l'argent de l'allocation chemin faisant. « Je me décevais moi-même parce que j'avais recommencé à boire, et par déception j'ai continué. »

Devant le tribunal, il a ajouté que c'était vraiment ce qu'il convenait d'appeler de « l'ivrognerie ». Et puisque les services sociaux avaient suspendu leurs versements, il a pensé aller trouver un homme dont il avait fait la connaissance lors d'une thérapie pour lui emprunter de l'argent. Les faits se sont passés deux jours après son renvoi du centre de désintoxication. Il s'agissait de Rainer F. L'ex-médecin qui avait sombré dans la déchéance lui a remis un sac plastique contenant des provisions, et ils ont bu ensemble de la sangria, des bières et du schnaps. Durant la nuit, son hôte lui a caressé le bras et la cuisse. Mirko n'a pas supporté de se faire « tripoter », il a fait un bond et renversé la table. Il a voulu aller chercher un torchon dans la cuisine où Rainer l'a suivi. Hors de lui, Mirko l'a bousculé, il a attrapé dans un tiroir un couteau à steak et lui en a asséné plusieurs coups, y compris lorsqu'il gisait à terre. « Je ne suis pas un gentil quand j'ai bu. Chez moi tout tourne à la violence. Et alors je me sens très fort. » L'accusé a poursuivi ses explications. En réalité, il voulait seulement faire peur au quinquagénaire, mais la facilité avec laquelle il lui a porté les coups l'a surpris. « C'est rentré comme dans du beurre. »

La plupart du temps, Mirko gardait le souvenir de ce qu'il faisait en état d'ébriété. Et après avoir tué Rainer, il n'a pas éprouvé de remords. Il a au contraire eu le sentiment que sa victime n'avait eu que ce qu'elle « méritait ». Après cela, Mirko s'est préparé un pot de thé et il a regardé la télévision. Ensuite il a tenté d'effacer ses empreintes et il a placé un couteau à beurre dans la main du mort non sans l'avoir d'abord planté dans le corps pour qu'il soit couvert de sang. Il a mis l'arme du crime et quelques torchons ensanglantés dans le sac à provisions que Rainer lui avait préparé. Ainsi que des cassettes pornos. Et il est rentré chez lui en pleine nuit. Puis le 16 février est arrivé. Au cours des deux semaines et demie qui ont séparé le premier meurtre des trois autres, l'accusé n'a pas bu d'alcool, d'après ce qu'il a expliqué à la cour; « je sais depuis toujours que je deviens agressif quand je bois ». Mais le lundi 16, Mirko a rompu l'abstinence, le besoin de boisson devenant de plus en plus impérieux. Il s'est passé la cassette de *Natural Born Killers*, *Tueurs nés* en français. « C'est alors que l'idée de me venger m'est venue. Je savais que je voulais me venger des gens de Bad Langensalza. Ils m'ont énervé, étouffé, battu, il se sont moqués de moi », a-t-il déclaré.

Dans la même journée il a tué trois personnes dans la ville thermale de Bad Langensalza (ex-RDA). Voici le récit qu'il en a fait au cours de l'audience du 3 novembre. Il faisait encore nuit lorsqu'il a pris deux couteaux dans sa cuisine, a glissé le plus petit dans la poche de son pantalon, l'autre dans son sac à dos, et qu'il a quitté son domicile. Il s'est d'abord rendu à celui de Gerd s., un copain de beuverie qui bénéficiait d'un logement social. Ils sont allés en voiture chez son amie, Ilona, que Mirko n'avait jamais rencontrée. Puis les trois se sont quittés – Gerd devait aller déjeuner avec sa mère – après avoir convenu de se retrouver à 15 heures. Entre-temps, Mirko a filé chez une autre de ses connaissances,

Thomas B. « Je l'ai félicité pour la rénovation de son appartement, nous avons bavardé pendant une heure environ. Ensuite j'ai sorti le couteau de mon pantalon et je lui ai foncé dessus. Il a juste eu le temps de me dire « mais qu'est- ce qu'il se passe ? » Il lui a asséné seize coups de couteau, d'après l'autopsie. « Et là je suis allé dans la cuisine pour y prendre une paire de ciseaux. Je voulais faire croire à un suicide, alors j'ai commencé par lui planter les ciseaux dans le ventre et ensuite je les ai placés dans sa main. »

Pourquoi a-t-il tué Thomas ?

« Il m'avait vexé. Une fois il m'a étranglé. Après le meurtre je me suis senti bien. C'était tout simplement un sentiment agréable. Je n'avais plus peur des autres. J'étais un héros, invincible. » L'après-midi, Mirko est retourné comme prévu chez Gerd, qu'il a tué ainsi qu'Ilona, au terme d'une torture morale extrême; elle l'a supplié en vain pendant deux heures de lui laisser la vie sauve. La rage meurtrière de Mirko n'a pu être stoppée que trois jours plus tard, lors d'une tentative de meurtre – un coup de couteau dans la poitrine – contre Meik F. qui avait été son thérapeute lors d'une cure de désintoxication.

Les journées d'audience du procès de Mirko H. se sont étalées sur plusieurs semaines, fin 2004; le 12 juillet 2005, le tribunal de Mühlhausen l'a reconnu coupable de trois meurtres, d'un homicide et d'une tentative de meurtre et l'a condamné à la réclusion à perpétuité, sans possibilité de libération conditionnelle.

21 FÉVRIER 2010

UN CHINOIS CONDAMNÉ À LA PEINE DE MORT POUR AVOIR TUÉ ET VIOLÉ TREIZE PERSONNES

Cheng Ruilong, trente-sept ans, a été condamné à mort pour avoir tué treize personnes et commis les crimes de vol et de viol pendant quatorze ans. Tous ses biens personnels ont été confisqués, selon la sentence du Tribunal populaire de Foshan, dans la province du Guangdong. Cheng, qui a utilisé plusieurs identités, a commis ses crimes entre le mois de mai 1996 et le mois de janvier 2005. Parmi ses victimes, il y avait trois fonctionnaires de police.

Cheng a été arrêté pour vol dans la ville de Ganzhou, dans la province du Jiangxi, en janvier 2005. À ce moment-là, il utilisait le faux nom de Zhou Quan. Il a été condamné à sept ans de réclusion pour ce vol.

Il a été exécuté le 2 novembre 2010, après avoir été condamné à mort pour onze de ses treize assassinats.

22 FÉVRIER 1960

NAISSANCE DE L'INFIRMIER ET « ANGE DE LA MORT » CHARLES CULLEN

En 2006, cet infirmier de quarante-six ans a été condamné à la prison à vie à Somerville, New Jersey, pour le meurtre de vingt-deux patients, tués par surdose de médicaments. Lors d'interrogatoires avec les enquêteurs, Charles Cullen avoue une quarantaine de meurtres commis en seize ans de carrière dans dix hôpitaux du New Jersey et de Pennsylvanie.

L'ancien infirmier Charles Cullen a plaidé coupable de l'assassinat de treize malades du Somerset Medical Center, ainsi que de deux tentatives de meurtres. Cette mesure lui permet d'éviter la peine de mort en échange de la prison à perpétuité sans possibilité de libération conditionnelle.

Voici le nom de ses victimes : Eleanor Stoecker, soixante ans, Bedminster, N.J., décédée le 12 février 2003 ; Joyce E. Mangini, soixante-quatorze ans, Raritan, N.J., décédée le 23 février 2003 ; Giacomino J. Toto, quatre-vingt-neuf ans, Bridgewater, N.J., décédé le 23 février 2003 ; John J. Shanagher, quatre-vingt trois ans, Bridgewater, N.J., décédé le 11 mars 2003 ; Dorothea K. Hoagland, quatre-vingt ans, Middlesex, N.J., décédée le 6 avril 2003 ; Melvin T. Simcoe, soixante-six ans, Green Brook, N.J., décédé le 5 mai 2003 ; Michael T. Strenko, vingt et un ans, Manville, N.J., décédé le 15 mai 2003 ; Jim Kyung Han, quarante ans, Basking Ridge, N.J., tentative de meurtre le 29 juin 2003 ; Florian J. Gall, soixante-huit ans, Whitehouse Station, N.J., décédé le 28 juin 2003 ; Pasquale M. Napolitano, quatre-vingt ans, Peapack-Gladstone, N.J., décédé le 13 juillet 2003 ; Christopher B. Hardgrove, trente-huit ans, Somerville, N.J., décédé le 11 août 2003 ; Frances Agoada, quatre-vingt-trois ans, Franklin Township, N.J., tentative de meurtre le 27 août 2003 ; Krishakant Upadhyay, soixante-dix ans, Bridgewater, N.J., décédé le 20 septembre 2003 ; James R. Strickland, quatre-vingt-trois ans, Bowie, Md., décédé le 23 septembre 2003 ; Edward P. Zizik, Three Bridges, N.J., décédé le 21 octobre 2003.

Cullen a aussi indiqué qu'il va plaider coupable en Pennsylvanie pour le meurtre le 30 décembre 1998 d'Ottomar Schramm, soixante-dix-huit ans, à l'hôpital d'Easton, en Pennsylvanie. Les autorités judiciaires des Comtés de Lehihg et de Northampton (Pennsylvanie) estiment être en mesure de mettre en examen l'ex-infirmier pour onze meurtres de patients en ce qui concerne leurs juridictions respectives.

POUR EN SAVOIR PLUS :

Un documentaire sur Charles Cullen :

- http://www.youtube.com/watch?v=xNJJyYZ-ZzI

23 FÉVRIER 1906

PENDAISON DE JOHANN OTTO HOCH

Surnommé le « Barbe Bleue de Chicago », Johann Otto Hoch est un bigame qui aurait épousé cinquante-cinq femmes entre 1892 et 1904, sous différents pseudonymes. Peu après le mariage, les épouses disparaissent : Hoch les empoisonne à l'arsenic, puis les enterre.

Dénoncé en 1905, il est condamné à la peine de mort pour le seul assassinat de Marie Walcker, le 23 juin 1905. Hoch est pendu le 23 février 1906.

24 FÉVRIER 2011

LE « NORTH SIDE STRANGLER » ÉCOPE DE SEPT PEINES DE PRISON À PERPÉTUITÉ

Des traces de l'ADN de Walter E. Ellis, quarante-neuf ans, ont été retrouvées sur les corps de neuf femmes âgées de seize à quarante et un ans, dont les cadavres ont été à chaque fois retrouvés dans les quartiers nord de Milwaukee, dans le Wisconsin. Huit des victimes étaient des prostituées et la neuvième était une fugueuse impliquée dans des affaires de drogue. « Les progrès continus de la technologie de l'ADN nous ont permis de relier ces différents meurtres entre eux, et le bon travail de la police suivant différentes pistes a permis l'arrestation d'un suspect », a déclaré le responsable de la police Edward Flynn en annonçant cette arrestation.

Les deux premiers meurtres ont eu lieu à un jour d'intervalle en octobre 1986, et le suivant en 1992. Une quatrième femme a été tuée en 1994, trois en 1995, et une en 1997. Le cas le plus récent remonte à 2007. Le suspect possédait un passé judiciaire, mais il n'a pas été soupçonné de cette série de meurtres dans un premier temps. Ce sont des viols et des agressions sexuelles qui ont mis les autorités sur la piste de Walter Ellis.

POUR EN SAVOIR PLUS :

La conférence de presse du Milwaukee Police Department :

- http ://www.youtube.com/watch?v=8iwFzT_N8v4

25 FÉVRIER 2011

FAN DE DEXTER, UNE SUÉDOISE DE VINGT ET UN ANS TUE SON PÈRE

Pour sa défense, une Suédoise de vingt et un ans accusée d'avoir tuée son père à la manière de Dexter Morgan a affirmé avoir un accord avec sa victime : « c'est ce qu'il voulait. ». L'accusée est une fan de la série *Dexter*, un point auquel les enquêteurs attachent une certaine importance. Quelques jours avant le meurtre, elle écrivait dans son journal intime qu'elle aimerait prendre la vie de quelqu'un. Et parmi son historique sur Internet, les policiers ont trouvé des sites sur la manière d'effacer les preuves d'un crime, ainsi que des informations sur le fonctionnement du cœur.

La jeune femme a assassiné son père en lui enfonçant un couteau en plein cœur, avant de lui trancher la gorge. Confrontée aux preuves réunies contre elle, l'accusée a confié s'être passionnée pour les tueurs en série en général, et Dexter en particulier.

26 FÉVRIER 2010

NEUF MEMBRES DES "LOUPS BLANCS" CONDAMNÉS POUR ONZE MEURTRES RACISTES

Neuf membres du groupe nationaliste russe les « Loups blancs » ont été condamnés par un tribunal de Moscou à des peines allant de six ans et demi à vingt-trois ans de prison pour une série de meurtres racistes. Huit des neufs prévenus ont aussi été condamnés pour incitation à la haine raciale. Les accusés étaient poursuivis pour leur participation à onze meurtres et une tentative de meurtre en 2008. Le chef du groupe, Alexeï Djavakhichvili, dix-huit ans, a été condamné à sept ans de prison. Dmitri Isaïkin, vingt-deux ans écope de la sentence la plus sévère, avec vingt-trois années de réclusion.

En tant que Russes, ils se sentent supérieurs aux autres peuples. Depuis dix ans, les crimes racistes se sont multipliés dans ce pays, ainsi que des groupuscules extrémistes animés par des thèses nationalistes. D'après un sondage publié en décembre 2009, 54 % des Russes approuvent le slogan nationaliste « la Russie aux Russes. ».

27 FÉVRIER 1955

NAISSANCE DE WILLIAM FYFE

Né en 1955 à Toronto, William Fyfe est le tueur en série le plus prolifique de la province du Québec. Entre 1979 et 1999, il assassine et mutile neuf femmes âgées de quarante-six à cinquante-neuf ans. Il est arrêté le 22 décembre 1999 dans un « Husky Truck Stop ». En septembre 2001, ce toxicomane est condamné à la prison à vie pour le meurtre de cinq femmes. Afin de bénéficier de meilleures conditions carcérales, Fyfe avoue le meurtre de quatre autres femmes. On lui accorde son transfert dans une prison anglophone en Saskatchewan, à l'ouest du Canada. Ses victimes venaient notamment de Montréal, Laval, Sainte-Agathe et Sainte-Adèle.

POUR EN SAVOIR PLUS :

Un documentaire sur William Fyfe :

→ http ://www.youtube.com/watch?v=c_A00AWbA3o

28 FÉVRIER 2004

UN SERIAL KILLER DE PROSTITUÉES AURAIT INDIQUÉ LE MOBILE DE CES CRIMES DANS DES ÉCRITS

Les policiers d'Oklahoma City enquêtent pour savoir si des notes laissées auprès d'un pasteur installé sur une aire de repos fréquentée par les routiers, auraient pu être l'œuvre d'un serial killer, tueur de sept femmes, pour la plupart des prostituées. Ces écrits ont été trouvés par Barry McLead près de la caravane où il prêche, à l'endroit même où l'une des victimes du tueur a été vue pour la dernière fois. L'auteur fait référence au « parking du péché » et exhorte l'homme de Dieu : « hé pasteur, tu devrais te bouger le cul pour Jésus ET nettoyer les putes du coin. » La note est signée « AVERTISSEMENT. » Peu de temps avant la découverte de ce mot, le corps de Casey Jo Pipestem est trouvé près de Grapevine, au Texas. Les cadavres des différentes victimes ont été jetés le long des autoroutes et dans des ravines de l'Oklahoma, de l'Arkansas, du Texas et du Mississipi. Plus de soixante enquêteurs de six Etats différents se sont retrouvés à Oklahoma City, le 28 février 2004, pour effectuer des comparaisons entre leurs dossiers. Six des sept femmes assassinées sont des prostituées et trois d'entre elles ont été étranglées.

En 2004, après cette réunion des différents enquêteurs, Terri Turner, une analyste du « Oklahoma Bureau of Investigation » et le sergent Larry Hallmark, un policier de la ville de Grapevine, au Texas, découvrent qu'un tueur en série est à l'œuvre depuis de nombreuses années le long du couloir de l'autoroute I-40 qui traverse l'Oklahoma, le Texas, l'Arkansas et le Mississipi. Aucune des juridictions concernées n'a fait le lien entre ces sept affaires. La base de données VICAP permet d'ajouter une dizaine de meurtres à la liste des victimes du serial killer qui est identifié fin 2004. Il s'agit de John Robert Williams, un routier âgé de vingt-huit ans. Williams et sa petite amie Rachel Cumberland, trente-cinq ans, kidnappent une femme à la sortie d'un casino du Mississipi. Ils la tuent et jettent son cadavre le long d'un sentier rural. Mais des témoins aperçoivent la victime en compagnie du couple. Une caméra de surveillance filme le trio. Les médias sont alertés. Paniquée, Rachel Cumberland téléphone à la police pour lui dire qu'ils ont trouvé le corps, mais ses explications ne tiennent pas la route et ils sont mis en examen pour meurtre. Des interrogatoires permettent de recueillir les aveux de John Robert Williams. Il avoue une douzaine de meurtres ; parmi ceux-ci, de nombreux crimes qui ont été traités par l'analyste du FBI Terri Turner. Williams a une parfaite connaissance des moindres détails des scènes de crime, si telle victime a été étranglée manuellement ou à l'aide d'une ligature, comment il les a violées, ante ou post-mortem. Il explique, par exemple, que l'une des prostituées, Buffie Rae Brawley, a le mot « Ebony » (« ébène ») tatoué sur la cuisse droite et qu'elle arbore de profondes lacérations sur le crâne, là où il l'a frappée avec un démonte-pneu. Brawley a abordé John Robert Williams à un « truck stop » d'Indianapolis. « A la seconde même où elle a tapé à ma vitre, c'était une femme morte », affirme le routier. Depuis, le serial killer est revenu sur ses aveux. Il n'y a aucun ADN qui le lie aux différents crimes, mais le sergent Larry Hallmark est persuadé que les confessions de Williams sont véridiques. « Il s'est vanté que jamais nous parviendrions à découvrir son ADN car il n'a jamais eu de relations sexuelles dans le sens traditionnel du terme », raconte Hallmark qui a interrogé Williams à plusieurs reprises. Les victimes de John Robert Williams ont toutes un style de vie typique de cette catégorie de victimes d'assassins itinérants.

Le 5 juillet 2005, Williams est condamné à la réclusion criminelle à perpétuité pour un seul crime commis dans le Mississipi, après qu'il ait plaidé coupable.

29 FÉVRIER 2008

UNE FEMME MÉDECIN ALLEMAND JUGÉ POUR LA MORT DE HUIT DE SES PATIENTS

Mechthild Bach, une femme médecin allemande, âgée de cinquante-huit ans, soupçonnée d'avoir tué par injection huit patients, a nié les accusations portées contre elle lors du premier jour de son procès devant un tribunal de Hanovre. Ses avocats ont lu une déclaration où elle affirme que « dans tout ce qu'elle a fait et n'a pas fait, elle était intimement convaincue que ses patients approuvaient ses actes ».

Le tribunal l'accuse d'avoir administré des doses létales de Valium et de morphine à huit patients, jusqu'à la mi-2003. La plupart de ces malades souffraient d'un cancer depuis de nombreuses années. Médecin d'un service de cancérologie de la clinique Paracelsus de Langenhagen, près de Hanovre, Mechthild Bach a -tout d'un coup et sans raison apparente– altéré le traitement de certains de ses patients pour les tuer avec un « cocktail » de Valium et de morphine. La caisse de Sécurité sociale s'était inquiétée en 2003 des prescriptions excessives de Valium et de morphine commandées par l'accusée. Les corps de plusieurs de ses patients avaient alors été exhumés afin de procéder à des autopsies. Arrêtée en 2004, la femme médecin avait été relâchée quatre semaines plus tard après le versement d'une caution de 40 000 €. Ce premier procès tourne court par manque de preuves. Lors d'un second procès en janvier 2011, le Dr. Mechtild Bach, soixante et un ans, est jugée pour treize meurtres. Les autorités la soupçonnent d'avoir assassiné soixante-seize patients depuis 2001. Elle se suicide le 25 janvier 2011 pendant le déroulement de ce second procès.

Mars

1ER MARS 2004

UN SERIAL KILLER PAKISTANAIS, TUEUR DE CINQ CHAUFFEURS DE TAXI, CONDAMNÉ À MORT

L'appel d'un serial killer pakistanais contre sa condamnation à mort a été rejeté par la Haute Cour Fédérale. Junaid Nawaz Lal Nawaz a empoisonné cinq chauffeurs de taxi et tenté d'en tuer trois autres, en juillet 2001, dans les faubourgs d'Abu Dhabi et d'Al Ain. Tous les crimes ont été commis entre le 21 juin et le 4 juillet 2000, pour un mobile crapuleux. Deux des trois victimes qui ont survécu, Mohammed Sattar Khan et Kamaluddin Sharabuddin, ont formellement identifié Nawaz. La Cour a aussi condamné l'accusé pour adultère et pour le vol de son employeur. Pour agir, Nawaz s'est servi d'un pesticide puissant qu'il a mélangé à du soda. Une fois ses victimes inconscientes, il les a volées avant de les laisser mourir suffoquées par la chaleur du soleil pakistanais dans leurs véhicules dénués de climatisation. D'après les rapports du médecin légiste, les victimes décèdent moins de dix minutes après l'ingestion du cocktail fatal.

2 MARS 2010

CONDAMNATION À MORT DU « JACK L'ÉVENTREUR THAÏLANDAIS »

Somkhid Phumphuang, quarante et un ans, a été condamné à la peine de mort pour le meurtre de cinq prostituées. Pour deux d'entre elles, il avait déjà écopé d'une réclusion criminelle à perpétuité, la peine capitale étant prononcée pour l'assassinat par strangulation de Pongpang Sabchai, dans un hôtel de la province de Lampang. Ses parents décèdent dès son plus jeune âge et Somkhid est alors élevé par son oncle mais il tombe dans la délinquance dès l'âge de quinze ans lorsqu'il est expulsé de son lycée pour un vol. Voleur, trafiquant de drogue et d'armes à Esarn, il commet aussi un parjure qui entraîne l'injuste condamnation d'un homme d'affaires à six ans de prison.

On lui connaît au moins cinq autres identités et son premier meurtre date du 30 janvier 2004 à Mukdahan où il noie Warunee Pimpabutr, vingt-cinq ans, dans la baignoire d'une chambre d'hôtel. Par la suite, toutes ses autres victimes sont étranglées dans des chambres d'hôtels. Par deux fois, Somkhid est filmé par les caméras de surveillance des établissements et l'on trouve l'une de ses empreintes digitales sur un verre de bière près du cadavre de Sompong Pimpompirom, trente-six ans, à Buri Ram, le 21 juin 2004.

POUR EN SAVOIR PLUS :

Un article (en anglais), avec des photos :

- http ://www.pattayadailynews.com/en/2010/03/08/serial-killer-finally-gets-his-just-desserts/

3 MARS 2004

EN AUSTRALIE, DEUX FEMMES THAÏLANDAISES SONT JETÉES VIVANTES DANS UNE RIVIÈRE INFESTÉE DE CROCODILES

Deux prostituées thaïlandaises, ligotées par des câbles, dont les cadavres ont été retrouvés dans une rivière infestée de crocodiles proche de Darwin en Australie, pourraient avoir été tuées par un serial killer qui hait les femmes, selon le docteur Brian Boettcher, un profiler qui travaille pour la police. Les corps des victimes, Phuangsri Kroksamrang, cinquante-huit ans, et Somjai Insamman, vingt-sept ans, sont trouvés flottant près de l'Adelaide River Bridge, le 3 mars 2004. Elles ont les pieds attachés et, d'après les constatations du légiste, le meurtrier les a jetées vivantes à l'eau, après les avoir étranglées pour leur faire perdre connaissance. L'assassin utilise la carte bleue de l'une d'elles pour retirer 1800 dollars australiens, ce qui permet aux policiers de l'arrêter.

Le profiler de la police de Darwin s'est trompé car il s'agit de deux tueurs âgés de dix-huit ans, Ben William McLean et Phu Ngoc Trinh, qui sont condamnés à vingt-cinq ans de prison le 16 mai 2005.

4 MARS 1936

NAISSANCE DE ROBERT GARROW

Né dans une famille de fermiers dans le village de Dannemora, au nord de New York, Robert Garrow est élevé à la dure et puni très sévèrement à la moindre incartade, ce qui est confirmé par ses frères et sœurs lors de son procès. Son père le frappe souvent à coups de brique. La police doit intervenir de manière régulière au domicile familial pour séparer Garrow et son père alcoolique. Enfant et adolescent, il commet des actes de zoophilie et de tortures sur les animaux de la ferme et il se masturbe dans des jeux sadomasochistes avec la machine à traire les vaches. À quinze ans, Robert est placé dans une maison de redressement.

Il s'engage dans l'US Air Force où il est l'objet de nombreuses moqueries à cause de son énurésie, avant d'être jugé par une cour martiale pour avoir volé de l'argent à un supérieur. Il passe dix-huit mois dans des prisons de Floride et de Géorgie.

Physiquement impressionnant avec plus de cent kilos de muscles, Garrow revient à New York en 1957 où il se marie et devient le père d'un garçon. Mais ce n'est pas pour autant que sa vie se stabilise. Il est constamment renvoyé de petits boulots et il commet de nombreux vols et cambriolages. Il trompe son épouse avec un homosexuel sadique. En 1961, Garrow est condamné à sept ans de prison pour un viol. Dès sa libération, il devient un violeur en série de fillettes mais il échappe aux autorités pour prendre la route.

Le 29 juillet 1973, quatre amis adolescents partent camper dans un parc près de Wells, dans les Adirondacks, lorsqu'ils ont le malheur de croiser la route de Garrow, au volant de sa Volkswagen orange. Il attache les trois jeunes hommes et Carol à des arbres, puis il poignarde Philip Domblewski à de nombreuses reprises avant de s'enfuir. Son véhicule est repéré par la police d'État au bout de deux jours de recherche. Après une longue poursuite dans la forêt du parc, Garrow a un accident et il est obligé de quitter sa voiture.

Les enquêteurs sont persuadés que Garrow est aussi responsable de l'assassinat de Daniel Porter, un étudiant d'Harvard âgé de vingt-trois ans, et de la disparition de sa petite amie, Susan Petz, vingt ans. Le corps de Porter a été retrouvé le 20 juillet, à trente kilomètres de l'endroit où Domblewski a été tué. Le mode opératoire est similaire dans les deux affaires.

Au bout de onze jours de cavale, des policiers aperçoivent Garrow près de la maison de sa sœur. Il refuse de se rendre et il est blessé de trois balles dans le dos, la jambe et la main gauche.

Lors des interrogatoires, Garrow refuse de coopérer et il prétend avoir perdu la mémoire. Ses avocats le poussent à parler et il leur explique qu'il a violé et assassiné Alicia Hauck, seize ans, à Syracuse, Daniel Porter, ainsi que Susan Petz qu'il garde vivante pendant quatre jours pour la violer à répétition, avant de la poignarder à mort.

Le 27 juin 1974, Robert Garrow est reconnu coupable de quatre meurtres et de sept viols. Depuis son arrestation, le tueur en série est confiné dans une chaise roulante, expliquant que ses blessures par balles l'ont paralysé, ce que contestent plusieurs médecins. Il est condamné à la prison à vie. Pendant son incarcération, Garrow décide de poursuivre les autorités pour dix millions de dollars de dommages et intérêts pour ses blessures. Il est transféré vers la prison de Fishkill où la sécurité est moindre qu'à Dannemora et Auburn où il était emprisonné auparavant. Il est placé dans un bâtiment réservé aux handicapés et aux personnes âgées.

La nuit du 8 septembre 1978, Garrow fabrique un mannequin qu'il place dans son fauteuil roulant, il se lève et quitte les lieux avec un automatique de calibre.32 que son fils Robert lui a transmis. Les forces de l'ordre le cherchent à travers tout l'Etat de New York, les routes sont bloquées et toutes les gares sont surveillées. Pendant trois jours, personne ne voit Garrow. En fait, il a creusé un trou dans des bois, à moins de trois cents mètres de la prison, où il s'est terré sans bouger. Mais une patrouille repère un transistor près de cette cavité d'où le tueur surgit l'arme au poing. Il fait feu et blesse un policier à la jambe. Les autres répliquent et Robert Garrow meurt sur le champ.

LE BONUS :

« Murder in the Woods », un court-métrage américain de 2009 est basé sur le cas de Robert Garrow :

- http ://www.murderinthewoods.com

5 MARS 2012

WILLIAM HEIRENS, LE « LIPSTICK KILLER », MEURT APRÈS SOIXANTE-CINQ ANNÉES PASSÉES DERRIÈRE LES BARREAUX

William Heirens, le « Tueur au rouge à lèvres », un fétichiste, a tué deux femmes et une fillette en 1945 et 1946. Il est décédé de mort naturelle le 5 mars 2012. Heirens est l'auteur de crimes sexuels à Chicago. Il a inscrit au rouge à lèvres ce message, « pour l'amour du ciel, attrapez-moi avant que je ne tue encore, je ne peux pas me contrôler », dans l'appartement de France Brown, seize ans. À l'époque, Heirens est un cambrioleur âgé de seize ans qui tue deux autres femmes en 1945, à Chicago.

Une fois arrêté, William Heirens accuse de ses crimes un alter ego du nom de « George Murman », un diminutif de « Murder Man ». Après des aveux en 1946, il a ensuite toujours protesté de son innocence.

Le film de 1956 de Fritz Lang, *While the City Sleeps* (*La cinquième victime*) avec Dana Andrews, George Sanders, Ida Lupino, Vincent Price, est basé sur le cas du « Lipstick Killer » qui est joué par John Drew Barrymore sous l'identité fictive de Robert Manners.

POUR EN SAVOIR PLUS :

Un épisode de la série *Most Evil* sur William Heirens et le Dahlia Noir :

- http ://www.youtube.com/watch ?v=gtQtxuwTHfs

RainSoaked Pavement, un dessin animé basé sur le « Lipstick Killer »

- http ://vimeo.com/21414112

6 MARS 1994

MORT DU « HIGHWAY KILLER » LARRY EYLER

Arrêté en 1983 pour une tentative de meurtre, Larry Eyler est relâché à cause d'une erreur de procédure des policiers. Pourtant, les preuves de ses crimes, trouvées dans sa voiture, sont évidentes. Une fois libéré, le « Highway Killer » tue à nouveau, en tout vingt-trois hommes, à travers l'Indiana et l'Illinois. Des auto-stoppeurs, pour la plupart homosexuels, sont torturés, éviscérés et démembrés. Eyler sera finalement arrêté en août 1984, à Chicago, et condamné à mort, le 30 septembre 1986.

Il décède du SIDA dans le pénitencier de Pontiac, dans l'Illinois.

POUR EN SAVOIR PLUS :

Boys Left Behind, un reportage de Shaun Murphy sur Larry Eyler et deux de ses victimes qui ne sont toujours pas identifiées à ce jour :

- http ://vimeo.com/39077838

7 MARS 1963

NAISSANCE DE RUSSELL WILLIAMS

Colonel dans l'armée de l'air canadienne, ce violeur et tueur en série a été condamné à la prison à vie le 21 octobre 2010 pour deux meurtres. Pendant des années, il commet des vols à caractère fétichiste. Williams, qui est né en 1963, a filmé l'un de ses crimes et, sur son ordinateur, les enquêteurs ont découvert de nombreuses photos de lui-même revêtu de sous-vêtements féminins. Depuis sa condamnation, les enquêteurs continuent leurs investigations pour savoir si Russell Williams n'a pas assassiné d'autres personnes. Fait curieux, pendant sa jeunesse, il est le voisin et fréquente le même établissement scolaire qu'un autre serial killer canadien, Paul Bernardo.

POUR EN SAVOIR PLUS :

The Confession (2010), un documentaire sur l'interrogatoire de Russell Williams, le 7 février 2010 :

- http ://www.youtube.com/watch?v=QTH8ifgEMTc

8 MARS 2002

UN PÈRE ET SON FILS DEVIENNENT SERIAL KILLERS À VINGT-DEUX ANS D'INTERVALLE

Ward Weaver, quarante ans, accusé du meurtre de deux fillettes, Ashley Pond, douze ans, et Miranda Gaddis, treize ans, à Oregon City, a donné une interview à une chaîne de télévision locale pour déclarer qu'il est innocent et que les corps des enfants ont été enterrés dans son jardin par un gang de motocyclistes et de trafiquants de drogue. « J'ignore comment, pourquoi et je ne sais pas qui a fait ça, mais je vais me défendre lors de mon procès. Je suis innocent ». Weawer connaissait les deux victimes qui ont disparues le 9 janvier 2002 pour Ashley et le 8 mars de la même année pour Miranda. Leurs cadavres sont découverts sur la propriété de l'accusé vers la fin août 2002. Considéré comme un suspect dès le début de l'enquête, il est même identifié comme tel par le quotidien *The Portland Tribune* qui l'interviewe le 30 juin 2002, deux mois avant la découverte des corps des victimes. Soumis au détecteur de mensonges, Ward Weaver a échoué lors de ce test. Il est mis en examen le 13 août 2002 pour le viol de la petite amie de son fils Francis et d'une mineure. Son père Ward Weaver Jr réside dans le couloir de la mort de la prison de San Quentin pour deux homicides commis en 1981. Un des corps avait été enterré dans l'arrière-cour de sa maison.

POUR EN SAVOIR PLUS :

Un reportage de KATU TV avec une interview de Ward Weaver :

- http ://www.katu.com/news/local/10-years-later-woman-sheds-light-on-why-sister-killed-by-Weaver-142019073.html ?tab=video&c=y

9 MARS 1390

EXÉCUTION DE JEHAN LE BRUN

En septembre 1389, un ouvrier fourreur incarcéré pour un vol dénonce un complice, Jehan le Brun, qui avoue très vite une quarantaine de victimes. D'abord forgeron, il entre au service d'un écuyer où il devient archer pendant six ans. Arrivé à Paris, il dilapide ses économies et se livre au banditisme. Avec des complices, il emmène une fille de joie au bois de Vincennes où il lui tranche la gorge. Le Brun commet de nombreux autres forfaits, même s'il revient sur seize de ses premiers aveux. Il est exécuté le 9 mars 1390.

10 MARS 1928

DISPARITION DE WALTER COLLINS QUI EST ASSASSINÉ PAR GORDON NORTHCOTT ET SA MÈRE

La série d'assassinats connus sous le nom de « Wineville Chicken Coop Murders » est une affaire oubliée de kidnappings et de meurtres d'enfants qui se sont déroulés en 1928 à Los Angeles et dans le Comté de Riverside, en Californie. Elle a été remise en lumière en 2008 par Clint Eastwood dans son film *Changeling* (*L'échange*).

En 1926, le fermier Gordon Stewart Northcott quitte le Saskatchewan (Canada) pour s'installer en Californie. Il emmène avec lui son neveu de treize ans, Sanford Clark, qu'il bat et dont il abuse sexuellement. En septembre 1928, informée de la situation, la police de Los Angeles se rend sur le ranch Northcott, à Wineville. Sanford Clark leur indique que son oncle a enlevé, violé et assassiné quatre jeunes garçons avec l'aide de sa mère, Sarah Louise Northcott. En fuite, les Northcott sont arrêtés à Vernon, en Colombie-Britannique (Canada). Après la découverte macabre des restes enterrés sur le ranch, Sanford Clak retourne s'installer à Saskatoon, où il meurt le 20 juin 1991.

Sarah Louise Northcott purge douze années d'emprisonnement, avant d'être libérée; elle décède en 1944. Le 13 février 1929, Gordon Northcott est condamné à la peine de mort et il est pendu dans l'enceinte de la prison de San Quentin, le 2 octobre 1930.

Le 1er novembre 1930, la ville de Wineville devient Mira Loma et supprime toutes les références géographiques attachées à ces meurtres. On estime le nombre total des victimes de Gordon Northcott à environ une vingtaine de jeunes garçons.

POUR EN SAVOIR PLUS :

Un reportage sur Gordon Northcott :

- http ://www.youtube.com/watch?v=-Nu7T-Szi5Q

11 MARS 2004

UN CHIMPANZÉ SERIAL KILLER SÈME LA TERREUR AU CONGO

Depuis le début du mois de mars 2004, un gros chimpanzé tue et menace la vie des habitants de Mondjamboli. Les habitants ont déserté le village pour fuir cet animal qui aurait été apprivoisé au départ mais qui échapperait actuellement au contrôle de son maître. Il a déjà tué plus d'une dizaine de personnes en l'espace de six mois à Mondjamboli. La menace est si sérieuse que les villageois ont quitté leurs maisons pour échapper à ce primate tueur. En pleine journée, ce mammifère pourchasse les femmes dans les champs. Téméraire, il s'attaque même aux chasseurs dans la forêt.

12 MARS 2008

DÉCÈS EN PRISON DU SERIAL KILLER RICHARD BIEGENWALD

Né en 1940 et victime de terribles abus durant son enfance, Biegenwald commet son premier meurtre en 1958. Libéré sur parole en 1975, il est accusé à plusieurs reprises de viol, avant de tuer à nouveau en 1981, dans le New Jersey. Arrêté le 22 janvier 1983, Richard Biegenwald reconnaît six autres assassinats qui lui valent une condamnation à mort.

POUR EN SAVOIR PLUS :

Des extraits du procès de Richard Biegenwald en 1983 :

- http ://www.youtube.com/watch?v=UwPYdoase_s
- http ://www.youtube.com/watch?v=anpXnqyjRvM
- http ://www.youtube.com/watch?v=u-P1NlRnb9s

13 MARS 1933

NAISSANCE DE DONALD HENRY « PEE WEE » GASKINS, JR.

Surnommé « Pee Wee » à cause de sa petite taille, ce natif de Caroline du Sud commence sa carrière de serial killer à vingt ans, en 1953 en tranchant la gorge d'un codétenu Hazel Brazell. Lorsqu'il est arrêté en 1976, les autorités estiment qu'il a tué entre dix et cent dix personnes des deux sexes.

D'après ses déclarations, il divise ses forfaits en deux catégories, les « Coastal Kills », des meurtres pour le plaisir dont il estime le nombre proche de quatre-vingt-dix, et les « Serious Murders » pour les victimes qu'il connaissait.

Enfermé à prison à perpétuité, Gaskins récidive en faisant exploser une radio piégée d'un voisin de cellule, Rudolph Tyner, qui est tué sur le coup.

Gaskins est condamné à mort et exécuté sur la chaise électrique le 6 septembre 1991.

POUR EN SAVOIR PLUS :

Une émission de la série *Born To Kill ?* :

- http ://www.youtube.com/watch?v=FhH9PjAEe7s

14 MARS 1996

CIARA GLENNON, VINGT-SEPT ANS, EST LA SECONDE DISPARITION DANS L'AFFAIRE DU SERIAL KILLER DE CLAREMONT (AUSTRALIE)

Claremont est une banlieue tranquille de la ville de Perth, dans l'ouest de l'Australie. Jusqu'à ce que trois jeunes femmes disparaissent sans laisser de traces. Depuis dix ans, l'enquête continue, la plus coûteuse de toute l'histoire criminelle du pays. Les trois corps des disparues ont été retrouvés, plusieurs suspects ont été identifiés, mais personne n'a encore été mis en examen pour ces assassinats. Et seize autres personnes sont portées manquantes : sont-elles aussi des victimes du « Claremont Killer » ?

Une unité spéciale de la police australienne intitulée « Macro » a longtemps travaillé sur ce cas. Un policier a fait figure de suspect pendant quelques mois. Mais c'est en octobre 2006 que « Macro » pense tenir leur homme en la personne de Mark Dixie, condamné en Angleterre pour l'assassinat du mannequin Sally Anne Bowman en 2005. À ce jour, Dixie n'a pas été inculpé des crimes et disparitions de Claremont.

POUR EN SAVOIR PLUS :

Hunt For a Killer, un documentaire de Crime Investigation Australia :

- http ://www.youtube.com/watch?v=OVHYlh8i5RY

15 MARS 2012

ARRESTATION D'UN TUEUR EN SÉRIE TOGOLAIS QUI PRÉLEVAIT LE SANG ET LES ORGANES DE SES VICTIMES

Un présumé tueur en série à Agoé-Nyivé et Guénécopé (Togo) a été arrêté et présenté à la presse, ainsi que ses commanditaires. En novembre 2011, douze corps mutilés, pour la plupart de jeunes filles, ont été découverts à Agoè-Nyivé.

Grâce à de nombreux témoignages, le lieutenant-colonel Yark Damehame a mis sur pied le 1er août 2011, une équipe d'enquêteurs qui a pu dresser le portrait robot du criminel. Le 15 mars 2012, vers midi, Kossi Kpatcha Simliya a été pris en flagrant délit pendant qu'il conduisait une jeune vendeuse ambulante vers un lieu isolé. Les criminels ciblaient leurs victimes parmi cette catégorie dont l'âge va de douze à vingt-cinq ans. Le réseau criminel écumait les zones d'affluence de ces vendeuses, notamment les marchés et leurs abords, les points de vente des carrefours et le long des routes. Par ruse, Kossi Simlyia fait croire à la jeune femme qu'il a une sœur richissime qui va lui acheter toute sa marchandise. Il la conduit ensuite dans un lieu isolé où l'attendent les autres membres du réseau pour l'étrangler. À l'aide de seringues il remplit des bouteilles du sang de la victime. Avec des lames et de petits canifs, ils mutilent les organes génitaux qu'ils emportent.

Le tueur en série a reconnu lors d'une conférence de presse avoir assassiné une vingtaine de jeunes femmes. La perquisition au domicile de Kossi Kpatcha Simliya a permis à la gendarmerie de saisir trente-neuf slips pour femmes dont certaines ensanglantés, un lot de perles et de soutien-gorges emballés dans un grand châle.

16 MARS 2006

LE TUEUR EN SÉRIE QUI VOULAIT DEVENIR FREDDY KRUEGER EST CONDAMNÉ À SIX PEINES DE PRISON À PERPÉTUITÉ

Schizophrénique, Daniel Gonzales, vingt-cinq ans, rêvait d'imiter le tueur ganté de lames coupantes de la série des *Nightmare on Elm Street* de Wes Craven, pour au moins un jour dans son existence, ainsi qu'il l'a expliqué aux policiers qui l'ont interrogé. Arrêté pour quatre meurtres et deux tentatives en septembre 2004, il a consigné ses pensées les plus intimes dans des notes retrouvées dans un casier de la gare de King's Cross, à Londres. Il y indique son ambition de devenir célèbre en assassinant dix personnes et il se moque ouvertement de ses deux premières victimes, Peter King, soixante et un ans, poignardé à Portsmouth et Marie Harding, soixante-treize ans, assassinée à Worthing, dans le West Sussex.

Gonzales reconnaît que tuer est un vrai délice comparable à la prise de drogue. Parlant d'une de ses victimes qui a survécue, il accuse la taille « trop courte » de sa lame de couteau. Afin de ne pas répéter « son erreur », il prend un taxi pour acheter un poignard à longue lame qu'il utilise pour massacrer les époux Derek et Jean Robinson à Highgate, au nord de Londres. Aux enquêteurs, Gonzales raconte ainsi le crime : « dès que je suis entré chez eux, j'ai respiré un bon coup en pensant, 'Okay, ça y est. On y va. Prêt, la main ferme, top chrono', et je l'ai fait. » Un visiteur le surprend nu et couvert de sang près des corps. Gonzales s'exclame : « désolé pour le merdier, mon gars. » Pendant que l'homme s'enfuit pour donner l'alarme, Gonzales quitte les lieux et se fait recoudre des blessures aux mains et à une lèvre à l'hôpital. Mais les policiers, qui ont suivi sa trace, l'interpellent à la station de métro de Tottenham Court Road.

Voici quelques extraits de ses écrits : « je vais devenir un serial killer. Je suis sérieux, je le jure. Je vais devenir un serial killer. Je vais m'arranger pour voyager jusqu'à Londres pour y zigouiller une quelconque vieille bique et ça, le plus tôt possible. Je vais en tuer le plus possible. J'en ai eu qu'un pour le moment, mais dix, c'est un bon chiffre. Un bain de sang, c'est agréable, c'était super bon... C'était vraiment très très chouette (Gonzales fait référence au meurtre de Marie Harding). Une des meilleurs choses que j'ai faite dans ma vie, signé Zippy (son pseudonyme). Y'a rien de mieux à part les pilules, K (Ketamine), la dope et la techno hardcore, etc, etc, etc. »

Lors de son internement à Broadmoor, Gonzales a tenté de se suicider à plusieurs reprises en se mordant les artères avec « une violence rare » selon les dires d'un médecin. Il a été condamné à six peines de prison à perpétuité et il n'a exprimé aucun remords.

Le 9 août 2007, il réussit finalement à se trancher les veines avec un boîtier de CD.

17 MARS 1912

LA « VEUVE NOIRE » LYDA MCHAFFIE ÉPOUSE ROBERT DOOLEY, SON PREMIER MARI

Surnommée « Lady Bluebeard », Lyda McHaffie est une veuve noire de l'Idaho. Son premier mari, Robert Dooley, décède en 1915, quelques mois à peine après leur mariage. Ed, le frère de Robert Dooley, meurt peu après. Son second époux, Billy McHaffie, propriétaire d'un café à Twin Falls, meurt deux ans après leurs noces. En 1921, un troisième mari, Ed Meyer, périt un mois après avoir épousé Lyda, qui est alors âgée de vingt-sept ans.

Le shérif Van Ormsby décide d'ouvrir une enquête. Lors d'une fouille, il découvre une très grande quantité de papier tue-mouches dans la cave de la maison de Lyda McHaffie. Ormsby est persuadé que la veuve noire a fait bouillir ce papier tue-mouches pour en extraire l'arsenic. Des exhumations ont lieu qui confirment la présence d'arsenic dans le corps des victimes. Le shérif apprend qu'un quatrième mari est mort dans d'étranges circonstances, ainsi qu'une fille de Lyda, âgée de deux ans. Un mandat d'arrêt est lancé contre la jeune femme qui s'est installée à Hawaï où elle vient de convoler avec Paul Southard.

Après un procès de six semaines, Lyda est condamnée à la perpétuité. Au bout de dix ans de pénitencier, elle parvient à s'évader en sciant les barreaux de sa cellule. Quinze mois plus tard, des policiers lui mettent la main au collet dans le Kansas, où elle s'est remariée pour la sixième fois. Elle retrouve la même cellule de la prison de Boise, d'où elle est libérée en 1941. Elle y aura séjourné dix-neuf ans, dix mois et vingt-quatre jours. Elle décède en 1958, après deux nouveaux mariages. Jusqu'à sa mort, Lyda McHaffie a toujours protesté de son innocence.

18 MARS 1987

PAUL EZRA RHOADES KIDNAPPE SUSAN MICHELBACHER À IDAHO FALLS

Le serial killer Paul Ezra Rhoades est le premier condamné à mort à être exécuté dans l'État de l'Idaho depuis dix-sept ans, le 18 novembre 2011. Âgé de cinquante-quatre ans, il a passé vingt-trois ans dans le couloir de la mort.

Il avait reçu la sentence suprême pour le meurtre en 1987 d'une enseignante de trente-quatre ans qu'il avait enlevée dans un parking de supermarché et violée. Le tribunal avait prononcé une deuxième peine de mort pour le meurtre -la même année- d'une jeune femme de vingt et un ans, qu'il avait abattue alors qu'elle prenait la fuite lors d'une tentative de viol. Il avait en outre reçu une peine de prison à perpétuité pour le meurtre d'une troisième victime âgée de vingt ans. Tous ses appels devant la justice étaient épuisés, y compris devant la Cour suprême des États-Unis. Paul Rhoades est la vingt-septième personne à être exécutée dans cet État depuis 1864, selon les autorités pénitentiaires de l'Idaho.

POUR EN SAVOIR PLUS :

Un reportage de KTVB News :

- http ://www.ktvb.com/news/Rhoades-case-lead-detective-discusses-planned-execution--134012983.html

Les dernières heures avant l'exécution de Paul Rhoades :

- http ://www.youtube.com/watch ?v=5Z1yP3bBPCs

Qui était Paul Ezra Rhoades ? :

- http ://www.youtube.com/watch ?v=a5kEzr6spxk

19 MARS 2006

QUARANTE-SEPT ANS APRÈS SON EXÉCUTION, LE TUEUR EN SÉRIE HARVEY GLATMAN FAIT UNE NOUVELLE VICTIME

Cinquante-deux ans après les faits, le tueur en série Harvey Glatman aurait fait une nouvelle victime. L'inspecteur Steve Ainsworth du Comté de Boulder est persuadé que Glatman, qui a été exécuté en 1959 pour trois assassinats, a tué une inconnue dont le cadavre vient d'être exhumé pour une reconstruction faciale. Le corps de Jane Doe, qu'on estime âgée d'une vingtaine d'années, a été découvert nu dans un canyon près de Boulder Creek en 1944.

En réexaminant le dossier du tueur, Ainsworth a trouvé une référence à un enlèvement à Boulder Creek. En 1944, Harvey Glatman avait été arrêté à l'âge de dix-sept ans pour le kidnapping d'une jeune femme à Sunshine Canyon, à quinze kilomètres de Boulder Creek. La jeune femme avait survécu.

Un cas exemplaire de sadique sexuel, Harvey Glatman est obsédé dès son plus jeune âge par les cordes et le bondage. À dix ans, il se pend de nombreuses fois à des poutres du grenier pour des séances d'auto-érotisme. Plusieurs fois interné dans des hôpitaux psychiatriques, il passe des annonces dans des journaux de Los Angeles où il prétend être un photographe de magazines, à la recherche de modèles. Il viole, ligote et étrangle trois jeunes femmes, tout en les photographiant sous tous les angles. Une quatrième victime potentielle, pourtant blessée à la jambe d'une balle tirée par Glatman, parvient à s'emparer de l'arme et à faire arrêter le tueur. A l'image d'un Gary Gilmore ou d'un Westley Allan Dodd, Harvey Glatman demande à être exécuté. Son vœu est doublement exaucé, puisqu'amateur de bondage, il est attaché dans la chambre à gaz de la prison de San Quentin, le 18 août 1959.

POUR EN SAVOIR PLUS :

James Ellroy présente Harvey Glatman dans la série *City of Demons* :

- http ://www.youtube.com/watch ?v=D6O0FUWGCe4

Un diaporama de 58 photos sur Harvey Glatman :

- http ://skcentral.com/gallery/displayimage.php ?album=100&pid=2792#im=0

20 MARS 2011

DÉBUT DU PROCÈS D'UN SERIAL KILLER RECONNU COUPABLE DE VINGT-HUIT MEURTRES

Accusé du meurtre de trente-quatre personnes, David Simelane, cinquante-trois ans, a attendu d'être jugé pendant dix ans. Il a été innocenté de six homicides par le juge qui le condamne à la peine de mort par pendaison le 1er avril 2011. David Simelane aurait débuté sa carrière de tueur en série pour se venger de la société et des femmes à cause d'une condamnation pour un viol qu'il n'aurait jamais commis. Ses crimes s'échelonnent entre 1997 et 2001. La police a découvert les corps de quarante-cinq femmes, enfants et bébés dans des bois des environs de Manzini, la ville principale du royaume du Swaziland. Simelane a été soupçonné d'être à l'origine de trente-quatre d'entre eux.

Son mode opératoire est toujours le même, il attire des femmes avec des promesses de travail, avant de les tuer à coups de couteau.

On ignore s'il a violé ses victimes. Le mobile des meurtres n'a jamais été abordé pendant le procès mais la presse locale a laissé entendre que Simelane a revendu des parties des corps de ses victimes à des sorciers.

POUR EN SAVOIR PLUS :

Plusieurs articles et photos sur David Simelane :

- http ://forum.goregrish.com/threads/david-thabo-simelane.21788/

21 MARS 2009

FAN DE SERIAL KILLERS, IL POIGNARDE QUATRE PERSONNES À LIÈGE

Le samedi 21 mars 2009, en début d'après-midi, dans le café-restaurant « L'orée du bois », rue de Plainevaux à Seraing, Giovanni Argento, un Serésien de vingt-sept ans, a poignardé le compagnon de sa mère et trois autres hommes. Grand admirateur de serial killers, il était connu pour des faits de vols et d'incendies volontaires. En 2008, le tribunal correctionnel de Liège lui avait infligé trois ans de prison avec sursis partiel pour avoir jeté un cocktail Molotov sur la façade d'une maison.

Giovanni Argento était un serial killer en puissance et il rêvait de devenir célèbre. Il a déclaré aux enquêteurs qu'il voulait faire un carnage, qu'il voulait tuer un maximum de personnes pour être idolâtré à l'image de son héros Ted Bundy. Le procureur du roi de Liège, Danièle Reynders, a confirmé que lors de la perquisition chez Argento, les enquêteurs ont retrouvé des livres, DVD et CD vantant les exploits de serial killers.

Il projetait aussi, après avoir acheté un hachoir, de tuer des personnes en leur coupant la tête puis de manger leur foie et de jeter les cadavres dans la Meuse. Le 30 novembre 2010, Giovanni Argento a été condamné à une peine de vingt-cinq ans de prison et une mise à disposition du gouvernement de dix ans qui prendra effet à la fin de l'exécution de sa peine principale.

POUR EN SAVOIR PLUS :

Un reportage (sans commentaires) de RTC Liège :

- http ://www.rtc.be/reportages/judiciaire/1442837-25-ans-de-prison-pour-ladmirateur-des-tueurs-en-serie

22 MARS 1968

NAISSANCE DE MATTHEW ROBERTS, UN ENFANT ADOPTÉ, QUI DÉCOUVRE QUE SON PÈRE BIOLOGIQUE EST CHARLES MANSON

Matthew Roberts a découvert à l'âge de quarante et un ans l'identité de son père biologique qui n'est autre que le célèbre tueur en série Charles Manson. Matthew est né le 22 mars 1968. Sa mère biologique, Terry, a été droguée puis violée par Charles Manson à San Francisco, en 1967.

Depuis cette découverte, Matthew a fait une dépression, mais a écrit à son père. Les deux hommes communiquent par courrier : « quand on m'a annoncé que mon père était Charles Manson, je n'y ai pas cru. J'ai eu peur et j'étais en colère. C'était comme d'annoncer à quelqu'un que son père s'appelle Aldolf Hitler ».

POUR EN SAVOIR PLUS :

Un reportage de CNN :

- http ://www.youtube.com/watch?v=-qo9-1ze6cw

23 MARS 1998

EXÉCUTION EN FLORIDE DE GERALD STANO

Au début des années 1970, un jeune homme tranquille de dix-neuf ans, Gerald Eugene Stano commence à écumer les quartiers chauds de Daytona Beach, Tampa Bay, St. Petersburg et Gainesville, en Floride, à la recherche d'étudiantes, de prostituées, d'auto-stoppeuses ou de serveuses de bars. Le 25 mars 1980, lorsqu'il est arrêté grâce à l'intervention d'une prostituée de Daytona, Stano a assassiné quarante-deux personnes.

Condamné à mort pour le meurtre de trente-trois victimes, il a été exécuté le 23 mars 1988 à la Florida State Prison.

POUR EN SAVOIR PLUS :

Un documentaire sur Gerald Stano :

- http ://www.youtube.com/watch?v=2xoOW4qgJrI

24 MARS 1953

DÉCOUVERTE DU PREMIER CORPS AU 10 RILLINGTON PLACE

Le 24 mars 1953, un locataire du 10 Rillington Place sonde les murs de sa cuisine dans le but d'y accrocher des étagères lorsqu'il a la surprise d'y découvrir un endroit qui sonne creux. En défaisant le papier peint, il trouve un placard dont il manque l'un des coins. A la lueur d'une lampe torche, une vision d'horreur s'offre à lui. Le cadavre d'une femme nue est maintenu en position assise par un drap fixé entre le mur et son soutien-gorge. Quand la police arrive sur les lieux, des fouilles dans ce placard permettent de mettre à jour deux autres corps de femmes enveloppés dans des draps et entourés de fil électrique. Les autopsies révèlent que chacune des victimes a respiré du monoxyde de carbone avant d'être étranglée. Du sperme est présent dans le vagin de chaque femme. Dans une autre pièce de l'appartement, le plancher en bois paraît mal consolidé. Une fois retiré, les policiers trouvent un quatrième corps, lui aussi enveloppé dans un drap. C'est celui d'Ethel Christie, cinquante-quatre ans, l'épouse du locataire précédent, John Reginald Christie, qui a vécu seize ans en ces lieux. Une blague à tabac métallique contient des touffes de poils pubiens appartenant à quatre femmes différentes de ceux découverts au 10 Rillington Place.

Dans l'arrière-cour, un fémur humain qui sert à tenir en place un grillage annonce la découverte de nouvelles horreurs avec deux cadavres de femmes. Ces six corps de femmes du 10 Rillington Place rappellent tout de suite aux enquêteurs une autre trouvaille macabre à la même adresse, quelques trois ans plus tôt. Le 2 décembre 1949, Beryl Evans, dix-neuf ans, et sa fille de quatorze mois Geraldine ont été étranglées dans la buanderie attenante à l'appartement. À l'époque, le suspect numéro un avait été John Christie avant que l'époux de la défunte, Timothy John Evans, ne passe aux aveux. Ce chauffeur routier de vingt-quatre ans qui souffre de déficiences mentales se rétracte par la suite. Il affirme que Christie a tué sa femme en pratiquant un avortement clandestin. Et que ce même Christie lui a proposé de trouver des parents adoptifs pour sa fille Geraldine. Confus et incohérent, Timothy Evans est condamné à la peine de mort et meurt pendu sur l'échafaud le 9 mars 1950.

John Reginald Christie, qui a loué son appartement quatre jours avant la découverte des six cadavres, est l'objet d'une chasse à l'homme massive dans tout le Royaume-Uni. Son portrait s'étale à la une de tous les journaux. Le 31 mars 1953, il est reconnu par un agent de police près du pont de Putney. Dès son arrivée au commissariat, Christie avoue quatre assassinats, dont celui de son épouse. Selon ses déclarations, il aurait trouvé Ethel en proie à des convulsions après qu'elle ait avalé des barbituriques et, pris de pitié, il aurait abrégé ses souffrances en l'étranglant avec un bas nylon. Dans sa première confession, il affirme que les trois cadavres du placard sont des prostituées qu'il a été obligé d'étrangler en légitime défense lorsqu'elles se sont montrées violentes à son égard.

Les aveux de celui que la presse surnomme « L'Étrangleur de Rillington Place », ainsi que le travail minutieux d'un brillant médecin légiste, le docteur Francis Camps, permettent d'établir une chronologie des crimes. Pendant que son épouse Ethel rend visite à des membres de sa famille le 1er septembre 1943, Christie étrangle Ruth Marguerite Fuerst, une réfugiée autrichienne de vingt et un ans, à l'aide d'une corde. Au préalable, ils ont eu des relations sexuelles. Le 7 octobre 1944, Muriel Amelia Eady, une collègue de travail de Christie, âgée de trente-deux ans, disparaît sans laisser de traces. Ethel est à nouveau absente lorsque Christie convainc Eady qu'il peut soigner sa bronchite. Dans un rituel macabre qu'il va reproduire à trois autres reprises, Christie fait boire de l'alcool à Muriel Eady et l'installe sur son fauteuil où il lui fait respirer du monoxyde de carbone grâce à un tube de verre fixé à une bonbonne de gaz. Une fois qu'elle a perdu connaissance ou qu'elle est décédée, Christie la viole. Le fait de se débarrasser de sa femme Ethel le 14 décembre 1952 lui facilite la tâche pour les victimes suivantes. Les trois dernières victimes sont des prostituées âgées d'une vingtaine d'années qu'il assassine entre janvier et mars 1953.

Le 22 juin 1953, John Christie est seulement jugé pour le meurtre de son épouse devant la Cour criminelle de Londres. Il plaide la folie, mais cette hypothèse est rejetée par plusieurs psychiatres renommés. Leurs témoignages révèlent le portrait saisissant d'un psychopathe sexuel. Né en 1898 dans une famille stricte où le mot amour est banni, Christie est un adolescent faible et hypocondriaque dont les tares sexuelles lui valent des surnoms tels que « Reggie sans bite » et « Christie la panne ». Plusieurs experts indiquent que le tueur a très certainement gazé et étranglé ses victimes pour les violer après la mort. Au sortir de l'adolescence, ses parents le jettent à la rue après qu'il se soit fait prendre à voler. Christie s'engage dans l'armée où il est blessé et gazé en mars 1918. Rapatrié, il reste près de quatre ans sans parler, souffrant d'aphonie fonctionnelle, un trouble psychologique fréquent chez les hystériques. En 1920, il épouse Ethel et travaille à la poste avant d'être condamné à sept mois de prison pour des vols. Le couple s'installe au 10 Rillington Place en 1938 où tous les meurtres seront commis. Après la pendaison de John Reginald Christie le 15 juillet 1953, la rue change de nom et l'immeuble du 10 Rillington Place est rasé. Une enquête officielle menée en 1953 ne conclut pas à l'innocence de Timothy John Evans, pendu en 1950 pour les meurtres de son épouse Beryl et de sa fille Geraldine. Mais tous les experts s'accordent à considérer que c'est John Christie qui les a tués. En 1971, le réalisateur Richard Fleischer porte l'affaire Christie à l'écran avec son chef d'œuvre *L'étrangleur de Rillington Place* où l'acteur Richard Attenborough interprète le rôle du serial killer.

POUR EN SAVOIR PLUS :

Un documentaire sur John Reginald Christie :

- http ://www.youtube.com/watch ?v=sqCDnDIwhyI

25 MARS 2009

UN AUTHENTIQUE SERIAL KILLER ENGAGÉ COMME ACTEUR AUX CÔTÉS DE VAL KILMER

Un réalisateur américain a engagé comme figurant Clifton Broomfield, un véritable tueur en série, qui a joué dans le film *Felon* aux côtés des acteurs Val Kilmer et Steven Dorff. Originaire d'Albuquerque, Broomfield a tué cinq personnes, dont trois un mois après avoir joué dans le film. Pour ces crimes, il a écopé de 195 années de prison.

Le film a été tourné dans la prison de Corcoran avec d'authentiques détenus et membres de gangs criminels comme figurants.

POUR EN SAVOIR PLUS :

La bande-annonce du film *Felon* :

- http ://www.youtube.com/watch ?v=Sr0zDhqfOVo

26 MARS 2008

UN TUEUR EN SÉRIE DE SEIZE ANS AFFIRME AVOIR ASSASSINÉ DOUZE PERSONNES

Un adolescent de seize ans a déclaré avoir assassiné douze personnes depuis novembre 2007 à Novo Hamburgo, une ville du sud du Brésil. « Jusqu'à présent, nous savons qu'il est impliqué dans six meurtres. Il a peut-être inventé quelques assassinats », a déclaré le commissaire Plentz qui a interrogé l'adolescent pendant plusieurs jours. « Il parlait de la façon la plus naturelle des meurtres qui étaient presque tous gratuits. C'était vraiment terrifiant. Il m'a dit qu'il avait tué un homme parce qu'il avait dragué sa petite amie et qu'il a tiré sur un autre parce qu'il lui a donné un coup sur l'oreille. »

27 MARS 2006

DÉCÈS DU « VAMPIRE VIOLEUR » WAYNE CLIFFORD BODEN

Le tueur en série Wayne Clifford Boden a semé la terreur à Montréal de 1969 à 1971. Durant ces années, il commet cinq meurtres, tous sur des femmes. Son premier assassinat est perpétré sur Shirley Audetten le 3 octobre 1969. Elle est violée, étranglée et porte des marques de morsures sur les seins.

Né en 1948, Wayne Clifford Boden a été surnommé le « Violeur vampire » parce qu'il aime mordre la poitrine de ses victimes. Marielle Archambault, une employée de bijouterie, connaît le même sort que sa première victime. Son corps est retrouvé sur le divan de son appartement, le 23 novembre 1969. Le tueur a emporté ses sous-vêtements. Elle a été violée et ses seins présentent des morsures. Les empreintes dentaires contribueront à la condamnation de Boden. Il est condamné à la prison à vie et purge sa peine au pénitencier de Kingston à compter du 16 février

1972. Boden meurt d'un cancer de la peau le 27 mars 2006 à l'hôpital de Kingston.

28 MARS 1995

ARRESTATION DU TUEUR EN SÉRIE ROBERT CHARLES BROWNE

Né le 31 octobre 1952, dans une famille pauvre de neuf enfants, en Louisiane, Robert Charles Browne s'engage dans l'Armée de 1969 à 1976, d'où il est renvoyé à cause de problèmes de drogue. Il est condamné à deux peines de prison à perpétuité par l'État du Colorado pour l'assassinat de Rocio Sperry, quinze ans, en 1987, et de Heather Dawn Church, treize ans, en 1991.

En 2000, Browne écrit plusieurs lettres au policier Charlie Hess dans lesquelles il avoue quarante-huit meurtres commis entre 1970 et 1995, perpétrés dans le Mississipi, la Louisiane, le Colorado, la Californie, le Nouveau-Mexique, l'État de Washington, l'Arkansas, l'Oklahoma et le Texas. L'un de ses courriers indique : « Sept vierges sacrées, enterrées l'une à côté de l'autre, les impures sont éparpillées, le score est de 1 pour vous, l'autre équipe, 48. »

POUR EN SAVOIR PLUS :

Un entretien avec l'auteur Stephen G. Michaud qui a écrit un ouvrage sur Robert Charles Browne :

- http ://www.youtube.com/watch ?v=-mTJZbqrNjg

29 MARS 1962

NAISSANCE DE JOHN MARTIN CRAWFORD, SURNOMMÉ « LE TUEUR DE FEMMES » (« THE LADY KILLER »)

John Martin Crawford est un Canadien de race blanche qui a été condamné en 1981 à dix ans de réclusion pour le meurtre de Jane Serloin, à Lethbridge. Libéré au bout de cinq ans, il viole et assassine trois prostituées amérindiennes à Saskatoon, et commet des tentatives de meurtre sur d'autres. La plupart du temps, Crawford est accompagné d'un ancien codétenu qui participe ou assiste aux différents forfaits.

En 1992, John Crawford écope de trois peines de prison à perpétuité, sans possibilité de libération conditionnelle avant 2012. Lors du procès, les médias et les familles des victimes ont souligné les graves négligences des enquêteurs qui ne se sont guère préoccupé des disparitions et des agressions de prostituées amérindiennes, une situation que le Canada a à nouveau vécue à Vancouver avec l'affaire Robert Pickton.

30 MARS 2009

SORTIE DU DISQUE D'UN SERIAL KILLER INDONÉSIEN

Condamné à mort pour onze meurtres, « Ryan », de son vrai nom Verry Idham Henyansyah, trente et un ans, a sorti un CD intitulé « Ma dernière performance ». Lors de ses comparutions et dans la cour de la prison de Depok, près de Djakarta, Ryan, toujours rasé de près et vêtu d'un élégant costume traditionnel blanc, ne se fait pas prier pour entonner l'une de ses chansons, « Libérez-moi… Oubliez-moi… Délivrez-moi de ces entraves… »

« Je sais que ma vie est terminée. Le temps du bonheur aussi », affirme-t-il. Ex-mannequin travesti en Corée du Sud et homosexuel, Ryan a été arrêté en juillet 2008 après la découverte de restes humains enfermés dans des sacs. Les policiers ont ensuite déterré plusieurs corps, dont celui d'un très jeune enfant, derrière la maison de ses parents. Le meurtrier en série a avoué avoir tué sa dernière victime, l'un de ses amants, par jalousie amoureuse, avant de démembrer son corps en sept morceaux, qu'il a abandonnés sur le bord d'une route. Les dix autres victimes sont, à l'exception d'une femme et de sa fillette, « des homosexuels comme moi. Ils m'ont fait honte. Je me suis mis en colère, je les ai frappés et les ai tués par accident. »

Ryan n'a pas exprimé de remords pour ses actes.

POUR EN SAVOIR PLUS :

Un documentaire *Ryan, the Singing Serial Killer* :

- http ://www.youtube.com/watch?v=z_5i0wHCtTc

Les fouilles pour découvrir les corps des victimes de « Ryan », un reportage de la télévision indonésienne :

- http ://www.youtube.com/watch?v=6ht0spUl6nw

31 MARS 1988

LISA KIMMEL EST ASSASSINÉE PAR LE SERIAL KILLER DALE WAYNE EATON

Gérante d'un restaurant, Lisa Kimmel se rend en voiture dans le Montana pour visiter sa famille. Elle n'arrive jamais à destination. Huit jours plus tard, son cadavre est repêché dans la North Platte River. L'autopsie montre qu'elle a été torturée et violée pendant une semaine avant d'être assassinée. Les enquêteurs n'ont pas de suspect, pas de témoins, pas d'indices. Seulement une étrange lettre manuscrite trouvée sur la tombe de Lisa, signée « Stringfellow Hawke » (qui est le nom du personnage interprété par l'acteur Jan-Michael Vincent dans la série TV *Airwolf*) : « y'a pas de mots pour dire à quel point tu nous manques. La douleur est toujours là. C'est trop dur sans toi. Tu seras toujours vivante en moi. Ta mort est ma perte douloureuse mais le Ciel a gagné un ange. Je t'aimerai toujours. » L'écriture de cette lettre correspond à celle de Dale Wayne Eaton.

Quinze ans plus tard, les progrès de l'ADN mènent la police jusqu'à la maison de Dale Wayne Eaton. Dans le jardin du suspect, des fouilles mettent à jour la voiture de Lisa Kimmel, enterrée à trois mètres de profondeur. D'autres investigations révèlent qu'Eaton a tué au moins six femmes.

Condamné à la peine de mort le 20 mars 2004, Eaton devait être exécuté en février 2010, mais il a obtenu un report. Il est l'unique condamné à mort de l'État du Wyoming.

Avril

1ER AVRIL 2004

SUICIDE DU PRÉDATEUR SEXUEL DOUGLAS DANIEL MOORE

Douglas Daniel Moore est un tueur pédophile de trente-six ans de la province de l'Ontario, au Canada. Il est arrêté en mars 2004, suspecté d'avoir assassiné Robert Grewal, vingt-deux ans, et Giuseppe Manchisi, vingt ans en novembre 2003.

Entre 1986 et 2004, il a purgé plusieurs peines de prison pour une série d'agressions sexuelles sur des mineurs. Il est aussi le suspect numéro un dans la mort de René Charlebois, quinze ans, dans la région d'Orangeville, au sud de l'Ontario, mais Douglas Moore se pend dans sa cellule moins d'un mois après son arrestation.

2 AVRIL 2004

LE MYSTÈRE DU TRIPLE MEURTRE DU LAC BODOM EST-IL RÉSOLU QUARANTE-QUATRE ANS APRÈS LES FAITS ?

La police a interpellé un homme qu'elle soupçonne d'être l'auteur d'un triple meurtre commis le 5 juin 1960 sur les rives du lac Bodom, près de Helsinki; ce suspect est le premier à être entendu par les enquêteurs en plus de quarante ans. La plus célèbre affaire criminelle finlandaise, qui a défrayé la chronique nationale et internationale de l'époque, concerne le meurtre par arme blanche de quatre jeunes gens qui étaient allés camper en pleine nature. Il s'agissait de Maili Irmeli Björklund et Anja Tuulikki Mäki, deux jeunes filles de quinze ans, et de Seppo Boisman et Nils Gustafsson, tous deux âgés de dix-huit ans. Les quatre amis étaient venus planter leur tente par une belle journée ensoleillée de la fin du printemps à un endroit que les garçons avaient au préalable repéré en mobylette : le Cap de Hästbergen. À l'époque, le coin était particulièrement paisible, et quasi inhabité. On a pu, a posteriori, s'étonner que les parents de Maili et Anja laissent leurs filles partir camper une nuit entière avec deux jeunes gens, à leur âge. Les adolescentes ont eu une dispute avec leurs parents, mais elles ont quand même suivi Seppo et Nils. Les campeurs ont monté leur tente, ils sont allés nager puis se sont rendus à un kiosque pour y acheter des chewing-gums et de la limonade. A dix-neuf heures trente, ils étaient de retour à leur campement. L'agression a eu lieu entre trois heures et six heures du matin. Les coups de couteau ont été assénés au niveau de la tête, du cou et de la partie supérieure du tronc. L'une des jeunes filles en a reçu onze. L'auteur des crimes s'est enfui en emportant les portefeuilles, les papiers d'identité et les costumes de bain de ses victimes. Le suspect arrêté le 2 avril 2004 n'est autre que Nils Gustafsson. Il a aujourd'hui soixante-deux ans. Cet homme, le quatrième membre du petit groupe d'adolescents avait été découvert en même temps que ses amis quelques heures après les meurtres, par un père de famille qui était venu nager sur une plage proche accompagné de ses deux fils, et qui avait alerté la police. Gustafsson était grièvement blessé : il présentait une dizaine de plaies causées par un couteau, il avait les deux mâchoires cassées et avait reçu un coup sur la tête. Il était inconscient. Le jeune homme a fait l'objet d'une hospitalisation d'un mois et n'a totalement recouvré la santé qu'au bout d'un an. Considéré comme un témoin privilégié du triple meurtre, les enquêteurs ont tenté d'obtenir des informations de sa part, mais il a toujours affirmé ne se souvenir de rien. Même l'hypnose à laquelle il a été soumis n'a rien donné de concret. Sur place, la police n'a trouvé qu'une taie d'oreiller de quarante centimètres sur quatre-vingt qui a pu servir au transport de l'arme du crime. Deux portraits-robots très vagues ont été établis, sans résultat. La tente ensanglantée, pièce à conviction, a été conservée en lieu sûr.

Les enquêteurs n'ont jamais abandonné l'espoir de résoudre cette affaire. Récemment, ils ont confié à un célèbre laboratoire britannique spécialisé dans l'analyse des empreintes génétiques des pièces à conviction qui ont permis de faire avancer l'enquête. Rien de précis n'a été annoncé concernant les éléments nouveaux collectés par la police. Certaines sources parlent d'une paire de chaussures ayant appartenu à Nils Gustafsson, trouvée sur le lieu du crime, et qui ne présenterait que les ADN des victimes; lors des interrogatoires, celui-ci n'a rien avoué mais aurait tenu des propos contradictoires. La police ne s'est pas non plus exprimée sur l'arme du crime. A-t-elle été retrouvée ? Nils Gustafsson a demandé, depuis son interpellation, à être relâché à deux reprises, les 16 et 30 avril. Les deux fois, le juge chargé de l'affaire a suivi l'avis de la police et a rejeté la demande du suspect. La troisième fois, le 28 mai, le magistrat y a accédé tout en interdisant à Gustafsson de partir en voyage. Cette interdiction est aujourd'hui caduque et les enquêteurs n'ont visiblement toujours pas réussi à rassembler suffisamment d'éléments pour faire comparaître leur suspect devant un tribunal, mais ils ne désespèrent pas d'y parvenir.

Cette affaire est un véritable mystère national; elle a causé un profond émoi. Elle a donné lieu à une abondante littérature et a même inspiré le nom d'un groupe de hard rock, Children of Bodom (Les Enfants de Bodom).

Quant au mobile du crime, deux thèses émergent parmi d'autres (notamment des théories parlant de conspiration) : la jalousie et l'ivresse. Les garçons auraient bu une grande quantité d'alcool fort mélangé à leur limonade après leur baignade.

Le mardi 16 août 2005 s'est ouvert, à Espoo près de Helsinki, le procès de Nils Gustafsson, accusé du triple meurtre. Le ministère public réclame la réclusion à perpétuité pour celui qui ne cesse de clamer « je suis innocent, un point c'est tout ». L'arme du crime n'a pas été retrouvée.

Pour les avocats de la défense, il s'agit d'une affaire de jalousie amoureuse : l'accusé aurait d'abord tué son rival, puis « l'objet » de la rivalité et le témoin de la scène de crime. En conséquence, il s'agit de trois homicides et non de trois meurtres. Gustafsson, lui, répète sa version des faits, inlassablement : « mon dernier souvenir, c'est quand on est allés se coucher et qu'on s'est souhaité une bonne nuit. Après, je ne me souviens plus si je me suis réveillé le mercredi ou le jeudi. »

POUR EN SAVOIR PLUS :

Un bref reportage :

- http ://www.youtube.com/watch ?v=9nNLu1B8Hyg

3 AVRIL 2006

ARRESTATION DE SHEILA LABARRE

Née Sheila Bailey, à Fort Payne, dans l'Alabama, cette femme à la forte sensualité est une croqueuse d'hommes. Son premier mariage dure huit semaines à peine, lorsque son époux se rend compte qu'elle enferme le fils de ce dernier dans un placard. Un deuxième mariage s'achève aussi par un divorce. En 1986, elle convole à nouveau avec un riche chiropracteur, Bill LaBarre, qui décède si brusquement en 2000 que les membres de sa famille pensent à un empoisonnement.

Dans les années qui suivent, Sheila attire dans sa maison d'Epping, dans le New Hampshire, de nombreux jeunes hommes qui disparaissent au bout d'un certain temps. D'autres sont vus battus ou ensanglantés par des voisins. Lorsque les policiers ouvrent une enquête, ils découvrent les restes brûlés des corps de Kenneth Countie et de Michael Deloge, ainsi que d'importantes quantités de tâches de sang. A son procès, Sheila LaBarre plaide coupable de deux meurtres, mais elle se déclare irresponsable. À l'un de ses amants, elle affirme être la réincarnation d'un ange revenu sur Terre pour éradiquer les pédophiles.

POUR EN SAVOIR PLUS :

Des images du procès de Sheila LaBarre :

- http ://www.youtube.com/watch?v=4oolsfEPjvw

4 AVRIL 2001

MICHELLE CURRAN, SEIZE ANS, DISPARAÎT SUR LE CHEMIN DE SON ÉCOLE, À LAS VEGAS, ABATTUE PAR LE COUPLE MICHAEL THORNTON ET JANEEN SNYDER

Michael Thornton incarne l'image parfaite de la réussite à l'américaine, heureux en couple, père d'une fille, et propriétaire d'une entreprise florissante de huit salons de beauté. Mais Thornton est en proie à des fantasmes déviants. Il entretient Janeen Snyder, quatorze ans, avant de tout quitter en sa compagnie, deux ans plus tard.

Pendant de nombreuses années, Thornton et Snyder kidnappent des jeunes femmes pour les soumettre au bondage, à des viols et des actes de torture. Certaines sont ensuite libérées, d'autres tuées, comme cette adolescente de Las Vegas découverte mutilée dans une remorque à chevaux.

5 AVRIL 1954

NAISSANCE DE DAVID EDWARD MAUST

À Hammond, dans l'Indiana, les autorités ont découvert les restes de trois adolescents dans la cave en béton de David Maust, quarante-neuf ans, déjà condamné en 1981 pour le meurtre d'un adolescent de quinze ans dans l'Illinois. Après avoir purgé une peine de trente-cinq ans de prison, il est libéré en 1999. Avant cette condamnation, Maust passe cinq ans dans une prison du Texas pour y avoir agressé un enfant.

Pendant qu'il effectue son service militaire en Allemagne, Maust est accusé d'avoir tué un adolescent, mais l'armée se contente de le démettre de ses fonctions et il n'est pas condamné pour ce crime. Lors des premiers interrogatoires, il avoue avoir étranglé James Raganyi, le 10 septembre 2003. Deux corps sont enveloppés dans des couches de plastique, tandis que le troisième est encastré dans une couche de béton. C'est à la suite de la disparition de trois adolescents de dix-neuf, seize et treize ans que les enquêteurs ont pu remonter la piste jusqu'à la cave de cette demeure située au 4933 Ash Avenue, à Hammond. Le locataire de la maison était connu dans le quartier pour son attitude bizarre qui lui avait valu le surnom de « Crazy Dave ». Par une curieuse coïncidence, ce 11 décembre 2003, jour de la découverte des trois corps, marque le vingt-cinquième anniversaire du début de l'enquête d'un autre serial killer d'adolescents, John Wayne Gacy, qui, lui aussi, enterrait les cadavres de ses victimes dans le sous-sol de sa maison de la banlieue de Chicago.

Il y a vingt ans, les autorités du Texas émettent un avertissement prophétique lorsqu'ils inculpent David Edward Maust pour le meurtre en 1981 d'un adolescent de quinze ans : « individu dangereux, du type de Gacy ». C'est la note qui figure sur l'ordre d'extradition de juin 1982, qui fait référence à John Wayne Gacy. En 1982, deux enquêteurs du Comté de Cook ont interrogé Maust à Galveston où il purgeait une peine de cinq ans de prison. Ils le questionnent sur le meurtre de Donald Jones, quinze ans, le 9 août 1981, dont le corps est découvert dans une carrière abandonnée du Chicago Gravel Quarry près d'Elgin. Mais le 26 mai 1982, lors d'un entretien de trois heures avec les policiers William Behrens et Philip Bettiker, Maust parle d'autres crimes. Depuis 1963, il effectue de fréquents séjours dans divers établissements psychiatriques. En 1979, il est renvoyé de l'U.S. Army après l'assassinat d'un jeune garçon en Allemagne où il est en garnison.

À partir de 1983, Maust séjourne dans plusieurs hôpitaux psychiatriques car les médecins ont des opinions divergentes sur son état mental concernant le meurtre de David Jones. Le 6 mai 1984, il plaide coupable et se voit condamné à une peine de prison de trente-cinq ans, avant d'être libéré en conditionnelle quinze ans plus tard.

Reconnu coupable de ces trois nouveaux meurtres, David Maust se suicide par pendaison le 20 juin 2006 et il demande que ses cendres soient vendues aux enchères sur le site de Murderabilia qui propose à la vente sur Internet des objets, peintures ou écrits de serial killers.

POUR EN SAVOIR PLUS :

Des articles et photos de « Crazy Dave » :

- http ://forum.goregrish.com/threads/david-edward-maust.22054/

6 AVRIL 2008

ARRESTATION D'HIROSHI NOZAKI

Hiroshi Nozaki, un Japonais de quarante-neuf ans, a reconnu avoir tué deux femmes philippines, qu'il a démembrées avant de s'en débarrasser dans des toilettes : « j'avoue tout », a-t-il déclaré devant un tribunal de Tokyo. Elda Longakit Yoneda, vingt-sept ans, et Honiefaith Ratilla Kamiosawa, vingt-deux ans, travaillaient dans le quartier chaud de Roppongi, à Tokyo. Elles ont toutes deux été étranglées et mutilées, à neuf ans d'intervalle, la première en 1999 et la seconde en 2008.

Le suspect a assassiné Yoneda dans son appartement de Yokohama, l'a ensuite coupée en morceaux qu'il a brûlés, puis jetés dans les toilettes. La deuxième victime a, elle, été tuée dans un appartement de la capitale. Nozaki l'a découpée en morceaux qu'il a mis dans un lave-linge avant de les cacher à l'intérieur d'une valise dans une consigne automatique. D'après ses aveux, Nozaki a tué les deux femmes après qu'elles eurent repoussé ses avances.

L'homme avait déjà été condamné à trois ans et demi de prison pour avoir mutilé et abandonné le corps de Yoneda mais le parquet n'avait pas pu alors établir la cause du décès. Il a à nouveau été arrêté en avril 2008 pour le meurtre de Kamiosawa. Diagnostiqué avec un cancer en phase terminale, Nozaki aurait reconnu ses forfaits parce qu'il désirait être condamné à mort le plus vite possible.

POUR EN SAVOIR PLUS :

Un bref reportage de la chaîne japonaise NNN :

- http ://www.youtube.com/watch?v=2myfXUKWjrw

7 AVRIL 1979

DISPARITION DE LAURA MAE MCVEIGH

Dawn Lee Magyar disparaît sans laisser de traces le 27 janvier 1973 à Corunna, dans le Michigan. Son corps est retrouvé le 4 mars de la même année.

Le 7 avril 1979, c'est une seconde adolescente, Laura Mae McVeigh, qui disparaît pendant qu'elle fait un jogging près de Hubbardston.

Le principal suspect de ces deux meurtres est Jerald Wingeart, soixante et un ans, qui est relâché faute de preuves. Il sera mis en examen en mars 2001 après que son ADN l'ait relié à l'un des deux crimes. En 1961, Wingeart avait été condamné pour le viol et le vol d'une femme, avant d'être libéré le 7 décembre 1969. Il est aussi suspecté de nombreux autres crimes. Le 27 novembre 2001, Wingeart est condamné à la réclusion criminelle à perpétuité.

8 AVRIL 2004

UNE MÈRE LAPIDE SES DEUX FILS EN PENSANT QUE L'UN D'EUX VA RESSUSCITER LE JOUR DE SON ANNIVERSAIRE

Deanna Laney, une Texane de trente-neuf ans, a tué deux de ses fils et blessé grièvement le troisième : « j'ai eu la sensation que je n'avais pas le choix. Je ne voulais pas du tout tuer mes enfants. Mais c'est parce que Dieu m'a dit de le faire et l'on m'a appris à obéir à Dieu », déclare-t-elle dans un entretien avec son psychiatre. Après son arrestation, elle affirme qu'elle refusait de se faire soigner tant qu'elle n'aurait pas appris, de la bouche même de Dieu, que son fils aîné ressusciterait le jour de son neuvième anniversaire.

Laney a été déclarée irresponsable de la mort de Joshua, huit ans, Luke, six ans, et d'avoir battu Aaron, âgé d'un an, à l'époque. La vue d'Aaron est très diminuée et les médecins estiment qu'il ne pourra jamais vivre de manière normale. Le jury a jugé que Laney souffre d'une maladie mentale grave qui l'empêchait de discerner le bien du mal quand elle a frappé la tête de ses enfants avec des pierres, en mai 2003. Elle a déclaré à un psychiatre qu'elle avait senti le soufre dans sa cellule et pensait que cette odeur signalait la présence du Malin. Depuis qu'elle prend des médicaments, Laney affirme qu'elle n'est plus sûre que les meurtres de ses enfants soient la volonté de Dieu. « J'ai commencé à me rendre compte qu'Il ne ferait pas quelque chose comme ça. »

POUR EN SAVOIR PLUS :

Un reportage de Court TV sur le procès de Deanna Laney :

- http ://www.youtube.com/watch ?v=dFfGMplLBj4

9 AVRIL 2010

UN SERIAL KILLER BRÉSILIEN AVOUE LE MEURTRE ET LE VIOL DE SIX ADOLESCENTS

La police de l'État du Goias a arrêté Ademar de Jesus Santos, un maçon de quarante ans, qui a reconnu le viol suivi de meurtre de six adolescents de treize à dix-neuf ans disparus au début de l'année 2010. Il a indiqué aux policiers pendant le week-end l'endroit où il avait enterré les corps des jeunes gens disparus entre décembre 2009 et janvier 2010 à Luziania, à environ cinquante kilomètres de Brasilia, la capitale du Brésil. Il obligeait les adolescents, tous de familles pauvres, à le suivre dans un lieu isolé en leur proposant de l'argent en échange de rapports sexuels, pour ensuite les tuer à coup de massue.

De Jesus Santos avait déjà été condamné à quatorze ans de réclusion pour pédophilie en 2005 mais il ne passe que quatre derrière les barreaux. Il commence à tuer une semaine à peine après sa sortie de prison.

POUR EN SAVOIR PLUS :

Un reportage de la télévision brésilienne :

- http ://www.youtube.com/watch?v=iM9T38H9IhQ

10 AVRIL 1964

CONDAMNATION À LA PEINE DE MORT DE LÉOPOLD DION

Surnommé « Le Monstre de Pont-Rouge » Léopold Dion est un prédateur sexuel né en 1921 qui se faisait souvent passer pour un photographe dans le but d'approcher ses victimes au cœur du quartier du Vieux-Québec. Il viole vingt et un garçons et il en tue quatre, croisés au hasard dans les rues de Québec : Guy Luckenuck, douze ans, Alain Carrier, huit ans, Michel Morel, dix ans, ces deux derniers assassinés le même jour, le 5 mai 1963. Trois semaines plus tard, c'est au tour de Pierre Marquis, treize ans, d'être étranglé à l'endroit même où Dion a enterré sa première victime. Le tueur en série est alors en liberté conditionnelle pour le viol d'une enseignante.

Arrêté le lendemain de son dernier crime grâce au témoignage d'un autre enfant qu'il avait abordé, Leopold Dion avoue tous ses assassinats avec forces détails. Il est condamné à la peine de mort le 10 avril 1964. Sa peine de mort est commuée en perpétuité et il meurt sous les coups de barre de fer d'un autre détenu le 17 novembre 1972.

POUR EN SAVOIR PLUS :

Une interview radio de 2012 avec Maître Guy Bertrand, l'avocat de Leopold Dion :

• http ://www.youtube.com/watch?v=w99fj9aNK1w

11 AVRIL 1892

DANS LE QUARTIER DE LAMBETH, À LONDRES, LE DOCTEUR THOMAS NEILL CREAM EMPOISONNE DEUX PROSTITUÉES

Surnommé « The Lambeth Poisoner », le docteur Thomas Neill Cream (1850-1892) est un empoisonneur écossais qui tue pour la première fois en 1879, en Ontario (Canada), avant de s'installer à Chicago où il pratique des avortements clandestins sur des prostituées. Il est condamné à la prison à vie pour le meurtre de Daniel Stott en 1881, mais il est libéré dix ans plus tard. Deux autres décès suspects pourraient lui être attribués.

En octobre 1891, il s'installe à Londres, dans le quartier mal famé de Lambeth. Le 13 et le 20 du même mois, il empoisonne deux prostituées. Il en assassine deux autres le 11 avril 1892. Parallèlement, Cream s'adonne au chantage et il accuse un médecin d'un de ses propres crimes, ce qui attire l'attention sur sa personne. Condamné à mort, Thomas Cream est pendu dans la prison de Newgate. Avant de basculer dans la trappe de l'échafaud, il aurait déclaré, « Je suis Jack l'... ». Cet aveu où il reconnaît être Jack l'Éventreur n'a été entendu que par le seul bourreau, James Billington.

POUR EN SAVOIR PLUS :

Un épisode de la série *London's Scariest Mysteries* (deux parties). Les cinq premières minutes sont de mauvaise qualité, mais ce documentaire est très rare :

- http ://www.youtube.com/watch?v=qu69pGrRywk
- http ://www.youtube.com/watch?v=JZEavQ1hIM0

12 AVRIL 2008

DÉCOUVERTE DU CORPS D'UNE FILLETTE DISPARUE DEPUIS HUIT JOURS EN SUÈDE ET TUÉE PAR UN MULTIRÉCIDIVISTE

L'assassinat par Anders Eklund, un chauffeur routier âgé de quarante-deux ans, de la petite Engla Höglund, dix ans, tuée le 5 avril et dont le corps a été retrouvé quelques jours plus tard en Dalécarlie, dans le centre de la Suède, continue d'indigner l'opinion suédoise. La fillette, dont la photo avait été amplement diffusée dans les médias, avait disparue alors qu'elle regagnait son domicile à vélo après avoir disputé une partie de football avec ses amis, dans la région de Dalarna. La bicyclette d'Engla Höglund avait été retrouvée dans des buissons à environ cinq cent mètres de son domicile et ne portait pas de trace d'accident. La police avait déployé d'importants moyens pour la retrouver et des centaines de volontaires s'étaient lancés à sa recherche. Anders Eklund a été arrêté rapidement grâce à un voisin qui, le jour de la disparition de la fillette, testait son nouvel appareil photo. C'était la première fois qu'elle rentrait seule chez elle et il avait pris des clichés de la fillette sur son vélo à quelques minutes d'intervalle, puis du véhicule du meurtrier.

Eklund a aussi reconnu avoir tué Pernilla Hellgren, une femme âgée de trente-deux ans, en 2000. Mis en examen le 18 avril, la police et un certain nombre d'experts estiment qu'Anders Eklund, qui avait déjà été condamné à trois reprises pour attentat à la pudeur et pour viol, puisse avoir commis d'autres meurtres.

Son profil ADN intéresse beaucoup Interpol car le chauffeur routier a beaucoup voyagé en Europe. La police a beaucoup été critiquée car elle avait depuis longtemps reçu des informations sur la possible implication d'Eklund dans le meurtre de Pernilla Hellgren, sans pour autant y donner suite. Des journalistes et des criminologues réputés n'hésitent pas à parler de « scandale » pour résumer les erreurs accumulées par la police. Il faut comprendre que la police suédoise a été décentralisée en vingt et une régions qui ne communiquent pas forcément entre elles, ce qui est totalement inadapté pour la traque des « routards du crime ».

13 AVRIL 1950

NAISSANCE DU SERIAL KILLER RACISTE JOSEPH PAUL FRANKLIN

Né en 1950 sous le nom de James Clayton Vaughn, il change d'identité en 1976, afin de rendre hommage à Paul Joseph Goebbels et à Benjamin Franklin. Il devient membre du National Socialist White Party et du Ku-Klux-Kan. SDF, il écume la côte Est des États-Unis, pour « nettoyer le monde » des races inférieures. Franklin subvient à ses besoins en volant des banques. Bien que borgne, il est un tireur émérite, au point d'être capable d'abattre la plupart des ses victimes à plusieurs dizaines de mètres de distance. Très organisé, il prépare avec soin ses différents meurtres. Entre 1976 et 1980, année de son arrestation en Floride, Joseph Paul Franklin aurait commis vingt assassinats, six tentatives de meurtre (dont celle de Larry Flint, l'éditeur de *Penthouse*) et été responsable de seize braquages de banques et deux incendies de synagogues. Il est condamné à la peine de mort après plusieurs procès. Le nombre total de ses victimes n'est pas connu car il a plusieurs fois récusé ses confessions et changé sa version des faits.

Franklin a été condamné à la peine de mort mais aucune date n'a encore été fixée pour son exécution. Dans le couloir de la mort, il se montre toujours très actif auprès de groupuscules racistes auxquels le tueur accorde des entretiens.

POUR EN SAVOIR PLUS :

Un reportage sur Joseph Paul Franklin :

- http ://www.youtube.com/watch?v=Tbk6IiEB6js

Des extraits d'interview avec Joseph Paul Franklin :

- http ://www.youtube.com/watch?v=fz85tludyHQ

14 AVRIL 1972

NAISSANCE DU TUEUR EN SÉRIE AUSTRALIEN PAUL DENYER

Le tueur en série australien Paul Charles Denyer, connu pour sa haine envers les femmes et qui en a tué au moins trois, exige du ministère de la Justice d'obtenir le financement par des fonds publics d'une opération chirurgicale de changement de sexe afin de lui permettre de purger le reste de sa peine de trente ans de prison en tant que femme. En 2003, Denyer avait demandé aux autorités de la prison de Barwon de l'autoriser à porter du maquillage, ce qui lui avait été refusé. Derrière les barreaux, Denyer se fait appeler « Paula » et il signe parfois des photos en tant que « Miss Tickle Morticia ». À l'atelier où il travaille, le serial killer s'est cousu des vêtements à l'allure plus féminine. D'après « Jayne », une transsexuelle libérée du même établissement début juin 2004, « Denyer n'est pas sincère. Il cherche à attirer l'attention sur lui. Il a d'abord fait du bodybuilding, avant de se convertir au Christianisme, puis d'embrasser la religion islamique. »

« J'AI TOUJOURS VOULU TUER »

Le 11 juillet 1993, Elizabeth Stephen disparaît en rentrant chez elle, à Frankston, dans la banlieue de Melbourne, en Australie. On la retrouve assassinée le lendemain. Elle a la gorge tranchée, avec d'étranges marques croisées gravées au couteau sur la poitrine. Debbie Fream s'évanouit dans la nature lorsqu'elle s'absente pour acheter du lait pour son bébé de douze jours. Quatre jours plus tard, son cadavre mutilé est retrouvé par la police de l'État de Victoria. Au bout de trois semaines, le tueur frappe à nouveau. Mais, cette fois-ci, il a commis plusieurs erreurs qui vont lui être fatales. Un témoin a aperçu une Toyota Corona jaune dont le conducteur a un comportement suspect et il a le temps de noter quelques éléments de la plaque d'immatriculation. Sur le cou de la victime, les enquêteurs prélèvent des bouts de peau appartenant aux doigts de l'assassin.

Fin juillet 1993, les policiers se rendent au domicile de Paul Denyer qui les accueille en souriant. Au bout de nombreuses heures de garde à vue le 1er août 1993, il avoue les trois meurtres commis en l'espace de sept semaines et de nombreuses autres agressions. Le 20 décembre 1993, il est condamné à trois peines d'emprisonnement à perpétuité avec une période incompressible de trente ans.

Né le 14 avril 1972, Paul Denyer coupe la tête des peluches de sa sœur dès son plus jeune âge, un acte qu'il répète de nombreuses fois sur les chats du voisinage, avant de les pendre à des arbres. À treize ans, il est arrêté pour un vol de voiture. Deux ans plus tard, il force sous la menace des garçons à se masturber en public. Âgé de vingt ans, il souhaite s'engager dans la police, mais sa candidature est rejetée à cause de son excès de poids, ce qui lui vaut le surnom de « John Candy », d'après l'acteur comique américain. Fan de films d'horreur, il visionne sans arrêt *The Stepfather* (*Le beau-père*) de Joseph Ruben et le *Halloween* de John Carpenter : « j'ai toujours voulu tuer, j'ai simplement attendu le bon moment, qu'un déclic se produise en moi. » Lors de ses aveux aux policiers, il n'exprime aucun remords et décrit calmement ses meurtres : « à Lloyd Park, j'ai marché un peu pour me cacher dans les buissons. Je me suis assis et j'ai attendu un moment. Je l'ai vue. Je l'ai obligée à marcher vers une dune, non loin de là. J'avais mon arme sur sa nuque. Une fois arrivés de l'autre côté de la dune, elle m'a demandé si elle pouvait, vous savez… aller aux toilettes, si l'on peut dire. J'ai respecté son intimité. Je me suis donc retourné le temps qu'elle fasse son truc. Ensuite, je l'ai emmenée un peu plus loin, là où vous l'avez trouvée. J'ai commencé à lui serrer le cou et elle est tombée dans les pommes au bout d'un certain temps. Vous savez, l'oxygène lui a manqué très vite et elle a arrêté de se débattre. Après j'ai sorti mon couteau… et je l'ai poignardée à de nombreuses reprises à la gorge. Elle était toujours vivante ! Ensuite, elle s'est redressée et nous avons fait quelques pas ensemble, j'ai fini par la faire tomber par terre, et je lui ai donné de violents coups de pied à la gorge pour l'achever. Quand elle est morte, je lui ai filé plusieurs coups de tatane dans le corps. Je hais vraiment les femmes. »

POUR EN SAVOIR PLUS :

Le serial killer de Frankston, un épisode de la série « Les enquêtes impossibles » :

- http://www.youtube.com/watch?v=qbJOCVlJZkg

15 AVRIL 2008

ARRESTATION DE DEUX JEUNES UKRAINIENS QUI FILMAIENT LEURS MEURTRES

Âgés d'un peu moins de vingt ans à l'époque des faits, Viktor Sayenko et Igor Supruniyuck sont des anciens camarades de classe Ukrainiens qui ont été inculpés pour vingt et un meurtres commis entre mars et juillet 2007 dans la région de Dnipropetrovsk. Dans leurs aveux, ils ont expliqué vouloir devenir des tueurs à gages et enregistré leurs crimes avec une caméra vidéo pour « avoir des souvenirs pour leurs vieux jours ».

Les victimes ont toutes été choisies au hasard. Parmi elles, un adolescent de quatorze ans et une femme enceinte, immobilisés d'un coup de marteau à la tête. Les jeunes leur donnent d'abord un coup de barre métallique ou de marteau sur la tête, pour ensuite leur couper les oreilles, leur crever les yeux ou les éventrer, à l'aide d'un couteau et d'un tournevis. Ils assistent à la plupart des enterrements de leurs victimes. Les deux hommes, ainsi qu'Alexander Hanzha, un complice passif, ont été reconnus sains d'esprit pas l'expertise psychiatrique.

Le 11 février 2009, Viktor Sayenko et Igor Supruniyuck ont accueilli le verdict de réclusion criminelle à perpétuité debout dans leur cage, sans chercher à cacher leur visage face aux caméras. Ils ont raconté qu'ils tuaient « pour s'affirmer et surmonter leur peur des gens. » Nullement attirés par l'argent ou les objets précieux, ils emportaient cependant des trophées comme une boucle d'oreille ou un téléphone mobile. Leur complice, Alexander Hanzha, qui n'a pas directement participé aux tueries, a été condamné à neuf ans de prison pour coups et blessures. Repenti, il a demandé pardon aux familles des victimes, la tête baissée.

POUR EN SAVOIR PLUS :

Le meurtre de Sergei Yatzenko, enregistré le 12 juillet 2007, circule sur Internet sous le nom de *3 Guys and a Hammer* (3 mecs et un marteau). Une version longue de ce meurtre filmé a été obtenue par le réalisateur chilien Michele Canale pour son documentaire *Los maniacos del martillo* pour la série *Aqui en vivo*, diffusé le 2 août 2010 sur la chaîne Mega. Beaucoup plus violent et dérangeant encore que la vidéo du « Dépeceur de Montréal » Luka Rocco Magnotta, je me refuse à vous donner un lien vers l'un des sites qui propose ce « film ».

16 AVRIL 2009

LE MEURTRIER DE HUIT PERSONNES EXÉCUTÉ DANS UNE VILLE DU CENTRE DE LA CHINE

Xiong Zhenlin, un collecteur d'ordures, condamné à mort pour avoir tué huit personnes, y compris un petit garçon de deux ans, a été exécuté à Suizhou, dans la province du Hubei, au centre de la Chine. Il avait été arrêté à Wuhan, la capitale provinciale, une semaine après les faits et reconnu coupable de ces meurtres dans le bourg de Luoyang le 4 janvier 2009. Avant son exécution, Xiong Zhenlin a exprimé des remords, indiquant « qu'il n'était pas naturellement pervers, ni un démon » et qu'il avait perpétré ces assassinats parce qu'il « était profondément angoissé ».

Les victimes de Xiong Zhenlin sont cinq de ses employés, une femme de quarante-trois ans appelée Zhu Deqing que l'assassin voulait épouser, le petit garçon de deux ans de celle-ci et un homme du nom de Xia Guangxiu, venu à Suizhou pour y vendre des déchets. Xiong Zhenlin, qui avait divorcé en septembre 2008, aurait décidé de « liquider les parasites de la société » après qu'il ait perdu tout espoir de remariage. Pour la police locale, les crimes de Xiong Zhenlin étaient aussi motivés par les difficultés financières qu'il connaissait.

17 AVRIL 2008

CONDAMNATION DE DEUX TUEUSES EN SÉRIE SEPTUAGÉNAIRES

Deux américaines, Helen Golay, née en 1931, et Olga Rutterschmidt, née en 1933 ont été jugées coupables des meurtres de deux SDF, sur lesquels elles avaient souscrit plusieurs assurances-vie avant de les assassiner. Le jury les condamne par la suite à la réclusion criminelle à perpétuité.

Les deux assassinats sont ceux de Paul Vados, un SDF de soixante-treize ans, retrouvé écrasé par une voiture dans l'ouest de Los Angeles en novembre 1999, et de Kenneth McDavid, cinquante ans, dont le cadavre est découvert en 2005. Lui aussi a été renversé par un véhicule. Surnommées les « veuves noires » par les médias, les deux femmes ont souscrit pas moins de vingt-six polices d'assurances sur la vie de Vados, de McDavid et d'un troisième homme, effectuant des versements et prenant à leur charge leurs dépenses de vie quotidienne, dont le loyer d'un studio. Le troisième SDF, devenu méfiant, avait quitté les lieux avant de devenir la troisième victime de cette association de malfaiteurs. Après les décès de Vados et McDavid, les « veuves noires » récoltent 2,8 millions de dollars de la part des compagnies d'assurance. Golay et Rutterschmidt ont exploité une faille de la loi californienne sur les assurances-vie. Celle-ci empêche les compagnies d'assurance de refuser d'honorer des polices souscrites depuis plus de deux ans, ce qui était le cas pour celles de Vados et McDavid.

Un élément capital de l'acte d'accusation est un enregistrement vidéo d'une conversation entre les deux accusées, prise à leur insu par la police après leur arrestation en mai 2006, dans laquelle on les voit discuter de la stratégie à adopter lors de leurs interrogatoires, l'une d'elles disant même à l'autre : « tu as été trop gourmande ». Des traces ADN des deux meurtrières ont été retrouvées sous le châssis d'une voiture qui a servi à commettre le crime.

POUR EN SAVOIR PLUS :

Un reportage sur l'affaire :

- http ://www.youtube.com/watch?v=qB4J_S2Vr6E

18 AVRIL 2012

UN TRIO DE CANNIBALES VENDAIT DES BEIGNETS DE CHAIR HUMAINE

Jorge da Silveira, cinquante et un ans, son épouse Isabel Pires et sa maitresse Bruna da Silva ont été arrêtés le 12 avril 2012 à Garanhuns, au Brésil, pour avoir mangé plusieurs femmes. Membres d'une secte appelée « Cartel », qui plaide pour la purification du monde et la baisse de la démographie, ils voulaient tuer trois femmes par an. Deux cadavres ont été découverts enterrés sous la cour du domicile que partageaient les trois complices. C'est l'utilisation de la carte de crédit de l'une des femmes disparue qui aurait mis les autorités sur leur piste. La police a été aidée dans ses investigations par une fillette âgée de cinq ans qui a été enlevée par le trio après l'assassinat de sa mère.

Jorge da Silveira a tout avoué le 18 avril : il choisissait ses victimes en fonction des numéros de leurs cartes d'identités, « qui donnaient quelque part le numéro maudit 666 » et les engageait ensuite en tant que nounou. « Je suis innocent, je n'ai tué personne. J'ai fait trois missions grâce aux ordres de Dieu et de deux de ses anges, un Noir et un Blanc » dont il aurait des visions depuis son plus jeune âge.

Pour confectionner ses beignets farcis de chair humaine, il ne « se servait jamais de leur sang mais mettait leur chair dans l'eau afin de la purifier avant de la manger. J'ai fait des choses pour les purifier, pour protéger l'humanité et les envoyer vers Dieu. Avant de mourir, ces femmes pleuraient mais je les rassurais en leur expliquant que leurs péchés seraient pardonnés. »

Les trois complices ont aussi vendus ces beignets dans les rues de Garanhuns. Furieux, les voisins ont mis le feu à leur domicile, ce qui a détruit certaines preuves. Mais la police dispose d'un livre écrit par Jorge da Silveira intitulé *Les relations d'un schizophrène*, dans lequel il raconte en détails ses faits et gestes. Les enquêteurs sont convaincus que le trio a tué au moins dix personnes.

POUR EN SAVOIR PLUS :
Un long reportage de la télévision brésilienne avec des interviews des tueurs et protagonistes de l'affaire :
- http ://www.youtube.com/watch?v=hW8--fnH1Fc

19 AVRIL 2004

UN SERIAL KILLER, TUEUR DE DOUZE FEMMES ENTRE 1977 ET 1993, EST IDENTIFIÉ À KANSAS CITY

Un cadre dans une entreprise de collecte d'ordures ménagères à Kansas City est accusé d'avoir assassiné douze femmes et adolescentes entre 1977 et 1993. Selon les autorités, Lorenzo Gilyard, un homme de race noire, marié et âgé de cinquante-trois ans, a été arrêté grâce à une identification par ADN. Il s'attaquait à des prostituées et les tuait après les avoir violées. Onze des femmes étaient des prostituées et la douzième une malade mentale qui errait dans les rues de la ville. Elles étaient âgées de quinze à trente-six ans.

Toutes les victimes sauf une sont mortes par strangulation. Les corps étaient ensuite laissés nus ou partiellement vêtus dans les alentours de Kansas City – dans une fourgonnette abandonnée, un champ, un parking ou un fossé. Certains cadavres étaient positionnés de manière rituelle, ce qui a permis aux enquêteurs de faire un lien entre ces différentes affaires.

Le lendemain de son arrestation, Gilyard a été inculpé de dix meurtres prémédités et de deux homicides. Le procureur a indiqué qu'il allait requérir la peine de mort contre Gilyard, si celui-ci était reconnu coupable.

Par la suite, des enquêtes ont pu déterminer que l'accusé est responsable de treize meurtres. La police a identifié Gilyard grâce à un échantillon d'ADN obtenu en 1987. À l'époque, Gilyard était le principal suspect pour l'un des meurtres, mais la technologie n'était pas encore suffisamment au point.

En 2003, la police de Kansas City a pu démarrer les analyses d'ADN sur des « cold cases » grâce à une subvention fédérale. C'est ainsi qu'elle a pu identifier Gilyard comme un tueur en série.

L'individu avait été condamné à plusieurs reprises pour des agressions, un viol et pour avoir déposé une bombe.

Lorenzo Gilyard, surnommé « The Kansas City Strangler » est condamné à la réclusion criminelle à perpétuité, sans possibilité de libération conditionnelle, le 14 avril 2007.

POUR EN SAVOIR PLUS :

Un article sur le site français tueursenserie.org :

- http ://www.tueursenserie.org/spip.php?article556

Une étude sur Crime Library :

- http ://www.trutv.com/library/crime/serial_killers/predators/lorenzo_gilyard/1_index.html

20 AVRIL 1988

CONDAMNATION À MORT DE MANNY PARDO JUNIOR, LE POLICIER SERIAL KILLER DE MIAMI, QUI A INSPIRÉ LA SÉRIE DEXTER

Le« Copycat Killer », un meurtrier qui revisite les crimes du passé, qui imite les forfaits de célèbres serial killers pour en corriger les erreurs est un thème que l'on trouve beaucoup dans la fiction, notamment au cinéma avec des films tels que *Jack's Back* (1988), *Copycat* avec Sigourney Weaver en profiler (1995), *Ripper* (2001), *The Chameleon Killer* (2003), *H* (2005), « *Black Dahlia* », il ne s'agit pas du film de Brian de Palma mais d'une série z signée Ulli Lommel en 2006, *88 Minutes* (2007), *Diary of a Serial Killer* (2008), *Whitechapel* (2009), *The Lodger* (2009), *Killing Midnight* (2009) ou dans des épisodes de séries TV telles que *Profiler* ou *Esprits Criminels*. Parfois la réalité et la fiction se mêlent pour créer des faits divers hors normes.

À Miami, en 1986, neuf trafiquants de drogue sont assassinés en série, ce qui, à l'époque, n'est pas anormal dans cette métropole où la cocaïne règne en maître. Lorsque le meurtrier est enfin arrêté, tout le monde est stupéfait d'apprendre que Manuel Pardo Junior, plus connu sous l'identité de Manny Pardo est un ex-inspecteur du Miami Police Department. Lors de son procès, Pardo revendique le meurtre de ces trafiquants, six hommes et trois femmes, qu'il qualifie de « croisade », « quelqu'un devait les tuer, dit-il, ce sont des parasites, pas des êtres humains. » Lors de ses crimes, il prend un cliché Polaroïd de sa victime et il collecte toutes les douilles. De retour chez lui, Pardo se livre à un étrange rituel : il brûle ensuite la photo, ainsi que les douilles afin que l'âme du mort aille en enfer et qu'elle ne revienne pas le hanter. Grand admirateur du film *Le Parrain*, Pardo est un bon père de famille qui n'éprouve aucun regret. « J'ai rendu service à l'humanité. Je pouvais les truffer de vingt balles dans le corps et cela ne m'a jamais empêché de dormir comme un bébé. »

Policier à Miami, bon père de famille, serial killer de « méchants », une fois la nuit tombée, cela ressemble beaucoup à Dexter. La fiction imite d'autant mieux la réalité que la troisième saison de « Dexter » nous propose le personnage d'un procureur qui se nomme Miguel Prado. La fiction s'est inspirée du fait divers.

Il aurait aimé en avoir liquidé davantage, « mon seul regret, c'est de m'être arrêté à neuf, j'aurais adoré en liquider quatre-vingt dix-neuf ! ». C'est en janvier 1986 que Manuel Pardo Jr passe pour la première fois à l'acte, après avoir été renvoyé de la police pour faux témoignage. Il s'associe alors avec Rolando Garcia, un ouvrier rencontré via son beau-frère. Ils tuent leurs deux premières victimes : Mario Amador, trente-trois ans, ingénieur civil qui arrondit ses fins de mois en vendant de la drogue et son complice Roberto Alfonso, âgé de vingt-huit ans. À la fin du même mois, Manuel Pardo Jr abat un opposant haïtien au président en place. Il expliquera plus tard aux policiers qu'il pensait que cet homme, Michael Millot, quarante-trois ans, était en fait un agent sous couverture chargé de le démasquer. Puis en février, il s'en prend à Ulpiano Ledo, un prêtre de trente-neuf ans et Luis Robledo, trente-sept ans, qu'il pense être des trafiquants de drogue. Puis suivent Sara Musa, trente ans et Fara Quintero, vingt-huit ans, avec qui Pardo et Garcia se disputent pour une histoire de bague prêtée sur gages. Finalement, il liquide Daisy Ricard, trente-huit ans et son petit ami, dealer de drogue, Ramon Alvero Cruz, âgé de quarante ans.

Les méthodes de Pardo rappellent celles utilisées par Dexter Morgan. Lui aussi a un rituel très particulier puisqu'il récupère quelques gouttes du sang de ses victimes entre deux lamelles de verre, démembre le corps, enferme les morceaux dans des sacs en plastique, avant de les jeter dans la mer.

Le 11 décembre 2012, Pardo est finalement exécuté par injection létale à la prison de Starke, en Floride. La porte-parole du Florida Department of Corrections a indiqué que Manuel Pardo Jr a reçu la visite de huit personnes, des membres de sa famille et des amis, durant ce mardi, jour de son châtiment. Il a aussi rencontré le curé de Florida State Prison ainsi qu'un évêque catholique. Son ultime repas a été composé de riz, de haricots rouges, d'un rôti de porc, accompagné de bananes plantains et d'avocats. Pour son dessert, il a mangé une tarte à la citrouille et il a bu du lait de poule avec un café cubain. Selon les nouvelles règles de l'administration pénitentiaire de Floride, son repas doit coûter moins de quarante dollars, être composé de mets régionaux et doit impérativement être confectionné dans la cuisine du pénitencier.

D'après le Florida Department of Corrections, les dernières paroles de Manuel Pardo Jr, lorsqu'il a reçu l'injection létale, ont été : « Airborne forever (Aéroporté pour l'éternité), je t'aime, Michi mon bébé » (Pardo fait référence à sa fille qui lui a rendu une ultime visite le mardi). Le « vrai » Dexter a aussi écrit une lettre où il affirme n'avoir « jamais tué de femmes », mais qu'il « acceptait la pleine responsabilité pour avoir assassiné six hommes. Je n'ai jamais fait de mal à ces trois femmes, ni à aucune femme. J'ai avoué ces trois meurtres parce que j'étais fichu de toute façon. Alors être condamné à mort six ou neuf fois, cela ne me faisait aucune différence à l'époque. Mais, maintenant, alors qu'il ne me reste que quelques minutes à vivre, je veux dire que je menais ma guerre contre les hommes qui trafiquaient, et personne d'autre. » Pardo s'est aussi excusé auprès de sa famille pour le chagrin qu'il leur a causé : « vous êtes tellement merveilleux et vous ne méritez pas de vivre ce cauchemar. Soyez forts. Souviens-toi Michi, tu es aéroportée (« Airborne » en anglais, car sa fille est pilote d'aviation) et une dure de dure… Pas de larmes ! » Le dernier paragraphe est consacré à son amour du sport : « sur un ton plus léger et vu mon origine New-yorkaise, j'ai été ravi de voir les Yankees et les Giants gagner autant de championnats durant mon existence. En tant qu'hispanique, ça a toujours été mon rêve de voir l'Espagne gagner la Coupe du monde de football… Il ne faut absolument pas que le gouvernement espagnol accepte d'interdire les corridas car elles font partie de notre culture et de notre héritage. Mais si jamais c'est le cas, je serai heureux de ne plus être vivant pour assister à une telle tragédie ! »

POUR EN SAVOIR PLUS :

L'émission *L'Heure du crime* sur RTL avec Jacques Pradel et Stéphane Bourgoin :

- http ://www.rtl.fr/emission/l-heure-du-crime/billet/lundi-10-decembre-manny-pardo-le-veritable-dexter-7755476797

21 AVRIL 1947

NAISSANCE DU SERIAL KILLER ÉCOSSAIS ROBERT BLACK

Tueur en série pédophile écossais, Robert Black kidnappe, viole et assassine trois fillettes, Susan Maxwell, onze ans, le 30 juillet 1982, Caroline Hogg, cinq ans, le 8 juillet 1983 et Sarah Harper, dix ans, le 26 mars 1986. Il est arrêté le 14 juillet 1990 alors qu'il tente d'enlever une quatrième victime.

Abandonné par sa mère, Black est victime de brimades à l'école où on le surnomme « Smelly Robby Tulip ». Il préfère déjà la compagnie d'enfants plus jeunes que lui. À douze ans, il commet sa première tentative de viol.

Le 19 mai 1994, il est condamné pour la première fois à la perpétuité. Un second procès se déroule le 27 octobre 2011 où il écope de la même peine pour un quatrième assassinat, celui de Jennifer Cardy, neuf ans, le 12 août 1981.

Le 8 décembre 2011, le ministère de la Justice indique à Robert Black qu'il ne pourra pas être libéré avant l'âge de quatre-vingt neuf ans. Les autorités le suspectent de nombreux autres crimes perpétrés à travers toute l'Europe entre 1969 et 1978.

POUR EN SAVOIR PLUS :

Un documentaire sur Robert Black :

- http ://www.youtube.com/watch ?v=mQAto3XXTTI

22 AVRIL 2010

UN TUEUR EN SÉRIE DE L'UTAH CHOISIT LE PELOTON D'EXÉCUTION

Né en 1961 dans une famille de sept enfants dont il est le plus jeune, Ronnie Lee Gardner voit son père alcoolique quitter le domicile familial quelques mois plus tard. Âgé de dix-huit mois, les services sociaux le recueillent alors qu'il erre seul et affamé dans la rue, uniquement vêtu d'une couche. Il est violé à plusieurs reprises par plusieurs de ses frères. Sa mère se remarie avec Bill Lucas qui a fait de la prison dans le Wyoming. La nouvelle famille aura neuf enfants. À dix ans, Ronnie Gardner se drogue régulièrement et boit de l'alcool. Il est utilisé comme guetteur lors des cambriolages effectués par son beau-père. À nouveau abusé par un homme d'une quarantaine d'années, l'adolescent vit avec son violeur pédophile qui l'oblige à se prostituer à l'occasion.

Le 9 octobre 1984, Gardner, sous l'influence de cocaïne, dérobe la caisse du bar Cheers Tavern, à Salt Lake City, dans l'Utah, en tuant le barman, Melvyn Otterstrom. Son méfait lui rapporte moins de cent dollars. Lors de son procès, le 2 avril 1985, le meurtrier tente de s'échapper grâce à un revolver qui a été caché dans les toilettes du palais de justice. Gardner est blessé d'une balle dans la poitrine, mais il riposte en tirant sur un autre garde, George Kirk, qui décèdera de ses blessures onze ans plus tard. Dans sa fuite, il tue l'avocat Michael Burdell d'une balle dans l'œil. Ronnie Gardner se rend quelques minutes plus tard, devant le palais de justice.

Condamné à la peine de mort, le 22 octobre 1985, il demande à renoncer à ses procédures d'appel, puis à être fusillé par un peloton d'exécution comme le lui permet la loi dans l'État de l'Utah. Devant le juge, Gardner déclare : « je préfère mourir de ma belle mort, votre Honneur, mais si ce n'est pas possible, je choisis le peloton d'exécution. » Son vœu est exaucé le 22 avril 2010 et il est fusillé le 18 juin 2010, à 12 h 15.

POUR EN SAVOIR PLUS :

Deux reportages sur Ronnie Lee Gardner :

- http ://www.youtube.com/watch ?v=KcKEPHgW3qY
- http ://www.youtube.com/watch ?v=mc0eoCaqL4g

La salle d'exécution :

- http ://www.youtube.com/watch ?v=c4RW3iQPQ90

23 AVRIL 1962

DÉCÈS D'AMY ARCHER-GILLIGAN

Amy Archer-Gilligan (1873 – 1962) dirige une maison de repos dans le Connecticut qui connaît une épidémie de décès, puisque soixante personnes y meurent entre 1907 et 1917. Jugée pour cinq meurtres par empoisonnement, dont celui de son second mari,

Michael Gilligan, elle écope de la peine de mort lors de son premier procès en 1917. En 1919, sa peine est commuée en réclusion à perpétuité. Quelques années plus tard, Amy Archer-Gilligan est déclarée irresponsable et elle est transférée dans un hôpital psychiatrique, où elle meurt en 1962. On la suspecte de quarante-huit assassinats. Son cas inspira la pièce de théâtre et le film Arsenic et vieilles dentelles.

POUR EN SAVOIR PLUS :

Un bref documentaire :

- http ://www.youtube.com/watch ?v=eaRp3fSdQ j0

24 AVRIL 1958

NAISSANCE DE STEVEN WRIGHT, SURNOMMÉ « THE SUFFOLK STRANGLER »

Steven Gerald James Wright est un ex-gérant de bar, devenu manutentionnaire et meurtrier en série de cinq prostituées dans la région d'Ipswich, entre le 2 et le 10 décembre 2006. Ses victimes sont : Tania Nicol, dix-neuf ans, Gemma Adams, vingt-cinq ans, Anneli Alderton, vingt-quatre ans, Paula Clennell, vingt-quatre ans et Annette Nicholls, vingt-neuf ans. Toutes exerçaient dans le « quartier rouge » d'Ipswich, une ville-dortoir située à une centaine de kilomètres au nord-est de Londres. D'après l'acte d'accusation, le tueur en série les aurait d'abord droguées avant de les étrangler.

Dans les années 1980, Wright tient un pub à Norwich. Très vite, l'établissement se transforme en un repaire pour les prostituées. Deux d'entre elles, clientes régulières, sont assassinées. La première en 1992. La seconde dix ans plus tard. Jamais leurs corps n'ont été retrouvés. Pour les enquêteurs de l'époque, tout accuse Wright, mais faute de preuves, il n'a jamais été inquiété.

Stephen Wright est marié et père de deux enfants, il habite avec Pamela, sa nouvelle compagne, dans une chambre de bonne au dernier étage d'un immeuble décati de London Road, à Ipswich. Selon ses voisins, Wright était un homme sans histoires, à la mise soignée et passionné de golf : « il ressemblait à tout sauf à un tueur. »

Le 22 février 2008, il est condamné à la réclusion criminelle à perpétuité.

POUR EN SAVOIR PLUS :

The Suffolk Strangler un documentaire de la série *Serial Killers* sur Stephen Wright :

- http ://www.youtube.com/watch?v=gv6R0vKc-Xk

25 AVRIL 1997

LE TUEUR EN SÉRIE ANDREW CUNANAN COMMET SON PREMIER MEURTRE À MINNEAPOLIS EN TUANT SON AMI JEFFREY TRAIL

Âgé de vingt-sept ans, Andrew Cunanan est un habitué des milieux gays de San Diego, où il est souvent en quête d'un riche amant pour subvenir à ses besoins. Outre l'assassinat du couturier Gianni Versace, le 15 juillet 1997, à Miami, Cunanan a tué quatre autres hommes avec une grande sauvagerie entre le 27 avril et le 9 mai 1997, à Minneapolis, Chicago et dans le New Jersey. Il se suicide sur une péniche du port de Miami, huit jours après le meurtre de Gianni Versace.

POUR EN SAVOIR PLUS :

Un documentaire de *Biography* :

- http ://www.youtube.com/watch?v=YoHW_jLH0E4

26 AVRIL 2002

EXÉCUTION PAR INJECTION LÉTALE DU TUEUR EN SÉRIE ALTON COLEMAN

Né en 1955 d'une mère prostituée, cet homme de race noire est condamné pour le kidnapping et le viol d'une femme âgée à Waukegan. Une fois en prison, il agresse sexuellement de nombreux prisonniers, au point qu'un psychiatre affirme que Coleman est « prêt à avoir des rapports sexuels avec n'importe quel objet, femme, animal, homme ou enfant ».

Une fois libéré, il commet plusieurs viols, avant de s'enticher de Debra Denise Brown, âgée de vingt et un ans, qui va devenir sa complice active dans une série de six meurtres, dont plusieurs d'enfants, et d'innombrables agressions violentes entre le 29 mai et le 20 juillet 1984, date de leur arrestation, à Evanston, dans l'Illinois.

POUR EN SAVOIR PLUS :

Un bref documentaire sur Alton Coleman et Debra Brown :

- http ://www.youtube.com/watch ?v=FggqPwlYDwo

27 AVRIL 1994

EXÉCUTION DU « SOUTHSIDE STRANGLER » TIMOTHY WILSON SPENCER

Également surnommé le « Southside Slayer », Timothy w. Spencer est le premier serial killer à être condamné aux États-Unis grâce à son empreinte génétique, pour une série de quatre viols et meurtres commis en 1987 à Richmond et à Arlington, en Virginie. Condamné à mort, il est exécuté en 1994.

POUR EN SAVOIR PLUS :
Southside Strangler, un épisode de la série *Forensic Flies* :
- http ://www.youtube.com/watch?v=AvsxfuubsDU

28 AVRIL 1999

DISPARITION DE LUCY PHAN, KIDNAPPÉE PAR LE TUEUR EN SÉRIE LOUIS POIRSON

En mai 2000, une auto-stoppeuse de Mantes-la-Jolie, âgée de trente-huit ans, est prise en stop à Bonnières par Louis Poirson, un homme musculeux et sec comme une trique qui la conduit à la ferme des Mollières, à La Villeneuve, la ligote et la bâillonne. Elle reste ainsi pendant près de quatorze heures, après avoir été violemment frappée par son kidnappeur qui quitte les lieux, un chantier de six fermes d'une entreprise pour laquelle il est employé comme tailleur de pierres. Heureusement, son employeur, qui effectue une visite d'inspection surprise, aperçoit la victime attachée et donne l'alerte. Le tailleur de pierres est interpellé. En examinant son casier judiciaire, les gendarmes font le lien avec un épisode de 1996, pour lequel Poirson a fait l'objet d'une condamnation après l'enlèvement de trois jeunes filles de quinze à dix-huit ans. Originaires de Mantes-la-Jolie et de Rosny-sous-Bois, les victimes font du stop sur la nationale 13 vers Chaufour-les-Bonnières. Elles montent dans le véhicule, qui les emmène à la ferme des Mollières à La Villeneuve-en-Chevrie, mais le kidnapping échoue. Elles profitent d'une inattention du kidnappeur pour s'échapper. Celui-ci est identifié, avant d'être arrêté à son domicile de Mantes-la-Jolie, l'après-midi du 17 juin 1996. Il est condamné à trois ans de prison. Libéré, il retrouve son emploi en 1998.

Lorsque les gendarmes de la section de recherches de Versailles mènent des recherches plus poussées, ils apprennent que Poirson a grandi en Alsace, où il a obtenu un CAP de navigation fluviale pour devenir marinier sur le Rhin. Il perd cet emploi lorsqu'il effectue son service militaire. Il est extrêmement déçu car il ne peut pas s'engager dans les parachutistes, à cause d'un léger handicap. Seul garçon au milieu de trois filles, il est très marqué par le décès dans un accident de la route de sa sœur Gisèle, âgée de dix-neuf ans : « quand ma petite sœur est morte, j'étais en prison. Mes vieux, ils ont envoyé mon autre petite sœur chercher ses vêtements et faire les photos de la voiture où elle était morte. Faut quand même pas pousser non plus. » Poirson voue une haine féroce envers ses parents et, plus particulièrement, à l'égard de son père : « le vieux, il tapait tout le temps, c'est tout. Pour un oui ou pour un non. Et la vieille, elle disait rien. Elle laissait faire. C'est tout. J'allais au collège et j'avais dans les dix-sept ans. Un soir, la chaîne de mon vélo a cassé et je suis rentré à onze heures au collège. J'ai expliqué au surveillant qui a convoqué mon père. Le lendemain, il m'a sorti devant tout le monde au réfectoire et il m'a mis une rouste parce que j'étais en retard. Alors que j'avais expliqué le pourquoi du comment. Il aurait pu essayer de comprendre avant de frapper et de me sortir devant tout le monde en me tirant par la cravate. Et après, il m'a obligé à faire 25 kilomètres à vélo. En grande partie, tout ça a fait de moi un rebelle. Les coups de colère, ça vient de là. Si le vieux n'avait pas tapé pour un oui ou pour un non, j'aurais peut-être eu une autre vie, c'est tout. »

Dans les années 1980, il commet neuf viols dans des parkings de Strasbourg pour lesquels il écope d'une peine de quinze ans de prison. Certaines des victimes font l'objet d'un début d'étranglement et elles sont parfois menacées avec une arme à feu ou un couteau. Lors du procès, l'expert décrit un individu « stimulé par la peur qu'il lit dans le regard de ses victimes » et pour lequel « il n'existe pas, en l'état actuel de la thérapeutique, de traitement susceptible d'entraîner sa guérison ». Après avoir séjourné dans les prisons d'Ensisheim et de Fleury-Mérogis, Louis Poirson est libéré en 1994.

Deux ans plus tard, il kidnappe ces trois jeunes femmes. Il n'a que trente-deux ans et refait sa vie avec une habitante de Mantes-la-Jolie, dont il a fait la connaissance après avoir échangé une correspondance avec sa fille, pendant qu'il était derrière les barreaux. Dans un premier temps, il s'installe à Pacy-sur-Eure, puis déménage à Mantes-la-Jolie. Cette mère de famille est plus âgée que lui puisqu'elle a cinquante ans, et elle garde des enfants pour la DDASS, dont Poirson s'occupe pendant des heures en dessinant ou en sculptant des personnages de Walt Disney. Il a toujours fait preuve d'égards vis-à-vis de cette femme, comme cela est confirmé par ses déclarations en garde à vue : « moi, j'assume tout ce que j'ai fait, même si c'est involontaire. C'est mon subconscient qui a repris le dessus. Tout ce que je demande, c'est que moi seul paie les pots cassés. Mais que la famille et la femme avec qui je vivais, on lui foute la paix, surtout qu'elle garde des gamins pour la DDASS. Moi, qu'on me foute trente ans, je n'en ai rien à secouer. Qu'on fasse chier mes parents, ça me dérange pas du tout. »

Les enquêteurs sont intrigués dès le début par son comportement et l'absence de mobile. Ils pensent que Poirson a séquestré l'auto-stoppeuse, dans le but d'abuser d'elle plus tard et, peut-être, pour l'assassiner. Dans un des bâtiments désaffectés, il a aménagé une pièce à l'étage où il sait qu'il a peu de chances d'être dérangé pendant le week-end. Mais Poirson avance d'autres raisons : « c'est parce que j'y ai dormi plusieurs fois. Il y avait un matelas et deux oreillers pour les soirs où je m'engueulais avec Madame V. (sa compagne). Pour pas retourner à Mantes et il y avait une rallonge pour prendre de la lumière à l'étage d'en dessous. » Il semble avoir réponse à tout et fait preuve d'un très grand calme. Bras tatoués, ton sec et cassant, il fume beaucoup. Seul signe de nervosité lorsqu'il est embarrassé par les questions des gendarmes, ses pieds se tordent sous la chaise. Menotté de la main gauche à un plot de béton vert, il est capable de le soulever d'une seule main lorsqu'il s'agit de signer sa garde à vue qu'il fait suivre des initiales JR, comme John Rambo ». C'est l'explication que Louis Poirson avance lorsque les gendarmes lui en font la demande. « Il est très poli, mais son visage est très dur. C'est une vraie force de la nature », déclare un enquêteur. L'homme admire le héros de la trilogie de films joués par Sylvester Stallone. « À l'époque, j'étais un fan ». Il adopte même le look de l'acteur et porte en permanence des lunettes noires.

Les gendarmes enquêtent sur la découverte en septembre 1999 d'un corps dénudé dans un fossé à Chaussy, dans le Val-d'Oise. Ils cherchent l'assassin de Charlotte Berson, soixante dix-neuf ans, qui disparaît alors qu'elle part en promenade à Pacy-sur-Eure. Au bout de plusieurs heures d'audition, Poirson avoue l'assassinat de cette femme à cause « de pulsions d'énervement. Vous pensez ce que vous voulez, mais, sur ce coup-là, j'avais aucune mauvaise raison contre elle au départ. Mme Berson, elle s'est énervée, elle ressemblait à ma vieille. Elle voulait pas monter dans la bagnole et elle tapait sur le capot. Plus je la voyais s'énerver et plus je voyais ma mère en face de moi. »

Le 14 décembre 2000, lors de la perquisition au domicile de sa compagne, les enquêteurs mettent la main sur des bijoux fantaisie qui n'appartiennent pas à ses précédentes victimes. Ses explications sont loin de convaincre les gendarmes : « y en a que j'ai trouvés à la sortie de Mantes, près d'un parking, où je fais souvent nettoyer la voiture et où je ramasse du bois, près du nouvel hôpital. Je voulais les revendre dans une brocante. » Lorsqu'un enquêteur lui demande pourquoi il ne les a pas apportés aux autorités, il rétorque, « s'il fallait ramener tout ce qu'on trouve, on serait pas arrivé ! Je les avais depuis trois ou quatre ans, depuis 1996, je crois. » Les gendarmes sont persuadés que l'accusé a emporté des trophées volés à d'autres femmes qui sont, peut-être, tombées sous les coups du tailleur de pierres. Autre découverte inquiétante, un cliché qui montre une jeune femme nue et terrorisée tentant de cacher son sexe de sa main.

Une autre affaire présente des similitudes avec celle de Charlotte Berson. Domiciliées à Saint-Vincent-des-Bois, Jeanine Villain, soixante-sept ans, et sa fille Monique, quarante-quatre ans, sont aperçues pour la dernière fois l'après-midi du 30 août 1995 dans les allées du cimetière animalier de Douains, où repose leur chienne Babette. Leurs corps sont découverts le 2 septembre dans un champ de Neuilly, dans l'Eure. Toutes les deux ont été étranglées. L'assassin a brûlé les visages et les mains avec de l'acide chlorhydrique pour retarder l'identification. Or Louis Poirson a agi de la même façon avec le cadavre de Charlotte Berson, il connaît très bien les lieux et son profil correspond. En décembre 2000, lorsque les gendarmes d'Evreux viennent le questionner à la prison de Bois d'Arcy, Poirson passe assez rapidement aux aveux. A Douains, il a kidnappé ces deux femmes après avoir cassé la vitre d'une cabane de jardin et dérobé leur véhicule. Selon ses dires, lorsque Monique Villain menace de prévenir la police, il pète les plombs car il craint de retourner en prison. Après les avoir assommées avec un bout de bois, il les emmène en direction de La Villeneuve-en-Chevrie, où il leur propose de les relâcher contre la promesse du silence. Mais Monique, qui est une femme forte à tous points de vue, refuse. Poirson reprend la route en direction de Paris, avant de s'arrêter en bordure d'un pré où il affirme avoir renouvelé sa demande. Monique ne change pas d'avis, ce qui scelle le sort des deux femmes. Poirson assomme Monique avant de l'asphyxier avec un sac en plastique. Il en fait de même pour la mère de la jeune femme. « Face à moi, elle a compris qu'elle n'aurait pas le dessus. Pour la jeune, ça s'est fait dans l'énervement, la plus vieille dans la douleur. J'ai eu moins de respect pour ma propre mère que pour cette dame là qui voulait que ça s'arrête, mais pas la plus jeune, une butée celle-là. Butée, butée et qui voulait pas en démordre. C'est elle qui a fait monter la pression ». Pour effacer toute empreinte, il décide d'incendier la voiture et il passe par Chauffour pour prendre un bidon d'essence. Là, il se rend compte du « soubresaut d'un corps » et il achève Monique Villain d'un coup de couteau en plein cœur, juste « par acquis de conscience ». Le véhicule et les deux corps sont brûlés près de Neuilly, dans l'Eure, où des passants les découvrent un mois plus tard. Auparavant, il a déjà remarqué les deux femmes sur la tombe de leur animal, un geste qu'il trouve « ridicule » et qui le met en colère : « je ressentais de la haine ». Il est d'ailleurs venu sur place pour détruire des sépultures, après qu'un chien l'ait énervé par des aboiements incessants alors qu'il est installé à la terrasse d'un café. « Ce roquet a commencé à me saouler. Et j'ai pensé, quand il va mourir, on va faire tout un tralala, avec les pierres, les stèles, ça coûte cher. C'est bizarre de dépenser autant de pognon pour des chiens… J'ai eu trois accidents, mais bon, c'est arrivé comme ça. Je regrette, c'est sûr. Pour ces deux-là, je sortais d'une longue peine de prison et cette histoire banale au départ s'est transformée en sordide affaire. Parce qu'il y a eu les mots « prison, gendarmes, gendarmes, prison ». Ça a tourné là-dedans et ça a fini mal. Ça me fait peur d'en être arrivé là pour des simples trucs comme le vol de la voiture dans le cimetière. À la limite, je regardais pas en arrière, elles portaient plainte, j'avais le vol de la voiture, la casse de la vitre, mais ça s'arrêtait là. Ça a monté, monté et j'ai eu peur d'être à nouveau arrêté. C'était des histoires de flics et j'ai vraiment paniqué. Elle a toujours insisté, « gendarmes, prison » et j'ai paniqué. Voilà. Je les ai embarquées dans le coffre de la bagnole. Je pouvais pas mettre les deux assises dans la voiture. Je pouvais pas rouler avec deux personnes qui pouvaient gesticuler. »

À l'époque de la découverte des corps de Madame Villain et de sa fille, les gendarmes mettent en examen Michel Villain, quarante-cinq ans, fils et demi-frère des deux victimes. Fâché avec sa mère et sa demi-sœur qu'il n'a plus vues depuis le début des années 1980, l'homme a été mis en cause par son propre fils âgé d'une vingtaine d'années. Incapable de fournir un quelconque alibi, Michel Villain est placé en détention provisoire en mars 1998, même s'il a toujours clamé son innocence. L'enquête n'ayant pas apporté de preuves irréfutables de sa culpabilité, une demande de mise en liberté déposée en février 2000 finit par aboutir. Mais un appel du Parquet d'Evreux renvoie le suspect derrière les barreaux au bout de trois semaines de liberté seulement. Les aveux de Poirson permettent la libération d'un innocent qui a quand même passé trois ans de sa vie en prison. Pendant le procès, la procureur a jugé que cela n'avait rien à voir avec une erreur judiciaire ! Le 24 septembre 2002, la cour d'assises de l'Eure condamne Louis Poirson à la réclusion criminelle à perpétuité pour le double meurtre de Jeanine et Monique Villain. Quelques jours après les derniers aveux de Poirson, de nouvelles fouilles sont menées, le 23 janvier 2001, près des bâtiments de la ferme. Les fouilles précédentes n'ont rien donné. Emmené sur place, Louis Poirson a donné des indications suffisamment précises. Il fait même parfois preuve d'un certain cynisme. Quand on le questionne sur le fait qu'il quitte les lieux de ses forfaits, avant d'y retourner pour brûler les cadavres, il réplique : « de toute façon, elles allaient pas se barrer. » À l'aide de pelles et de pioches, puis d'un tractopelle, les gendarmes ont trouvé les ossements d'une femme d'origine asiatique, Lucie Phan, soixante-treize ans, qui a disparu le 28 avril 1999 de la maison de retraite de Mantes-la-Jolie où elle résidait. Il raconte aux enquêteurs les circonstances de l'assassinat de cette femme : « elle s'exprimait pas vraiment bien. Elle était énervée parce qu'elle avait manqué un bus ou s'était trompé de sens… J'ai rien compris, de toute façon… Elle marmonnait. »

– Un gendarme : elle n'avait pas de sac quand elle est montée dans ta voiture ?

– Poirson : non. Je crois qu'on lui avait piqué son sac, mais j'en suis pas sûr. Elle était énervée (il siffle). C'était impossible de comprendre ce qu'elle disait.

– Cette dame, comment tu l'as tuée ?

– Elle est tombée quand je l'ai poussée.

– Ça me rappelle une autre histoire… Les autres fois, elles tombaient, sauf que tu les étranglais après.

– Non, je sais que ça s'est passé comme ça.

– Tu l'as poussée pourquoi ?

– Parce qu'elle avait pissé dans la voiture.

– C'est difficile à croire, Louis. C'est parce qu'elle a pissé dans la voiture que tu t'es mis en colère, que tu l'as poussée, qu'elle est tombée et qu'elle est morte ?

– Elle est tombée par terre, elle a touché le rebord, le machin par terre, et elle s'est plus jamais relevée. Si je l'avais étranglée, je le dirais, comme pour les autres.

– Tu vas encore nous dire, comme les fois précédentes, que c'était accidentel ? Tu nous avais déjà dit ça pour la première version du meurtre de Mme Berson, pour nous avouer à la fin que tu l'avais étranglée.

– Je l'ai jamais étranglée. Je l'ai serrée là (il montre l'épaule), elle est tombée sur le rebord et elle était encore vivante à ce moment-là. Je l'ai jamais étranglée jusqu'à la mort. Elle chancelait sur ses jambes quand je l'ai serrée pour la calmer. Mais elle était encore vivante. Elle manquait d'air. Celle-là, je l'ai pas étranglée, c'est arrivé comme ça. Je l'ai poussée au niveau du sternum avec la paume de la main. Elle devait mesurer un mètre cinquante pour cinquante kilos environ.

– Si c'était un accident, Louis, pourquoi tu n'as pas pensé à appeler des secours ?

– (Silence) À cause de mon passé.

Lors de chacun des interrogatoires où il finit par avouer ses crimes, Louis Poirson évoque un accident qui dérape, « une pulsion d'énervement » qui le saisit. Pour lui, comme pour la plupart des autres tueurs en série, c'est toujours la faute de la victime : pour la mère et sa fille, c'est l'attitude « butée » de Monique Villain qui l'oblige à tuer, pour Lucie Phan, c'est parce qu'elle a osé salir la banquette du véhicule qu'on lui a prêté. « Je me suis engueulé avec elle parce qu'elle avait pissé dans ma voiture, explique Poirson. Si elle avait envie de faire pipi, elle n'avait qu'à me prévenir avant, au lieu de faire comme ça. Même si elle était énervée, elle aurait pu me prévenir et je me serais arrêté. »

L'habileté des gendarmes consiste à amener petit à petit l'inculpé à être confronté à ses propres contradictions, tout en maintenant la communication. Acculé, Poirson finit par reconnaître l'évidence :

– J'ai eu peur, c'est tout, et je l'ai étranglée.

– Tu as eu peur de quoi ?

– De la ramener comme ça. De me faire arrêter. C'est tout.

– Louis, pourquoi tu nous l'as pas dit tout de suite ?

– Poirson reste silencieux.

– Et ensuite ?

– Elle était H.S. Je savais plus quoi faire… Je me suis dit qu'il me restait plus qu'à l'enterrer.

– Avais-tu l'intention de la séquestrer ?

– Non, pas du tout.

– Si je comprends bien, tu la tues parce qu'elle a pissé dans la bagnole ?

– Oui. Sur le moment, j'étais énervé parce qu'elle avait salopé la bagnole. Moi, c'est la connerie qu'elle m'avait faite, c'est tout. C'est moi qui m'intéressais, c'est moi qui devais nettoyer la voiture. Pour elle, c'était pas grave. Elle s'en foutait complètement de la connerie qu'elle m'avait faite. Si elle avait compris, il y aurait de grandes chances que je l'aurais ramenée à Mantes. Elle m'aurait nettoyé le siège, je l'aurais ramenée. Surtout, elle se souvenait même plus que je l'avais poussée. J'étais énervé sur le coup parce qu'elle voulait pas comprendre.

– Tu veux mon avis. Elle n'avait aucune chance de revenir vivante.

– C'est faux. Vous pensez ce que vous voulez. Pas sur ce coup-là. J'avais aucune mauvaise raison contre elle au départ. Mme Berson, c'était pas pareil.

– La vie de quelqu'un, ça vaut pas plus qu'une tache d'urine dans une bagnole ?

– Si, plus. J'étais énervé, c'est tout… »

Depuis son arrestation, Louis Poirson a subi divers examens psychiatriques. Il manifeste une « animosité latente vis-à-vis du sexe opposé ». Les experts évoquent une « inhibition dans le rapport aux femmes, avec, en arrière-plan, une dimension de haine et de rage à leur encontre ». Ils relèvent aussi des « images parentales très négatives ensuite rejetées dans la réalité de manière agressive ». Tous indiquent de graves troubles de la personnalité qui constituent « un facteur d'entrave au contrôle de ses actes ». Poirson est jugé pleinement responsable de ses actes. Pour les meurtres de Jeanine et Monique Villain, l'un des psychiatres estime qu' « une injonction de soins serait totalement illusoire ». Dans le cas de l'assassinat de Charlotte Berson, un autre expert juge au contraire indispensable une « prise en charge médico-psychologique » (*Le Monde*, 9 septembre 2000).

Interrogée par un journaliste de *Paris-Match*, la compagne de Poirson justifie son absence de soupçons lors de leur vie commune. « Tu es la Belle, je suis la Bête, » disait-il. À la suite de son incarcération, il écrit à son amie : « ne t'en fais pas, je ne cherche pas du tout à t'écrire ces mots pour me plaindre mais, très sincèrement, pour m'excuser. Je viens enfin de prendre conscience (trop tard) du mal que je t'ai fait, sur tous les plans. À ma sortie de la prison d'Argentan, j'aurais aller dû aller voir un médecin, exprimer mes sentiments et t'aimer comme tu le méritais. Malheureusement, je ne l'ai pas fait et je le regrette beaucoup. Je sais aussi que cette fois, quoi que je dise ou fasse, je n'aurais jamais plus de raison d'être car, à mon avis, je suis là pour un long, très long moment. » Il continue, un peu plus loin : « tu vois mon avenir est tout tracé. Donc j'espère que tu vas enfin penser à toi et à ton bonheur. J'ai fait des erreurs dans ma vie. Je les paie au prix fort. À présent je comprends que ma plus grosse erreur ce fut toi, car je n'ai pas su faire ce qu'il fallait pour te garder, t'exprimer mon amour, mes sentiments, ma tendresse. Je donnerais dix ans de ma vie ou bien ferais un pacte avec le diable pour revenir en 1994 au début de notre rencontre. Ah ! Si c'était possible ! Mais cela ne l'est pas, tant pis pour moi. »

Même s'il a avoué ces quatre meurtres aux enquêteurs, Louis Poirson passe en procès en 2003 et est condamné une première fois à perpétuité. Comment voit-il sa situation ? : « on peut penser ce qu'on veut, ça aurait jamais dû arriver. C'est ma bêtise à moi qui a repris le dessus. J'ai pas réussi à me maîtriser sur ces cas-là. Quelquefois, je réfléchis à ce que j'ai fait. J'ai plus que ça à faire de toute façon. Il faut que j'essaie de vivre avec malgré ce que j'ai fait. C'est comme si je mettais un semi-mouchoir dessus. Vous savez, tout le monde est pareil. Quand il a fait une connerie, il essaie de la cacher. Bon, elle est peut-être pas aussi importante que la mienne, c'est certain. Pour essayer de vivre, vous essayez de l'occulter au maximum. Ou je deviens fou. Mais c'est sûr que ça reste. A chaque fois qu'il y a une histoire comme ça qui repasse à la télé, je repense aux meurtres. C'est sûr. Pour plus que je sois dangereux, il faudrait peut-être que j'aille vivre dans un coin où il n'y ait plus personne. »

Le 4 février 2005, Louis Poirson est condamné une seconde fois à perpétuité avec une peine incompressible de vingt-deux ans.

POUR EN SAVOIR PLUS :

Louis Poirson, le tailleur de pierres, un épisode de la série *Faites entrer l'accusé* :

- http ://www.youtube.com/watch?v=GfG8SVpadSU

29 AVRIL 1980

WILLIAM BONIN ET SON COMPLICE VERNON BUTTS KIDNAPPENT DARIN KENDRICK, DIX-NEUF ANS, ET L'OBLIGENT À AVALER DE L'ACIDE CHLORHYDRIQUE AVANT DE L'ACHEVER AVEC UN PIC À GLACE ENFONCÉ DANS L'OREILLE

Le 23 février 1996, William Bonin, surnommé le « Freeway Killer », devient le premier condamné à mort de Californie à être exécuté par injection létale après avoir passé dix-sept ans dans le couloir de la mort. Il a été condamné pour quatorze meurtres de jeunes adolescents et suspecté de trente homicides supplémentaires. Âgé de quarante-neuf ans, il n'exprime aucun remords pour ses crimes, estimant avoir été condamné à mort à tort. Ses ultimes paroles sont un « conseil » pour les apprentis serial killers : « si quelqu'un envisage d'enfreindre sérieusement la loi, je lui suggère d'aller dans un coin tranquille pour y réfléchir à deux fois avant de passer à l'acte. »

POUR EN SAVOIR PLUS :

Une interview avec le docteur Vonda Pelto, une psychologue qui s'est occupée de tueurs tels que William Bonin, Ken Bianchi, Douglas Clark ou Charles Manson :

- http ://www.youtube.com/watch?v=0qOojVCekAs

La bande-annonce du film *Freeway Killer* (2010), tiré du cas de William Bonin :

- http ://www.youtube.com/watch?v=h1KCALwsmUc

30 AVRIL 2010

LE LYNCHAGE D'UN TUEUR EN SÉRIE PRÉSUMÉ CHOQUE LE LIBAN

Mohammad Moslem, un Égyptien de trente-huit ans, inculpé du meurtre d'un couple de personnes âgées, Youssef et Kawhtar Abou Mehri, et de leurs deux petites-filles a été lynché par une foule déchaînée à Ketermaya, un village situé au sud-est de Beyrouth, avant d'être pendu à l'aide d'un croc de boucher et d'une corde. Le tout sous les acclamations d'un public hystérique et les youyous des femmes. L'accusé, qui était recherché pour le viol d'une fillette de treize ans dans la même ville, était venu voir Youssef pour lui demander d'intervenir auprès de la famille de l'adolescente afin qu'elle accepte de l'épouser. Au Liban, la loi prévoit l'arrêt des poursuites si le violeur épouse sa victime. Le refus de Youssef a rendu fou furieux Mohammad qui aurait alors tué le vieil homme, sa femme et les deux petites-filles.

Mohammad a été emmené par les policiers libanais à Ketermaya pour une reconstitution du crime. Mais à leur arrivée, les hommes du village ont pris d'assaut les voitures des forces de l'ordre avant d'en extraire le meurtrier présumé. L'homme a alors été frappé, poignardé, déshabillé et traîné dans la poussière, avant d'être pendu à un poteau électrique.

Mai

1er MAI 2004

DES MEURTRES EN SÉRIE D'ENFANTS LIÉS À DES RITES DE MAGIE NOIRE SÈMENT LA TERREUR AU PAKISTAN

Au Pakistan, une série de meurtres sème la terreur dans la petite ville de Daoke, dans la province du Pendjab qui compte 50 000 habitants. Trois enfants ont été tués en l'espace de trois semaines, tous poignardés. Les deux derniers meurtres sont survenus à une semaine d'intervalle, lors du jour saint du vendredi. Tehseen Amjad, six ans, a été décapité puis mutilé. Ce meurtre fait suite à ceux de Ramazan, huit ans, et Tehmina Riaz, sept ans, qui ont été taillés en pièces. Avant de mourir, la fillette a pu répéter les paroles que le tueur lui avait adressées : « si les gens te questionnent à mon sujet, dis-leur que je suis un démon. Dis-leur que les meurtres sont l'œuvre des démons. » La police a procédé à l'arrestation d'une vingtaine de suspects à la suite du témoignage de Zainul Abiddin, un jeune garçon de cinq ans qui a échappé au meurtrier, avec de multiples blessures à la poitrine et à l'abdomen. Les enquêteurs sont persuadés que les crimes sont liés à des rites de magie noire. Plusieurs suspects ont avoué mais les meurtres se sont poursuivis pendant leur incarcération.

2 MAI 2005

UNE INFIRMIÈRE BAVAROISE SUSPECTÉE DE SEPT MEURTRES EN MOINS D'UN AN

Le 2 mai 2005, la police criminelle bavaroise a arrêté une infirmière de quarante-huit ans suspectée d'avoir administré à sept patients, voire davantage, des doses mortelles de morphine. Les policiers ont été alertés après qu'un contrôle interne eut révélé que des doses de morphines avaient disparu dans la clinique Ste-Elisabeth de Straubing (à cent vingt kilomètres au nord-est de Munich).

Les morts suspectes – concernant trois femmes et quatre hommes âgés de cinquante-huit à quatre-vingt-quatorze ans – ont eu lieu à partir second semestre de 2004 jusqu'en avril 2005. Les enquêteurs n'excluent pas que d'autres décès puissent être imputés à l'informière, qui travaille depuis une vingtaine d'années dans cette institution.

L'infirmière a reconnu avoir injecté des doses importantes de morphine à deux patients seulement, « pour alléger leurs souffrances » a-t-elle dit, mais elle nie avoir eu l'intention de provoquer leur mort. La clinique Ste-Elisabeth, l'une des plus grandes de Bavière, soigne plus de 17 000 patients par an.

3 MAI 2012

LA GENDARMERIE ROYALE DU CANADA IDENTIFIE LE MEURTRIER DE COLLEEN MACMILLEN GRÂCE À SON ADN

Des preuves ADN ont permis de confirmer que Bobby Jack Fowler est responsable du meurtre de la jeune Colleen MacMillen, qui a eu lieu le 9 août 1974 en Colombie-Britannique. Les échantillons prélevés à l'époque ont été envoyés une première fois au laboratoire de police scientifique de la GRC à Vancouver en 2007. Le profil ADN dressé a été envoyé à la banque nationale de données génétiques, mais aucune correspondance n'a été établie. En 2012, les enquêteurs ont jugé que les progrès des techniques d'analyse ADN permettaient une seconde tentative qui a été couronnée de succès par l'intermédiaire de la banque de données d'Interpol. Le 3 mai 2012, le Oregon Department of State Police Forensic Laboratory a comparé l'échantillon à sa base de données et a obtenu une correspondance. Il s'agissait de l'ADN de Bobby Jack Fowler, qui a passé la majeure partie de sa vie aux États-Unis et a été condamné pour tentative de meurtre, agression à main armée, agression sexuelle, incendie criminel, enlèvement et tentative d'agression sexuelle, ainsi que pour des infractions relatives aux armes à feu.

Bobby Jack Fowler a été condamné pour la dernière fois à dix années de prison à Newport, dans l'Oregon, pour l'agression violente d'une femme en 1995. Il décède de mort naturelle à l'âge de soixante six ans, en mai 2006.

Colleen MacMillen a été assassinée en 1974 à l'âge de seize ans, alors qu'elle faisait de l'auto-stop en Colombie-Britannique. Fowler est aussi le suspect principal dans quatre autres affaires de meurtre non résolues à Lincoln County (Oregon), dans les années 1980 et 1990.

En parallèle cette annonce, la GRC a indiqué rechercher quatre suspects pour la série de meurtres commis à partir de la fin des années 1960 le long de ce que les médias ont surnommé la « Highway of Tears » (« l'autoroute des larmes »). « Nous sommes presque sûrs qu'un seul criminel n'est pas responsable de tous les cas », a déclaré le sergent Wayne Clary. Le policier de la GRC a indiqué que depuis le début de l'enquête, il y a des années, 750 personnes d'intérêt ont été identifiées, 150 tests de détecteur de mensonges ont été réalisés, ainsi que 2500 interrogatoires.

Depuis longtemps, les enquêteurs soupçonnent qu'un ou plusieurs serial killers pourraient être responsables de ces décès. Cette « autoroute des larmes » est une portion tristement célèbre de la route 16 entre Prince Rupert et Prince George et des routes 5 et 97 avoisinantes, où plus de trente-six auto-stoppeuses auraient été assassinées ou portées disparues.

POUR EN SAVOIR PLUS :

Un documentaire de CBS sur *l'autoroute des larmes* :

- http://www.youtube.com/watch?v=pna6jWrcJT4

4 MAI 1970

NAISSANCE DE LA TUEUSE EN SÉRIE KARLA HOMOLKA

Karla Homolka et Paul Bernardo, les « Ken et Barbie du crime », incarnent l'image du couple idéal, mais derrière cette façade, ils donnent libre cours à leurs perversions les plus extrêmes. Karla vole de la drogue pour endormir sa jeune sœur, tandis que son mari la viole et la sodomise, la scène étant filmée par Karla.

Quelques mois plus tard, les époux kidnappent Leslie Mahaffy, âgée de quatorze ans, puis une écolière, Kristen French ; ensuite, c'est à Tammy Lyn de subir les coups et les viols répétés de Bernardo. Les trois adolescentes sont ensuite étranglées, tous ces actes sont enregistrés sur cassettes.

Comme dans le cas de Clifford Olson, la justice canadienne passe un accord très controversé avec Karla Homolka pour faire condamner Paul Bernardo à la prison à perpétuité, le 1er septembre 1995.

Karla Homolka est libérée le 4 juillet 2005, après avoir changé d'identité. Elle prend le nom de Leanne Teale, « Teale » étant le nom du tueur en série du film *Criminal Law* (*La loi criminelle*) qu'adorait Paul Bernardo. On lui prête une relation avec Luka Magnotta, le « Dépeceur de Montréal », une rumeur entretenue par le tueur lui-même. Elle est à présent mariée et elle vit en Guadeloupe avec son époux et leurs trois enfants.

POUR EN SAVOIR PLUS :

Un documentaire sur Paul Bernardo et Karla Homolka :

- http ://www.youtube.com/watch ?v=RkD-DHXVEQo

5 MAI 1971

LE « VAMPIRE DE BUCAREST » FAIT DEUX NOUVELLES VICTIMES, MIHAELA URSU ET MARIA IORDACHE

Né le 12 octobre 1946, Ion Rîmaru est l'aîné d'une famille de trois enfants dont le père Florea bat tous les jours son épouse. On découvre après son décès en 1972 qu'il était, tout comme son fils Ion, un serial killer, meurtrier de quatre femmes pendant l'été 1944.

Adepte d'auto-mutilation, Rîmaru commet une multitude de crimes entre le 8 avril 1970 et le 10 mai 1971 : quatre assassinats, six tentatives, cinq viols, une agression sexuelle et au moins sept vols. Tous sont commis la nuit par temps de pluie, de neige, d'orage ou de brouillard. Il se sert d'un marteau, d'une barre de fer, d'un couteau ou d'une hachette pour attaquer tout d'abord des serveuses de restaurants qui rentrent chez elles ; par la suite, Rîmaru élargit son choix de victimes. Il arrache les vêtements de ses victimes, les mord, les entaille avec ses armes puis les traîne à l'écart et, lorsqu'elles ont perdu connaissance, il les viole. Son surnom de « Vampire de Bucarest » vient du fait qu'il poinçonne la chair des femmes pour en boire le sang, comme l'ont indiqué plusieurs survivantes. Nécrophile, il abuse à plusieurs reprises de certains des cadavres. D'autres victimes sont dévorées, lorsqu'Ion déchiquette avec ses dents des bouts de seins et les vagins, qui ne sont pas retrouvés par les enquêteurs.

Le gouvernement communiste roumain envoie 6000 hommes patrouiller les rues de Bucarest toutes les nuits. Finalement, Rîmaru est identifié grâce à l'en-tête d'une ordonnance médicale qui lui a été délivrée et que l'on trouve sous le corps d'une de ses victimes, ainsi que par une mèche de ses cheveux arrachée sur une des scènes de crime.

Condamné à la peine de mort, Ion Rîmaru est fusillé par un peloton d'exécution dans la prison de Jilava, le 23 octobre 1971.

POUR EN SAVOIR PLUS :

Un reportage (en roumain) avec des documents d'archives sur Ion Rîmaru :

- http ://www.youtube.com/watch ?v=R-337ljXGLY

Une biographie (en anglais) de Râmaru, l'orthographe modernisée de Rîmaru :

- http ://www.rri.ro/art.shtml?lang=1&sec=170&art=313455

6 MAI 1986

FARYION EDWARD WARDRIP ASSASSINE TINA KIMBREW, 21 ANS

Pour les habitants d'Olney, dans le Texas, Faryion Wardrip a tout du citoyen modèle. Né le 6 mars 1959, cet homme marié est un employé sans histoires et un professeur respecté d' « école du dimanche ». Mais, en fait, il n'a jamais supporté que sa première épouse le quitte en emmenant les enfants. Depuis, Waldrip voue une haine féroce aux femmes

En janvier 1999, grâce à l'ADN récupéré sur un gobelet en papier, des enquêteurs lient Waldrip au sperme découvert, quinze ans plus tôt, sur le corps de Terry Sim, vingt ans, ligotée, violée et poignardée à mort. Lors d'un interrogatoire, Faryion avoue trois meurtres supplémentaires : Toni Gibbs, vingt-trois ans, Ellen Blau, vingt et un ans, et Debra Taylor, vingt-cinq ans.

Condamné à la peine de mort le 9 novembre 1999, il est suspecté de dix autres assassinats à Fort Worth.

POUR EN SAVOIR PLUS :

Killer in the County, un épisode de la série *Cold Case Files* :

- http ://www.youtube.com/watch?v=W0GYfI9v4FA

Sip of Sins, un épisode de la série *Forensic Files* :

- http ://www.youtube.com/watch?v=KP5SqYyTo90

7 MAI 1999

JONATHAN LAWRENCE ET JEREMIAH RODGERS KIDNAPPENT JENNIFER ROBINSON

Dans un hôpital psychiatrique de Floride, Jeremiah Rodgers, un marginal de vingt et un ans, se lie d'amitié avec Jonathan Lawrence, un sataniste raciste de vingt-trois ans. Ils partagent les mêmes fantasmes de violence et décident de les mettre en pratique dès leur libération. En mars 1998, à Pensacola, Leighton Smitherman, reçoit une balle dans la tête pendant qu'il regarde la télévision chez lui. Il survit à ses blessures, ce qui n'est pas le cas de Justin Livingston, vingt ans, qui succombe à de nombreux coups de poignard.

Le 7 mai 1999, les deux hommes kidnappent Jennifer Robinson, âgé de dix-huit ans, qu'ils droguent, avant de la violer et de l'exécuter d'une balle dans la tête. Ils mutilent ensuite son corps.

Jonathan Hucy Lawrence a été condamné à la réclusion criminelle à perpétuité tandis que Jeremiah Martel Rodgers a écopé du châtiment suprême le 21 novembre 2000.

8 MAI 1980

DÉCOUVERTE DES CORPS DE DEUX SUÉDOISES ASSASSINÉES PAR LE « DUTROUX HOLLANDAIS »

La télévision néerlandaise a diffusé une interview de Koos Hertogs, un tueur en série de soixante ans, malgré une interdiction formelle du juge. Surnommé le « Dutroux hollandais », l'accusé y déclare au journaliste Nico van Empel, lui-même mandaté par le célèbre reporter hollandais Peter de Vries, avoir connaissance des circonstances du meurtre de deux jeunes Suédoises dans les Ardennes belges. Hertogs a reçu à huit reprises dans sa cellule la visite de Nico van Empel, équipé d'une caméra cachée. Dans ses aveux filmés, Koos Hertogs prétend savoir ce qui est arrivé à deux jeunes filles suédoises décédées dans les

Ardennes belges. Les victimes sont Ann Jonsson, dix-huit ans et Gun Johansson, dix-neuf ans, qui ont été abattues en 1976. La veille de leur mort, les deux jeunes touristes s'étaient rendues dans une boîte de nuit où Koos Hertogs était portier. Selon ses dires, il ne serait pas l'auteur des faits mais saurait qui a commis le terrible assassinat.

Né le 16 décembre 1949, ce meurtrier et violeur en série est condamné en octobre 1981 à la prison à vie pour l'assassinat de trois jeunes filles : Tialda Visser, douze ans, le 11 mai 1979, Emy den Boer, dix-huit ans, le 3 avril 1980 et Edith Post, onze ans, le 29 septembre 1980. Lors de ce procès, il a tout nié en bloc. Pourtant, dans le reportage où il s'adresse à son ami d'enfance, il donne les détails les plus sordides sur le déroulement des trois meurtres. Trente ans après les faits, Hertogs, qui avait aménagé son grenier en chambre de tortures, raconte comment il a violé et étranglé Tildia et tué Emi de deux coups de feu. Il raconte son étonnement de voir Emi « rester bien debout » après le premier tir et comment le second projectile l'a traversée de part en part. Il s'est servi d'une arme du même calibre.22 que celui pour les deux Suédoises. Et Emi a été abandonnée en forêt, à l'image des Suédoises le mois suivant.

POUR EN SAVOIR PLUS :

Une interview de Koos Hertogs en caméra cachée dans sa cellule par le journaliste Nico van Empel :

- http ://www.youtube.com/watch ?v=AUwGBbbmrDo

9 MAI 2008

DISPARITION D'ARIF DANS L'AFFAIRE DES MEURTRES D'ENFANTS DE DJAKARTA

Des milliers d'enfants vivent dans la rue en Indonésie sans que cela émeuve grand monde, sauf lorsqu'un serial killer assassine une quinzaine d'entre eux à Djakarta. Arif est un mendiant jusqu'à ce jour de mai 2008 où le garçon de sept ans disparait. Le lendemain, son corps démembré est découvert abandonné dans un carton près d'un arrêt de bus.

Quelques semaines plus tard, la police indonésienne parvient à mettre la main sur le responsable, un certain Baekuni, surnommé « Babeh » (« Papa »), âgé de quarante-huit ans. Il reconnaît au moins quatorze meurtres accompagnés de viols de jeunes enfants, dont celui d'Arif.

Cette affaire a déclenché de violentes critiques à l'égard du gouvernement incapable de s'occuper des ces dizaines de milliers d'enfants laissés à l'abandon.

Il est condamné à la prison à vie le 5 octobre 2010.

POUR EN SAVOIR PLUS :

Des photos et articles de journaux sur Baekuni :

- http ://forum.goregrish.com/threads/baekuni.22427/

10 MAI 2011

LE CANNIBALE SLOVAQUE MATEJ CURKO TENTE DE TUER ET DE MANGER UN SUISSE

Matej Curko, un Slovaque de quarante-trois ans, est décédé le 12 mai 2011, deux jours après une fusillade avec la police. Il avait contacté un Suisse suicidaire qui avait accepté de venir en Slovaquie pour être tué puis dévoré par Curko. Mais au dernier moment, la victime potentielle a changé d'avis, avant de prévenir les autorités qui sont venues interpeller le cannibale à son domicile. Curko aurait envoyé un mail à sa future victime suisse, contenant la phrase « Voilà mon travail » et une photo de pieds coupés et d'un thorax, apparemment féminins. Matej devait tuer sa victime d'un coup de poignard dans le cœur avant de découper l'organe en morceaux. D'après ce qui était convenu, le cannibale devait se munir d'une scie, de plusieurs couteaux, de tournevis et de poivre noir. Ils avaient prévu de se rendre en forêt, où un trou aurait été creusé auparavant. Il voulait ensuite revenir plusieurs fois pour couper de nouveaux morceaux. Le poivre était censé éloigner les animaux sauvages du cadavre. Père de deux enfants, Matej participait activement à la vie locale et il était notamment membre du club de tir de la ville de Kysak.

Les mails contenus dans l'ordinateur de Matej ont permis de découvrir les restes emballés dans du plastique de deux victimes, Elena, trente ans, et Lucia, vingt ans. Lucia, atteinte de dépression, avait déjà fait la une des médias en voulant se jeter nue du toit d'un immeuble. Elle a entretenu des conversations sur Internet avec des inconnus, évoquant son désir de mettre fin à ses jours. Un correspondant lui a promis de la tuer et de l'enterrer, les faits devant avoir lieu à Kysak, où le cannibale a été arrêté. Elle a quitté son domicile mi-septembre 2010. Elena, l'autre disparue, avait aussi connu un parcours de vie compliqué, entre abus sexuels et tentatives de suicides. Elle surfait aussi sur des forums Internet pour faire part de ses intentions. Un inconnu lui aurait écrit : « ne vous inquiétez pas, je vais vous aider. Prenez votre maillot de bain, je vais vous noyer. » Elle a disparu le 22 juillet 2010, sans laisser de traces. Le dernier lieu qu'Elena a évoqué avant de disparaître est la ville de Kysak.

Victime d'un viol et ayant avorté, elle voulait mourir.

Des échanges mails entre Matej et Lucia ont été publiés par Victor Fingal dans le journal suisse *Le Matin* du 19 mai 2011. L'échange date du 16 août 2010 :

Lucia : J'ai vu à la télé le suicide d'un papi dans un récipient rempli d'eau et celui d'un autre qui s'est pendu. Comme je travaille dans le domaine de la santé, je pense aux médicaments, mais ce n'est pas très fiable.

Matej : Si tu tiens tellement à mourir, je peux t'aider. Mais il faut des bases sérieuses.

Lucia : Écris-moi, écris-moi.

Matej : J'espère que tu ne vas pas me dénoncer. On s'enfoncerait dans la forêt. Je te donnerais un somnifère et quand tu serais endormie, je t'étranglerais. Ou alors tu choisirais une autre façon de mourir. J'ai toujours été tenté de voir la mort de près. Ensuite je t'enterrerais pour qu'il ne reste pas de traces.

Lucia : Ça me plairait assez. Mais je ne crois pas que tu puisses faire quelque chose de pareil. Une fois, je me suis entendue avec un mec, mais il a appelé les flics.

Matej : Moi aussi, je prends ce risque. Je ne sais pas comment te prouver que je suis sérieux. Tu habites assez loin. (...) On se rencontrerait à Kysak. (...) Il y a de belles forêts là-bas.

Lucia : Viens plutôt toi. Il y a une différence entre discuter d'un suicide ou décider de son propre assassinat.

Matej : En aucun cas. Je ne connais pas les environs de Snina (ndlr : où vivait Lucia). Je dois poser à l'avance sur place une pelle et une pioche.

POUR EN SAVOIR PLUS :

Un diaporama sur Matej Curko :

- http ://www.ahaonline.cz/galerie/musite-vedet/59542/

11 MAI 2012

ARRÊTÉ POUR LE MEURTRE D'UNE ADOLESCENTE EN 1998, L'ASSASSIN ÉTAIT UN SERIAL KILLER

Marleny Cruz est une jeune fille de quatorze ans originaire de République Dominicaine qui est découverte à moitié nue, violée et étranglée, le 23 février 1998, à University Heights. Des traces ADN sont prélevées sur le corps mais la technologie de l'époque n'a pas permis de les exploiter. En 2011, ce « cold case » est examiné à nouveau avec succès puisque les échantillons ont permis de remonter jusqu'au tueur présumé. Son profil ADN figurait en effet dans la banque de données CODIS, gérée par le FBI, qui recense des millions de criminels. Dans des aveux filmés par la police, James Martin affirme que son geste était accidentel : « je lui ai serré le cou pendant quelques minutes. C'était juste un jeu sexuel entre nous. Je ne pensais pas lui avoir fait si mal. ». Il reconnaît avoir eu une relation sexuelle consentie avec la jeune fille pour expliquer la présence de son ADN.

Né en 1972, James Martin, alias « Snake », a déjà un lourd passé judiciaire derrière lui. Lorsqu'il est âgé de six ans, sa mère tue sa petite sœur en la battant à mort. En 1989, alors qu'il est encore un lycéen de dix-sept ans, il étrangle et sodomise un camarade de classe de quinze ans afin de lui voler sa paire de baskets. Trois mois après sa libération conditionnelle en 2005, il tue sa petite amie, Cicela Santiago, par strangulation, avant de jeter son corps dans une poubelle, à côté d'un centre commercial d'Allentown, en Pennsylvanie.

POUR EN SAVOIR PLUS :

Un article du *New York Times* :

- http ://www.nytimes.com/2012/05/12/nyregion/girl-killed-in-98-is-thought-to-be-victim-of-serial-killer-crime-scene.html?_r=0

12 MAI 2005

EXÉCUTION AU CONNECTICUT DU SERIAL KILLER MICHAEL ROSS

Le tueur en série Michael Ross a été exécuté par injection létale à la prison d'Osborn à Somers. L'injection l'a assoupi avant de paralyser ses muscles et de provoquer un arrêt du cœur, a indiqué un responsable du centre. C'est la première exécution de cet État depuis 1960.

Né le 26 juillet 1959, au sein d'une famille très dysfonctionnelle, marquée par les absences répétées de sa mère, Ross était régulièrement frappé par elle. Michael est aussi abusé par un oncle qui se suicidera quelques années plus tard.

Michael Ross avoue le meurtre de huit femmes, âgée de quatorze à vingt-cinq ans, entre 1981 et 1984. Bien qu'il se soit dit personnellement opposé à la peine de mort, il avait exprimé le souhait que sa mort constitue un dénouement pour les familles de ses victimes. En 2004, il avait renoncé à toutes procédures d'appel. L'une des victimes de viol de Ross, Vivian Dobson, est devenue une opposante fervente à la peine de mort et elle multiplia les efforts pour tenter de le sauver.

POUR EN SAVOIR PLUS :

Michael Ross, The Roadside Strangler, un épisode de la série anglaise *The Serial Killers*, qui comprend une interview du tueur :

- http ://www.youtube.com/watch?v=2Q2lz51RDxQ

13 MAI 2009

UN SORCIER RWANDAIS ARRÊTÉ APRÈS AVOIR TUÉ SEPT PERSONNES EN DEUX ANS

La police rwandaise a arrêté François Nsoro, un « sorcier » de quarante-neuf ans, accusé d'avoir étranglé et dépouillé sept personnes qui s'étaient adressées à lui dans l'espoir de devenir riches. Deux femmes, ses complices et commanditaires présumées, Marie Josée Kayitesi, trente-sept ans, et Francine Mukaneza, quarante-deux ans, ont également été arrêtées au terme d'une enquête de deux mois. François Nsoro emmenait ses victimes dans un marais proche de son domicile, à Mugina, et leur administrait un breuvage pour les endormir, après quoi il les étranglait avant de les dépouiller. Les corps étaient ensuite jetés dans le fleuve Nyabarongo.

14 MAI 2012

UN SNIPER RACISTE SUÉDOIS JUGÉ POUR TROIS MEURTRES ET DOUZE TENTATIVES

Peter Mangs, un Suédois de quarante ans, a été reconnu coupable de deux homicides à caractère raciste à l'issue de son procès à Malmö : ceux de Kooros Effatian, un immigré iranien de soixante six ans, tué dans son appartement en juin 2003, et de Trez West Persson, une Suédoise de vingt ans, abattue en octobre 2009 dans une voiture aux côtés d'un ami d'origine albanaise. En revanche, l'accusé a été acquitté du meurtre de Firas al-Shariah, un homme de vingt-trois ans abattu devant sa porte en juillet 2003. Mangs a aussi été condamné pour quatre des douze tentatives d'homicide pour lesquelles il était jugé, ayant visé avec un pistolet automatique Glock 19 ces personnes à leur domicile, sur leur lieu de travail, dans des voitures ou dans des espaces publics. Cette série de tirs a commencé en 2009 et a tenu la ville de Malmö sous le choc et la crainte d'un tireur isolé jusqu'à son arrestation en novembre 2010 à l'issue d'une vaste chasse à l'homme menée par la police. Il est toujours dans l'attente de son procès

POUR EN SAVOIR PLUS :

Un reportage d'IB Times :

- http ://www.youtube.com/watch?v=5SSOxfzSR2Q

15 MAI 1989

LE SERIAL KILLER OBA CHANDLER VIOLE LA TOURISTE CANADIENNE JUDY BLAIR À MADEIRA BEACH

Né en octobre 1946, Oba Chandler, qui était dans le couloir de la mort depuis dix-sept ans, a été exécuté le 15 novembre 2011. Il avait été condamné à mort pour le meurtre en 1989 d'une femme de l'Ohio (Nord des Etats-Unis) et des deux filles adolescentes de celle-ci.

POUR EN SAVOIR PLUS :

Meurtres en haute mer, un épisode de la série *Les enquêtes impossibles* :

- http ://www.youtube.com/watch?v=UAsaZIaf2UY

16 MAI 2005

UN SERIAL KILLER DE PROSTITUÉES LYNCHÉ PAR LA FOULE AU KENYA

À Nairobi, une foule en colère a battu à mort un homme qui pourrait être le serial killer de plusieurs prostituées étranglées. Le suspect a été surpris alors qu'il tentait de s'enfuir d'une chambre, où il avait laissé inconsciente une prostituée, retrouvée avec un vêtement serré autour du cou.

17 MAI 2009

LA DERNIÈRE SORTIE DU « VAMPIRE DE MUIZEN »

Le ministre de la Justice Stefaan De Clerck a indiqué, en réponse à un parlementaire, que le plus ancien détenu de Belgique ne sortira plus, alors que ce dernier, nommé Staf Van Eycken, a introduit un référé qui sera examiné le 26 mai 2009. Le « Vampire de Muizen », qui fut condamné à mort en avril 1974 et est le plus ancien détenu de Belgique, devrait donc ne plus avoir droit à la moindre sortie. Entre 1985 et 2006, il a obtenu quatre-vingt-six autorisations de sortie de la prison de Louvain-Centrale où il est incarcéré depuis quarante ans. Van Eycken, qui a assassiné trois femmes en 1971 et 1972, doit son surnom aux morsures sur les poitrines des ses victimes.

18 MAI 2009

UNE SERIAL KILLER IRANIENNE S'INSPIRE D'AGATHA CHRISTIE POUR COMMETTRE SES FORFAITS

Mahin, trente-deux ans, est la première tueuse en série iranienne, avec à son actif au moins six meurtres, dont cinq femmes à Qazvin. Dans ses aveux, la jeune femme a déclaré s'être inspirée des romans d'Agatha Christie pour ne pas se faire prendre. Son mode opératoire : choisir ses victimes parmi des personnes âgées et les déposer en voiture chez elles. Elle a aussi assassiné l'une de ses tantes et le propriétaire de son logement.

Ses meurtres sont motivés par l'argent, à cause de ses nombreuses dettes. Elle dépouillait ses victimes qu'elle asphyxiait, après les avoir endormies. L'une d'elles a été achevée à coups de barre de fer.

19 MAI 2009

ARRESTATION D'UN GANG DE SERIAL KILLERS SKINHEADS

Huit jeunes hommes, âgés entre vingt et un et vingt-cinq ans, sont accusés du meurtre de plusieurs étrangers à Moscou. Ils ont assassiné et agressé, entre février et mars 2008, plusieurs citoyens chinois, kirghizes et ouzbèkes en filmant leurs macabres exploits. Ensuite, ils ont téléchargé les vidéos sur Internet. Les crimes racistes ont presque quintuplé au cours des cinq dernières années en Russie, faisant près de 300 morts et plus de 1300 blessés depuis 2004, d'après une organisation locale des droits de l'Homme. À Moscou, on a enregistré quarante-huit meurtres à caractère raciste et quarante-six agressions en 2008, ce qui représente une augmentation de 30 % par rapport à l'année précédente.

POUR EN SAVOIR PLUS :

Un reportage de Caucasian News sur les attaques racistes à Moscou :

- http ://www.youtube.com/watch?v=rs1tn-v6mko

20 MAI 2002

LE SERIAL KILLER MAURY TROY DAVIS SE FAIT REPÉRER À CAUSE DE SON « EMPREINTE » INTERNET

Lorsque la police de Saint Louis, dans le Missouri, fouille la maison située à Ferguson de Maury Troy Davis, un serveur d'hôtel âgé de trente-six ans, elle découvre une chambre des tortures équipée dans la cave. Une cassette vidéo intitulée « Votre jour de mariage » contient des scènes où Davis torture, viole et étrangle même l'une de ses victimes. Le meurtrier s'est pendu dans sa cellule avant d'avoir avoué ses crimes, mais les enquêteurs estiment qu'il a assassiné entre douze et vingt femmes. Ils ont identifié douze d'entre elles comme étant des prostituées droguées qui travaillaient sur Broadway, au nord de Saint Louis, mais Travis s'est vanté dans une lettre d'en avoir tué dix-sept.

Il force certaines des prostituées à danser entièrement habillées de blanc avec des lunettes de soleil aux verres noircis afin qu'elles ne puissent rien voir. Puis il les ligote et les emmène dans sa cave où il les attache avec des chaînes.à un poteau. Il enroule du sparadrap sur leurs yeux et commence à les apostropher et à les humilier verbalement :

– T'as quelque chose à dire à tes enfants ?

– Je suis désolée.

– Qui élève tes gosses ?

– Moi, ma mère et mon père.

– Tu te fous de ma gueule, salope ! T'es ici en train de fumer du crack et de te faire troncher. Tu rentres pas demain ! Je te garde toute une semaine. T'as pigé ?

Travis oblige une autre à déclarer, « vous êtes le maître. Il me plaît de vous servir. » Sur cette même cassette, on le voit étrangler une femme avec une ceinture. Lorsqu'elle est morte, Travis s'exclame : « mon premier meurtre. Numéro un. Elle avait dix-neuf ans. Son nom… eh bien, je l'ignore. Et je m'en fous complètement ! » On le voit aussi violer ses victimes et les pénétrer avec des objets. Les enquêteurs se rendent compte que Travis a repeint à plusieurs reprises les murs de sa cave pour en effacer les couches successives de sang.

Travis s'est fait arrêter à cause d'une lettre qu'il a envoyée le 21 mai 2000 à un journaliste du *St. Louis Post-Dispatch* où il se vantait d'avoir « assassiné dix-sept putes ». Agrafé à ce courrier, il avait imprimé une carte sur Internet où un X marquait l'endroit où se trouvaient les restes d'une de ses victimes. Une seule adresse IP avait consulté cette carte sur le site Expedia et celle-ci correspondait à celle Maury Troy Davis.

POUR EN SAVOIR PLUS :

A Map To Murder, un épisode de la série *Cold Case Files* :

- http ://www.youtube.com/watch?v=L5hs1UDnOKQ

21 MAI 2003

DÉCOUVERTE DE TROIS CORPS D'ENFANTS MOMIFIÉS DANS LE COMTÉ DE GRAHAM, EN ARIZONA

En mai 2003, un homme achète aux enchères des douzaines de boîtes scellées et abandonnées dans un entrepôt de l'Arizona. Il découvre, avec horreur, les cadavres momifiés de trois enfants enveloppés dans du plastique. La police identifie la mère, Diane Odell, cinquante ans, qui a eu huit enfants. Elle reconnaît ces trois corps comme étant ceux de ses enfants, mais elle affirme qu'ils sont décédés de causes naturelles. Elle a gardé les corps pendant plus de vingt ans avant de s'en séparer.

En 1989 déjà, le cadavre d'un bébé mort depuis longtemps est trouvé dans une valise du coffre d'un véhicule épave de Diane Odell qui échappe à toute poursuite à cause d'un vice de procédure.

Odell affirme que la plupart de ses grossesses sont le produit de viols répétés de son père et que sa mère l'a forcée à se prostituer à l'adolescence. Elle n'aurait fait que tuer des « enfants bâtards ». Le 28 janvier 2004, elle est reconnue coupable de meurtre et condamnée à la perpétuité. Elle pourrait bénéficier d'une libération conditionnelle après vingt-cinq ans derrière les barreaux.

POUR EN SAVOIR PLUS :

La bande-annonce de *Murder at Birth*, un épisode de la série *Deadly Women* :

- http ://www.youtube.com/watch ?v=bL9TRAFBAZc

22 MAI 2009

ARRESTATION D'UN TUEUR EN SÉRIE EN ISRAËL

Adwan Farhan, trente-trois ans, est un arabe israélien originaire du village bédouin de Kfar Hamam (Galilée), qui a reconnu être l'auteur de quatre meurtres et d'une tentative d'assassinat au cours de ces quinze dernières années. Il a été arrêté dans le cadre d'une enquête sur la disparition en août 2003 près de Tibériade de Danna Bennet, dix-sept ans, une Israélienne détentrice de la nationalité américaine. Pour tenter de la retrouver, les enquêteurs ont utilisé des photos aériennes et ont procédé à des examens géologiques. Ses restes, découverts récemment, ont ensuite été identifiés par analyses ADN. Lors de son procès, Farhan est condamné à trois peines de prison à perpétuité et sa petite amie, mineure au moment des faits, a écopé de quatorze ans de prison pour l'avoir aidé à se débarrasser de deux des corps.

POUR EN SAVOIR PLUS :

Un article de *Israel News* :

- http ://www.ynetnews.com/articles/0,7340,L-3864119,00.html

23 MAI 1982

ARRESTATION D'UN TUEUR EN SÉRIE DANS LE MICHIGAN

L'État du Michigan a trouvé le moyen d'empêcher qu'un serial killer, tueur de vingt-deux victimes, soit relâché en mai 2006. Coral Watts aurait pu être le premier tueur série américain à être libéré de prison. Né en 1953, ce Noir au quotient intellectuel de soixante-quinze est condamné à plusieurs reprises pour des cambriolages acompagnés de viols en 1974. À l'époque, la justice ignore que Watts tue pour la première fois, le 30 octobre 1974. Sa victime est une étudiante, Gloria Steele, dix-neuf ans, qui est poignardée à trente-trois reprises à Kalamazoo. Une fois libéré en 1979, Coral Watts décide de ne plus laisser de témoins de ses viols. Connu sous le nom de « Sunday Morning Slasher », il tue ses premières victimes à Ann Arbor, dans le Michigan, avant de continuer ses meurtres à Houston, à partir de mars 1981.

Arrêté le 23 mai 1982, il plaide coupable en échange d'une condamnation à soixante ans de prison. Ses aveux permettent de mettre un nom sur le coupable de vingt-deux assassinats. Mais cette condamnation a été prononcée pour les seuls faits de cambriolage auxquels il a plaidé coupable et, d'après la loi, il est libérable après avoir purgé vingt-quatre années de sa peine.

Depuis qu'il est emprisonné, Coral Watts a affirmé à plusieurs reprises qu'il tuera à nouveau s'il est remis en liberté. La police de Kalamazoo n'a jamais cessé d'enquêter sur son premier assassinat, celui de Gloria Steele, et les autorités estiment pouvoir le mettre prochainement en examen. Pour le procureur du Michigan, Donna Pendergast, « Watts tue pour le plaisir, il nous l'a dit. Ou parce que ses victimes ont un regard maléfique. La plupart des serial killers ont un mode opératoire. Lui n'en a pas. Il tue par noyade, par strangulation, il pend ses victimes, il « carbure » à la violence, avec tout ce qui lui tombe sous la main. C'est un cas ahurissant. Tous les gens qui l'ont rencontré un jour sont terrorisés ».

Coral Watts est finalement reconnu coupable de l'assassinat de Gloria Steele, le 27 juillet 2007, et il décède d'un cancer de la prostate le 21 septembre de la même année.

POUR EN SAVOIR PLUS :

The Sunday Morning Slasher, un documentaire de la série *Evil* :

+ http ://www.youtube.com/watch?v=y3rJDQ4Y6nc

24 MAI 1954

NAISSANCE DE FRANCISCO GARCIA ESCALERO

Né à Madrid, Escalero est un adolescent étrange qui adore se promener dans des cimetières. Son père le hait et cherche à « l'éduquer » en le battant. À seize ans, il passe quelque temps dans un hôpital psychiatrique. À sa sortie, il vit grâce à des vols. Voyeur, il observe des couples et des femmes seules pour se masturber. En 1975, il commet un premier viol devant le petit ami de sa victime. Pour cet acte, il est condamné à douze ans de prison. Relâché en 1984, il devient SDF. Des « voix » lui ordonnent de tuer.

Il assassine Paula Martinez, une prostituée en août 1987 : il la décapite et brûle son cadavre. En mars 1988, Escalero poignarde un mendiant connu sous le nom de « Juan » qu'il achève en écrasant sa tête avec une pierre. Quelques mois plus tard, un autre SDF est découvert brûlé. Il commet aussi des actes de cannibalisme et de nécrophilie en volant des cadavres dans des cimetières. En tout, il tue onze personnes avant de tenter de se suicider en avril 1994. À l'hôpital où on le soigne, Escalero avoue ses crimes aux infirmières. Jugé en février 1995, Francisco Escalero est déclaré irresponsable et enfermé dans un hôpital psychiatrique où il réside toujours à l'heure actuelle.

POUR EN SAVOIR PLUS :

La biographie de Francisco Escalero :

- http ://www.youtube.com/watch?v=tO54ZEXkp44

Un entretien de 2007 avec Francisco Escalero :

- http ://www.youtube.com/watch?v=Z6NktfUzmxI

25 MAI 2004

CONDAMNATION À MORT DU SERIAL KILLER DE PALM SPRINGS

Andrew Urdiales, surnommé le « Palm Springs Serial Killer » a été condamné à la peine de mort pour le meurtre de huit femmes entre 1988 et 1995. Arrêté en 1996, il a tué trois prostituées dans le Comté d'Orange en 1988, avant de commettre au moins deux assassinats à Chicago. De retour à Palm Springs, il reste inactif plusieurs années avant de récidiver en 1995.

POUR EN SAVOIR PLUS :

Le récit de Jennifer Abinson, une victime rescapée d'Andrew Urdiales :

- http ://www.youtube.com/watch?v=f9-j-VmKJD0

26 MAI 1883

NAISSANCE DE PETER KÜRTEN, LE « VAMPIRE DE DÜSSELDORF »

Voici comment se présente Peter Kürten dans un courrier écrit à son psychiatre Karl Berg, peu de temps après son arrestation :

« Je suis né le 26 mai 1883, à Köln-Mülheim. En 1895, mes parents ont déménagé à Düsseldorf Grafenberg où j'ai suivi mes études scolaires. J'étais un bon élève. Je suis devenu apprenti chez un mouleur, le même métier que mon père. C'était un bon ouvrier, mais aussi un ivrogne invétéré. Il s'adonnait constamment à la boisson. Dans cette profession, c'était habituel à cette époque. Maintenant, les mœurs ont changé et on boit moins. Toute la famille souffrait lorsqu'il buvait. Mon père devenait terrible dans ces cas-là. Les fenêtres étaient brisées, ainsi que les meubles. Et comme j'étais l'aîné, c'était moi la cible principale. Souvent, je me cachais pour échapper à ses crises de rage et je me réfugiais dans les bois ou à l'école. Pendant des semaines, je ne rentrais plus chez moi. Dans ces moments, je devenais un véritable vagabond. J'avais pour habitude de voler de l'argent aux femmes et aux enfants qui faisaient les courses. Une fois, on m'a arrêté et je me serais très certainement retrouvé en maison de redressement sans l'intervention de mes parents. Comme vous pouvez vous en douter, nous étions terriblement pauvres, car tout le salaire passait dans la boisson. Nous vivions tous dans une seule pièce ; en tout, nous étions dix frères et sœurs, mais deux enfants sont morts très jeunes, un autre à la guerre. Vous imaginez aisément l'influence que cette promiscuité eut sur ma sexualité. Cette misère prit une tournure encore plus destructrice quand mon père fut condamné en 1897 à dix-huit mois de prison pour avoir eu des relations sexuelles avec sa fille aînée. Lorsqu'il sortit de prison, il retrouva son travail. Je travaillais dans la même fonderie que lui. Il n'y avait jamais de dimanche ou de jours de repos, car mon père en profitait pour effectuer des petits boulots et je devais l'aider. Il s'était installé une petite fonderie dans la cave afin de fabriquer des petits objets en aluminium. Ma mère était quelqu'un de bien et de respectable.

« Quand je réfléchis à la vie sexuelle de mes parents, elle me fait plus penser à un acte de viol répété qu'à l'existence d'un couple marié.

« Père n'était pas orthodoxe et il ne voulait rien savoir de la religion catholique. En résumé, ma jeunesse fut un véritable calvaire. Je n'avais pas encore seize ans lorsque j'ai volé de l'argent à l'usine pour m'enfuir.

« Je ne suis jamais plus revenu à la maison. Je ne désire pas omettre mes expériences de prison, car je suis convaincu qu'elles expliquent en partie mon existence par la suite. Une fois, j'ai été condamné à deux jours de prison. Quand je suis sorti, un agent de police m'a fait traverser enchaîné toute la ville pour me conduire jusqu'aux portes. Vous pouvez imaginer ce que j'ai ressenti ! Je sus alors ce qu'était la vie sans un domicile fixe.

« Les crimes que j'ai commis à cette époque peuvent se comprendre par le simple besoin de survivre. Je volais pour manger ; j'ai obtenu de la nourriture sous de faux prétextes. En 1909, j'ai été condamné à une semaine derrière les barreaux ; en 1910, à six semaines, puis six mois, trois jours, etc. jusqu'à passer les trois-quart de l'année en prison. Ensuite, il y eut une longue condamnation jusqu'en 1914. C'est à cette époque que j'ai connu la sévérité du régime disciplinaire. J'en ai terriblement souffert. Une véritable barbarie. Je suppose que je méritais en partie ces condamnations pour mes vols. Je ne condamne pas ces peines en elles-mêmes, mais je condamne la manière dont elles sont perpétrées sur les jeunes gens. Le personnel des prisons était très différent à l'époque. L'enchaînement était une forme habituelle de punition. Une fois, j'ai été enchaîné pendant trois semaines de suite. À cette époque, il y avait un lieutenant qui était chargé de recevoir les visiteurs et les curieux. Il leur faisait visiter les lieux et me sortait de ma cellule pour m'exhiber. Le lieutenant prononçait un petit discours à mon sujet, en expliquant à quel point j'étais un prisonnier difficile. Un des visiteurs était un homme d'église. Il s'est agenouillé pour embrasser mes chaînes.

« Tout ceci eut un très mauvais effet sur moi, et je peux en parler en connaissance de cause. Rien n'est pire que la souffrance spirituelle d'une personne qui est torturée dans sa chair. Certains de mes actes commis en prison ne peuvent s'expliquer que par le fait que je n'étais pas moi-même – une sorte de psychose. Parfois, cela n'avait aucun sens. Une folie de prisonnier. Je n'étais pas capable de penser avec logique.

« Toutes mes condamnations jusqu'en 1903 se déroulèrent à Düsseldorf. Le traitement des prisonniers y était extrêmement sévère, bien plus qu'à l'heure actuelle. Ce n'est pas pour me justifier et je ne cherche pas à dire que tous ces châtiments étaient injustes. Ma colère et ma rancune étaient exclusivement dirigés vers le personnel de prison dont les rapports exagérés me valaient ces punitions.

« Je dois avouer que je ne travaillais pas toujours au mieux de mes capacités. De 1905 à 1912, j'ai passé la plupart de mon temps à tourner comme un lion en cage dans ma cellule. Mes crises de rage, qui étaient fréquentes, étaient le résultat du régime sévère qui m'était imposé. À Münster, je connus une sorte de psychose de prison. Une fois, je me suis enroulé dans un tissu de soie sous une table pour ne plus bouger.

« En avril 1921, j'ai été libéré de la prison de Brieg. J'avais eu une remise de peine de sept mois pour bonne conduite. J'avais évacué un gardien blessé sous le feu nourri des mutins de cette prison. D'un autre côté, je dois admettre que j'avais participé à une autre mutinerie. Je discutais souvent de mes aventures sexuelles avec d'autres prisonniers. Parfois, je les choquais volontairement, comme lorsque je leur racontais que j'avais mordu les parties génitales d'une femme. Lorsque le sang gicle, il n'y a rien de plus excitant au monde.

« Dès mon plus jeune âge, j'ai toujours aimé allumer des incendies. J'ai commis ces actes pour la même raison que tout le reste – mes tendances sadiques. J'avais du plaisir en voyant les lueurs du feu et les cris des personnes qui demandaient de l'aide. C'était une telle excitation que j'en retirais toujours un orgasme très violent. Et il en était de même pour les lettres que j'écrivis à la police. Je pensais que l'influence de ces lettres et l'excitation qu'elles causeraient auraient un effet sexuel sur moi, et je ne me suis pas trompé. La première de ces lettres fut écrite en 1913, après le meurtre de la fille Klein à Köln-Mülheim. En plus, j'étais persuadé que le sang innocent de ma victime retomberait et châtierait ceux qui me tourmentaient.

« J'étais continuellement en proie au désir – vous appellerez ça le désir de tuer – et plus il y en avait, mieux c'était. Oui, si j'en avais eu la possibilité, j'aurais tué des masses. J'aurais engendré des catastrophes. Tous les soirs, quand ma femme travaillait tard, j'écumais les rues de la ville à la recherche d'une victime. Mais ce n'était pas si facile que ça d'en trouver une.

« Lorsque je rentrais à minuit passé, parfois gorgé du sang de mes victimes, j'effaçais toute trace suspecte de mes mains et de mes vêtements. Au retour de ma femme, nous discutions tranquillement de notre journée de travail, de nos voisins, avant de nous endormir côte à côte. Je ne faisais jamais de mauvais rêves et mes nuits n'étaient jamais troublées par le manque de sommeil.

« Mes relations avec ma femme ont toujours été bonnes. Je ne l'aimais pas d'un point de vue sensuel, mais à cause de mon admiration pour son admirable caractère. J'ai toujours possédé un très fort appétit sexuel, qui s'est encore accru ces dernières années et qui était d'autant plus stimulé par les crimes eux-mêmes. Pour cette raison, j'ai constamment été poussé à chercher une nouvelle victime. Parfois, j'avais même un orgasme rien qu'en saisissant une victime à la gorge ; d'autres fois, non, mais cela m'arrivait quand je poignardais la victime. Ce n'était pas dans mes intentions d'obtenir satisfaction par une pénétration normale, mais bien en tuant. Lorsque la victime se débattait, cela ne faisait que stimuler mon désir. Je prendrais pour exemple le cas d'Ohliger pour lequel Stausberg fut accusé à tort. Je n'ai pas eu de rapports avec l'enfant. Ce n'était pas nécessaire, car j'avais déjà éjaculé. La réaction s'était déjà produite pendant que je lui serrai la gorge, mais pas l'éjaculation. Ce n'est qu'au moment où je la poignardais que j'eus une éjaculation. Mon membre était sorti et l'éjaculation se produisit sans qu'il y ait eu érection, ce qui est bien meilleur; il en a été de même pour Hahn, au point que j'en eus un frisson tout le long de la colonne vertébrale. Pour en revenir à Ohliger, pendant que je l'étranglais, j'avais inséré mon médius dans son vagin. J'avais baissé un peu son slip avant de les remettre en place par la suite. Mais je n'avais rien ressenti – uniquement, lorsque je m'emparais des ciseaux pour la poignarder; c'est à cet instant que j'eus une éjaculation. En tripotant l'enfant, j'ai peut-être introduit un peu de fluide séminal avec mon doigt. À minuit, je suis retourné voir le cadavre. Je voulais le toucher à nouveau. Je ne nie pas que c'était pour ressentir une nouvelle excitation sexuelle, mais il n'y eut pas d'éjaculation, cette fois-ci. Autre chose : je l'ai uniquement tripoté à travers ses vêtements. Je ne pouvais pas rester longtemps car ma femme n'allait pas tarder à rentrer.

« Pourquoi brûler le corps ? Bien évidemment, je ne l'ai pas fait pour le détruire. C'était pour obtenir une excitation sexuelle, mais il n'y a pas eu d'éjaculation. Le lendemain matin, à 9h, je suis revenu encore une fois, après qu'elle ait été découverte. J'ai vu les policiers et toute cette foule ; j'ai failli jouir. Toutes ces envies sexuelles n'étaient pas normales, et vous en avez la confirmation dans le cas de Scheer, puisqu'il s'agit d'un homme.

« Je me promenais le long du Hellweg, à la recherche d'une victime. Je vis un homme s'approcher. Et j'ai tout de suite pensé : “Celui-là, il est pour moi.” Personne en vue ! L'homme titubait. Il m'a heurté. Il était ivre. Je l'ai poignardé avec mes ciseaux. Au premier coup dans la tempe, il est tombé par terre. J'ai immédiatement éprouvé une grande excitation sexuelle qui s'accroissait à chacun des coups que je lui assénais. Suite à un sérieux coup dans la gorge, j'entendis distinctement le sang gicler. Ce fut l'orgasme suivi d'une éjaculation. J'ai arrêté de le frapper pour faire rouler son corps jusqu'au bord de la rivière.

« Le lendemain matin, je suis retourné sur les lieux et les enquêteurs s'y trouvaient déjà. Malgré le froid intense, j'eus une autre éjaculation. Il faisait vraiment très froid. Et pourtant je n'en avais absolument pas conscience malgré la légèreté des habits que je portais. Lorsque je suis dans cet état, je ne suis même pas conscient de la fatigue. Pendant mes longues nuits de traque, j'ai parfois couvert d'énormes distances à pied, sans me rendre compte du tout de la fatigue. Et cela, malgré une journée de travail bien remplie.

« La première fois que j'ai ressenti une tendance à la cruauté? Cela doit remonter à des décennies. Enfant, je ne torturais pas les animaux, du moins, pas plus que les autres. Bien sûr, nous partions à la recherche de nids d'oiseaux et j'avais attrapé des grenouilles. Mais j'ai eu un développement sexuel prématuré et à l'âge de quinze-seize ans j'étais déjà comme ça; ensuite, je me suis mis à poignarder des moutons dans les prés du Grafenberger. En agissant ainsi, je me suis rendu compte que j'éprouvais une sensation agréable, mais sans éjaculation. C'était le début et la première fois que je devenais conscient du lien qui unissait la cruauté au désir sexuel. À cette époque, j'avais aussi coupé la tête d'un chien. Une sensation très agréable. Je vous la recommande, Professeur, vous devriez essayer vous-même. Le sang coule dans un silence absolu lorsque vous coupez la tête d'une oie. L'origine de cette sensation remonte à loin. Quand nous vivions à Köln-Mülheim, un de nos voisins était un promeneur de chiens. Les animaux étaient capturés, abattus et mangés. Le lard était vendu séparément pour servir à panser des blessures. Ce promeneur de chiens avait pour habitude de torturer les chiens qu'il capturait. Par exemple, il les frappait avec une aiguille ou leur brisait la queue, en déclarant que c'était pour voir si les animaux étaient en bonne santé. J'assistais fréquemment à ce spectacle qui me plaisait beaucoup. Je devais avoir dans les neuf ans. Il m'a aussi montré comment exciter les chiens et leurs parties génitales pour qu'ils éjaculent. Plus tard, à l'âge de treize ans, je me suis souvent souvenu de ce promeneur de chiens quand j'attrapais de jeunes buses et hiboux avec mes camarades d'école, et quand je prenais des écureuils ou des martres. »

M le Maudit est incontestablement le chef d'œuvre du film de serial killers et, peut-être même, du cinéma tout simplement. En conséquence, il me paraît important de parler du film et de ses différentes versions qui demeurent peu connues malgré leurs mérites. Immortalisé par Peter Lorre dans le chef d'œuvre de Fritz Lang, l'authentique « Vampire de Düsseldorf » est un sadique sexuel, littéralement assoiffé de sang. Peter Kürten commet, selon ses dires, son premier crime à l'âge de neuf ans. Pendant des années, il terrorise les parcs de la ville de Düsseldorf et ses alentours par des actes d'une sauvagerie inouïe. Arrêté le 14 mai 1930, Kürten est guillotiné le 2 juillet 1931, après avoir été reconnu coupable de neuf meurtres. Dans ses confessions auprès d'un psychiatre, le « Vampire de Düsseldorf » a indiqué que le nombre de ses victimes est bien plus élevé.

Peter Lorre est inoubliable en tueur d'enfants dans *M le Maudit* (*M* ; premier titre allemand : *Morder unter Uns*), réalisé par Fritz Lang en 1931 avec Otto Wernicke, Gustav Grundgens et Ellen Widmann. Pour des raisons légales, le personnage de Peter Kürten devient Hans Beckert. Autre entorse à la réalité, le véritable « Vampire de Düsseldorf » s'est aussi attaqué à des victimes adultes et il n'a jamais fait l'objet d'une chasse à l'homme de la part de la pègre. En 1951, Joseph Losey en tourne un remake américain, *M* (*M le maudit*) avec David Wayne, Howard da Silva, Martin Gabel, Luther Adler, Steve Brodie et Raymond Burr, qui reste très fidèle au film de Fritz Lang, mais dont l'action est transposée à Los Angeles. Une bonne utilisation des décors, notamment de l'immeuble Bradbury, lui donne une touche de film noir à l'américaine. L'élément sexuel du psychopathe David Wayne est plus poussé que dans la première version : on le voit ainsi caresser des souliers d'enfant et une poupée ayant appartenu à l'une de ses victimes.

Autre remake, mais non crédité au générique, *El Vampiro negro* est un étonnant film argentin de 1953, réalisé par Roman Vinoly Barreto avec Olga Zubarry, Roberto Escalada, Nathan Pinzon et George Riviere. Inédit en Europe, *El vampiro negro* est un excellent film noir que l'on peut rapprocher de l'atmosphère des John Brahm tels que *The Lodger* ou *Hangover Square*. La photographie est superbe et joue constamment sur des gros plans enfumés, des clair-obscurs et la profondeur de champ, avec même quelques plans de caméra inversée (dans une séquence de boîte de nuit avec une contorsionniste). L'interprétation est marquée par la présence de Nathan Pinzon, qui reprend le rôle dévolu à Peter Lorre, et de la très pulpeuse Olga Zubarry.

Beaucoup moins intéressant, *Le vampire de Düsseldorf* est une coproduction franco-italo-espagnole, réalisée en 1964 par Robert Hossein avec Robert Hossein dans le rôle de Peter Kürten, Marie-France Pisier et Roger Dutoit. On y voit le tueur sautiller curieusement, tel Charlie Chaplin dans *Les Charlot*, lorsqu'il s'apprête à commettre un crime. Malgré tout, la photo est soignée et cette réalisation de Robert Hossein demeure la plus satisfaisante de ses mises en scène cinématographiques. Autre film français, le *M le maudit* de Claude Chabrol est un court-métrage de dix minutes, tourné en noir et blanc pour la télévision en 1982, avec Maurice Rich (M), François Arnaud et Henri Attal. Cet hommage à Fritz Lang, bien plus réussi que le *Dr M* du même Chabrol en 1990, reprend dans ses grandes lignes les scènes mémorables de *M le maudi*t : la comptine enfantine chantée sur un M peint sur un mur de briques, la fillette qui joue au ballon, la mère qui hurle « Elsie », l'ombre de l'assassin qui se profile sur son avis de recherches, la vitrine et les couteaux qui s'y reflètent, le sifflotement du tueur, le marchand de ballons aveugle, le « M » inscrit à la craie, la traque du criminel dans les entrepôts. Les dernières images sont empruntées au tribunal des criminels de la version de Lang.

POUR EN SAVOIR PLUS :

El Vampiro Negro, l'excellent remake argentin du « M le maudit » de Fritz Lang :

- http ://www.youtube.com/watch ?v=4p_Z08odlLY
- http ://www.youtube.com/watch ?v=fTH-RMAQBSQ

27 MAI 2010

LE TUEUR DE PROSTITUÉES THOMAS SVEKLA DÉCLARÉ DÉLINQUANT DANGEREUX

La Cour de justice d'Edmonton a décrété que Thomas Svekla, un mécanicien de quarante-deux ans, est un délinquant dangereux Ce violeur et meurtrier en série de prostituées de l'Alberta va rester incarcéré pour une durée indéterminée. Svekla purge une peine de dix-sept ans pour le meurtre des prostituées Theresa Innes, trente-six ans, en 2006 et Rachel Quinney, dix-neuf ans, en juin 2004. Il a également été reconnu coupable d'agressions sexuelles, du temps où il était adolescent, dont des agressions sur deux fillettes âgées de moins de dix ans. Il est suspecté de l'assassinat de douze autres prostituées.

POUR EN SAVOIR PLUS :

Un long article détaillé du *Edmonton Journal* sur la carrière criminelle de Thomas Svekla :

- http ://www.canada.com/edmontonjournal/news/story.html?id=e4e51ac2-82c2-48c3-b833-84dde0e23c1a

27 MAI 2002

28 MAI 2002

DÉCÈS EN PRISON DU « TOY-BOX KILLER » DAVID PARKER RAY

Près du lac d'Elephant Butte, au Nouveau-Mexique, David Parker Ray, cinquante-neuf ans, et sa petite amie Cynthia Hendy, trente-neuf ans, possèdent une remorque dénuée de fenêtres qu'ils surnomment « Boîte à joujoux ». Pour un coût de 100 000 $, Ray l'a transformée en chambre de torture, équipée de chaînes, de menottes, de poulies et de toute une série d'instruments chirurgicaux, comme des écarteurs, des scies ou des scalpels. Une caméra permet de filmer une table recouverte de cuir, pendant qu'un moniteur accroché au plafond retransmet les moindres détails du supplice infligé à la victime.

« Ne fais jamais confiance à une captive enchaînée » est une maxime que David Parker Ray a accroché à un des murs de sa « Toybox ». Il aurait dû y prêter une plus grande attention le 22 mars 1999, lorsque Cindy Vigil, vingt-deux ans, qui a survécu à trois jours de tortures non-stop, parvient à s'échapper après avoir poignardé son bourreau avec un pic à glace. Nue, avec des chaînes aux pieds et un collier d'esclave autour du cou, elle témoigne de son calvaire aux policiers. Une autre rescapée, Angie Montano, vingt-sept ans, témoigne à son tour.

Le sataniste David Parker Ray dirige un groupuscule de disciples parmi lesquels le SDF Dennis Roy Yancy avoue avoir étranglé Marie Parker, vingt-deux ans, pendant que Ray photographie la scène. Jesse, la fille de Ray, âgée de trente et un ans, a été condamnée pour avoir aidé son père à kidnapper et torturer Kelli Van Cleve, vingt-deux ans. Lors de son interrogatoire, Cynthia Hendy affirme que son compagnon a assassiné quatorze femmes. La police pense que le nombre de ses victimes s'élève à plus de soixante. Le 20 septembre 2001, David Parker Ray écope de 224 années de réclusion. Il est depuis décédé derrière les barreaux.

POUR EN SAVOIR PLUS :

Un documentaire sur David Parker Ray, *The Toybox Killer* :

- http ://www.youtube.com/watch ?v=VOhT3AohQ2A

29 MAI 2010

ARRESTATION D'UN TUEUR EN SÉRIE NÉERLANDAIS QUI A SÉVI DANS PLUSIEURS PAYS

Joran van der Sloot, un Néerlandais de vingt-deux ans, a avoué être l'auteur du meurtre de Stephany Flores, une jeune Péruvienne rouée de coups dans une chambre d'hôtel du quartier de Miraflores, à Lima. Il l'a tué dans un accès de rage, parce que la jeune femme avait consulté son ordinateur portable : « je ne voulais pas le faire. Mais la fille s'est immiscée dans ma vie privée. Elle n'avait pas le droit ». L'arrestation de Van der Sloot a eu un fort écho médiatique aux Pays-Bas, mais aussi aux États-Unis, car il est toujours le principal suspect dans la disparition non élucidée d'une étudiante américaine de vingt et un ans, Natalee Holloway, en mai 2005 sur l'île d'Aruba, dans les Antilles néerlandaises.

Sous l'identité d'emprunt de « Murphy Jenkins », il organise un réseau de prostitution en Thaïlande, puis à Macao.

Le 11 janvier 2012, van der Sloot plaide coupable pour le meurtre de Stephany Flores pour lequel il écope de vingt-huit ans de réclusion.

POUR EN SAVOIR PLUS :

Un entretien en prison avec Joran van der Sloot, en 2010 :

→ http ://www.youtube.com/watch ?v=aK2FuBX8B4I

30 MAI 2004

LE TUEUR DU ZODIAQUE ÉPOUSE EN PRISON UN TUEUR TRAVESTI QUI EXIGE DE CHANGER DE SEXE

Heriberto Seda, le tueur du Zodiaque new-yorkais, a annoncé son mariage avec Synthia-China Blast, vingt-neuf ans, membre du gang latino des « Latin Kings », jugé pour meurtre en 1997. Blast, qui est né Luis Morales, a fait la connaissance de Seda lors de son arrivée à la prison d'Attica en octobre 2002. « C'est la femme du Zodiaque qui vous parle », a-t-il affirmé dans un courrier adressé à un journal où il imite la célèbre phrase du « Zodiac Killer » de San Francisco : « This is the Zodiac speaking. » Blast fait un procès aux autorités judiciaires afin d'être autorisé à pouvoir changer de sexe pendant son emprisonnement.

Depuis juin 2003, il arbore un tatouage de scorpion sur son visage pour signifier la date de son union avec Heriberto Seda. Dans son courrier au *New York Daily News*, il indique : « en toute honnêteté, je peux dire que mon cher petit tueur en série est maintenant un homme à femmes. Si seulement je pouvais devenir une vraie épouse afin de donner naissance à des tas de petits chérubins serial killers qui terroriseraient New York comme mon mari a pu le faire. Les New-Yorkais haïraient les Enfants du Zodiaque. »

Heriberto Seda est un cas quasi unique d'authentique « Copycat Killer » ; il envoie à la police de New York une lettre, le 17 novembre 1989, dans laquelle il prétend être le Zodiaque et annonce douze meurtres à venir.

Cinq mois plus tard, le 8 mars 1990, il assassine la première de ses neuf victimes qui sont sélectionnées suivant les signes du zodiaque (un Scorpion, le 8 mars 90, un Gémeaux, le 29 mars 90, un Taureau, le 31 mai 90, un Cancer, le 21 juin 90, une femme Lion, le 10 août 92, un Balance, le 4 juin 93, etc.). À l'image du premier Zodiaque de San Francisco, Seda adresse des lettres cryptées aux médias. Il est arrêté le 18 juin 1996, après avoir tiré une balle dans le dos de sa sœur de dix-sept ans et s'être barricadé chez lui. Seda est né le 31 juillet 1969 et il est condamné à 235 années de prison.

POUR EN SAVOIR PLUS :

Un article du *New York Magazine* :

- http ://nymag.com/nymetro/news/crimelaw/features/n_10181/

Les meurtres du zodiaque, un documentaire de la série *Les enquêtes impossibles* :

- http ://www.youtube.com/watch ?v=AlKx9H4QqrI

31 MAI 2012

UNE ADOLESCENTE DÉNONCE SON SERIAL KILLER DE PÈRE DANS UN SHOW TÉLÉ

En Inde, une jeune fille de seize ans a dénoncé son père, Murugan, en plein show télévisé, affirmant en direct qu'il avait tué trois personnes. Invitée pour témoigner dans l'émission Solvathellam d'Unmai TV (un show de téléréalité très populaire), elle explique pourquoi elle s'était enfuie pour se marier avec son petit ami. Sur le plateau, il y avait aussi ses parents qui vivent dans le village de Nallanpillal Petral, dans le sud de l'Inde. Le ton est très vite monté et lorsque l'animatrice a suggéré à l'adolescente de rentrer au village avec ses parents pour s'expliquer, celle-ci a éclaté en sanglots et a dénoncé son père en déclarant qu'il était un serial killer qui avait enterré ses victimes dans le jardin familial.

À la fin de l'émission, les parents ont rapidement quitté le studio d'enregistrement. Murugan a disparu après avoir annoncé à sa femme qu'elle ne le reverrait jamais de son vivant. Des fouilles ont été effectuées dans le jardin familial ce qui a permis aux policiers de mettre à jour trois corps. Un avis de recherche national a été lancé pour tenter de retrouver le suspect.

POUR EN SAVOIR PLUS :

Un article illustré du *Daily Mail* :

- http ://www.dailymail.co.uk/news/article-2155777/Teenager-claims-father-triple-murderer-live-chat-show.html

Juin

1er JUIN 1936

EXÉCUTION DU TUEUR EN SÉRIE AUSTRALIEN ARNOLD KARL SODEMAN

Surnommé « The School-Girl Strangler », Arnold Sodeman est âgé de trente-six ans le jour de sa pendaison dans la prison de Pentridge. Il naît dans une famille aux lourds problèmes psychiatriques : sa mère souffre d'amnésie, tandis que son père et son grand-père décèdent dans des établissements psychiatriques. Adolescent, le jeune Arnold commet de nombreux vols qui lui valent de nombreuses peines derrière les barreaux. Marié et père de famille, il paraît s'assagir jusqu'en 1930, malgré des périodes alcoolisées et plusieurs dépressions.

Le 9 novembre 1930, Sodeman kidnappe Mena Griffiths, douze ans, avant de l'étrangler à Ormond. On découvre son corps bâillonné et ligoté deux jours plus tard. Hazel Wilson, seize ans, connaît le même sort à Ormond, le 10 janvier 1931. Les deux adolescentes ont été attachées avec des lambeaux de leurs vêtements. Le 1er janvier 1935, Ethel Belshaw, douze ans, disparaît alors qu'elle s'achète une glace dans la ville balnéaire d'Inverloch. Le 1er décembre de la même année, Sodeman étrangle sa quatrième victime, June Rushmer, six ans, à Leongatha. Des témoins la voient en compagnie un homme à bicyclette. À l'époque, le tueur est employé comme terrassier. Le lendemain de la découverte du corps de June Rushmer, un collègue de travail plaisante en indiquant qu'il a vu Arnold Sodeman en vélo près de la scène de crime. Mais Sodeman le prend très mal, et se met dans une crise de fureur telle que les autres ouvriers préviennent la police.

Dès qu'il est questionné, Sodeman avoue les quatre meurtres devant des enquêteurs très sceptiques quant à sa culpabilité. Mais il insiste en donnant des détails que seul l'assassin pouvait connaître. En février 1936, il est condamné à la peine de mort malgré l'avis de plusieurs médecins qui affirment qu'il est irresponsable à cause de problèmes mentaux aggravés par l'alcool qu'il a bu lors de chacun de ses meurtres. Arnold Sodeman refuse de faire appel de peur de tuer à nouveau si jamais il était libéré. Le jour qui précède son exécution, il déclare au directeur de la prison, « je suis content que ça se termine. »

POUR EN SAVOIR PLUS :

Plusieurs articles du journal *The Herald Sun* sur Arnold Sodeman :

- http ://www.heraldsun.com.au/news/law-order/schoolgirl-stranglers-chilling-confession/story-fnat7dag-1226302000306

2 JUIN 2012

DÉBUT DU PROCÈS D'UNE TUEUSE EN SÉRIE QUI A MASSACRÉ SES DIX-SEPT VICTIMES À COUPS DE MARTEAU

Irina Gaidamachuk, quarante et un ans, a assassiné dix-sept retraitées dans la petite ville de Krasnoufimsk, à l'est de Moscou, entre 2002 et 2010. Elle y vit depuis trente ans, sans emploi, avec son mari et ses deux enfants, mais l'alcool la fait sombrer petit à petit, au point que les services sociaux lui retirent la garde de son aîné. Elle perd pied et bascule dans le crime. Son premier meurtre est improvisé, mais ensuite elle prend soin de repérer ses cibles plusieurs jours à l'avance : la plus jeune a soixante et un ans, la plus âgée en a quatre-vingt-neuf.

Elle se fait passer pour une assistante sociale lorsqu'elle se rend au domicile de ses proies. Une fois à l'intérieur, Irina abat sa victime à coups de marteau ou de hachette pour des sommes parfois dérisoires. Si la vieille dame n'est pas à son domicile lorsque la tueuse frappe à la porte, elle laisse un mot, pour fixer un rendez-vous. Avant de partir, elle déclenche un incendie ou une explosion.

Un portrait-robot est finalisé pour être publié dans les médias. Les enquêteurs sont persuadés qu'ils ont affaire à une tueuse en série. Plus de 3000 personnes sont interrogées, pendant plusieurs années, sans aucun résultat, mis à part les « aveux » d'une innocente qui avoue à tort les crimes. C'est en 2010 que des témoins mettent enfin la police sur sa trace. Après son arrestation, Irina explique avoir tué pour être une « mère normale. J'avais besoin d'alcool et mon mari Youri refusait de me laisser boire. »

Surnommée « Satan en jupons », elle est condamnée à vingt ans de prison le 12 juin 2012.

3 JUIN 2004

ARRESTATION D'UN SERIAL KILLER À SYRACUSE

Nicholas Wiley, quarante et un ans, a été arrêté pour l'assassinat de trois femmes à Syracuse, dans l'État de New York. C'est un multirécidiviste puisqu'en 1979, Wiley viole et poignarde une jeune femme de vingt-cinq ans, alors qu'il est âgé de seize ans. Il écope de quatre ans de prison. Une fois relâché en 1983, il s'introduit dans l'appartement d'une femme âgée de soixante-sept ans qu'il frappe à coups de marteau. Après sept ans derrière les barreaux, il viole et sodomise une jeune fille de seize ans.

En octobre 2006, Nicholas Wiley est condamné à la réclusion criminelle à perpétuité sans possibilité de libération conditionnelle.

4 JUIN 2005

LE BOUCHER DE CASABLANCA EST-IL UN TUEUR EN SÉRIE ?

Il aura fallu une trentaine d'heures après la découverte du corps d'une jeune fille de vingt-deux ans, à Hay Hassani pour mettre la main sur le coupable, un certain Abdelmoula, âgé d'une trentaine d'années, qui habite le même quartier que la victime. Le cadavre a été démembré, les membres supérieurs enveloppés dans du plastique ont été jetés dans une poubelle, la tête et les deux jambes au fond d'un puits, tandis que le tronc est trouvé caché derrière le commissariat local. Abdelmoula est un ex-soldat, tailleur de son état, divorcé et père de quatre enfants.

Mais cette jeune fille n'est pas sa première victime. Le « Boucher de Casablanca » a avoué avoir assassiné en 2003 plusieurs femmes à Derb Nejma et à Hay Hassani. Son mode opératoire n'a pas changé : il les tue, les viole post-mortem, les démembre et éparpille les restes dans différents lieux de Hay Hassani.

4 JUIN 1982

PREMIÈRE TENTATIVE DE KIDNAPPING D'UN ENFANT PAR LE TUEUR EN SÉRIE PÉDOPHILE WESTLEY ALLEN DODD

Un cas extraordinaire d'un pédophile depuis l'adolescence, multirécidiviste, qui décide, à vingt-neuf ans, de passer à des actes violents vis-à-vis de jeunes garçons. Son journal intime exprime ouvertement ses fantasmes : « je demande à présent à Satan de guider mes pas. » Le 4 septembre 1989, il tue deux frères de dix et onze ans, à Portland, dans l'Oregon. Le 29 octobre 1989, il récidive sur la personne d'un garçon de quatre ans, dont il garde le cadavre pendu dans son placard. Quinze jours plus tard, Dodd est arrêté par les spectateurs d'une salle de cinéma, après avoir tenté de kidnapper un autre enfant.

Il plaide formellement coupable et exige des autorités judiciaires d'être condamné à mort, sans possibilités d'appels. Son vœu est exaucé et Dodd choisit lui-même la pendaison, à l'image de ce qu'il a fait subir à sa troisième victime. Il est exécuté le 5 janvier 1993, le premier condamné à être pendu depuis trente ans aux États-Unis. Dans une interview accordée à CNN, Westley Dodd explique qu'il ne correspond pas à l'image traditionnelle du serial killer, puisqu'il a eu une enfance heureuse, sans l'ombre d'un sévice.

POUR EN SAVOIR PLUS :

Deadly Desires, un épisode de la série *Most Evil* consacré à Westley Allan Dodd, Jerome Brudos et Jeffrey Dahmer :

+ http ://www.youtube.com/watch?v=jpO_OyUV-NY

6 JUIN 2010

ARRESTATION D'UNE TUEUSE EN SÉRIE RUSSE ACCUSÉE DE VINGT MEURTRES

Une mère de famille russe de deux enfants, âgée de trente-neuf ans, a été arrêtée pour l'assassinat de vingt retraités dans la région de Sverdlovsk, dans la province de l'Oural. Cette série de meurtres a été commise entre 2003 et 2010 et les victimes étaient toutes des femmes âgées. Le mode opératoire était toujours identique : la tueuse en série gagnait d'abord la confiance de ces personnes âgées, qu'elle assassinait ensuite à leur domicile, avant de voler l'argent et les objets de valeur.

7 JUIN 2003

DEVIN MOORE TUE TROIS POLICIERS

En juin 2003, deux officiers de police de la ville de Fayette, en Alabama, viennent arrêter Devin Moore, dix-huit ans, pour le vol d'une voiture. Ils l'emmènent au commissariat. Soudain, Moore s'empare de l'arme de l'agent Andrew Strickland. En moins d'une minute, il tue de sang froid les deux policiers et un autre employé du poste. En partant, il crie : « la vie est un jeu vidéo. Tout le monde doit mourir un jour. » Devin Moore était un passionné du jeu vidéo *Grand Theft Auto*, où le joueur incarne un criminel qui abat, décapite ou écrase des policiers.

En 2005, Devin Moore a été reconnu coupable des trois meurtres et il a été condamné à la peine de mort.

POUR EN SAVOIR PLUS :

Un reportage de CBS News :

- http ://www.cbsnews.com/video/watch/?id=678389n

8 JUIN 2010

ARRESTATION DU VAMPIRE KENYAN, TUEUR AUX DIX-NEUF VICTIMES

Philippe Onyancha, trente-deux ans, a avoué avoir tué dix-neuf personnes, le plus souvent pour boire leur sang et il a révélé à la police de nouvelles scènes de crimes à Nairobi. Cet ancien vigile a conduit la police dans un quartier du sud de Nairobi où il a abandonné les corps de deux prostituées qu'il avait tuées en avril 2009. Les policiers ont dû dégainer leurs armes face à la vindicte populaire. Onyancha a ensuite emmené la police à l'endroit où il a enterré les corps de deux autres femmes, dans la « Ngong Forest » en bordure de Nairobi, puis dans une banlieue au nord de la capitale kényane où il avait tué une autre femme qui l'avait invité chez lui. Dans ses aveux, il indique n'avoir jamais violé ses victimes, qui sont des femmes et des enfants, mais leur avoir sucé le sang pour obéir à un mystérieux rite occulte. Il a ajouté avoir eu pour objectif de parvenir à un total de cent victimes. Le suspect, qui a débuté sa macabre tuerie en 2008, aurait agi sous l'emprise d'un « pouvoir surnaturel » et il aurait été adoubé au sein d'une « secte satanique » par son ancienne institutrice d'école.

POUR EN SAVOIR PLUS :

Deux reportages de NTV Kenya :

- http ://www.youtube.com/watch?v=L3vco6Lf9fk
- http ://www.youtube.com/watch?v=Y897HZeHd_A

Un reportage de KTN :

- http ://www.youtube.com/watch?v=hC4DPwPyuTQ

9 JUIN 1912

UN TUEUR INCONNU MASSACRE À LA HACHE LES SIX MEMBRES DE LA FAMILLE MOORE À VILLISCA, DANS L'IOWA

En 1911 et 1912, une vague d'assassinats à la hache terrorise tout le Midwest américain. À l'époque, les enquêteurs estiment que le tueur agit avec un complice. Leur itinéraire, qui va de Portland, dans l'Oregon, jusqu'à Villisca, dans l'Iowa, suit celui des voies ferroviaires. Malgré l'arrestation de plusieurs suspects, ces crimes ne sont pas élucidés. Depuis cette tuerie, la maison des crimes est supposée être hantée.

POUR EN SAVOIR PLUS :

Un blog sur l'affaire :

- http ://docublogger.typepad.com/villiscamystery/

Axman, un court-métrage sur l'affaire :

- http ://www.youtube.com/watch?v=8llB4AVh8jM

La bande-annonce du documentaire *Villisca : Living with a Mystery* :

- http ://www.youtube.com/watch?v=oloxrinxkkA

10 JUIN 2010

CHARLES KEMBO RECONNU COUPABLE DE QUATRE MEURTRES

Ce serial killer condamné pour quatre meurtres écrit des livres pour enfants sous le pseudonyme de J.D. Bauer. Il avoue les écrire entièrement nu et dans une semi-obscurité. Son premier roman de 372 pages, de l'heroic fantasy pour jeunes, *The Trinity of Superkidds Book One : Quest for Water* est paru en mars 2010, alors que Charles Kembo était jugé en appel. Il sera finalement condamné à la perpétuité le 10 juin pour les assassinats de Margaret, son épouse âgée de quarante-quatre ans, de sa maîtresse Sui Yin Ma, cinquante-cinq ans, de son ami Ardon Samuel, trente-huit ans, et de sa belle-fille Rita Yeung, vingt et un ans.

Dans un entretien sur le site suite101.com, Kembo affirme qu'il ne peut pas donner d'interviews en personne parce que « ma famille est l'objet de divers chantages depuis plusieurs années. Récemment, j'ai même reçu des menaces de mort de certains groupes de fanatiques ». J.D. Bauer a aussi un compte Twitter et une page Facebook.

POUR EN SAVOIR PLUS :

Un bref reportage sur Charles Kembo/J.D. Bauer :

- http ://www.youtube.com/watch?v=i5NCo_BBE_0

11 JUIN 1439

ARRESTATION DU TUEUR EN SÉRIE GUILLAUME DE MALTOSTENS

À l'époque du roi René, en Provence, Guillaume de Maltostens, un brigand écume les routes pour tuer et dépouiller les voyageurs. Il les assassine avec « force cruauté ». Le 17 juin 1439, six jours après son arrestation, un premier interrogatoire se déroule. L'homme nie tout d'abord, puis finit par reconnaître le meurtre d'un homme de vingt-cinq ans environ. Le 20 juin, second interrogatoire, pratiqué sous la torture. Il avoue immédiatement un autre crime accompli, sur commande, dans la région d'Uzès. D'autres aveux s'ensuivent. Des brigands, complices de Guillaume, sont arrêtés au début du mois de juillet. Le 12 septembre, Guillaume est condamné à la pendaison. Sitôt après sa confession, il est mené vers l'échafaud, monte à l'échelle, pour être pendu à une poutre entre deux arbres.

12 JUIN 1993

COLIN IRELAND, LE « GAY SLAYER », TÉLÉPHONE AU COMMISSARIAT DE BATTERSEA POUR LEUR ANNONCER QU'IL A TUÉ QUATRE HOMOSEXUELS

Colin Ireland est décédé le 21 février 2012 de causes naturelles à l'âge de 58 ans, dans la prison de Wakefield, au Royaume-Uni. Pendant trois mois, en 1993, une véritable psychose s'empare de Londres lorsque cinq homosexuels sont assassinés. Toutes les victimes fréquentent un pub pour gays sur Old Brompton Road. Leur préférence sexuelle pour le sadomasochisme les rend aussi vulnérables aux yeux du tueur qui les drague, avant de les assassiner à leur domicile.

Les lieux des crimes ne révèlent aucun indice car le meurtrier a pris des précautions, sauf dans le cas de la quatrième victime, où une empreinte est découverte. Il commence à lancer un défi à la police par plusieurs coups de fil, annonçant un crime par semaine. Après le cinquième assassinat, le 15 juin 1993, il téléphone à nouveau et affirme qu'il a les qualités requises pour être considéré comme un serial killer.

En retraçant les mouvements de la dernière victime, les enquêteurs découvrent que l'homme a été filmé par une caméra de surveillance de la gare de Charing Cross. La bande vidéo indique que la victime se trouve en compagnie d'un individu de grande taille, aux cheveux coupés très courts. Des photos et un portrait-robot sont publiés, tandis que Scotland Yard lance un appel pour que le « tueur de gays » se rende.

Colin Ireland se dénonce à la police

Il avoue être l'homme vu sur la vidéo de surveillance, mais nie toute implication dans les meurtres. Une comparaison de ses empreintes avec celles retrouvées sur les lieux du quatrième crime prouve qu'il ment. Confronté à ces preuves, Colin Ireland finit par admettre les cinq assassinats. Grand admirateur du personnage de Hannibal Lecter dans *Le silence des agneaux*, Ireland s'est promis de devenir un serial killer lors d'une résolution du Nouvel An 1993. Il faut dire qu'il possède déjà le profil de ce genre d'individus : enfant illégitime, il est la risée de ses camarades de classe et, une fois adulte, ne parvient jamais à garder un emploi stable. En décembre 1993, il est condamné à cinq peines d'emprisonnement à perpétuité.

POUR EN SAVOIR PLUS :

Un documentaire, *Colin Ireland, The Gay Slayer* :

- http ://www.dailymotion.com/video/xvbx6l_colin-ireland-the-gay-slayer-documentry_shortfilms#.UPWKbBw2rWE

13 JUIN 1983

À ANCHORAGE, CINDY PAULSON, DIX-SEPT ANS, PARVIENT À ÉCHAPPER AUX GRIFFES DU SERIAL KILLER ROBERT HANSEN

Arrêté à Anchorage, en 1984, ce boulanger fanatique de chasse avoue l'assassinat de dix-sept prostituées. Imitant le personnage des de la célèbre nouvelle et du film *La chasse du comte Zaroff*, Hansen conduit ses victimes par avion dans des endroits isolés, où il se met à les chasser. Parfois, il relâche certaines prostituées dont les talents pour la fellation l'avaient satisfait.

En 1983, Robert Hansen est condamné à 461 années de prison pour quatre de ses dix-sept meurtres.

POUR EN SAVOIR PLUS :

Un documentaire sur Robert Hansen :

+ http ://www.youtube.com/watch?v=dkVIg9O_-dY

La bande-annonce du film *The Frozen Ground* (2012) avec Nicolas Cage, John Cusack, Vanessa Hudgens et 50 Cent, tiré du cas Robert Hansen :

+ http ://cinema.jeuxactu.com/news-the-frozen-ground-bande-annonce-18795.htm

14 JUIN 1933

NAISSANCE D'EDWARD WAYNE EDWARDS QUI APPARAÎT DANS DES JEUX TÉLÉVISÉS EN 1972

Âgé de soixante dix-sept ans, le serial killer du Kentucky, Edward Wayne Edwards, a reconnu un nouveau meurtre commis en 1996. À ce jour, il est officiellement responsable de cinq assassinats commis entre 1977 et 1996, mais les enquêteurs sont persuadés que le nombre de ses victimes est beaucoup plus élevé. En 1972, il écrit son autobiographie, *The Metamorphosis of a Criminal : The True Life*

Story of Ed Edwards. Il y explique qu'il a toujours rêvé de devenir célèbre en commettant des crimes.

Déjà condamné à mort, il a demandé à être exécuté le plus rapidement possible et a renoncé à tous les recours judiciaires. Son souhait n'est pas exaucé car il décède de mort naturelle derrière les barreaux, le 7 avril 2011.

POUR EN SAVOIR PLUS :

Une interview de 2010 de NBC avec Edward Edwards :

- http ://www.youtube.com/watch ?v=PoU9MvdqVfo
- http ://www.youtube.com/watch ?v=LMwGowcRWIg

Les familles de victimes d'Edward Edwards s'adressent au tueur lors de son procès :

- http ://www.youtube.com/watch ?v=UUeq6pVZrOE

En octobre 1972, Edward Edwards apparaît dans le talk-show *To Tell the Truth* :

- http ://www.youtube.com/watch ?v=FDjernysU2w
- http ://www.youtube.com/watch ?v=Sj0FqwIE4PM

15 JUIN 2010

LE « RASKOLNIKOV MACÉDONIEN » EST CONDAMNÉ À LA PERPÉTUITÉ

Viktor Karamarkov, vingt-neuf ans, a été reconnu coupable de quatre meurtres et de deux tentatives de meurtres de femmes âgées entre mars et octobre 2009. Ce toxicomane choisissait ses victimes comme le faisait Raskolnikov dans le roman *Crime et châtiment* de Feodor Dostoïevski. Fasciné par ce roman, Karamarkov en possédait quatre exemplaires à son domicile. Il était aussi un admirateur du film *Candyman*, au point que ses voisins le surnommaient ainsi. Il tuait avec une hache pour voler les bijoux de ses victimes, âgées de soixante-neuf à quatre vingt-trois ans.

POUR EN SAVOIR PLUS :

Un article sur Viktor Karamarkov :

- http://dostoyevsky.tumblr.com/post/264048909/raskolnikov-copycat

16 JUIN 2006

ARRESTATION D'ALEXANDER PICHUSHKIN, LE « TUEUR À L'ÉCHIQUIER »

Alexander Pichushkin, né en 1974, a été surnommé le « Tueur à l'échiquier » ou le « Maniaque de Bitsevski » du nom du parc moscovite où il a commis la plupart de ses forfaits. Ce meurtrier en série moscovite a été accusé de quarante-neuf assassinats et de trois tentatives. Il en a reconnu dix-huit lors de la deuxième journée de son procès. Arrêté le 16 juin 2006, il désirait que le nombre de ses meurtres corresponde à celui des cases d'un échiquier, soit soixante-quatre. Jugé pour quarante-neuf assassinats, il en aurait en fait commis soixante-trois, soit un en dessous du chiffre des cases d'un échiquier. Son premier meurtre a eu lieu en 1992, pour se débarrasser de son complice, Mikhaïl Odiytchouk, un camarade d'études avec lequel il avait décidé de se lancer dans ce projet morbide.

« J'avais pour chacun d'eux une approche personnelle. J'utilisais presque toujours les ressorts de la psychologie. Ainsi pour Viatcheslav Klimov (le 23 mai 2001), il m'a dit qu'il voulait arrêter de boire. Je lui ai répondu viens boire un coup à la mémoire de ton chien mort et je te promets qu'à partir d'aujourd'hui tu ne boiras plus, et il a cessé de boire », Il n'a jamais éprouvé le moindre remords, sauf lors du meurtre d'Oleg Lvov, le 2 juillet 2001, dans l'appartement duquel il était souvent invité : « quand j'ai compris qu'Oleg était mort, je me suis senti comme un salaud. C'est la seule fois où j'ai regretté, c'était bizarre. » Il n'aurait jamais voulu faire souffrir ses victimes. « Cela ne me procurait pas de plaisir, ce qui m'intéressait c'était de collectionner leurs âmes. » Pichushkin a dressé en mai 2001 une liste de soixante trois cibles potentielles : vingt-neuf connaissances et trente-quatre inconnus. Il raconte comment il faisait boire ses victimes, « c'était une forme de rituel, cela rapproche les gens », avant de les tuer à coups de marteau ou, parfois, par strangulation. Il se débarrassait ensuite des corps dans les égouts ou dans des puits.

POUR EN SAVOIR PLUS :

Chessboard Killer, un épisode de la série *Serial Killers* :

- http ://www.youtube.com/watch?v=8M9LHW4YSR8

17 JUIN 2008

UN TUEUR EN SÉRIE CANNIBALE ET PÉDOPHILE EXÉCUTÉ AU JAPON

Surnommé « Dracula » ou le « Meurtrier d'Otaku », le Japonais Tsutomu Miyazaki, condamné à mort pour l'assassinat de quatre fillettes et pour avoir bu le sang de deux d'entre elles à la fin des années 1980, est pendu le 17 juin 2008. Âgé de quarante-cinq ans, il avait été arrêté le 23 juillet 1989 alors qu'il tentait de prendre des photos d'une petite fille dénudée. Il avait avoué le meurtre de quatre fillettes, âgées de quatre à sept ans, et des actes de cannibalisme sur deux des cadavres. Miyazaki a mutilé le corps de ses victimes, pour satisfaire des appétits sexuels, bu leur sang et dormi à côté des cadavres. Il avait ensuite écrit des lettres aux médias pour revendiquer les meurtres sous un nom de femme et envoyé les restes du cadavre d'une de ses victimes à sa famille.

Fan de films d'horreur et de mangas, Miyazaki possédait 5763 cassettes vidéo à son domicile, ainsi que des enregistrements et des photos de ses victimes. Son propre père l'a renié au point de refuser de payer pour les frais d'avocat et de se suicider en 1994. Lors de son procès, il a accusé son double, « Rat Man », de l'avoir obligé à commettre ces meurtres.

POUR EN SAVOIR PLUS :

Un bref portrait du tueur pédophile :

- http ://www.youtube.com/watch?v=4hILqLwB2eY

La bande-annonce de *The Guinea Pig : Mermaid in a Manhole*, le film favori de Miyazaki :

- http ://www.youtube.com/watch?v=DW1xYPBZv2g

18 JUIN 1998

GARY C. EVANS AVOUE TOUS SES MEURTRES AUX POLICIERS

Né dans une famille où ses deux parents le battent, Gary Evans (1954-1998) aurait été violé par son père à l'âge de huit ans. Sa mère tente de se suicider à plusieurs reprises et un jour blesse son mari avec une arme à feu. Dès l'adolescence, Evans se drogue et commence une carrière de cambrioleur. Fin connaisseur en bijoux et en meubles anciens, il escroque et il vole de nombreux antiquaires, aidé par deux complices : Michael Falco et Timothy Rysedorph, dont l'un, Falco, est un adepte de zoophilie.

Emprisonné en 1977, Evans se lie d'amitié avec David Berkowitz, le « Fils de Sam », qui est un voisin de cellule. Libéré en 1980, il alterne les cambriolages et les séjours derrière les barreaux, et s'évade à plusieurs reprises. En 1985, son associé Michael Falco disparaît sans laisser de traces. Treize ans plus tard, Evans avoue qu'il l'a abattu, avant de jeter son cadavre à Lake Worth, en Floride. En septembre 1989, il tue le bijoutier Douglas Berry à Watertown, dans l'État de New York. Quatre mois plus tard, c'est au tour de son nouveau partenaire, Damien Cuomo, de disparaître mystérieusement. Il s'installe ensuite avec la compagne de Cuomo. En 1998, Evans reconnaît l'avoir assassiné. En octobre 1991, il abat de sang-froid le bijoutier Gregory Jouben à Little Falls, dans l'État de New York.

Après un autre séjour en prison, Evans retrouve en 1996 son ancien complice, Timothy Rysedorph. Le 3 octobre 1997, il lui tire plusieurs balles dans le dos et le démembre à l'aide d'une tronçonneuse. Encore une fois, Gary Evans pense que son associé l'escroque. Cette fois-ci, la disparition de Rysedorph ne passe pas inaperçue et Evans est arrêté après une traque de huit mois. Les enquêteurs manquent de preuves concrètes pour inculper Evans des assassinats, mais ce dernier les surprend en avouant l'ensemble de ses crimes le 18 juin 1998. Lors d'un transfert, le tueur en série parvient à retirer ses menottes et à sauter hors du véhicule de police avant de se jeter dans les flots de l'Hudson River. Son corps est repêché quelques jours plus tard.

19 JUIN 2008

DÉCOUVERTE DU CORPS DE JESSICA K. ASSASSINÉE PAR LE « TUEUR D'INTERNET » CHRISTIAN GROTHEER

Christian Grotheer, vingt-sept ans, originaire de Hambourg et surnommé le « Tueur d'Internet », a reconnu le meurtre de deux femmes, l'une âgée de vingt-six ans qu'il aurait tué par accident et l'autre, une mère de famille âgée de trente-neuf ans, qu'il aurait frappé avec un couteau après avoir « vu les yeux de Jésus ». Il a été condamné à la prison à vie pour avoir tué ces deux femmes, dont il a fait la connaissance sur des sites de rencontres.

La première aurait été tuée par accident lors d'une dispute, tandis que la seconde aurait exigé de Christian Grotheer de l'argent après une relation sexuelle consentante et menacé de le dénoncer pour viol à la police s'il ne payait pas. Cette scène l'aurait traumatisé, lui remémorant le viol de sa mère par son père alors qu'il avait six ans. Sous les pseudonymes de « Rosenboy » et « Riddick300 », l'accusé passait une bonne partie de son temps à participer à des forums de discussions sur Internet, où il se présentait comme un poète et s'était constitué un cercle de plusieurs centaines de connaissances, pour la plupart des femmes. Il a affirmé ne pas être un tueur en série car il n'avait tué qu'à deux reprises alors qu'il avait physiquement rencontré près d'une centaine de ces femmes.

POUR EN SAVOIR PLUS :

Un article sur Christian Grotheer :

- http ://cmm.lefora.com/2009/02/09/christian-g-labeled-by-media-as-germanys-first-int/

20 JUIN 2008

ARRESTATION D'UN TUEUR EN SÉRIE DANS LE NORD-EST DE LA CHINE

Li Dexin, un meurtrier et violeur récidiviste âgé de trente-sept ans, qui a tué cinq personnes a été arrêté à Siping, dans la province du Jilin, au nord-est de la Chine. Il a violé au moins huit femmes et tué les victimes dans leur appartement, dans les provinces de Liaoning et de Jilin depuis le mois de janvier 2008.

21 JUIN 2011

ARRESTATION D'UN GANG D'AGENTS IMMOBILIERS JUGÉ POUR HUIT MEURTRES

Plus de vingt membres présumés d'un gang dit « des agents immobiliers », dont quatre policiers, sont jugés en Russie pour huit meurtres commis afin de récupérer les logements des victimes à Saint-Pétersbourg. Entre 2006 et 2008, les policiers identifiaient des personnes vulnérables, comme des alcooliques, possédant des logements à Saint-Pétersbourg, avant de les tuer. Ensuite ils entraient en possession des logements, en fournissant de faux documents administratifs. Pour vendre les appartements qu'ils s'étaient procurés, ils ont eu l'idée de créer une agence immobilière.

22 JUIN 2010

ARRESTATION D'UN SERIAL KILLER AU KENYA QUI COLLECTIONNAIT LES CHEVEUX DE SES VICTIMES

La police kenyane a arrêté un tueur en série de vingt-deux ans, George Otieno Okoth, qui a avoué avoir assassiné sept femmes. Il appartient à une secte qui « collectionne » les cheveux humains. Le suspect possédait le scalp de sa dernière victime, qu'il a égorgée dans un hôtel de Keroka.

POUR EN SAVOIR PLUS :

Le procès du tueur en série George Okoth :

- http ://www.youtube.com/watch?v=PiPXxwJH1ws

Le témoignage de la mère de George Okoth :

- http ://www.youtube.com/watch?v=V4W_LblscJo

23 JUIN 2004

ARRESTATION DE « L'HOMME AU COUTEAU » EN SUÈDE

L'homme de cinquante-deux ans arrêté par la police suédoise, a été confondu par une analyse d'ADN, il est à coup sûr le violeur d'Helén Nilsson, dix ans. Il est également suspecté d'avoir commis au moins un autre meurtre, voire bien davantage. En effet, les enquêteurs viennent de retrouver dans sa maison d'été, dans le Sud de la Suède, du sang appartenant à Jannica Ekblad, vingt-six ans, originaire de Malmö et retrouvée assassinée le 4 août 1989 (soit 4 mois et demi après Helén) sur une aire de repos près de Hässleholm. La fillette a été retrouvée le 27 mars 1989, six jours après sa disparition, à Bokeslund près de Höör. Les deux victimes ont reçu les mêmes coups portés sur la tête, ont été toutes deux violées de façon violente, ont subi les mêmes blessures, ont été tuées de la même manière, retrouvées dans des sacs poubelles noirs et portant des traces de sperme sur le corps.

Depuis quinze ans, la police pense que les deux meurtres sont liés pour toutes ces raisons, outre leur proximité temporelle et géographique. Mais ce n'est pas tout. La police vient de retrouver dans la maison du prévenu des traces d'une importante quantité de sang humain (tendant à prouver qu'il y a eu meurtre) n'appartenant ni à Helén, ni à l'homme, ni à Jannica. Les enquêteurs, qui déclarent disposer de nouvelles preuves qu'ils gardent confidentielles, pensent avoir affaire à un tueur en série et vont élargir leurs investigations à d'autres affaires non élucidées.

Qui est cet homme de petite taille, plutôt maigre, aux cheveux gris et très courts qui fut à un moment de sa vie surnommé « l'homme au couteau », et dont on a retrouvé l'empreinte génétique, contenue dans son sperme, sur le corps d'une fillette de dix ans, Helén Nilsson, retrouvée morte dans un sac poubelle noir le 27 mars 1989 ? Et à qui appartient le sang humain retrouvé en grande quantité sur le plancher de la maison d'été du suspect, dont l'un des premiers métiers a été boucher ?

La police judiciaire interroge « l'homme au couteau » presque chaque jour depuis trois semaines sans rien obtenir de lui, malgré les preuves accablantes qui s'accumulent et qu'elle ne dévoile qu'au compte goutte pour protéger l'enquête, et aussi parce qu'en Suède, on a pour habitude de faire moins de battage médiatique autour des affaires graves que dans bien d'autres pays. Le quotidien *Expressen* a commencé par enquêter auprès d'anciens camarades de classe du meurtrier présumé, duquel ils ont conservé un souvenir précis malgré la distance qui les sépare de cette époque – près de quarante années. « C'était un élève particulier, un peu étrange. » Il a quitté l'école en 1968 à l'âge de seize ans après avoir obtenu des résultats médiocres. Aux enquêteurs qui l'ont interrogé, il a déclaré avoir grandi dans une famille sans amour, fait que son frère aîné corrobore : la mère est autoritaire et colérique, le père, sous la domination de son épouse, bat les enfants. La violence n'est jamais loin. Le frère dit du suspect qu'il était « spécial ». Il aimait vivre dans la forêt, qui lui servait de refuge, parfois quinze jours d'affilée. À l'époque des meurtres, il a cessé tout contact avec son frère aîné.

Durant son adolescence, il a fait un séjour dans un hôpital psychiatrique. À l'âge de vingt et un ans, il vole une mobylette ; il n'est pas condamné. Il est alors décrit comme un individu solitaire, taciturne, souffrant de troubles psychiques. Il a une opinion négative des femmes, ce qui ne l'empêche pas d'en rencontrer beaucoup et de les séduire aisément – surtout les plus âgées. Mais c'est avec des femmes plus jeunes, même beaucoup plus jeunes que lui qu'il a les relations les plus longues. Il s'arrange toujours pour « garder le contrôle », dominer. Les femmes qui l'ont connu déclarent avoir fait une expérience effrayante avec lui.

L'un de ses premiers métiers : boucher

« Il apprend à tuer », peut-on lire sous la plume d'un des journalistes. C'est ainsi qu'un jour, sur le pas de sa porte, on le voit tenant le cadavre de son chien qu'il vient d'égorger. Les policiers sont venus, et c'est tout. Par la suite, il a tué des oiseaux et des chats, de préférence sous les yeux de ses conquêtes. À vingt-six ans, il raconte à son meilleur ami qu'il a donné un coup de couteau dans le cou d'un adolescent, dans un car qui se rendait à une fête. Les passagers l'ont maîtrisé, en attendant la police. Mais le jour du procès, aucun des témoins n'a été en mesure de le désigner : ils étaient tous ivres, ce jour-là dans le car. L'agresseur est libéré et rapidement surnommé « l'homme au couteau ».

L'une de ses trois passions, outre les chiens, est le tir. Il lui arrive de se balader en tenue de camouflage, un Mauser modèle 1996 à l'épaule. Il se fait exclure d'un club de tir, à Tyringe. À l'époque du meurtre d'Helén, il est inscrit au club de la ville de Höör. « L'art » est sa troisième passion – enfin, les rares toiles de lui qu'une de ses connaissances a pu voir représentent la mort, par exemple sous forme de morceaux de corps ensanglantés. Au milieu des années 1980, il fait la connaissance d'un homme plus âgé qui travaille dans le milieu du X et qui, au bout d'un moment, lui offre un boulot dans son entreprise. Cet homme est décédé il y a six ans. Il a pu être mêlé au meurtre d'Helén, dont le corps a été retrouvé à proximité de l'endroit où il avait installé sa société, à moins que « l'homme au couteau » n'ait transporté le corps jusque-là pour faire porter les soupçons sur lui. A l'époque du meurtre de la fillette, il travaille dans la fabrication d'outils ; là, il se vante auprès d'un collègue d'avoir eu des rapports sexuels avec une fillette de neuf ans sur une plage.

En septembre 1990, à trente-neuf ans, il a un fils avec une jeune femme de vingt-trois ans. Il l'élève pendant cinq mois, puis perd la garde et ne le revoit plus pendant un an et demi. Cette expérience l'aurait traumatisé, aigri. Il n'a eu de cesse, les années suivantes, de remuer ciel et terre pour récupérer son fils (il est allé jusqu'à écrire personnellement au Premier ministre de l'époque, Carl Bildt). Le jugement qui tombe à l'automne 1992 lui est très défavorable : il n'a le droit de le voir qu'une fois par mois.

En juillet 1991, il se retrouve pauvre et isolé, vivant dans une chambre sans meubles dans un foyer, sur un matelas posé à même le sol. À l'un des employés du foyer, il raconte qu'il a tué un homme au cours d'un voyage en Asie. La police s'intéresse à lui mais abandonne, faute d'indices. Il est décrit par les services sociaux comme instable, d'humeur changeante. Il a été au chômage durant une longue période, avant de devenir, grâce à la municipalité, gardien l'espace de quelques mois. Puis il a suivi des cours d'informatiques donnés par la mairie.

Depuis 1989, les enquêteurs chargés de l'affaire Helén Nilsson n'ont mis la main que sur deux suspects, deux cousins âgés de trente-quatre et trente ans – dont l'un, voisin d'Helén, avait été condamné pour agression sexuelle sur mineure – mais que l'analyse ADN a blanchi. Pourtant, dès l'automne 2002, la police avait recueilli un « tuyau » sur des hommes susceptibles d'avoir assassiné la fillette, mais il a été mis de côté, avant d'être repris, au mois d'avril 2003 par les enquêteurs. Ils ont établi une liste de vingt-neuf suspects sur laquelle figurait « l'homme au couteau », mais il ne se trouvait pas en tête de liste. En 1989, la police avait congelé le sperme retrouvé sur le cadavre d'Helén en prévision de progrès ultérieurs dans le domaine de l'analyse génétique. L'échantillon a été confié à un grand laboratoire britannique, à Birmingham, qui a rendu ses conclusions le 23 juin : l'ADN retrouvé sur le corps et celui du suspect sont bien identiques. L'homme, emprisonné à Kristianstad, nie obstinément les faits. Il a exigé une seconde expertise génétique, qui est parvenue aux même conclusions que la première.

Sa maison d'été (acquise en juin 1987) et son ancien appartement ont été passés au peigne en vue d'y trouver la ou les preuves qu'il a également tué la fillette, ce dont les enquêteurs sont totalement convaincus. Dans sa résidence secondaire, la police a eu la surprise de découvrir des traces de sang appartenant à une autre victime, Jannica Ekblad, tuée en 1989 également, et la surprise encore plus grande d'y trouver en grande quantité les traces laissées par le sang d'un autre être humain non-identifié. Les enquêteurs sont de plus en plus convaincus d'avoir affaire à un tueur en série. Mais la seule piste génétique est insuffisante, semble-t-il, pour aller encore plus loin ; il faut trouver d'autres preuves de la présence du « propriétaire » de l'ADN sur les lieux du crime (le sperme ne prouve que le viol). En outre, sur le corps d'Helén on a retrouvé les cheveux de deux personnes différentes, ce qui accréditerait l'hypothèse d'un complice. Les enquêteurs doivent donc encore déterminer si le meurtrier était seul au moment du crime, s'il a été aidé ou non. Enfin, des poils noirs de chien ont été retrouvés sur les deux corps. « L'homme au couteau » est, d'après son avocat, terriblement déprimé depuis son arrestation.

Le 13 juillet, le suspect a brusquement changé de discours : après avoir affirmé pendant trois semaines qu'il n'avait rien à voir avec les faits qu'on lui reprochait, il s'est mis à déclarer qu'il n'avait aucun souvenir de ce qui s'était passé en 1989. « Il commence à comprendre qu'il ne peut plus nier l'évidence », confie Per-Åke Åkesson, directeur de l'enquête. Les chiens renifleurs de la police ont marqué des arrêts à des endroits précis de la propriété.

En avril 2005, le suspect Ulf Olsson est condamné à la réclusion criminelle à perpétuité. Le 10 janvier 2010, il se donne la mort dans sa cellule.

24 JUIN 1993

JOEL RIFKIN, SURNOMMÉ « JOEL THE RIPPER », ASSASSINE SA DERNIÈRE VICTIME, LA PROSTITUÉE TIFFANY BRESCIANI, VINGT-DEUX ANS

La journée, il plante des fleurs dans le jardin de sa mère, la nuit, il hante les rues de Manhattan à la recherche de jeunes prostituées qu'il étrangle avant de jeter les corps dans des terrains vagues. Joel Rifkin a trente-quatre ans lorsqu'il est arrêté le 28 juin 1993 pour une légère infraction au code de la route : à leur grande stupeur, les policiers découvrent le cadavre décomposé d'une victime à l'arrière de sa camionnette. Le serial killer avoue dix-sept meurtres (on le soupçonne toujours d'autres crimes), tandis qu'une fouille de la maison de sa mère, à East Meadow, permet de retrouver des bijoux, photos et vêtements qui appartenaient à ses victimes.

POUR EN SAVOIR PLUS :

Un documentaire de la série *Biography* sur Joel Rifkin, avec des extraits d'un entretien :

- http ://www.youtube.com/watch?v=ZuzXxk2n78g

25 JUIN 1991

NAISSANCE DE LEONARD JOHN FRASER

Connu sous le nom de « The Rockhampton Rapist », Fraser (1951-2007) est un tueur en série australien. Condamné pour des viols, il passe vingt ans derrière les barreaux. Après sa sortie, il assassine quatre femmes. Il avoue un cinquième meurtre, mais la supposée victime de quatorze ans est retrouvée vivante, cinq ans après sa disparition. On trouve de nombreux trophées dans l'appartement de Leonard Fraser, notamment trois queues de cheval de jeunes femmes. Condamné à trois peines de réclusion à perpétuité en 2003, Fraser décède le 1er janvier 2007 d'une crise cardiaque à l'hôpital Princess Alexandra à Wolloongabba.

POUR EN SAVOIR PLUS :

Un documentaire de *Crime Investigation Australia* :

- http ://www.youtube.com/watch ?v=GAFWTpJVdz4

26 JUIN 2008

UNE FEMME CINQ FOIS VEUVE POURRAIT ÊTRE ACCUSÉE POUR LA MORT DE SES CONJOINTS

Née en 1931 et décédée en 2011 dans un hôpital de Louisiane, Betty Neumar a été condamnée en 2007 pour avoir sollicité les services d'un tueur à gages pour le meurtre de son quatrième mari, en juillet 1986. Des proches de son second mari, James Flynn, ont rappelé que l'homme avait été tué par balles sur un quai de New York en 1955 et que le coupable n'avait jamais été identifié. Une enquête a aussi étés rouverte sur le « suicide » de son troisième mari, en 1965.

Les enquêteurs de la Caroline du Nord ont pressé les autorités d'autres États de se pencher sur les décès des autres époux, incluant John Neumar, son cinquième mari. Ce dernier est mort en 2007 d'une infection qui laisse présumer qu'il a été empoisonné.

Galen Malone a confié que la police de l'Ohio n'avait jamais trouvé le responsable de la mort de Clarence Malone, son cousin et le premier mari de Betty Neumar, qui est décédé en 1952.

Durant son existence, Betty Neumar s'est servie de vingt-huit identités différentes, notamment pour commettre des escroqueries.

POUR EN SAVOIR PLUS :

Un reportage sur Betty Neumar :

- http ://www.youtube.com/watch?v=Skm7oB1Lh6M

27 JUIN 2009

PATRICK BURRIS COMMET SON PREMIER MEURTRE À GAFFNEY, EN CAROLINE DU SUD

Patrick Burris, quarante-sept ans, a été abattu alors qu'il tentait de commettre un hold-up, quelques jours après qu'il ait tué cinq personnes en l'espace de quelques jours, à Gaffney en Caroline du Sud. Il venait de purger sept ans de prison avant d'être libéré sur parole. Les enquêteurs sont persuadés que l'homme, tué lors d'une confrontation armée avec les forces de l'ordre, est le tueur en série qu'ils recherchaient. Le premier assassinat a été commis le 27 juin 2009. Un agriculteur de soixante-trois ans a été tué par des coups de feu, dans sa maison de Gaffney. Quatre jours après, c'est au tour d'une femme de quatre-vingt-trois ans et de sa fille de cinquante ans d'être exécutées. Le 2 juillet, Burris a tiré sur un homme et sa fille de quinze ans dans leur boutique, non loin du centre de Gaffney. Le père meurt sur le coup, la fille deux jours plus tard.

Le casier judiciaire de Burris fait plus de vingt-cinq pages de long.

POUR EN SAVOIR PLUS :

Un reportage de WCNC sur Patrick Burris :

- http ://www.youtube.com/watch?v=_Scw-jKPQQg

28 JUIN 2011

PRISON À VIE POUR LE « MONSTRE DE BODENFELDE », UN TUEUR CANNIBALE

Jan Oetke, vingt-six ans, a été condamné à la prison à vie par un tribunal de Goettingen pour l'assassinat de deux adolescents. L'accusé avait notamment dévoré des parties des corps de ses victimes après les avoir tuées. Oetke a assassiné et violé une adolescente de quatorze ans et, cinq jours plus tard, un garçon de treize ans.

Le « Monstre de Bodenfelde » a expliqué au tribunal qu'il pensait que le jeune garçon était une fille.

POUR EN SAVOIR PLUS :

Un reportage de Spiegel TV :

- http ://www.youtube.com/watch?v=sftqbptggqY

29 JUIN 2012

LA POLICE DE SPRING (TEXAS) PERQUISITIONNE LA MAISON DU TUEUR EN SÉRIE BRANDON LAVERGNE

Le serial killer Brandon Lavergne avoue des meurtres pour échapper à la peine de mort. Suspecté du meurtre de Mickey Shunick en Louisiane, un agresseur sexuel multirécidiviste a non seulement avoué son assassinat mais aussi celui de Lisa Pate en 1999. Il est soupçonné d'un autre crime au Texas, la disparition d'Alexandra Lowitzer, une adolescente. À son domicile, les enquêteurs ont découvert un grand nombre de papiers d'identité appartenant à des jeunes femmes.

POUR EN SAVOIR PLUS :

Un bref reportage de Fox News :

- http ://www.onenewspage.us/video/20120719/995080/Brandon-Scott-Lavergne-serial-Killer.htm

30 JUIN 1962

ALBERT DESALVO, L'ÉTRANGLEUR DE BOSTON, COMMET DEUX ASSASSINATS LE MÊME JOUR : NINA NICHOLS, SOIXANTE-HUIT ANS, ET HELEN BLAKE, SOIXANTE-CINQ ANS

Entre juin 1962 et janvier 1964, treize femmes sont assassinées à Boston. Le meurtrier, guidé par d'irrésistibles pulsions sexuelles, pénètre dans la maison de ses victimes et tantôt les viole avant de les étrangler, tantôt les étrangle avant de les violer. Arrêté et condamné seulement pour viols en échange de ses aveux, Albert DeSalvo meurt de six coups de couteau dans le cœur le 25 novembre 1973.

The Boston Strangler (*L'étrangleur de Boston*), réalisé en 1968 par Richard Fleischer avec Tony Curtis, Henry Fonda et George Kennedy, reste sans conteste une des plus grandes réussites du film de serial killer grâce à l'apport visuel de Richard Fleischer et à une interprétation prodigieuse de Tony Curtis. Voici comment le metteur en scène nous explique la genèse du film : « c'est lors d'une visite à l'Expo Universelle de Montréal en 1967 que je vis pour la première fois une nouvelle forme de langage cinématographique qui me parut offrir d'excitantes opportunités. Ces films expérimentaux se présentaient sous la forme d'écrans multiples et d'images fragmentées. J'entrevis immédiatement les possibilités de ce nouveau procédé qui, d'un point de vue technique, incarnait une avancée dans l'art de l'écriture cinématographique.

« Pour moi il était tout aussi clair que cette technique ne pouvait pas s'adapter à n'importe quel type de film. Sa spécificité nécessitait une histoire adéquate où elle pourrait renforcer l'intrigue pour ne pas devenir un simple gadget tape à l'oeil. J'espérais vraiment trouver le récit approprié à une telle technique.

« Par chance, ou était-ce le Destin ou Kismet ? il se trouve qu'à mon retour à Hollywood, mon studio, la Twentieth Century-Fox, me proposa d'adapter le best-seller de Gerold Frank, *L'étrangleur de Boston*. Je sus tout de suite que c'était le genre d'histoire qui se prêtait à merveille à l'utilisation des techniques que j'avais vues à Montréal Expo 67.

« En l'espace de dix-huit mois, treize femmes avaient été brutalement étranglées à Boston. L'assassin, Albert DeSalvo, à l'opposé de la magnitude de ses crimes, était un plombier des plus ordinaires et un bon père de famille. Il était évident que l'individu était un schizophrène, une personnalité multiple classique. Quoi de plus approprié que l'utilisation d'écrans multiples et d'images fragmentées pour transposer son cas à l'écran ?

« De plus, plusieurs scènes du récit nécessitaient l'emploi d'un montage en parallèle, comme les interpellations par la police des habituels suspects ou ces femmes terrorisées de Boston qui achetaient des serrures renforcées, des armes à feu, des couteaux ou des chiens de garde, bref tout et n'importe quoi. Comme tous ces événements se déroulaient en même temps dans chacun des quartiers de la ville, il me semblait intéressant de recourir à cette nouvelle technique plutôt qu'à l'habituel style de montage montrant une image après l'autre.

« Naturellement, la résistance à ce nouveau procédé fut intense. Cela serait trop confus, me disait-on, les spectateurs ne sauraient pas où regarder… Je leur répondis que c'était précisément cet effet que je souhaitais obtenir ! Il m'a été très difficile de convaincre tout le monde au studio. J'ai emmené le producteur, Robert Fryer, à Montréal pour lui montrer ce que je désirais faire. Il se rangea à mes arguments. Finalement, Richard Zanuck, le patron du studio, m'accorda le feu vert pour une bobine d'essai. *L'étrangleur de Boston* fut tourné comme je l'avais visualisé.

« Dans les nombreuses péripéties qui émaillèrent la production de ce film, je retiens plus particulièrement mes difficultés à persuader le studio d'engager Tony Curtis pour le rôle de l'étrangleur. Je savais qu'il était capable d'une grande performance d'acteur, mais les pontes de la Fox ne voulaient absolument rien savoir. « Il est trop beau. Il ne ressemble pas à un étrangleur. » « C'est exactement l'effet que je souhaite ! » fut ma réplique. Devant leur obstination, Curtis se mit dans la peau de l'étrangleur de Boston, y compris avec une légère bosse sur le nez et des vêtements pour le moins défraîchis. Il se fit prendre en photo et m'envoya le résultat qui était saisissant. J'emportais le cliché jusqu'au bureau de Zanuck, pour le poser devant lui. « Que penses-tu de ce type ? » lui demandai-je. Zanuck examina le portrait, sans reconnaître Tony Curtis : « fantastique ! Il est parfait pour le rôle, mais est-ce qu'il sait jouer ? »

« La dernière séquence de ce merveilleux scénario écrit par Edward Anhalt (qui avait déjà remporté deux Oscars) était à mes yeux la scène la plus difficile du film. L'étrangleur revit, en mimant les gestes son approche et l'attaque d'une de ses victimes. Comme elle allait être filmée dans une pièce entièrement blanche et vide, l'action devait être totalement claire pour que les spectateurs comprennent ce qu'il ne voyait pas à l'écran.

« Avant le démarrage de la production, j'avais demandé à Curtis de répéter cette scène avec le plus grand soin. Pendant une semaine, j'avais fait venir Tony tous les jours dans un studio. Il y avait aussi une jeune actrice, ainsi qu'une caméra vidéo. J'exigeais de lui qu'il joue cette scène avec sa « victime » comme elle se serait réellement passée, y compris lorsqu'il l'oblige à se déshabiller. Puis, tout de suite après, je faisais répéter à Tony les mêmes gestes, mais sans la présence de sa partenaire. Ceci était filmé et nous en discutions par la suite pour analyser ce qui marchait bien ou nécessitait des changements. Ensuite, nous recommencions le même processus qui s'est prolongé pendant toute une semaine. A la fin de cette semaine, nous n'avons plus eu besoin de l'actrice. Lorsque Tony mimait la scène, on aurait vraiment dit que la jeune femme était présente, qu'on la voyait, ainsi que ses expressions et ses moindres gestes.

« Je n'ai plus répété cette scène avec Tony avant plusieurs mois, au moment où il dut l'interpréter devant la caméra. Son interprétation fut exceptionnelle.

« Le fait de travailler aux côtés de Henry Fonda, d'obtenir la performance de sa vie pour Tony Curtis et de constater à quel point cette nouvelle technique cinématographique a bien fonctionné, tous ces éléments font de *L'étrangleur de Boston* un des films les plus satisfaisants de ma carrière. »

POUR EN SAVOIR PLUS :

L'ouvrage « Le livre noir des serial killers » de Stéphane Bourgoin, paru chez Grasset et aux éditions Points.

Un documentaire sur Albert DeSalvo :

- http ://www.youtube.com/watch?v=wArkSXjFsrw

Juillet

1er JUILLET 2000

LUCIE BLACKMAN EST TUÉE PAR JOJI OBARA

En l'espace de huit ans, l'homme d'affaires japonais d'origine coréenne Joji Obara assassine deux femmes, l'Australienne Carita Ridgeway, vingt et un ans, en 1992, et la Britannique Lucie Blackman, vingt-deux ans, en 2000. Lucie Blackman travaillait comme hôtesse de bar dans le quartier de Roppongi, à Tokyo, et son corps a été retrouvé découpé en huit morceaux.

Né en 1952, Obara possédait près de cinq mille vidéos pornographiques, dont deux cents où il est (généralement masqué) en train de violer et de maltraiter des femmes. Certaines d'entre elles sont inconscientes. La police de Tokyo estime qu'il aurait violé entre cent cinquante et quatre cents femmes.

Le 24 avril 2007, Joji Obara est condamné à la réclusion criminelle à perpétuité pour des viols et le meurtre de Carita Ridgeway, requalifié en homicide involontaire. Il est acquitté de l'assassinat et du viol de Lucie Blackman, faute de preuves.

POUR EN SAVOIR PLUS :
Un documentaire, *Joji Obara – The Lucie Blackman Murder* :
• http://www.youtube.com/watch?v=rOwtumTkrZk

2 JUILLET 2001

DISPARITION D'ILONA QUAEDFLIEG AUX PAYS-BAS

Peter C., un Néerlandais de quarante-cinq ans originaire de Heerlen (non loin de Maastricht), est soupçonné par la justice de son pays d'avoir assassiné cinq prostituées héroïnomanes entre 1992 et 2003, lui-même étant également toxicomane. Le suspect se trouve actuellement en prison, à la suite d'une condamnation pour des vols dans des magasins. Il a accepté un prélèvement d'ADN, ce qui a permis aux enquêteurs de faire le lien avec un viol et une tentative de meurtre commis le 1er juin 1992 sur une prostituée toxicomane allemande, à Valkenburg (également dans le Limbourg méridional). Peter C. reconnaît s'être disputé avec la femme qu'il a ensuite tabassé, mais il rejette l'accusation de tentative de meurtre. Les enquêteurs estiment en outre que Peter C. a commis cinq meurtres sur des prostituées, à savoir l'Allemande Marina Denzler (trente-deux ans), Nadia Mehallui, originaire de Heerlen (vingt et un ans), dont le corps a été retrouvé en juillet 2000, l'Allemande Simone Riedel (vingt ans), Ilona Quaedflieg (trente-quatre ans) originaire de Heerlen (elle avait disparu le 2 juillet 2001 et son cadavre a été découvert en octobre de la même année), et la Néerlandaise Samira van der Wal (vingt ans) originaire de Brunssum, petite ville au nord de Heerlen (disparue en juillet 2003 et retrouvée en mai 2005). L'avocat de Peter C. conteste toutes ces accusations.

3 JUILLET 2003

LE « TUEUR AU JEU DE CARTES » SE REND À LA POLICE ESPAGNOLE

Alfredo Galan, un ancien caporal de vingt-huit ans ayant servi en Bosnie-Herzégovine au sein des forces espagnoles, a été condamné en mars 2005 à cent-quarante-deux ans de prison. Entre le 24 janvier 2003 et le 18 mars 2003, il assassine six personnes choisies au hasard à Madrid et sa banlieue. Il a également tenté d'en tuer trois autres. Ses meurtres sont commis en pleine rue et parfois en plein jour, il dépose auprès des cadavres des cartes de jeu espagnoles.

Galan se rend aux autorités le 3 juillet 2003 à Puertollano, sa ville d'enfance. Obsédé par les armes, il déclare à la police qu'il « voulait savoir ce que l'on ressentait en tuant » et qu'il n'a pas le moindre remords pour ses actes. Il est ensuite revenu sur ses aveux, accusant deux hommes auxquels il aurait vendu l'arme du crime. Mais une douille percutée par l'arme, un pistolet Tokarev de calibre 7,62 mm que Galan a affirmé avoir achetée à Mostar, en Bosnie-Herzégovine, a été retrouvée chez sa sœur. En Espagne, la peine maximale d'un condamné est de trente ans de réclusion.

4 JUILLET 2007

JOSÉ CICERO HENRIQUE, UN GAY DE TRENTE-DEUX ANS, EST ASSASSINÉ PAR LE « RAINBOW MANIAC »

Treize meurtres nocturnes d'homosexuels ont été perpétrés entre juillet 2007 et août 2008 dans le quartier du parc Paturis, un lieu de rencontres gays connu de Sao Paulo. Pendant longtemps, la police a nié un quelconque lien entre ces assassinats alors que toutes les victimes, âgées de vingt à cinquante ans, ont été tuées d'une balle dans la tête. La plupart ont été découvertes dénudées.

Pour tenter de résoudre ces crimes, la police a formé une « task force » de quinze enquêteurs pour traquer le tueur en série . Un suspect a été arrêté en décembre 2008 : il s'agit d'un ancien policier en possession d'une arme de même calibre que celle du tueur, identifié par un témoin qui a alerté les enquêteurs.

Jairo Francisco Franco, « adore tuer ». Du temps où il était encore en service, il a abattu sept personnes au prétexte qu'elles avaient résisté à leur arrestation. Il est aussi accusé d'avoir tué un travesti qui l'avait suivi dans un hôtel en octobre 2007.

Au Brésil, les crimes homophobes sont légion, 59 % des homosexuels dans le pays ont été victimes d'agression verbale ou physique.

5 JUILLET 1973

NAISSANCE DE MARVALLOUS KEENE

Marvallous Keene, trente-six ans, a été exécuté par injection létale dans l'Ohio le 21 juillet 2009 pour le meurtre de cinq personnes. Présenté comme mentalement déséquilibré par ses avocats, le jeune homme a été considéré par la justice comme le meneur d'un gang, « The Downtown Posse », responsable d'une série de vols et de six meurtres commis entre le 24 et le 26 décembre 1992 à Dayton. Parmi les victimes, Danita Gullette, une jeune mère de dix-huit ans abattue dans une cabine téléphonique, et Joseph Wilkerson, trente-quatre ans, assassiné à son domicile. Deux autres victimes, Wendy Cotrill, seize ans, et Marvin Washington, dix-huit ans, des membres de son gang auraient été tués de peur qu'ils le dénoncent.

6 JUILLET 1946

LA POLICE DE WINDSOR AU CANADA EXTORQUE DES AVEUX EN METTANT LA PRESSION SUR LE JEUNE RONALD SEARS

En l'espace de deux semaines durant l'été 1945, la ville canadienne de Windsor est le théâtre de trois assassinats d'hommes, battus à mort, tués à coups de marteau ou poignardés, et d'une tentative de meurtre. La police n'a aucune piste menant à celui que l'on surnomme le « Windsor Slasher », jusqu'à ce qu'une coiffeuse, Margot Hind, leur indique que les victimes sont toutes des « pervers sexuels », le terme employé par les médias de l'époque pour désigner la communauté homosexuelle.

Un an après le dernier meurtre, deux autres attaques se déroulent, mais les hommes, des homosexuels, parviennent à s'échapper. Les divers témoignages permettent l'arrestation de Ronald Sears, dix-huit ans. L'un des rescapés l'identifie. Ce dernier avoue les crimes, ainsi qu'un viol subi à l'âge de neuf ans qui l'aurait traumatisé.

7 JUILLET 2004

LE TUEUR DE HUIT FEMMES À SÉOUL NE FRAPPE QUE LES JOURS DE PLUIE : S'AGIT-IL D'UN « COPYCAT » DU SERIAL KILLER DU FILM « MEMORIES OF MURDER » ?

Le mercredi 7 juillet 2004, au matin, une femme de trente et un ans et sa fille de dix ans ont été découvertes, chacune poignardée à dix reprises, sans qu'il n'y ait aucune trace de cambriolage à leur domicile du quartier de Seongdong. Depuis le début de cette année, huit femmes ont été ainsi assassinées. Fin avril, une étudiante de vingt ans est tuée à l'arme blanche dans le district de Guro ; en mai, c'est au tour d'une femme de trente-neuf ans, qui rentre à pied de son travail dans un restaurant de Yeongdeungpo, de croiser la route d'un homme armé d'un couteau de cuisine qui la frappe à quatre reprises. Une victime, qui échappe de peu à la mort, indique aux policiers que son agresseur ne cherchait pas à la voler. Le mystérieux tueur n'a pas laissé d'indices sur les scènes de crime mais il existe de nombreuses similitudes entre les différentes attaques. Celles-ci se déroulent tard le soir, il n'y a jamais d'agression sexuelle ni de vol, et les attaques sont rapides et brutales. Quatre d'entre elles se déroulent un jeudi par soir de pluie.

Le parallèle est saisissant avec le film *Memories of Murder*, où un serial killer coréen des années 1980 assassine ses victimes à chaque fois qu'il pleut. Le scénario est basé sur un cas authentique qui n'a jamais été résolu, celui que la presse a surnommé le « Tueur du jeudi ». De folles rumeurs circulent sur le Web coréen : on conseille aux femmes d'éviter de s'habiller en blanc les jeudis et de ne surtout pas sortir par jour de pluie. Certains vont même jusqu'à évoquer le réveil du serial killer des années 1980 qui aurait été poussé à « renaître » à cause de l'énorme publicité engendrée par le succès de *Memories of Murder*. Ce dernier frappait en effet ses victimes uniquement les jours de pluie, mais celles-ci étaient presque toujours vêtues en rouge.

8 JUILLET 2006

NAISSANCE DU SERIAL KILLER LARRY BRIGHT

Couvé par sa mère, Larry Bright vit dans la maison familiale du Comté de Peoria, dans l'Illinois. Alcoolique, amateur de pornographie et de cocaïne, il a trente-sept ans, lorsqu'en 2003, il commence à tuer des prostituées qu'il ramène chez lui. Pendant dix-huit mois, il commet au moins huit assassinats. Bright brûle les corps dans le jardin de sa mère où il enterre les restes de ses « favorites ». Les cendres des autres sont dispersées dans la nature. À force de le voir creuser la terre, ses voisins l'ont même surnommé « Le terrassier ».

Le 30 mai 2006, Larry Bright est condamné à sept peines de prison à perpétuité, sans possibilité de libération conditionnelle.

POUR EN SAVOIR PLUS :

Des articles et des photos sur Larry Bright :

- http ://forum.goregrish.com/threads/larry-d-bright.22456/

9 JUILLET 1950

NAISSANCE DE THOMAS DILLON

Décédé dans une prison de Columbus, dans l'Ohio, de causes naturelles le 21 octobre 2011, Thomas Dillon est un serial sniper qui abat cinq hommes entre le 1er avril 1989 et le 5 avril 1992. Né en 1950, Dillon est un homme intelligent doté d'un QI de 135 qui adore chasser et qui est fasciné par les armes à feu. Il est marié et bon père de famille. Lorsqu'il part « en chasse » le week-end, il roule près de cent cinquante kilomètres au hasard des petites routes rurales de l'Ohio, jusqu'à ce qu'il trouve sa proie.

Dillon entend des voix dans sa tête, « sa propre voix, » indique-t-il. « Elle me disait, vas-y, tue-le. Je savais que c'était ma propre voix et pas celle d'un autre. » Durant son enfance et son adolescence, il allume une centaine de feux et tue plus d'un millier d'animaux. Il vit dans un monde de fantasmes où il s'imagine être le président des États-Unis ou le chanteur vedette de groupes pop. Dillon s'imagine être tout-puissant.

Une fois ses victimes abattues, Dillon se rend sur leurs tombes et il cherche à mieux les connaître : il va même jusqu'à écrire à des journaux locaux pour leur donner des détails sur ses propres crimes.

POUR EN SAVOIR PLUS :

A Sniper's Mind, un article de CBS News :

- http ://www.cbsnews.com/2100-500164_162-526716.html

10 JUILLET 2008

AHMAD SURADJI, UN TUEUR EN SÉRIE INDONÉSIEN RESPONSABLE DE LA MORT DE QUARANTE-DEUX FEMMES, EST FUSILLÉ PAR UN PELOTON D'EXÉCUTION

Ahmad Sradji est un sorcier indonésien, né en 1949, qui assassine quarante-deux femmes pour augmenter ses pouvoirs magiques. Lorsqu'on l'arrête en mai 1997, il affirme que neuf ans auparavant, il a fait un rêve dans lequel le fantôme de son père lui commande de tuer soixante-dix femmes et de boire leur salive pour qu'il puisse devenir un guérisseur hors normes. Aux enquêteurs, il explique : « cela m'embête beaucoup que l'on m'ait arrêté si tôt... Je devais en tuer soixante-dix. » Il emmène les victimes chez lui et, lors d'un rituel de magie, les enterre jusqu'à la taille avant de les étrangler. Ses trois épouses l'ont aidé dans ses meurtres. L'une d'elles, Tumini, a également été exécutée.

POUR EN SAVOIR PLUS :

Un portrait de Suradji sur le site tueursenserie.org :

- http ://www.tueursenserie.org/spip.php ?article31

Sorcerer from Hell, un reportage sur Ahmad Suradji :

- http ://blip.tv/sumithra-prasanna/the-sorcerer-from-hell-6231111

11 JUILLET 2011

UN GANG DE SERIAL KILLERS NÉO-NAZIS RUSSES CONDAMNÉS À LA PERPÉTUITÉ

Cinq membres d'un gang ont été condamnés à Moscou à la réclusion criminelle à perpétuité, tandis que huit autres ont reçu des peines allant de dix-neuf à vingt-cinq ans de prison pour vingt-sept meurtres commis en 2007 et 2008. Lev Molotkov, le leader de « l'Union nationale-socialiste » représente « un danger extrême pour la société », a déclaré le juge Nikolaï Tkatchouk. Un militant qui s'était rendu de lui-même et avait collaboré avec les enquêteurs a pour sa part écopé de huit ans avec sursis. Les accusés n'ont jamais manifesté le moindre remords pour leurs crimes racistes.

Les membres du gang s'étaient organisés grâce à Internet pour tuer à coups de marteau, avec des couteaux ou des battes de baseball des individus « non slaves ». Leur but : « nettoyer la Russie ». Ils ont aussi tenté de fabriquer des explosifs pour commettre un attentat dans une centrale électrique de la banlieue de Moscou. Au début du procès, les accusés, dont certains avaient le crâne rasé et portaient des masques chirurgicaux pour cacher leur visage, ont crié des slogans antisémites et insulté les journalistes présents. La plupart d'entre eux ont ricané à l'énoncé du verdict.

POUR EN SAVOIR PLUS :

Un reportage de RT télévision :

- http ://rt.com/news/prime-time/teenagers-nalitonalism-sentence-moscow/

12 JUILLET 2002

ASSASSINAT DE JONG-OK SHIN EN ANGLETERRE

Cette étudiante coréenne a été assassinée et son meurtrier présumé, Omar Benguit, condamné. Mais de nouvelles preuves semblent indiquer que le tueur en série Danilo Restivo pourrait être le vrai coupable. Il habite d'ailleurs à quelques centaines de mètres du lieu du crime. Restivo est un serial killer fétichiste des cheveux, âgé de trente-neuf ans, qui a été condamné en juillet 2011 à la prison à vie pour le meurtre d'Heather Barnett, quarante-huit ans, à Bornemouth en 2002. Tuée à coups de marteau, elle a ensuite eu la poitrine découpée, avant que l'assassin ne dépose une touffe de cheveux d'une personne non identifiée dans sa main droite et une poignée de ses propres cheveux dans sa main gauche.

Le mode opératoire est semblable à celui de l'assassinat d'une amie de Danilo Restivo, Elisa Claps, seize ans, dont le corps a été découvert en 2010, dix-sept ans après sa disparition dans le sud de l'Italie. Dans cette affaire, selon les enquêteurs italiens, quelqu'un avait aussi coupé des cheveux de la victime.

POUR EN SAVOIR PLUS :

The Haircut Killer, un documentaire sur Danilo Restivo :

- http ://www.youtube.com/watch ?v=Aekp3wEANsE

13 JUILLET 2006

UN TUEUR EN SÉRIE CONDAMNÉ À MORT AU HEILONGJIANG

Gong Runbo, un homme de trente-trois ans ayant assassiné six enfants, après les avoir violés, dans la province du Heilongjiang a été condamné à la peine de mort par le tribunal populaire de la ville de Jiamusi. Il attire ses victimes par ruse dans un appartement de location. Il a été arrêté le 28 février 2006, après qu'un garçon ait réussi à s'échapper de son appartement et à alerter la police. Les policiers ont capturé Gong dans un Web café du quartier et trouvé chez lui des vêtements d'enfants, ainsi que quatre corps en décomposition. Il est exécuté le 31 décembre 2006.

14 JUILLET 1879

NAISSANCE DE LA « VEUVE BECKER »

Marie Alexandrine Becker, surnommée la « Veuve Becker », fut la première tueuse en série de l'histoire criminelle belge, elle est active pendant l'entre-deux guerres. Née en 1879, elle se sert de Digitaline pour assassiner onze personnes entre 1932 et 1936. Elle commence par tuer son premier mari, bientôt suivi de dix femmes âgées. Charmante, brillante et vive, elle consacre ses journées au travail et ses nuits aux hommes. Après le décès de Charles Becker, elle devient couturière, rencontrant des vieilles dames seules qu'elle finira par abreuver de thé à la digitaline.

Condamnée à mort, la « veuve Becker » voit sa peine commuée en perpétuité en 1938. Elle décède de mort naturelle à la prison de Saint-Léonard, le 11 juin 1942, quatre ans après son arrestation. Sans avoir jamais exprimé de remords, ni explicité les raisons de ses actes.

15 JUILLET 1992

RACHEL JANE NICKELL EST VIOLÉE ET ASSASSINÉE DE QUARANTE-NEUF COUPS DE COUTEAU À « WIMBLEDON COMMON »

Pendant seize ans, un tueur en série anglais a pu agir en toute impunité : arrêté par Scotland Yard il y a une dizaine d'années, il a été relâché, les enquêteurs préférant alors privilégier une piste erronée. La ressemblance frappante entre le portrait-robot du suspect et Colin Stagg, un chômeur de vingt-neuf ans, vivant près du parc de Wimbledon où a été assassinée une top-modèle de vingt-trois ans, a provoqué une des pires bavures jamais commises par Scotland Yard. Il a aussi été identifié par des témoins qui ont vu en lui l'homme qui se lavait les mains dans un ruisseau, près du lieu du crime.

Rachel Nickell se promène avec son fils Alex et leur chien dans ce parc boisé très fréquenté en ce matin de juillet 1992. Il y a plusieurs centaines de promeneurs dans le parc au moment des faits. Le petit Alex est retrouvé en larmes, près du corps horriblement mutilé de sa mère et il lui tient la main en lui disant : « maman, réveille-toi ! »

Ce crime terrorise l'Angleterre. Quelques semaines plus tard, l'émission de télé-réalité de la BBC *Crimewatch* bat tous les records d'audience. Pour Paul Britton, un profiler britannique très connu, Stagg est le suspect idéal. Sur les conseils de cet analyste comportemental, la police déclenche « l'Opération Ezdell » pour tenter de piéger Colin Stagg, en lui envoyant « Lizzie James », une jeune et jolie détective chargée de le séduire. Cette manœuvre horrifie le président des assises : Stagg est acquitté lors de son procès et il touche 750 000 € de dédommagement pour les quatorze mois passés en prison.

Pendant que Scotland Yard s'acharne sur Stagg, Robert Napper, un autre homme ressemblant au portrait-robot du meurtre de Wimbledon, est arrêté pour plusieurs agressions de jeunes femmes. Ce violeur en série a déjà été dénoncé trois ans auparavant par sa propre mère : il tente de se suicider après lui avoir avoué le viol d'une jeune femme. Un an après le meurtre de Wimbledon, Samantha Bisset, une autre jeune mère blonde, est assassinée à coups de couteaux et éventrée chez elle, devant sa fille Jazmine, quatre ans, qui se fait violer et étouffer.

Les progrès des techniques de recherche en ADN vont mettre un laboratoire de recherche privé sur la piste de Napper dont on retrouve l'empreinte génétique dans cinq affaires de viol et trois meurtres, ceux de Rachel Nickell, de Samantha Bisset et de sa fille Jazmine. Robert Napper, qui est diagnostiqué comme schizophrène et souffrant du syndrome d'Asperger, est aussi soupçonné d'avoir commis plus d'une centaine d'agressions sexuelles et une demi-douzaine de meurtres, en l'espace de cinq années. Le 18 décembre 2008, Napper plaide coupable du meurtre de Rachel Nickell et se voit interner pour une période indéfinie à l'hôpital psychiatrique de Broadmoor.

POUR EN SAVOIR PLUS :

Rachel Nickell : Case Closed, un épisode de la série *Real Crime* :

- http ://www.youtube.com/watch ?v=6BQdFM7ftO4
- http ://www.youtube.com/watch ?v=s41b0ALDU-M
- http ://www.youtube.com/watch ?v=fUgQBLE9vEc
- http ://www.youtube.com/watch ?v=dEneULNqRwM

16 JUILLET 2009

LE TUEUR EN SÉRIE JOHN FAUTENBERRY EST EXÉCUTÉ DANS L'OHIO

Aucun membre de sa famille n'est venu assister à l'exécution du routier John Fautenberry dans une prison de l'Ohio. Son décès a été prononcé à 10 h 37, heure locale. Des proches des victimes étaient présents. Cet ancien conducteur de poids lourd quadragénaire a d'abord été condamné à mort pour le meurtre, en février 1991, dans le New Jersey, d'un conducteur de quarante-six ans qui l'avait pris en stop. Il a ensuite été jugé responsable de quatre autres assassinats du même type en Alaska, dans l'Oregon et le Tennessee. Le soir précédent, Fautenberry s'est longuement entretenu avec un prêtre avant de regarder la télévision. Il a demandé des sédatifs qui lui ont été administrés. Le tueur en série n'a jamais exprimé le moindre remords pour ses crimes et il n'a pas souhaité prendre la parole avant son exécution.

Oscar Ray Bolin Jr., Joseph Fautenberry, Wayne Adam Ford, Keith Hunter Jesperson, Robert Ben Rhoades, Bruce Mendenhall, Adam Leroy Lane, Chester Leroy Todd, William Howard Putman sont les noms des routiers serial killers les plus célèbres arrêtés aux États-Unis ces dernières années. Au début des années 2000, le FBI est alerté par le nombre de plus en plus important de cadavres de femmes – essentiellement des prostituées – retrouvés le long de grands axes routiers. L'agence fédérale décide d'étudier ces meurtres, ainsi que les disparitions inquiétantes, grâce au programme d'analyse VICAP. Des recoupements sont effectués qui permettent de relier des crimes isolés commis dans plusieurs états. Des enquêteurs locaux alertent aussi les agents fédéraux.

C'est en 2004 que le FBI décide de lancer le programme Highway Serial Killings qui est annoncé de manière officielle en avril 2009, afin de sensibiliser le public et, surtout, l'ensemble des forces de police locales. Les victimes de ces tueurs de la route sont surtout des femmes dont le style de vie nomade présente des risques élevés, à cause de leur travail comme prostituées ou de leur addiction à la drogue. La plupart du temps violées, torturées et assassinées dans les semi-remorques, leurs corps sont jetés au bord des autoroutes. Les suspects sont presque toujours des routiers au long cours. La nature même de cette profession, le style de vie à risque des victimes, les longues distances parcourues, la multiplicité des juridictions concernées, la quasi absence de témoins ou d'indices matériels rendent ces enquêtes très difficiles à résoudre.

Pour le FBI, le VICAP est un outil indispensable à la disposition des policiers locaux qui peuvent consulter sa base de données grâce à un lien Internet sécurisé intitulé LEO (Law Enforcement Online). Depuis l'instauration du plan Highway Serial Killings, les analystes du VICAP ont étudié le cas de quatre-cent cinquante-neuf victimes de meurtres trouvées le long des principaux axes autoroutiers, avec une liste potentielle de deux cent suspects. En 2009, le FBI n'y avait pas encore intégré toutes les victimes découvertes sur les routes secondaires. Le programme Highway Serial Killings offre aux policiers locaux la possibilité de suivre une formation spécialisée, leur fournissant l'aide d'analystes comportementaux, des conseils pour élaborer des stratégies d'enquête et d'interrogatoire, ainsi qu'une meilleure approche des médias. L'agence fédérale organise aussi des réunions avec les associations de victimes et de prostituées afin de les sensibiliser aux risques. Dès 2004, de nombreuses forces de police locales ont demandé aux prostituées de donner leur ADN, sur la base du volontariat, afin de pouvoir vite les identifier au cas où elles décéderaient de mort violente. En l'espace de quelques jours en juillet 2010, la police de Dallas a ainsi pu recueillir l'empreinte génétique de cent-trente-cinq prostituées. Un an après son lancement, le Highway Serial Killings a permis l'arrestation de dix suspects responsables d'au moins trente assassinats, dont les routiers Bruce Mendenhall à Nashville, et Adam Leroy Lane, qui a tué dans le New Jersey et le Massachusetts.

Les moyens du FBI sont indispensables pour recouper des informations sur tout le territoire américain. Des analystes étudient les déplacements des deux cents suspects potentiels pour voir si leur emploi du temps coïncide avec un meurtre ou une disparition non élucidés. Depuis quelques années, les avancées technologiques aident les enquêteurs car beaucoup de compagnies de fret pistent les chauffeurs grâce au GPS. Et lorsqu'un routier franchit un péage, le système pass E-Z l'enregistre (le pass E-Z est une carte électronique prépayée qui vous évite l'attente aux péages ; elle fonctionne dans quatorze états américains). Les cartes de crédit et les caméras de surveillance sont aussi d'une grande utilité pour savoir quels camions sont garés près de l'endroit où une prostituée a pu disparaître. Mais Bruce Mendenhall a aussi su contourner ce type de problèmes. Certains soirs où il est peut-être parti en « chasse », il a débranché les systèmes de localisation, il ne s'est pas servi d'une carte de crédit pour payer son essence, ni du pass E-Z pour les péages : il a tout réglé avec de l'argent liquide.

« Retracer tous ces cheminements est fastidieux, » explique l'agent Michael Harrigan. « Certains de ces routiers ont vingt ou trente ans de carrière derrière eux. Ils ont souvent changé d'employeurs. Chaque semaine, nous récoltons environ cinq nouveaux cas, grâce à des appels de policiers locaux. »

Depuis que le programme Highway Serial Killings a été médiatisé, près de 420 juridictions différentes ont contacté l'agence fédérale (rappelons que les États-Unis comptent 16 000 forces de police indépendantes). Des millions de chauffeurs sillonnent tous les jours l'immense territoire, les « tueurs de la route » ne représentent donc qu'une infime minorité de la profession. Mais, comme l'indique le sergent Pat Postiglione, « peut-être que ce métier attire des individus prédisposés à devenir des serial killers. À mon sens, il n'existe pas de meilleure profession pour commettre des meurtres en série, si c'est ça qui vous attire. C'est une manière idéale pour cacher vos crimes, en vous déplaçant d'état en état, tout en faisant votre job. »

POUR EN SAVOIR PLUS :

Un reportage de WUSA sur les routiers serial killers :

- http ://www.youtube.com/watch?v=NIgivCm7TUg

16 JUILLET 2012

THOMAS QUICK, LE SERIAL KILLER QUI N'EXISTAIT PAS

Thomas Quick est le plus célèbre serial killer suédois. Condamné pour huit meurtres, il en a avoué une trentaine commis dans son pays, en Finlande, en Norvège et au Danemark. Arrêté en 1990 pour un braquage à main armée, Quick reconnaît d'abord huit assassinats perpétrés entre 1976 et 1985 lors de séances de psychothérapie. Il en avouera vingt-cinq autres. Ses victimes sont étranglées, violées, poignardées, certaines sont démembrées pour être dévorées.

Le journaliste Hannes Rastam affirme dans un livre qui vient de sortir, « Le cas Thomas Quick : la création d'un serial killer » (traduction du titre suédois), que le tueur en série âgé de soixante-deux ans a tout inventé en lisant des comptes-rendus de pages de faits divers de journaux dans une bibliothèque municipale de Stockholm. Des rapports de psychiatres indiquent que Quick est un menteur pathologique qui s'imagine être un héros pour avoir aidé la police à résoudre des « cold cases ». Lors de ses entretiens filmés en prison en 2008, Hannes Rastam a fait dire la « vérité » à Thomas Quick : tous ses aveux n'auraient été que des mensonges.

POUR EN SAVOIR PLUS :

Un article du *Daily Mail* :

- http ://www.dailymail.co.uk/news/article-2189250/Swedish-serial-killer-Thomas-Quick-admits-confessions-lies.html ?ito=feeds-newsxml

17 JUILLET 1996

EXÉCUTION DE JOHN JOUBERT, UN TUEUR EN SÉRIE D'ENFANTS

Bellevue est presque une carte postale. L'image idéale qu'on se fait d'une petite ville de l'Amérique profonde, un lieu tranquille et sans histoire où il fait bon vivre dans l'État du Nebraska. Tous les dimanches matin, comme le veut la tradition, le journal est distribué par des adolescents à bicyclette, mais ce 18 septembre 1983, plusieurs coups de fil de protestations alertent le responsable de la distribution : les gens se plaignent de ne pas avoir reçu leur lecture favorite. Apparemment, Danny Joe Eberle, treize ans, s'est arrêté au tout début de son circuit habituel. Sa bicyclette est même retrouvée devant le domicile d'un de ses clients. Les parents pensent tout d'abord que Danny a suivi son oncle qui doit, ce jour-là, partir chercher du travail dans un état voisin. Joint au téléphone, l'oncle réduit cette hypothèse à néant et les parents, très inquiets, contactent les autorités. Une fouille méthodique de la ville est organisée, mais sans aucun résultat. Le jeune garçon reste introuvable et la police locale décide de prévenir le FBI. En effet, plusieurs habitants de Bellevue, y compris le frère aîné de Danny, racontent avoir aperçu à plusieurs reprises un jeune Blanc conduisant une voiture de couleur foncée qui suit des adolescents.

Deux jours plus tard, le corps de Danny est retrouvé dans un pré, pieds et poings liés, vêtu de son seul caleçon, à peu de distance d'un croisement qui mène à une rivière, à moins de dix kilomètres de Bellevue. L'enfant porte les traces de nombreux coups de couteau sur la poitrine et dans le dos. Sa gorge est tranchée, comme si on avait cherché en vain à le décapiter. Des parties de chair sont manquantes, à hauteur de l'épaule et d'un des mollets. Il n'a pas été violenté sexuellement. Le crime a été commis ailleurs.

Le profil du FBI

Jusqu'au début des années 1980, le FBI ne possède aucun pouvoir pour intervenir sur les affaires de serial killers et de kidnappings, sauf dans le cas où l'on fait franchir à la victime les limites d'un état. Une loi spéciale du Congrès change cet état de fait, hérité de la Constitution, et l'affaire de Danny Eberle arrive à point nommé pour montrer la détermination du FBI dans ce type de crimes. Le Bureau décide d'envoyer sur place l'agent Robert Ressler qui dresse un premier rapport de profilage du kidnappeur-tueur, ainsi qu'il le relate dans son livre de souvenirs, *Chasseur de tueurs* :

« Pour moi, l'assassin de Danny est un jeune Blanc d'une vingtaine d'années, car nous sommes dans un quartier blanc, où un Noir, un Mexicain ou même un Asiatique se feraient tout de suite remarquer. Il n'a pas l'expérience d'un homme de trente ans. Pour moi, le tueur n'a pas la force physique de le transporter jusqu'au bois qui se situe à quelques centaines de mètres.

« Le tueur habite la région, il est célibataire et il n'a certainement pas prolongé ses études au-delà du collège. Le crime démontre une intelligence assez moyenne, car l'assassin n'a pas contrôlé le déroulement de bout en bout, d'où ma conviction au sujet de son niveau d'études secondaires. L'indice le plus important reste l'absence de pénétration. Le tueur est debout à six heures du matin un dimanche, ce qui implique qu'il n'a pas de responsabilités familiales. En conclusion, je suis persuadé que l'assassin frappera de nouveau. »

Moins de trois mois plus tard, le 5 décembre 1983, les prédictions de Robert Ressler trouvent une macabre confirmation avec la découverte du cadavre de Christopher Walden, douze ans, dans les bois du comté de Sarpy, non loin d'Omaha, à dix kilomètres de l'endroit où il avait disparu en se rendant à l'école, trois jours auparavant. En caleçon, il est poignardé à de multiples reprises et sa tête est pratiquement décapitée. L'enfant possède la même taille et corpulence que Danny Eberle, mais au contraire du premier crime la victime est assassinée dans le bois même où on l'a trouvée. Ses vêtements sont soigneusement pliés près de lui. Cette fois-ci encore, il n'y a pas eu de pénétration, mais les blessures et les mutilations démontrent une escalade dans le sadisme. Le tueur a agi seul au vu des empreintes de pas. Les modifications apportées par le meurtrier dans l'exécution de son crime amènent l'agent Ressler à reconsidérer l'âge de celui-ci : il doit dépasser les vingt ans. Le premier meurtre peut être considéré comme un essai ; avec le second, le tueur démontre sa fascination pour la mise à mort d'un être humain. Les coups de couteau infligés post-mortem indiquent un intérêt croissant pour le sadisme qui va dominer la conduite du suspect dans ses meurtres futurs, s'il n'est pas stoppé à temps. Grâce à ce second crime, Robert Ressler peut affiner le portrait psychologique de l'assassin :

« Il doit être à peine plus grand que ses victimes, car il tue la seconde sur place pour s'éviter un effort supplémentaire. Je suis persuadé qu'il habite à Bellevue ou sur la base aérienne proche. Son aisance pour kidnapper les victimes me donne à penser qu'il a une activité qui le met en contact avec des enfants – clubs de sport, scoutisme, centre aéré. Le tueur va de nouveau passer rapidement à l'action, à l'approche des vacances de Noël. »

Les différents services de police décident même de recourir à l'hypnose avec un témoin qui aperçoit Christopher Walden en compagnie d'un jeune homme, juste avant son enlèvement : le suspect a la même taille que la victime et l'hypnose révèle les premiers numéros de la plaque d'immatriculation du véhicule. Le service des cartes grises de l'État du Nebraska indique environ un millier de voitures comportant ces chiffres, mais fort peu dans le comté où les deux enlèvements se sont déroulés.

Le jour même où les policiers commencent à vérifier tous les propriétaires de ces véhicules, ils reçoivent un appel d'une puéricultrice. Il est 8 h 30 lorsqu'elle remarque un jeune homme correspondant au portrait-robot diffusé dans la presse qui rôde de façon suspecte autour de la crèche. L'homme la voit en train de noter quelque chose sur un bout de papier ; il se gare et se précipite à l'intérieur du bâtiment pour demander à passer un coup de fil, ce qu'elle lui refuse. Il menace de la tuer et exige qu'elle lui donne le morceau de papier. Finalement, elle parvient à s'enfuir et à prévenir les autorités.

La plaque d'immatriculation correspond à un garagiste qui déclare avoir prêté le véhicule à un militaire de la base aérienne dont la voiture est en réparation. Celle-ci est identique aux descriptions des divers témoins et comprend les chiffres révélés par l'hypnose. Elle figure par ailleurs en quatrième position des véhicules qui devaient être vérifiés sur la liste de l'ordinateur des cartes grises. À l'intérieur, les policiers aperçoivent de la corde et un couteau. Après l'obtention d'un mandat de perquisition, ces objets sont saisis, et le cordage, un modèle spécial fabriqué en Corée, correspond à celui utilisé pour lier les membres du petit Danny Eberle.

Le suspect est identifié. John Joseph Joubert, vingt et un ans, mesure un mètre soixante-huit pour soixante-sept kilos. Son visage est celui d'un enfant et il seconde le chef d'une bande de boy-scouts locaux. C'est un technicien affecté à l'entretien des radars de la base aérienne. Dans sa chambre, on trouve des cordages cachés, un couteau de chasse, ainsi que de nombreuses revues consacrées aux faits-divers. L'une d'elles a été feuilletée à de nombreuses reprises : elle relate le meurtre d'un jeune livreur de journaux.

Interrogé par les policiers, Joubert nie d'abord les faits, puis avoue vers minuit après avoir demandé à parler avec le chef scout. Le profil qui a été établi par l'agent Ressler correspond tout à fait au parcours de John Joubert. Né à Lawrence, dans le Massachusetts, dès son plus jeune âge il est hanté par un fantasme particulièrement morbide et inhabituel pour un enfant de sept ans : il s'imagine étrangler sa baby-sitter par-derrière, avant de la dévorer jusqu'à ce qu'elle disparaisse entièrement. Ses parents divorcent quand il a dix ans et il part vivre dans l'état du Maine avec sa mère qui est d'un tempérament très coléreux. Elle continue à lui donner des fessées jusqu'à l'âge de douze ans et elle n'arrête pas de le rabaisser. Adolescent, il se découvre une passion pour les magazines policiers et les jeux de rôles, tels que « Donjons & Dragons ». Plusieurs fois accusé d'être homosexuel par des camarades de classe ou du régiment où il s'est engagé, Joubert refoule ces pulsions qu'il juge honteuses pour se réfugier dans de longues périodes de masturbation chronique.

Au vu du profil de Joubert et de ses réponses lors des interrogatoires, l'agent Ressler pense qu'il a peut-être commis d'autres actes criminels avant le meurtre de Danny Eberle. Une affaire, notamment, retient son attention : le 22 août 1982, à Portland, dans le Maine, Richard Stetson, onze ans, disparaît alors qu'il fait un jogging près de la maison de ses parents. Le lendemain matin, son corps est découvert près d'une route. Il est étranglé, puis poignardé, ses vêtements sont retirés en partie et on dénote des traces de morsures un peu partout sur les membres. L'enfant n'est pas violenté sexuellement. Après enquête, les empreintes dentaires de John Joubert s'avèrent identiques à celles retrouvées sur le petit Richard Stetson.

En 1979, une fillette de neuf ans est poignardée dans le dos avec un stylo par un adolescent qui s'enfuit à bicyclette. L'année suivante, c'est un garçon de neuf ans et une institutrice d'une vingtaine d'années qui sont gravement tailladés à coups de couteau ; tous deux ont eu de la chance de s'en sortir vivants. Chaque fois, les descriptions de l'assaillant correspondent à John Joubert.

Le 3 juillet 1984, il plaide coupable lors de son procès et est condamné à mort pour les meurtres de Danny Eberle et de Christopher Walden. Il est également inculpé pour l'assassinat de Richard Stetson le 10 janvier 1986, mais sans que l'État du Maine décide de le juger. Son cas inspire un roman policier d'Alex Kava, *A Perfect Evil* (2000).

L'exécution de John Joubert est prétexte à la publication d'un macabre rapport sur la chaise électrique dans le Nebraska, l'un des deux états sur trente-huit où cet instrument figure encore dans l'arsenal judiciaire, avec l'Alabama. Ce dernier laisse le libre choix aux condamnés pour choisir l'injection létale, s'ils le souhaitent. Construite en 1913 par un ébéniste crétois, la chaise électrique du Nebraska est utilisée à quinze reprises depuis le 20 décembre 1920. La Floride, par exemple, change de mode d'exécution suite au tollé engendré par la mort d'Allen Lee « Tiny » Davis le 8 juillet 1999, dont le corps s'enflamme littéralement et dont les trois photos ont fait le tour du monde sur Internet. Il s'agit pourtant de la nouvelle chaise électrique mise en place pour remplacer l'ancien modèle utilisé depuis soixante seize ans. En Alabama, la mise à mort de John Evans en 1983 a duré 14 minutes, une de ses jambes ayant pris feu lors de l'administration du premier choc électrique, tandis que des volutes de fumée sortent de sa bouche.

Pour éviter ce genre de problèmes, selon les termes précis du rapport, l'équipe chargée des exécutions au Nebraska « rase la tête du condamné dont le crâne est recouvert d'une éponge naturelle imbibée d'eau salée avant d'y attacher les électrodes. La solution salée est utilisée pour humidifier les électrodes afin que le courant circule mieux. En Floride, ils ne se servent pas d'éponges naturelles, source de gros problèmes. » Les exécutions se déroulent au petit matin pour éviter les grands rassemblements de foule du Texas ou de la Floride. Le prisonnier est transféré d'un établissement hospitalier où il est resté une semaine sous surveillance pour prévenir toute tentative de suicide. La salle est de petite taille et ne comporte qu'une seule porte. La chaise électrique fait face à une baie vitrée où les témoins peuvent assister à l'exécution. Les rideaux sont tirés lorsque le condamné est installé sur la chaise. Les liens sont fixés, mais pas les électrodes, le rideau s'ouvre une première fois. Il se referme ensuite le temps que les électrodes soient attachées sur la tête et à la cheville gauche. Une autre vitre permet au personnel pénitentiaire et médical d'assister à l'exécution, sans que le condamné ou les spectateurs puissent les apercevoir. La mise à mort dure 1 mn 30 dans le Nebraska, sous la forme de trois chocs de 2200 volts. Dès que chaque choc est administré, le rideau s'ouvre afin que les témoins puissent observer le condamné, avant qu'il ne soit à nouveau refermé. Au bout de 5 à 10 minutes, le coroner se rend dans la salle d'exécution pour prononcer l'heure du décès. Le rideau doit être ouvert pour cette procédure. Le rapport continue en indiquant que pendant l'exécution la température du corps s'élève jusqu'à 59 degrés, les organes internes éclatent, la peau change de couleur et les muscles gonflent. Des condamnés ont été vus en train de saigner, de vomir, d'uriner ou de déféquer pendant le processus.

John Joubert est exécuté sur la chaise électrique de l'État du Nebraska le 17 juillet 1996. Pour le signataire du rapport,

« John Joubert perd connaissance dès le premier choc électrique qui lui est administré et il paraît ne pas avoir souffert ».

POUR EN SAVOIR PLUS :

Un bref documentaire sur John Joubert :

- http ://www.youtube.com/watch ?v=JoUv_IrgLF0

18 JUILLET 2004

UN SERIAL KILLER DE FEMMES ÂGÉES EST ARRÊTÉ EN RUSSIE

La police de la région de Belgorodsky a mis sous les verrous Alexander Greb, un serial killer de vingt-cinq ans qui terrorisait le district de Krasnoruzhsky depuis plusieurs mois avec l'assassinat de trois femmes âgées, tandis qu'une quatrième victime, Maria Petrovna, soixante-quatorze ans, est toujours dans un état critique. Il tue ses victimes à coups de marteau ou de barre de fer. L'assassin habitait une maison abandonnée du village de Moschenaya où la police l'a arrêté.

Pendant sa première incarcération, Greb apprend que sa mère quitte son père alcoolique pour démarrer une nouvelle famille. Une fois libéré, Greb est rejeté par sa mère qui ne veut plus de lui dans sa nouvelle existence. Furieux, il décide de se venger sur des femmes âgées qui lui rappellent sa mère.

Condamné à mort le 9 mars 2005, sa sentence est commuée en réclusion criminelle à perpétuité.

19 JUILLET 2012

TRENTE-SEPT ANS APRÈS LES FAITS, UN HOMME RECONNAÎT ÊTRE UN TUEUR EN SÉRIE

Jeffrey Paul Cutlip, un américain de soixante-trois ans s'est rendu au commissariat de Brownsville, dans le Texas, pour avouer qu'il a tué quatre personnes dans l'État de l'Oregon, dans les années 1970. Pris de remords tardifs, sa « conscience le tourmentait » et il affirme « avoir éprouvé de douloureux moments » à cause de ses crimes. Cutlip est accusé d'au moins quatre meurtres commis entre 1975 et 1977, à Portland. Selon le journal *The Oregonian*, deux des victimes sont des femmes, Marlene Claire Carlon, âgée de quarante-quatre ans, est morte dans son lit en 1975. Elle a été ligotée puis étranglée avec une ceinture. La seconde, Julie Marie Bennett, quinze ans, est retrouvée dans le lit d'une rivière en avril 1977.

Jeffrey Paul Cutlip possède un casier judiciaire bien fourni en matière de délits sexuels. Il a été condamné pour le viol de deux femmes en 1982. La même année, il est fiché comme délinquant sexuel dans l'Oregon. En 1993, il est libéré de prison mais il y retourne à sept reprises pour n'avoir pas respecté sa liberté conditionnelle. Depuis près d'un an, il vivait à Brownsville alors qu'il n'avait pas l'autorisation de quitter l'Oregon.

POUR EN SAVOIR PLUS :

Un reportage de KGV News :

- http ://www.kgw.com/news/Portland-serial-murder-suspect-turns-himself-in-167618435.html

Un reportage de KGB News 14 :

- http ://www.youtube.com/watch?v=IRHj8YEZSE0

20 JUILLET 2012

UN SERIAL KILLER DE FILLETTES CONDAMNÉ QUARANTE-SIX ANS APRÈS LES FAITS

Déjà condamné à une peine de prison à vie pour le meurtre de deux fillettes de neuf ans dans le village de Beenham en 1967, au Royaume-Uni, David Burgess, soixante-quatre ans, a été reconnu coupable, le 20 juillet 2012, de l'assassinat de Yolande Waddington, dix-sept ans, survenu dans le même village, quelques mois plus tôt. En prison, il se vante à plusieurs reprises d'avoir assassiné Yolande Waddington, défiant la police d'être en mesure de prouver sa culpabilité.

En 1967, la police prélève le sang de plus de deux cents hommes, y compris celui de Burgess dont l'échantillon ne correspond pas aux traces retrouvées sur Yolande Waddington. On pense à présent que Burgess avait donné celui d'un autre homme. Il avait pourtant fait partie des suspects à cause des traces de griffures qu'il portait au visage.

En 2011, de nouvelles analyses ont conclu qu'il y avait une chance sur un milliard pour que le sang retrouvé sur le serre-tête et le peigne de la victime ne soit pas celui de Burgess. La police s'intéresse aussi à d'autres cas non résolus entre 1996 et 1998, période durant laquelle Burgess était parvenu à s'évader d'une prison de Bristol, avant d'être à nouveau arrêté pour le braquage d'une banque et condamné à dix ans de prison.

21 JUILLET 2008

ARRESTATION D'UN ÉTRANGLEUR EN SÉRIE IRANIEN

La police iranienne a arrêté un homme identifié par le prénom de Babak qui est accusé du meurtre de huit femmes près de Téhéran, avec un même mode opératoire. En l'espace de six mois, la police a découvert les cadavres de six femmes, tous recouverts d'un drap, le long de l'autoroute et de rues aux environs de la banlieue de Karaj. Toutes ont été étranglées avec leur propre foulard. Après son arrestation, Babak a avoué l'assassinat de ces six femmes et expliqué qu'il détestait les femmes à cause de deux déceptions sentimentales. Il a aussi admis le meurtre de deux autres victimes.

22 JUILLET 2004

« C'EST COMME SI ELLES ÉTAIENT DÉJÀ MORTES À MES YEUX », EXPLIQUE LE TUEUR EN SÉRIE SEAN GILLIS

Arrêté pour l'assassinat de huit femmes entre 1994 et février 2004, Sean Gillis accepte de parler à un journaliste de *The Advocate* depuis la prison de Parish en Louisiane, le 22 juillet 2004. Vêtu d'une combinaison orange, chaussé de lunettes rectangulaires, Gillis s'est laissé pousser la barbe, qui est de couleur rousse et teintée de gris. Il admet le meurtre de ces femmes, mais ne s'explique pas la raison de tels actes. Il réfute les théories d'un agent du FBI qui tient à lui faire « endosser » de nombreux autres forfaits. Il ne tue que la nuit lorsqu'il devient nerveux par manque de sommeil. Selon lui, il ne commet aucun crime entre 1995 et 1998, car il travaille toute la nuit dans un « Circle K » proche de son domicile de Burgin Avenue.

– J'étais heureux à cette époque, explique-t-il.

Né en 1963, Sean Gillis est arrêté le 29 avril 2004 pour l'assassinat de trois femmes qui menaient une « vie à risques », avec de multiples condamnations pour prostitution et/ou drogue. Depuis son arrestation, Gillis a avoué cinq meurtres supplémentaires : trois de ces cinq nouvelles victimes étaient aussi des prostituées. Il accepte de parler aux policiers et à un journaliste, tout simplement « parce que je l'ai fait, » raconte-t-il en haussant les épaules. À l'exception d'Ann Bryan, quatre vingt et un ans, qui vit dans une maison de retraite, et Hardee Schmidt, cinquante-deux ans, une mère de famille de trois enfants qui habite dans un logement social, les autres femmes sont approchées dans la rue. Mais il a rarement des rapports sexuels avec elles. Gillis explique qu'il ressent une certaine forme de mépris pour ses victimes : « c'est comme si elles étaient déjà mortes à mes yeux. »

Il prend l'exemple de Johnnie Mae Williams qui aurait été son amie depuis dix ans. Lorsqu'il la croise dans la rue en octobre 2003, elle est devenue accro au crack. Et il n'a pas pu se retenir. Gillis rencontre de nombreuses autres femmes qu'il ne tue pas, notamment une adolescente de seize ans à qui il dit qu'elle n'est qu'un « bébé » et qu'il éjecte de sa voiture. Il remarque que toutes les victimes ont à peu près son âge, sans qu'il ne puisse en expliquer la raison. Sur son PC, Sean Gillis possède des fichiers aux titres aussi évocateurs que « Beheadings and Hangings » (« Décapitations et pendaisons »), « Manson Murders » (« Les meurtres de Manson »), « Russian Necro World » (« Le monde nécrophile russe »), « Lezbos », « Russian Porn », « Color Dead », « Black & White Dead » ou « Best of Snuff ». Les enquêteurs ont aussi saisi à son domicile trois disques durs externes, 44 CD et 353 disquettes. Gillis raconte qu'il a photographié une de ses victimes dans différentes postures après l'avoir tuée. Il se sent « horriblement mal » à cause des meurtres et il donnerait avec joie sa vie pour les « faire revenir ». D'un autre côté, il est certain qu'il tuerait à nouveau s'il était relâché sans avoir été soigné.

Gillis rencontre souvent un psychiatre et il est traité à l' « Elavil », un antidépresseur qui lui permet de dormir la nuit et le maintient dans une sorte d'état second pendant la journée. Avec plus de médication et un traitement, Sean Gillis affirme qu'il ne représenterait plus une menace pour la société. Mais il doute d'être à même de pouvoir le prouver un jour.

En juillet 2008, Sean Vincent Gillis est condamné à la réclusion criminelle à perpétuité sans possibilité de libération conditionnelle pour huit meurtres de femmes.

POUR EN SAVOIR PLUS :

Twisted Mind, un épisode de la série *The Devil You Know* sur Sean Vincent Gillis :

- http ://www.youtube.com/watch?v=eYJUOyNK61w

23 JUILLET 1953

NAISSANCE DE MICHAEL DEE MATTSON

À la fin des années 1970, plusieurs jeunes femmes sont kidnappées, violées et assassinées. Michael Dee Mattson, un drogué avec de sérieux problèmes psychologiques, est condamné à la peine de mort le 7 février 1986. L'avocat James William Potts est chargé de défendre le serial killer et il découvre un fait susceptible de le faire libérer. Il se trouve alors confronté à un sérieux dilemme : utiliser cette information pour le sortir du couloir de la mort ou ne rien dire. Mais l'avocat n'a pas besoin de prendre de décision car Mattson décède de mort naturelle à la prison de San Quentin le 17 juillet 2009.

24 JUILLET 1981

LE TUEUR EN SÉRIE CANADIEN CLIFFORD OLSON VIOLE ET BAT À MORT SIGRUN ARND

Clifford Robert Olson, l'un des pires tueurs en série de toute l'histoire judiciaire canadienne, meurt des suites d'un cancer, le 30 septembre 2011. Il était emprisonné au pénitencier de Sainte-Anne-des-Plaines, dans la région de Montréal. Olson était âgé de soixante et onze ans.

Entre 1980 et 1982, Clifford Olson, un père de famille de quarante ans, kidnappe, assassine et mutile onze enfants des deux sexes à Vancouver et dans sa région. Déjà condamné pour des cambriolages et des agressions sexuelles, Olson est arrêté pour l'un des crimes, sans que la police ne puisse retrouver aucun des autres corps. Le serial killer passe alors un accord avec les autorités : il indique les lieux où les enfants sont enterrés, à raison de 10 000 $ par cadavre retrouvé. Lorsque cet accord est rendu public, il déchaîne une véritable tempête médiatique.

Les assassinats de Clifford Olson et le manque de communication entre les différents services de police ou « linkage blindness » est à l'origine de la création de la base de données informatiques du VICLAS canadien. À la fin des années 1980, le Canada lance alors le MCF ou « Major Crimes File ». En 1990, le MCF contient environ 800 cas dans ses fichiers informatiques, mais aucun lien n'a été effectué entre les différentes affaires.

Pendant ce temps, l'inspecteur Ron MacKay, qui est devenu le premier profiler canadien après la formation qu'il a suivie au FBI, estime dans un rapport qu'il faut abandonner le MCF pour créer une nouvelle base de données informatique. Le VICLAS ou « Violent Crime Linkage Analysis System » naît moins de deux ans plus tard, avec un avantage certain sur son modèle américain, car il couvre l'ensemble du territoire canadien et il traite aussi des agressions sexuelles ou des viols (ce qui n'est pas le cas du VICAP). Un formulaire ou rapport VICLAS est élaboré, qui pose 262 questions sur tous les aspects d'un crime. En 1997, grâce à la création de dix centres régionaux, la quarantaine de spécialistes formés, qui ont tous au moins cinq ans d'ancienneté dans l'investigation criminelle, ont permis d'informatiser 20000 cas différents. À partir de ce chiffre, 3200 liens ont été constatés par les analystes du VICLAS. Lorsque plusieurs liens sont prouvés entre différentes affaires, ils sont classés dans un fichier « Series ». À l'heure actuelle, il existe à peu près 1400 séries dans le VICLAS, ce qui tend à démontrer le grand nombre de multirécidivistes au Canada et sans doute, bien sûr, dans les autres pays.

POUR EN SAVOIR PLUS :

Un bref documentaire sur Clifford Olson :

- http ://www.youtube.com/watch?v=EHuOA7qg87U

25 JUILLET 2006

LA POLICE RECHERCHE CINQUANTE-QUATRE FEMMES DISPARUES ENTRE 1975 ET 1984, PHOTOGRAPHIÉES PAR UN TUEUR EN SÉRIE

Des policiers du « Los Angeles Police Department » tentent de retrouver la trace de cinquante-quatre femmes photographiées voilà des dizaines d'années par William Richard Bradford, un californien né en 1948 et condamné à la peine de mort pour avoir assassiné deux aspirantes modèles au début des années 1980. Ces femmes pourraient avoir été violées ou assassinées entre 1975 et 1984 par le tueur en série. L'une d'elles, identifiée comme étant Donnalee Campbell Duhamel, avait été retrouvée décapitée dans un ravin de Malibu quelques jours après avoir fait la connaissance de Bradford dans un bar.

Dans les années 1980, Bradford se présente comme un photographe à la recherche de mannequins auprès de femmes rencontrées dans les bars ou lors de courses d'automobiles. Les photos diffusées sur Internet ont été saisies au domicile de Bradford lors de son arrestation, en 1984. Elles avaient été oubliées depuis plus de vingt ans. Bradford a été reconnu coupable en 1987 des meurtres par étranglement de Shari Miller, vingt et un ans, en juillet 1984, dans un parking de West Los Angeles, et de Tracey Campbell, quinze ans, en août 1984 dans un camping situé au nord de la « cité des anges ».

Condamné à la peine de mort en 1988, Bradford décède d'un cancer en prison le 10 mars 2008.

POUR EN SAVOIR PLUS :

Les cinquante-quatre photos de victimes potentielles de William Richard Bradford :

- http ://crime.about.com/od/missing/ig/50missingwomen/

26 JUILLET 2005

UN TUEUR EN SÉRIE EST PENDU DANS LE SUD DE L'IRAN

Un Iranien, connu sous le nom de Farchid F., a été pendu à l'aube dans une prison de la ville portuaire de Bandar Abbas, dans le sud de l'Iran, d'après le journal *Aftab Yazd*. Il a été condamné à la peine de mort pour avoir tué cinq chauffeurs entre 1998 et 2000, afin de les voler. Le journal ajoute que Farchid, qui était aussi connu sous le nom de Daryouch, a reçu soixante-quatorze coups de fouet.

27 JUILLET 2012

DÉBUT DU PROCÈS D'UN SERIAL KILLER CANNIBALE DANS LA PROVINCE DU YUNNAN

Lors de son procès au tribunal de Kunming, Zhang Yongming, âgé de cinquante-sept ans, a été condamné à la peine de mort pour avoir étranglé onze personnes dans le district de Jinning entre mars 2008 et avril 2012. Après chaque meurtre, l'accusé dépèce, brûle ou enterre les cadavres pour détruire les preuves. Il en mange certains et revend la chair humaine sur des marchés en faisant croire qu'il s'agit de viande d'autruche. Les restes servent à nourrir ses chiens. On le suspecte d'avoir assassiné dix-sept personnes au total.

Zhang Yongming avait déjà été condamné à la peine de mort assortie de deux ans avec sursis en 1979 pour homicide volontaire. Il a été relâché en septembre 1997, après avoir bénéficié de plusieurs remises de peine. Il n'a manifesté aucun remords au cours du procès et il a refusé de s'excuser auprès des proches des victimes.

POUR EN SAVOIR PLUS :

Un reportage de la chaîne chinoise NMA :

- http ://www.youtube.com/watch?v=MpG0_FdlXro

28 JUILLET 2010

UN SERIAL KILLER DE RETRAITÉS ARRÊTÉ AUX PHILLIPINES

Mark Dizon, un technicien en informatique de vingt-huit ans, est soupçonné d'avoir tué un Canadien, un Américain, un Britannique et six Philippins. La police est remontée jusqu'à lui grâce à Facebook, qu'il utilisait pour devenir l'« ami » de ses futures proies. Les soupçons se sont portés sur lui lorsqu'on a découvert qu'il était en contact virtuel avec la fille d'une des victimes.

Le serial killer cible de riches retraités pour les dépouiller. Il s'introduit chez ses victimes, les tue, avant d'emporter les objets de valeur. Lors de son dernier méfait, le criminel est aperçu par le vigile d'une zone de résidences qui en dresse un portrait-robot très fidèle. C'est ce portrait, diffusé auprès des familles des victimes, qui a permis de remonter vers la piste Facebook.

Les enquêteurs ont dépeint Mark Rizon comme un fan d'armes à feu. Lors de son arrestation, il aurait d'abord dégainé une arme, avant de se rendre sans échanger de coups de feu. Ce pistolet est le même qui a servi pour commettre les neufs meurtres.

POUR EN SAVOIR PLUS :

Un reportage de NMA :

- http ://www.youtube.com/watch?v=JPhP5MhpF0s

29 JUILLET 2004

IMPLIQUÉ DANS VINGT-NEUF CAS DE MORTS SUSPECTES, UN INFIRMIER ALLEMAND POURRAIT AVOIR QUATRE-VINGT-UNE VICTIMES À SON ACTIF

Stephan Letter a agi par « compassion ». Il a expliqué aux enquêteurs venus l'arrêter le 29 juillet 2004 qu'il ne supportait pas de voir souffrir les patients gravement malades et qu'il avait voulu les soulager. Il est âgé de vingt-cinq ans lorsqu'il est engagé à la clinique de Sonthofen, en Bavière, en janvier 2003. Entre le mois de mars de la même année et juillet 2004, la police a relevé quatre-vingt-un cas de décès suspects de malades, les « incidents » mortels étant survenus pendant les heures de service de Stephan Letter.

C'est à la suite d'une plainte déposée par la clinique pour vol de médicaments que les enquêteurs ont été mis sur la piste de l'infirmier. Lors d'une perquisition à son domicile, ils ont découvert dans des poubelles des ampoules de médicaments provenant de la clinique. Les vols concernaient surtout des tranquillisants, des narcotiques et des relaxants musculaires, dont l'administration excessive ou conjointe peut entraîner la mort. Dans un premier temps, Letter a reconnu avoir « euthanasié à sa manière » six femmes et quatre hommes, âgés de soixante à quatre vingt-neuf ans. À la mi-août, il a avoué deux autres crimes, ceux d'un homme et d'une femme octogénaire et nonagénaire, décédés durant l'été 2003. Et, début septembre, ce sont quatre nouveaux crimes avoués, à savoir deux hommes et deux femmes âgés de quatre-vingt à quatre-vingt-quinze ans, décédés entre juin 2003 et juin 2004.

L'homme, que ses voisins et collègues disaient « poli, dévoué et plutôt introverti », s'est montré coopératif avec les enquêteurs et a semblé faire de réels efforts de mémoire. À ce jour, quarante-deux exhumations et autopsies ont eu lieu. L'infirmier a été inculpé de six meurtres, de vingt-deux homicides et d'un « homicide sur demande ».

Stephan Letter est finalement condamné à la perpétuité pour vingt-huit meurtres, le 20 novembre 2006.

30 JUILLET 2008

ALIOUNE SARR COMMET SON DERNIER CRIME

Le 5 août 2008, la police mauritanienne a arrêté à Nouakchott le violeur et tueur en série Alioune Sarr, qui, en l'espace de vingt jours, a abusé de trois femmes et assassiné deux d'entre elles. Le suspect a avoué et guidé la police vers les lieux de ses forfaits, dans le quartier chic de Tevragh Zeina, au nord de Nouakchott. Toutes ses victimes étaient des gardiennes de bâtiments en chantier.

31 JUILLET 2007

ARRESTATION D'ADAM LEROY LANE

Adam Leroy Lane, surnommé le « Highway Killer », est un routier condamné pour quatre meurtres, dont celui de Darlene Ewalt, poignardée dans son jardin, et de Monica Massaro, toutes deux dans le New Jersey, pendant l'été 2007. De passage à Chelmsford, en Pennsylvanie, Lane tente d'assassiner une fillette pendant son sommeil, mais son père parvient à le maîtriser. Une fouille de son camion met à jour un « kit du crime », ainsi que des livres et un DVD sur les serial killers.

POUR EN SAVOIR PLUS :

Live To Tell : Hunting Humans, un épisode de *48 Hours Mystery* :

← http ://www.youtube.com/watch ?v=fJXg5EXPvfs

Août

1er AOÛT 2003

À PRETORIA, UN KIDNAPPING SE TERMINE EN MASSACRE

À Pretoria, en Afrique du Sud, le 1er août 2003, Janine Drennan, vingt-quatre ans, se rend dans un restaurant de Sunnyside pour célébrer le premier anniversaire de sa fille Kayla, en compagnie de sa belle-mère de cinquante-deux ans, Heyster Rawstone, lorsque leur véhicule est stoppé par trois hommes noirs lourdement armés. Elles sont kidnappées et, pendant que Drennan les supplie de leur laisser la vie sauve, elle parvient à envoyer deux SMS à son fiancé Clifford Rawstone : « kidnapping » et « préviens police ». Rawstone téléphone à son amie et, pendant une minute trente, il entend des hurlements et des bruits de coups.

Drennan est brutalement frappée au visage tandis que Heyster est abattue d'une balle dans le cou, avant que son corps ne soit balancé hors de la voiture, au nord de Pretoria. Rawstone prévient la police qui installe des barrages mais les kidnappeurs parviennent à prendre la fuite. Drennen et son bébé Kayla sont emmenés à Hammanskraal. En chemin, les trois hommes enlèvent une adolescente noire de seize ans qui rentre chez elle après l'école.

Dans un terrain vague, près d'un champ, ils abattent l'enfant sous les yeux de sa mère, avant de violer à de multiples reprises les deux femmes et de les frapper. Les victimes reçoivent plusieurs balles et sont laissées pour mortes par les agresseurs. L'adolescente de seize ans qui a reçu une balle dans la bouche parvient à ramper jusqu'à une maison voisine où elle donne l'alerte. Elle survit à ses blessures.

En l'espace de quelques jours, la police arrête quatre suspects, Thabo Mkhari, Godfrey Mkhabela, Joseph Mohlala et Tumelo « Lucky » Baloyi. Cette dernière arrestation donne lieu à un échange de coups de feu qui fait un mort, un ami du suspect, et deux blessés parmi les policiers. Blessé à la tête, Baloyi décède à l'hôpital une semaine plus tard. Fin août, William Kekana, dix-neuf ans, est également mis sous les verrous. Le 8 octobre 2003, la police annonce qu'elle relâche Thabo Mkhari, Godfrey Mkhabela et Joseph Mohlala, alors que William Kekana est mis en examen pour trois meurtres et deux viols.

Le 27 juillet 2004, William Kekana est condamné à six peines de réclusion à perpétuité, auxquelles s'ajoutent soixante années de prison. Neuf jours avant ce triple meurtre, le meurtrier avait assassiné Jacobus Geldenhuys pour lui voler sa voiture et un téléphone portable. Sommé par le juge de donner des explications, Kekana s'est contenté d'affirmer : « si j'ai fait tout ça, c'est parce que c'étaient des Blancs. À cause de l'apartheid ». Le juge lui fait remarquer avec justesse qu'il a tiré une balle dans la bouche de la lycéenne noire qu'il venait de violer.

2 AOÛT 2004

UN TUEUR EN SÉRIE PÉDOPHILE EST ARRÊTÉ AU BRÉSIL

La police brésilienne a mis en examen un réparateur de bicyclettes de trente-neuf ans qui vient d'avouer une série de meurtres s'étendant sur près de deux décennies. Francisco das Chagas Rodrigues de Brito a reconnu les assassinats accompagnés de mutilations sexuelles de quatorze adolescents dans l'État de Para commis dans les années 1980 et le début des années 1990. « Il nous a indiqué quatorze lieux différents où il aurait enterré les corps de ses victimes et, à deux endroits, nous avons trouvé des restes humains, » explique l'inspecteur Neyvaldo Silva de la police d'Altamira, à 1800 kilomètres au nord-ouest de Rio de Janeiro. En mars 2004, Chagas a été arrêté dans l'état voisin de Maranhao où il a été inculpé pour le meurtre de deux autres jeunes garçons dont les cadavres ont été retrouvés sous le plancher en terre battue de sa cabane située dans un des quartiers les plus pauvres de Sao Luiz. Lors de ses aveux aux policiers de Maranhao, Chagas a admis l'assassinat de vingt-quatre garçons depuis 1991 pour ce seul état.

En octobre 2006, Chagas est reconnu coupable de l'assassinat d'un adolescent de quinze ans, crime pour lequel il a écopé de vingt ans de prison. Par la suite, il est condamné à deux cent quinze années derrière les barreaux mais beaucoup d'autres procès l'attendent puisqu'il a finalement avoué le meurtre de quarante-deux adolescents entre 1991 et 2003. Avec ce nombre de victimes, Chagas devient le serial killer le plus prolifique de toute l'histoire criminelle brésilienne. Jusqu'à présent, le pire tueur en série était Marcelo Costa de Andrade, surnommé « Le Vampire de Niteroi », condamné en 1991 pour le meurtre de quatorze enfants près de Rio de Janeiro. Depuis les années 1980, de nombreux corps d'enfants ont été retrouvés dans ces deux états avec leurs parties génitales découpées.

POUR EN SAVOIR PLUS :

Un article et des photos sur le forum de « Goregrish » :

- http ://forum.goregrish.com/threads/francisco-das-chagas-rodrigues-de-brito-brazil.16481/

3 AOÛT 2006

ARRESTATION DES « SERIAL SNIPERS » DE PHOENIX

Entre mai 2005 et août 2006, la ville de Phoenix, en Arizona, est en proie à la terreur : un serial sniper abat au hasard des piétons en tirant à bord de son véhicule. Le sniper de Phoenix assassine huit personnes et tente d'en tuer vingt-neuf autres, mais il s'attaque aussi à des chevaux et à des chiens. Il agit la plupart du temps entre vingt-deux heures et quatre heures du matin.

Grâce à des informations recueillies auprès de témoins, la police identifie le serial sniper comme étant deux personnes, Dale Hausner, trente-trois ans, et Samuel John Dieteman, trente et un ans, qui partagent un appartement à Mesa. Ils sont arrêtés le 3 août 2006 et jugés en 2009. Ils avouent également l'incendie de deux magasins de la chaîne de supermarchés Walmart. Le 27 mars 2009, Dale Hausner est condamné six fois à la peine de mort. Dans une déclaration de deux heures et demie, Hausner reconnaît qu'il mérite cette sentence et il se compare à Charles Manson : « aujourd'hui le nom de Manson vous dit quelque chose mais dans cinquante ans, c'est le nom d'Hausner que l'on évoquera. »

POUR EN SAVOIR PLUS :

Une victime témoigne :

- http ://www.youtube.com/watch?v=zmFnmIcObBk

Une interview avec Bill Louis qui dirigeait la « Task Force » chargée de traquer le « Phoenix Serial Killer » :

- http ://www.youtube.com/watch?v=FnhxdSaJGPE

4 AOÛT 2004

CONDAMNATION À LA PEINE DE MORT DE JUSTIN HELZER

Taylor Helzer est un dévot mormon qui perd tout contrôle sous l'emprise de la drogue. Charismatique depuis l'enfance, il manipule son frère Justin et une femme, au point de leur faire croire qu'il est un prophète qui sauvera le monde de l'Apocalypse. Son plan consiste à kidnapper les dirigeants de sa religion afin qu'ils écrivent des lettres aux Mormons le reconnaissant comme leur nouveau prophète.

Afin de mettre son plan à exécution, le gang de Helzer, « Children of Thunder », assassine cinq personnes dans la région de San Francisco pendant l'été 2000, dont la fille du musicien de blues Elvin Bishop, dans l'espoir d'obtenir les fonds nécessaires à leur entreprise.

POUR EN SAVOIR PLUS :

Un bref reportage sur l'arrestation du groupe « Children of Thunder » :

- http ://www.youtube.com/watch ?v=uhHUbTXLDEQ

Un entretien avec Keri Furman, l'ex-amie de Taylor Helzer :

- http ://www.youtube.com/watch ?v=mfuFDFK19U0

5 AOÛT 2007

DERNIER MEURTRE DE « L'ANGE DE LA MORT » FINLANDAIS INCULPÉ POUR ONZE ASSASSINATS

Katariina Pantila Lönnqvist, vingt-sept ans, une infirmière finlandaise surnommée « l'ange de la mort », est soupçonnée d'avoir tué des patients en leur injectant des doses mortelles d'insuline à Ylöjärvi, près de Tampere, dans le sud-ouest de la Finlande, ainsi que dans le village de Kuru. Les faits se sont déroulés entre le 17 juillet et le 5 août 2007. Après son arrestation, Katariina Pantila Lönnqvist a été accusée d'avoir mortellement empoisonné une femme de soixante-quatorze ans et un homme de cinquante-quatre ans au centre de réhabilitation de Ylöjärvi. Les enquêteurs la soupçonnent aussi d'avoir injecté une dose mortelle d'insuline à un troisième pensionnaire et à un enfant de huit mois qui ont tous les deux survécus.

La police estime qu'elle est responsable de onze décès. En mars 2010, elle est reconnue responsable de ses actes et condamnée à la réclusion criminelle à perpétuité.

6 AOÛT 2004

EN FLORIDE, UN HOMME ET SES TROIS COMPLICES MASSACRENT SIX PERSONNES POUR UN SIMPLE VOL DE CONSOLE DE JEUX

Parce qu'il était mécontent de s'être fait voler des vêtements et une console de jeux, un homme a engagé trois adolescents afin de poignarder et de battre à mort six personnes en Floride. Les cadavres des six victimes, quatre hommes et deux femmes âgés de dix-huit ans à trente-quatre ans, ont été découverts le 6 août 2004 dans une maison de Deltona dont les murs étaient éclaboussés de sang. Les quatre suspects interpellés ont été accusés de meurtre prémédité et de vol à main armée, a précisé le shérif du Comté de Volusia. Toutes les victimes ont été poignardées mais les autopsies ont permis de déterminer que ce sont les coups de batte de base-ball qui ont causé la mort. Cette affaire est surnommée les « Xbox Murders » par les médias.

Troy Victorino, âgé de vingt-sept ans, est celui qui a recruté les trois adolescents incriminés, Robert Cannon, dix-huit ans, d'Orange City, Jerone Hunter, dix-huit ans, et Michael Salas, dix-neuf ans, tous deux de Deltona. « Le motif des meurtres est le vol de quelques vêtements et d'une console de jeux Xbox appartenant à Victorino », qui a déjà été condamné pour agression, a expliqué le bureau du shérif. Deltona est une banlieue-dortoir de plus de 70 000 habitants. Ce sextuple meurtre est le plus grave qu'ait connu la Floride depuis 1990 où un homme, dont la voiture avait été saisie, avait abattu huit personnes dans un bureau de prêt de Jacksonville, avant de se suicider.

Le 2 août 2006, la cour de St. John's, à Port Augustine, a condamné Troy Victorino et Jerone Hunter à la peine de mort.

7 AOÛT 1994

DAVID STEPHEN MIDDLETON, SURNOMMÉ « THE CABLE GUY », ASSASSINE THELMA DAVILA

Inspecteur de police au Miami Police Department, David Middleton, né le 25 juin 1961, est arrêté pour viol et kidnapping. Emprisonné et viré de la police, il s'installe à Reno, dans le Nevada, où il devient installateur pour un opérateur de télévision câblée, un emploi qui lui permet de repérer ses proies. Il viole et torture ses victimes dans une « chambre des horreurs » aménagée par ses soins. Il tue Thelma Davila, quarante-deux ans, et Katherine Powell, quarante-cinq ans, le 7 août 1994 et le 3 février 1995. Depuis sa condamnation le 7 septembre 1995, Middleton attend son exécution dans le couloir de la mort du Nevada.

8 AOÛT 2012

DÉCOUVERTE DU CORPS D'UNE VIEILLE FEMME DANS LE « VILLAGE DE LA MORT »

Bulelani Mabhayi, trente-neuf ans, a été arrêté à Tholeni, dans la province d'Eastern Cape, en Afrique du Sud, où dix-neuf femmes ont été assassinées depuis 2009, ce qui lui a valu le surnom de « village de la mort ». Après ses aveux, le serial killer a désigné une à une les maisons de ses victimes présumées. L'homme est apparenté à un autre tueur, Mqwalaseli Mabhayi, condamné en 2012 à la réclusion criminelle à perpétuité pour les meurtres d'une septuagénaire et de sa petite-fille âgée de douze ans, également à Tholeni.

Le suspect sera jugé pour vingt-trois assassinats et dix tentatives de meurtre.

9 AOÛT 2005

ARRESTATION D'UN TUEUR DE QUATORZE SDF AU MAROC

En dix mois, Abdelali Amer, quarante-quatre ans, un récidiviste sans domicile fixe, a tué quatorze personnes dont une femme qu'il a aussi violée. Quatre autres personnes ont survécu à ses tentatives de meurtre. Sa série criminelle démarre en octobre 2004 avec la découverte du cadavre d'un SDF dans la région de Sidi Boussadra. À cause d'une blessure à la tête et d'un traumatisme crânien, le médecin légiste conclut à une mort accidentelle. Dans les mois qui suivent, treize corps de vagabonds sont trouvés et, à chaque fois, les autopsies arrivent à des conclusions identiques : suicide par overdose ou décès accidentel. Il n'y a jamais aucun témoin présent.

Le lundi 1er août 2005, un quatorzième cadavre permet de conclure à un assassinat causé par un objet contondant et il y a, cette fois-ci, un témoin oculaire, un clochard qui a assisté au crime. Grâce à ce précieux témoignage, les enquêteurs se lancent sur la trace d'un SDF qui hante les rues du quartier El Akkari à Rabat. Une semaine plus tard, Abdelali Amer est sous les verrous. Il avoue quatorze meurtres avec, presque toujours, le même mode opératoire. Il aborde ses proies dans un lieu isolé, gagne leur confiance, avant de les frapper à l'aide d'une pierre qu'il glisse parfois dans une chaussette. Ensuite, il fait les poches de sa victime pour s'emparer de quelques dirhams ou de diverses drogues. Entre octobre 2004 et fin août 2005, ce tueur en série a agressé dix-sept hommes et une femme âgée qu'il a aussi violée. Quatorze personnes sont mortes sous ses coups.

Né à Rissani en 1961, Abdelali Amer n'a jamais fréquenté une quelconque école. Après la mort de ses parents et le départ de ses quatre frères en Europe, il reste au Maroc avec sa sœur. C'est l'unique personne qui se soit jamais intéressée à lui. Après son décès d'une maladie, il n'a pas les moyens de rejoindre ses frères. Il devient un SDF et connaît la prison à six reprises pour vol, ivresse sur la voie publique, coups et blessures et viol.

10 AOÛT 1965

NAISSANCE DE GERALD PATRICK LEWIS

En août 1982, il commet au moins quatorze cambriolages à Brockton, dans le Massachusetts. Condamné à un an de prison ferme, Lewis s'installe à Franklin, en Géorgie, où il passe deux ans derrière les barreaux pour d'autres vols. En août 1986, il est mis en examen pour viol à Brockton. Libéré en conditionnelle, il tente d'assassiner une fillette âgée de cinq ans. Il est emprisonné pendant quatre ans et six mois à l'hôpital psychiatrique de Bridgewater. À sa libération, la longue litanie de ses crimes se poursuit en Géorgie avec des vols de véhicule, possession d'armes à feu et cambriolages.

En avril 1998, Lewis est mis en examen pour le meurtre de quatre femmes en Géorgie et en Alabama. Circonstances aggravantes, il a tué une femme enceinte. Lors de ses aveux, il raconte qu'il a assassiné trois autres femmes entre 1986 et 1998.

Condamné à la peine de mort en Géorgie et en Alabama, il décède de mort naturelle le 25 juillet 2009. Interrogé par un journaliste du *Mobile-Register*, voici comment il raconte l'assassinat de Kathleen Bracklin : « cela s'est déroulé au « Twilite Motel », « Twilite » est d'ailleurs devenu mon surnom depuis mon arrestation. Un vrai taudis. Il y a un bar devant et les chambres sont à l'arrière. Il y a toujours plein de putes. Si les chambres sont libres, elles font le pied de grue devant les portes. Ce soir-là, pas de bol, j'ai trouvé personne. Du coup, je m'installe au bar pour boire une bière. Et là, elle se pointe. Kat. Kathleen Bracklin. Un chouette lot, de belles fesses des petits seins, de longs cheveux bruns, mais un gros pif. Mais je suis pas mal bourré et j'ai envie de baiser. Je ne pense pas à tuer. Je veux juste une chatte. Elle me voit sur le parking et me demande ce que je fais. Je lui réponds que je finis ma bière et que je cherche une nana. Elle me dit : « eh bien, t'en as trouvé une. Viens me voir dans ma chambre ». Elle réclame cent dollars. Je les ai, c'est pas le problème, mais j'ai pas envie de payer autant pour une pute. Après tout, avec son pif, elle est pas si belle que ça. Je me casse pendant qu'elle m'injurie. Je cherche mais il n'y a toujours personne d'autre. Je me dis merde et je retourne voir Kat. Devant sa chambre, il y a une grosse nana qui me dit qu'elle est occupée. Elle me demande si elle peut s'asseoir avec moi dans mon pick-up pour attendre. J'ai pensé la baiser mais j'ai préféré patienter pour Kat, si elle est prête à prendre cinquante dollars, sinon je me taperai la grosse.

« Elle m'explique que toutes les filles sont en ville à cause du week-end de Pâques et de l'arrivée des bateaux de pêche aux crevettes. Je pouvais pas aller à Mobile parce que c'était bourré de flics et de caméras de surveillance. La grosse était silencieuse, elle était vraiment moche et, en plus, elle puait. Je me dis que si ça colle pas avec Kat, j'irai à « Solomon's » qui est un bar gay. En plus, j'aurai rien à payer pour baiser !

« Au bout d'un moment, un mec sort de la chambre de Kat qui reste les fesses à l'air sur le pas de la porte. Elle était chouette avec ses fringues, mais là, elle avait l'air vieille et usée. Elle m'aperçoit et me demande si j'ai changé d'avis. Elle explique à sa grosse copine que je suis le gars qu'elle a insulté. On va tous dans la chambre car les mecs sur le parking se sont mis à siffler, vu qu'elle leur montrait son cul. Kat et la grosse parlent de se chercher quelque chose à bouffer, du coup elle part et je reste seul avec Kat. Elle a pas changé d'avis sur le tarif. Du coup, je me retourne pour partir et elle me flanque un grand coup derrière la tête en me donnant des coups de pied. Je la repousse du bras et cette salope me mord un doigt. Avec mon autre main je lui serre le coup en écrasant la pomme d'adam que je sens craquer sous la pression. Elle relâche sa prise. De mes deux mains, je l'étrangle en la poussant sur le lit. Mon doigt me fait un mal de chien mais au moins il ne saigne pas.

« Elle commence à reprendre connaissance, je m'approche et lui flanque une raclée dans la tronche. Elle tombe à nouveau dans les pommes. Je vois son corps nu sous moi, je bande comme un fou. Je me dis merde, Ce serait con de pas en profiter. J'enfile un préservatif qui est sur la table de nuit et je la baise. Elle se réveille un peu et je l'étrangle à nouveau de mes deux mains, en même temps. Elle tente de me repousser de ses bras, mais le poids de mon corps est trop lourd. Ses yeux sont ouverts pendant que je la baise et que je la tue. Cela ne dure pas longtemps parce que je suis excité et que je jouis très vite. Je remballe le préservatif ainsi qu'un pack de Bud que je trouve au pied du lit avec un billet de cent dollars. Le mec qui a payé cette somme est un vrai con. Elle est sans connaissance. Je lui referme les jambes. Je pose mon oreille contre sa poitrine. Elle respire encore. Il faut que je finisse le boulot, au point où j'en suis. Je dégaine mon couteau, je pointe la lame vers son cœur et je l'enfonce à fond. Il n'y a presque pas de sang car il s'écoule dans la cavité de la poitrine. Je tourne la lame qui est toujours enfoncée jusqu'à la garde. Je la poignarde encore et encore, en tournant à chaque fois le couteau. J'ai dû le faire une bonne dizaine de fois. Son cœur s'est arrêté de battre, elle a les yeux ouverts. Je nettoie le couteau en l'essuyant de chaque côté sur son corps, ce qui tranche les chairs, mais elle ne saigne plus. Juste un tout petit peu mais pas assez pour gicler hors des blessures. Je lui coupe le visage, le cou, les seins, le ventre et les jambes.

« C'est là que je me souviens que la grosse est partie chercher à bouffer. J'enroule le cadavre de Kat dans un drap. Mon pick-up est garé juste devant la porte mais je vois des gens assis sur des capots de voiture qui picolent. Je sais pas quand la grosse va revenir. Je prends le « six-pack », le préservatif et je me casse. Avant, j'essuie tout ce que j'ai touché. Quand je pars, je me rappelle que j'ai oublié un mégot (ils ont trouvé mon ADN dessus). Lorsque je l'ai coupé, ce n'est pas allé très profond car je n'ai pas mis trop de pression, juste un peu. En tout cas, un peu plus loin, j'ai vu Lisa, la petite blonde, que j'ai fait monter à bord. Je me rends compte que les choses n'auraient pas dû tourner comme ça cette nuit et le lendemain.

« Après mon arrestation, j'ai appris que la grosse était revenue dans la chambre mais qu'elle n'avait pas prévenu les flics. Elle avait plusieurs avis de recherche sur le dos au Texas. Elle l'a dit à quelqu'un qui s'est chargé de téléphoner à sa place. En y réfléchissant, j'aurais dû baiser Lisa. Je l'ai emmenée avec moi plus tard cette nuit-là pour essayer d'emporter le corps de Kat. J'aurais aussi pu zigouiller Lisa dans les bois, comme j'en avais eu l'intention au départ.

« Mais, comme je vous l'ai dit, elle était bonne, vraiment bonne, et je me sentais faible, au point de la laisser partir. Mais je voulais vraiment la baiser encore. Bon, j'ai fait beaucoup de conneries à ce moment-là alors que, nom de Dieu, pendant douze ans, j'ai fait gaffe, sans jamais me faire prendre. Putain, j'aurais dû piger, mais ce qui est fait est fait. On peut pas revenir en arrière. »

11 AOÛT 2011

ARRESTATION DU CHEF D'UN CARTEL SOUPÇONNÉ DE SIX CENTS MEURTRES

Oscar Garcia Montoya est le chef présumé de « La Mano con Ojos » (« La Main avec des yeux »), un cartel de drogue extrêmement violent, qui est accusé d'avoir perpétré ou ordonné six cents assassinats.

Il a été arrêté dans l'État de Mexico. Son mode opératoire ? Balancer en pleine rue les têtes décapitées de ses victimes qui sont préalablement torturées. La décapitation s'effectue avec une machette ou à la tronçonneuse sur une personne toujours vivante. Montoya a personnellement pris part à trois cents exécutions et il a commandité toutes les autres.

12 AOÛT 1979

NAISSANCE DE SKYLAR DELEON, EX-ACTEUR DE LA SÉRIE *POWER RANGERS* ET SERIAL KILLER

Skylar Deleon a joué en 1994 un petit rôle dans un épisode de la série *Power Rangers* du Club Dorothée. Maintenant âgé de vingt-neuf ans, il est devenu serial killer et il a été condamné à la peine de mort, le 10 avril 2009, par le jury de la Cour d'Orange County, en Californie. Il est accusé d'avoir tué Tom et Jackie Hawks, un couple de l'Arizona, en 2004, et d'avoir assassiné un collègue de travail en 2003. Avec la complicité de son épouse Jennifer Henderson et de John Kennedy, ils volent un voilier qui faisait escale à Newport Beach. Ils ont ensuite jeté les victimes vivantes par-dessus bord, en les attachant à une ancre. En 2003, DeLeon a aussi tué Jon Jarvi au Mexique en lui tranchant la gorge. Jennifer Henderson a été condamnée à la réclusion criminelle à perpétuité en 2006, Skylar est lui condamné à la peine de mort le 10 avril 2009.

POUR EN SAVOIR PLUS :

Un épisode de la série *True Crime with Aphrodite Jones* :

- http ://www.youtube.com/watch ?v=_d9qrupSByA

Un extrait de l'interrogatoire de Skylar DeLeon par la police :

- http ://www.cbsnews.com/video/watch/ ?id=4983900n

13 AOÛT 1936

EXÉCUTION DE CASIMIR DANQUERQUE, UN SERIAL KILLER OUBLIÉ DES ANNÉES 1930

Lorsqu'il est jugé en mai 1935 pour quatre assassinats, Casimir Danquerque est âgé d'une quarantaine d'années et il n'hésite pas à défier la foule qui s'amasse à son procès. Le chroniqueur judiciaire de *L'Écho du Nord*, Jean Lesieux, le décrit ainsi : « le bandit cynique se double d'un cabotin. Son rire est celui d'un être dépravé, lucide, fier de voir pareille affluence réunie pour lui-même. L'éclair sournois de ses yeux durs abîme son masque brutal, » il montre « un cou énorme, des mâchoires de jouisseur. »

Délaissé par son père, il est maltraité par sa mère, élève difficile à l'école, Danquerque n'aime pas travailler et mène une vie de vagabond, bien qu'il soit le père trois enfants. Il n'éprouve aucun remords lors de son procès lorsqu'il évoque ses crimes. Le 24 septembre 1935, vers cinq heures du matin, il tue deux vieilles sœurs, Mmes Demailly et Delporte qu'il frappe à coups de bâton pour les voler, à Pommier, dans le Pas-de-Calais. Il quitte les lieux avec un butin de près de deux mille francs, après avoir pris le soin de se laver dans la maison de ses victimes. Un mois plus tard, il a déjà tout dépensé, alors il recommence. Cette fois, chez le couple Duflos, à Achicourt, le 27 octobre. Il défonce d'abord le crâne de l'épouse, avec un tuteur de rosier en chêne, avant d'achever son mari handicapé qui ne peut pas résister à cette sauvagerie. Danquerque emporte plus de deux mille francs qui s'évaporent aussi en libations, mais il commet l'erreur de laisser des bijoux volés en gage. Ceux-ci sont reconnus par des membres de la famille Duflos.

Lors de l'audience, son avocat tente de le défendre en posant la question de sa responsabilité pénale car l'une de ses tantes et deux de ses oncles sont morts fous dans un asile mais la stratégie échoue face à la violence qu'il a manifestée lors des crimes. Le juge déclare : « pour la première fois, au cours de ma carrière, c'est sans émotion, sans trouble de l'âme, que je réclame la peine de mort. » Le 13 août 1936, Casimir Danquerque est exécuté sur la place principale d'Arras.

POUR EN SAVOIR PLUS :

Sur le forum du site *Guillotine Culture Forum* :

- http ://guillotine.cultureforum.net/t1145-casimir-danquerque-dankerque-1936

14 AOÛT 2012

LE TUEUR EN SÉRIE ZHOU KEHUA EST ABATTU PAR LA POLICE CHINOISE

Après une chasse à l'homme d'envergure, Zhou Kehua, un ex-mercenaire en Birmanie âgé de quarante-deux ans et natif de Chongqing, a été abattu par la police. Recherché pour dix assassinats et six tentatives de meurtre depuis 2004, il a échappé de justesse une première fois aux forces de l'ordre en janvier 2012, à Nanjing. Le 10 août, il est filmé par des caméras de surveillance lors d'un vol dans une agence bancaire. On y voit Zhou Kehua tuer une femme et blesser deux autres personnes. Le lendemain, il assassine aussi un policier qui veut l'interroger. Les forces de l'ordre le suivent jusqu'à sa cachette dans les monts Gele, l'encerclent et le tuent. Une prime d'environ 800 000 € avait été promise par les autorités.

Nul doute que le passé de mercenaire de Zhou Kehua lui a permis d'échapper aux policiers pendant près de dix ans. Il a été interpellé pour trafic d'armes en 2005 à la frontière avec la Birmanie, dans la province du Yunnan.

POUR EN SAVOIR PLUS :

Un reportage de la télévision chinoise CCTV News :

- http ://www.youtube.com/watch ?v=0bwRs9Acrpc

15 AOÛT 2008

DES TRAFIQUANTS D'ORGANES HUMAINS INTERPELLÉS AU KATANGA

Trois déserteurs de l'armée du Congo, qui faisaient partie d'un gang de trafiquants d'organes humains prélevés sur des femmes, ont été arrêtés à Kipushi, dans la province du Katanga. Ils ont déclaré oeuvrer pour le compte d'un adepte d'un culte connu sous le nom d'« Église apostolique ». La bande avait pour mission de tuer des jeunes femmes dont elle découpait les parties génitales pour les revendre à ce commanditaire, qui s'en servait à des fins rituelles.

Début août 2005, une jeune femme, du nom de Kalenga, a été tuée et mutilée dans la cour d'une école primaire de Kipushi, selon les aveux des assassins. Le commanditaire leur a réglé 1500 dollars USD, pour les organes à prélever. « Je l'ai abordée quand elle sortait d'un bar où elle prenait un verre et lui ai proposé de passer la soirée avec elle dans les environs. Ensuite, je l'ai entraînée dans la cour de l'école où mes deux amis m'attendaient. Et là, à trois, nous l'avons abattue avant de prélever ses organes génitaux », a expliqué à la police l'un des trois tueurs.

16 AOÛT 2011

LA POLICE ORGANISE DES FOUILLES SUR L'ÎLE DE CSEPEL À LA RECHERCHE DE NOUVELLES VICTIMES D'UN TRIO DE SERIAL KILLERS

La police hongroise a ouvert une enquête criminelle après avoir exhumé plusieurs cadavres enterrés sur une île de Budapest, a dit un porte-parole de la police. Le journal Magyar *Nemzet* rapporte que quatre corps ont été retrouvés et que les victimes auraient été enterrées vivantes. Les policiers ont fait cette découverte après les aveux de deux Hongrois et d'un Macédonien soupçonnés d'être les auteurs des assassinats, ce qui a conduit les enquêteurs dans une forêt du port de Csepel.

Un jeune Roumain a pu survivre en creusant la terre pour sortir de la tombe où il a été enfoui, et dénoncer les tueurs. Le trio procédait toujours de la même manière. L'un des hommes invitait la proie ciblée à venir boire dans une cabane située au fond des bois, avant de la ligoter et de la balancer vivante dans un trou. Ils utilisaient ensuite la carte bleue de la victime, après lui avoir extorqué le code secret.

17 AOÛT 2012

UN JUGE DE COLOMBIE-BRITANNIQUE DEMANDE UNE ÉVALUATION PSYCHIATRIQUE DE MARK DAMIEN LINDSAY

Mark Damien Lindsay, vingt-cinq ans, fils d'un chef de police, tue sa petite amie, un co-détenu et poignarde un agent infiltré « pour se protéger d'un gang de serial killers qui le harcelait ». Un juge de la cour de Kamloops a ordonné que Mark Damien Lindsay fasse l'objet d'une évaluation psychiatrique après qu'il ait avoué avoir commis un assassinat en Alberta et une tentative de meurtre contre un agent de police infiltré dans la cellule où il était incarcéré.

Lindsay a reconnu avoir tué son ancienne petite amie, Dana Turner, trente et un ans, le 14 août 2011. Le corps de la femme originaire de Fort Saskatchewan a été découvert deux mois plus tard. À ses yeux, Dana faisait partie d'un groupe de tueurs en série qui concoctait un plan pour le tuer. L'accusé a indiqué qu'il « était en état de légitime défense quand il a attaqué l'agent infiltré, car dans son esprit, il croyait que cette personne faisait partie d'un groupe qui tentait de l'assassiner ». En septembre 2011, Lindsay a poignardé cet agent au-dessus de l'œil avec un stylo. Il doit aussi être jugé pour le meurtre d'un codétenu, un mois après son arrestation.

18 AOÛT 1982

DOROTHEA PUENTE EST CONDAMNÉE À CINQ ANS DE PRISON POUR VOL ET TENTATIVE D'EMPOISONNEMENT

Le 11 novembre 1988, les policiers de Sacramento déterrent le premier de sept cadavres dans le jardin de la pension de famille de Dorothea Puente. Considérée, à cinquante-neuf ans, comme un pilier de la société, elle héberge des personnes âgées qui lui sont adressées par le bureau d'aide sociale de la ville. Arrêtée à Los Angeles, Dorothea Puente est inculpée de neuf assassinats et suspectée de seize autres crimes, dont les victimes n'ont pas été retrouvées. Elle décède de mort naturelle le 27 mars 2011, à l'âge quatre-vingt-deux ans. Puente était en prison depuis 1993 pour trois meurtres, sans possibilité de libération conditionnelle, au centre de détention de Chowchilla.

C'est la disparition d'un handicapé mental, envoyé à la pension par une association d'entraide, qui finira par mettre la puce à l'oreille des autorités en 1988. Après un interrogatoire, la police fouille le jardin de la vieille dame, où seront retrouvés sept corps.

En 2004, Dorothea Puente publie un livre de cuisine, *Cooking with a Serial Killer – Recipes from Dorothea Puente* où la tueuse en série livre ses meilleures recettes et certains plats qu'elle a confectionnés en prison. L'un de ses anciens locataires a déclaré – à propos de ses talents culinaires : « manger chez Dorothea, c'est comme si on avait tous les jours un dîner de Thanksgiving ! ».

POUR EN SAVOIR PLUS :

Un bref reportage sur Dorothea Puente :

- http ://www.youtube.com/watch?v=Uhtq-Dy_dxI

19 AOÛT 2006

L'ÉVENTREUR DU YORKSHIRE FÊTE SON SOIXANTIÈME ANNIVERSAIRE AVEC D'AUTRES TUEURS EN SÉRIE DANS LA PRISON DE BROADMOOR

Le 19 août 2006, Peter Sutcliffe, l'« Eventreur du Yorkshire », a célébré son soixantième anniversaire entre les murs de la prison de haute sécurité de Broadmoor. Pour l'occasion, un banquet a été organisé en début d'après-midi avec des sandwiches, des boissons et un énorme gâteau d'anniversaire. Les festivités se sont terminées vers vingt heures trente après un lâcher de ballons et un karaoké. Sutcliffe y a chanté des classiques d'Elvis Presley tels que « Blue Suede Shoes » et « Hound Dog ». Les frais d'organisation de cette fête ont été recueillis grâce à des dons d'admiratrices qui correspondent par dizaines avec le tueur en série. Parmi les invités de Sutcliffe - et pensionnaires de Broadmoor – figuraient Kenneth Erskine, quarante-deux ans, et James Kay, cinquante-neuf ans.

Surnommé le « Stockwell Strangler », Erskine est un Antillais âgé de vingt-quatre ans lorsqu'il étrangle et sodomise sept personnes âgées des deux sexes dans le sud de Londres en 1986. Abandonné par ses parents dès son plus jeune âge et doté de faibles capacités mentales, Erskine vit de vols et de cambriolages. Emprisonné en 1982 à cause d'un cambriolage, il inquiète beaucoup ses compagnons de cellule par des dessins de personnes âgées torturées et il prétend qu'une voix de femme lui parle dans sa tête pour tenter de le contrôler. Il est encore arrêté le 28 juillet 1986.

James Kay a été condamné à perpétuité pour le viol et meurtre à coups de tesson de bouteille de la petite Susan Young, douze ans, en 1970. Également condamné à l'emprisonnement à vie pour l'assassinat de treize femmes à Leeds et dans les environs, Peter Sutcliffe n'a jamais manifesté le moindre remords. Il a récemment été autorisé à assister pendant une demi-heure à la dispersion des cendres de son père : c'était la première fois qu'il quittait l'enceinte de Broadmoor depuis plus de vingt ans.

POUR EN SAVOIR PLUS :
Un documentaire sur *The Yorshire Ripper* tiré de la série *Crimes That Shook the World* :
+ http ://www.youtube.com/watch?v=WRrxy1GSfCQ

20 AOÛT 2004

LE TUEUR EN SÉRIE DE CASSIBILE TUE POUR LA HUITIÈME FOIS DEPUIS 1997

Le tueur en série de Cassibile, une cité des environs de Syracuse en Sicile, a commis ses huit assassinats entre 1997 et 2004. Le 29 novembre 2010, Joseph R., dit « Pippo », soixante-neuf ans, marié et père de deux enfants, chauffeur de camion, a été arrêté par des carabiniers de Syracuse. Son premier meurtre est commis en mai 1997 à coups de fusil de calibre 12, un mode opératoire que le meurtrier conserve jusqu'en août 2004. Les victimes, dont l'âge varie d'une jeune femme de vingt-neuf ans à un homme de soixante-quatorze ans, n'ont aucun lien entre elles, Selon les rapports de police, le tueur aurait voulu se venger de ses créanciers pour les produits artisanaux qu'il avait fabriqués dans les maisons ou sur les terrains de ses victimes et qui ne lui avaient pas été réglés. Le retard du paiement de ces sommes aurait déclenché sa folie meurtrière.

21 AOÛT 1925

GEORGES SARRET DISSOUT DEUX CORPS DANS UNE BAIGNOIRE D'ACIDE DANS L'AFFAIRE DITE DU « TRIO INFERNAL »

« Ce n'est rien de tuer quelqu'un. Le difficile, c'est de faire disparaître le cadavre, » expliquait un commissaire de police au moment de l'affaire du « Trio infernal » d'Aix-en-Provence. Né le 23 septembre 1878 à Trieste et plus connu sous le nom de Georges Sarret, Georges-Alexandre Sarrejani a innové en la matière en détruisant méthodiquement, scientifiquement les cadavres. Des crimes parfaits ou plutôt presque parfaits, puisqu'il est jugé en octobre 1933 par la Cour d'Aix-en-Provence.

À l'adolescence, Sarret s'installe en France où, après de brillantes études de droit, il devient un avocat d'affaires réputé du barreau de Marseille. Marié, père de famille, Georges Sarret a toute l'apparence du bourgeois respectable, mais l'avocat mène une existence dissolue faite de fêtes, de maîtresses et d'alcool. Ayant séduit deux sœurs allemandes, Philomène et Catherine Schmidt, il les installe au début des années 1920 dans la villa « L'Ermitage » qu'il loue près d'Aix-en-Provence. Mais bientôt cette double vie oblige Sarret à se lancer dans des escroqueries à l'assurance-vie. Escroc habile, il fait participer ses maîtresses à son plan ingénieux. Elles épousent des hommes âgés à la santé fragile puis il utilise les services d'un complice en parfaite santé, un ex-abbé défroqué Chambon-Duverger, qui sous le pseudonyme de Deltheil passe une visite médicale pour souscrire une assurance-vie au nom de l'époux grabataire. Ensuite il suffit d'attendre le décès du mari, voire de précipiter sa mort avec du gaz ou du poison. Et le tour est joué.

Cent mille francs tombent dans l'escarcelle des deux hommes et des deux femmes. Mais la convoitise de Chambon-Duverger est insatiable, il exige les cent mille francs pour prix de son silence. Georges Sarret est obligé de lui verser cette somme, mais l'ex-abbé continue son chantage. Le 20 août 1925, Sarret le tue d'un coup de fusil dans la villa de l'Ermitage. Le même jour, il part chercher à Marseille la compagne de la victime Noémie Ballandreaux, sous le prétexte d'une invitation. Retour à la villa. Coup de pistolet. Seconde victime. Georges Sarret est débarrassé du maître chanteur qui lui prenait son argent et de la femme qui aurait demandé ce qu'était devenu son amant. En plus, il récupère son argent. Maintenant, il doit effacer les traces de son double assassinat.

Sarret retourne à Marseille où il achète quatre bonbonnes d'acide sulfurique de vingt-cinq litres chacune. Durant deux jours, il laisse les cadavres dans la salle à manger. Apparemment, il escompte qu'un début de décomposition permettra de faciliter l'action du corrosif. Puis il se livre à l'affreuse opération. Il a préparé la baignoire qu'il place dans la salle à manger. Il en retire le tuyau d'évacuation. Pour empêcher la fuite du liquide, Sarret a placé au fond une plaque de verre qu'il a scellée à la chaux. L'acide sulfurique, en effet, n'attaque pas le verre. Ensuite, il a mis les deux cadavres dans la baignoire, celui de Chambon en dessous. Les deux corps sont restés tout habillés. Sarret a pris seulement la précaution de retirer à Chambon-Duverger sa montre en or, qu'il s'est gardée. Il a ensuite versé le liquide lentement avec précaution. En effet, une goutte échappée peut causer une terrible brûlure. Une bonbonne à demi versée sur les cadavres superposés commence l'œuvre. Sarret interrompt sa lugubre besogne.

Quelques heures plus tard, il verse la fin du contenu de la deuxième bonbonne et entame la troisième. Ses deux complices, Catherine et Philomène Schmidt l'assistent. Celle-ci, à l'instruction, a raconté que Sarret, inlassablement, revenait auprès de la baignoire et regardait s'effectuer l'affreux mélange. Les deux corps arrosés commençaient à se corroder en surface. Les yeux de l'homme ont été attaqués d'abord. Ils ont en quelque sorte fondu. La peau du visage s'est noircie. L'étoffe des vêtements s'en allait par lambeaux. Ensuite, quand le niveau du liquide a monté, on eût dit que les deux cadavres se tassaient, s'effondraient, diminuaient de volume. Au fur et à mesure que la baignoire se remplissait, Chambon-Duverger et Noémie Ballandraux étaient mêlés, agglomérés, comme s'ils ne faisaient qu'une seule masse.

Sarret suivait les progrès de cette lente décomposition. Elle dura trois jours. Chaque soir, avant de se coucher au premier étage, à quelques mètres seulement de ces deux cadavres marinant dans l'acide, Sarret ajoutait un peu plus de liquide. Le lendemain, à l'aube, il se penchait sur la baignoire, les narines bouchées d'un tampon. Et il voyait s'effacer les formes. Elles s'estompaient pour n'être bientôt plus qu'une masse indécise, une bouillie noirâtre. Rien ne subsistait plus qui pût rappeler que c'étaient là des êtres humains. Avec un bâton, Sarret remua cette fange gélatineuse. Une odeur épouvantable en surgit. Elle résistait et demeurait spongieuse. C'est alors qu'une affreuse opération commença. Les deux femmes mirent la main à la pâte. Avec des seaux elles puisèrent le résidu brun.

N'emplissez pas les seaux ! recommanda Sarret aux deux femmes.

Elles lui obéirent. Il remplit d'eau les deux seaux où la mixture s'entassait au fond. Il reprit son bâton et remua ce nouveau mélange jusqu'à ce qu'il fût presque liquide.

Les femmes allèrent vider les seaux dans les toilettes. Puis elles allèrent jeter ces restes affreux dans des buissons qui s'étendaient au fond du jardin. Sarret, lui, dans la salle à manger, transvasait ce produit dans les seaux, le mêlait à l'eau pour qu'il soit moins épais. C'était une sorte de purée assez semblable comme consistance à du glucose et qui avait la couleur du savon noir. Tout ce qui restait de deux êtres humains. Et cela, qui n'avait plus de nom, s'en allait sur des rochers à deux cents mètres de là, où Catherine et Philomène, pendant la nuit, le déversaient. Ainsi se volatilisèrent les deux cadavres.

Quelques années plus tard, lors d'une réunion dans la famille de son ex-femme à Versailles, Sarret empoisonne son ex-beau-frère avec du phosphure de zinc. L'autopsie montre qu'il a été empoisonné mais son meurtrier, un temps soupçonné par la police, s'en sort à cause de son excellente réputation. De gestionnaire des six cent mille francs de la fortune de sa victime, il en devient le propriétaire. En 1931, les dépenses somptueuses du trio obligent Sarret à mettre sur pied une nouvelle escroquerie à l'assurance-vie. C'est Catherine qui est chargée de souscrire des polices auprès de cinq compagnies différentes. La bénéficiaire étant Rose Schmidt, la mère des deux sœurs. Ensuite, Sarret charge l'une des sœurs de trouver une jeune malade en fin de vie qui sera substituée à Catherine lors de son décès. Le choix se porte sur Magali Herbin qui souffre de tuberculose. Magali s'installe bientôt dans la villa Graziella mais elle tarde à mourir et Sarret, qui est à cours d'argent, décide d'accélérer le processus en l'empoisonnant aussi avec du phosphure de zinc. Le certificat de décès est établit par un médecin qui conclut à une mort naturelle. Il faut à présent que Philomène se grime pour jouer le rôle de sa propre mère auprès des différentes compagnies d'assurances pour toucher l'argent.

Lourdement maquillée, le visage caché par une voilette de deuil, Philomène se montre une piètre actrice. Deux courtiers remarquent ses mains qui n'appartiennent pas à une vieille dame et ils soupçonnent une substitution d'identité. Ils contactent d'autres compagnies qui, pour trois d'entre elles, ont reçu la visite de la fausse Rose Schmidt. Une filature permet de découvrir la supercherie. Philomène est arrêtée et inculpée d'escroquerie mais elle ne dit mot sur les différents meurtres. Perdue sans la compagnie de sa sœur aînée, Catherine Schmidt se rend à la police pour avouer tous les crimes commis par le « trio infernal ». Philomène ne tarde pas à craquer à son tour et Georges Sarret est arrêté.

Lors du procès d'octobre 1933, Sarret tente en vain de faire endosser aux deux sœurs la responsabilité des assassinats de Chambon et de Noémie Ballandraux. Catherine et Philomène sont condamnées à dix années d'emprisonnement et, au bout de quatre heures de délibération, Georges Sarret est condamné à la peine de mort. Le 10 avril 1934, à 5 h du matin, Sarret monte sur l'échafaud pour avoir la tête tranchée. Lorsque le procureur de la République pénètre dans sa cellule pour lui annoncer le rejet de son pourvoi, l'accusé se contente d'un laconique : « je suis la victime d'une injustice. » Ce sera la dernière exécution à se dérouler dans la ville de Marseille.

L'affaire sera adaptée au cinéma sous le titre de « Le trio infernal » par le réalisateur Francis Girod avec Michel Piccoli, Romy Schneider et Andrea Ferreol.

POUR EN SAVOIR PLUS :

Les huit premières minutes d'un épisode de *En votre âme et conscience* que Pierre Desgraupes consacre à l'affaire en 1957 (l'intégralité est à télécharger sur le site de l'Ina.fr) :

- http ://www.ina.fr/video/CPF86633200/un-etrange-trio-ou-l-affaire-sarret-schmidt.fr.html

22 AOÛT 1979

ARRESTATION DE WILLIAM GUATNEY

Expulsé de l'Armée américaine à cause de problèmes psychiatriques, paranoïaque et schizophrène, William Guatney devient un SDF qui voyage à bord de trains de marchandises à partir de 1942 jusqu'aux années 1970. Arrêté à soixante-douze reprises pour des vols et des cambriolages, il est mis en examen pour deux meurtres d'enfants à la fin des années 1970, mais jugé irresponsable, avant d'être interné.

William « Freight Train » Guatney est suspecté par les policiers de cinq états d'avoir étranglé ou battu à mort seize jeunes garçons âgés de sept à quatorze ans entre 1972 et 1979. Lors de chacune de ces disparitions, le SDF se trouvait dans les environs. Le mode opératoire du suspect est d'aborder les enfants dans les fêtes foraines et de les amuser en imitant à la perfection le sifflement d'un train de marchandises. Plusieurs cadavres d'enfants ont été trouvés près de voies de chemins de fer. William Guatney décède en 1997.

23 AOÛT 1956

DÉCÈS DU PETIT ABBE KAPSINOW

En 1956, l'infirmière Virginia Jaspers, qui est âgée de trente-trois ans, est arrêtée après le décès du petit Abbe, victime de maltraitances graves. Les enquêteurs se rendent compte que deux autres nourrissons, Cynthia Hubbard en 1948, et Jennifer Malkan, en 1950, sont morts à cause du comportement violent de la jeune femme. Elle est accusée d'actes de brutalité sur quinze autres nouveaux-nés.

C'est Virginia Jaspers qui donne naissance à la théorie du « syndrome du bébé secoué ».

POUR EN SAVOIR PLUS :

Un article sur Virginia Jaspers sur le blog *krazykillers* :

- http ://krazykillers.wordpress.com/2011/09/26/virginia-jaspers-baby-shaker/

24 AOÛT 2011

DES FOUILLES AU DOMICILE DE KYLAN LAURENT METTENT À JOUR DES TROPHÉES APPARTENANT À SES VICTIMES

Après une course poursuite avec la police, un suspect se suicide en sautant d'un pont au-dessus de la Mississipi River. Kylan M. Laurent, vingt-deux ans, serait un serial killer de prostituées ; la fouille des chambres louées dans deux motels différents à Kenner et Laquinta ont permis de découvrir des « trophées » appartenant à deux prostituées assassinées à Jefferson Parish, en Louisiane.

POUR EN SAVOIR PLUS :

La vidéo de la course-poursuite et du suicide du suspect, ainsi qu'un article :

- http ://nola.com/crime/index.ssf/2011/08/mississippi_river_body_identif.html

25 AOÛT 1985

ARRESTATION DU « NIGHT STALKER » RICHARD RAMIREZ

Le célèbre « Night Stalker » terrorise, en 1985, Los Angeles et sa région, pendant près de huit mois. Fasciné par les paroles de *Night Prowler*, du groupe de hard rock AC/DC, Ramirez assassine quatorze personnes, en laissant des signes occultes sur les lieux, tels que des messages écrits avec le sang de ses victimes sur les murs ou des symboles sataniques. Il est capturé par un groupe de citoyens après la publication par la presse de son portrait-robot. Lors de son procès, il crie son amour à Satan et avoue : « j'adorais tout ce sang » ; Ramirez est condamné à mort le 20 juillet 1989.

POUR EN SAVOIR PLUS :

Richard Ramirez, le prédateur de la nuit un épisode de la série *Affaires Criminelles* :

- http ://www.youtube.com/watch ?v=jcnkznEHJzk

Un reportage et une interview sur Richard Ramirez :

- http ://www.youtube.com/watch ?v=F4u2F1lh6Fc

26 AOÛT 2003

UNE AUSTRALIENNE JUGÉE IRRESPONSABLE POUR AVOIR TUÉ SON ENFANT APRÈS QU'UNE VOIX LUI AIT DIT QU'IL ÉTAIT JACK L'ÉVENTREUR

Une Australienne, qui a tué son fils âgé de deux ans après avoir entendu une voix lui disant qu'il était Jack l'Éventreur, va être emprisonnée pendant vingt-cinq ans dans un hôpital psychiatrique de haute sécurité. Le 26 août 2003, Adele Stuart, trente-huit ans, a plaidé non coupable, ce qu'a accepté le jury en raison de son état mental au moment du meurtre. Selon le procureur Mark Gamble, la jeune femme souffrait de schizophrénie paranoïde.

La police a découvert le corps de l'enfant, Shaun Clancy, sur le seuil de l'appartement d'Adele Stuart en mars 2002. L'enfant était nu et présentait des ecchymoses et des écorchures sur le corps. Sa mère a déclaré ultérieurement à un psychiatre qu'elle avait entendu une voix lui disant que l'enfant était Jack l'Éventreur et qu'elle devait le tuer avant qu'il ne la tue, a expliqué Mark Gamble. Un examen pratiqué après le décès a montré que l'enfant avait ingéré un médicament antipsychotique utilisé par Adele Stuart.

27 AOÛT 1946

NAISSANCE DE PETER TOBIN

Né en 1946, Peter Tobin est un serial killer écossais condamné à la prison à perpétuité pour trois meurtres. Avant sa première condamnation pour l'assassinat d'Angelika Kluk en 2007, il avait passé dix ans derrière les barreaux pour un double viol commis en 1993. Plusieurs criminologues estiment que Peter Tobin pourrait être le célèbre « Bible John », auteur de trois assassinats à Glasgow en 1968-1969. Les meurtres se sont arrêtés au moment où Tobin a quitté la ville et des photos de lui à cette époque ressemblent beaucoup au portrait-robot de « Bible John » établi au moment des crimes. Peter Tobin est aussi un fervent catholique et l'on sait que « Bible John » aimait à citer des versets de la Bible. Les deux serial killers sont enclins à des actes de violence pendant le cycle menstruel des femmes. Une comparaison ADN pourrait difficilement apporter des résultats car les échantillons recueillis en 1968 et 1969 sont trop détériorés.

POUR EN SAVOIR PLUS :

Tobin : Portrait of a Serial Killer, un épisode de la série *Real Crime* (il est présenté en six parties sur YouTube) :

- http ://www.youtube.com/watch?v=Mb_zbTeQ4KM

28 AOÛT 2012

TROIS PROSTITUÉES SONT ASSASSINÉES À KIGALI

« J'arrête dès que j'aurai tué 400 prostituées, » tel est le message écrit à l'arme blanche sur le ventre de Clementine Uwimbabazi, une prostituée assassinée le 28 août 2012. Pour la police de Kigali (Rwanda), un ou plusieurs serial killers auraient tué quinze prostituées. La plupart de ces femmes ont été tuées par strangulation, dans plusieurs quartiers de Kigali en moins de trois mois, a indiqué à l'AFP le porte-parole de la police rwandaise. Trois femmes, dont deux étaient connues comme étant des prostituées, ont été étranglées le même jour, en plein après-midi, dans une petite maison du quartier populaire de Gastata.

POUR EN SAVOIR PLUS :

Un reportage de IB Times UK :

- http ://www.ibtimes.co.uk/world-videos-news/1210/rwanda-kaigali-jack-the-ripper-serial-killer-prostitution-mutilated-bodies.html

29 AOÛT 2006

UN TUEUR EN SÉRIE CHINOIS DE SEPT FEMMES EST EXÉCUTÉ

Li Fengpo, un paysan de vingt-huit ans, a été exécuté après avoir semé la terreur dans le nord-ouest de la Chine entre 2000 et 2004, violant quinze femmes et tuant sept d'entre elles. Le tueur en série a surtout agi dans la ville de Weinan, dans la province de Shaanxi, où il a été tué d'une balle dans la nuque. Les victimes, parmi lesquelles des agricultrices, des enseignantes et des lycéennes, étaient âgées de quinze à cinquante-cinq ans. Li Fengpo a finalement été confondu à la suite de tests ADN.

30 AOÛT 2006

ARRESTATION D'UN ROUTIER TUEUR EN SÉRIE À DILLENBURG (ALLEMAGNE)

La police allemande a arrêté un présumé meurtrier en série âgé de vingt-neuf ans. Marié, père d'un enfant de deux ans, il est accusé d'avoir tué trois femmes âgées de dix-huit à trente-deux ans entre novembre 2003 et juillet 2006. Il lui est en outre reproché une tentative de meurtre sur une femme de vingt-cinq ans, la seule à avoir survécu.

Le procureur de Siegen n'exclut pas qu'il ait fait jusqu'à sept victimes. Les traces d'ADN ont permis aux enquêteurs de faire le rapprochement entre plusieurs meurtres : le 15 novembre 2003, Nicole, une prostituée de trente-deux ans, est retrouvée étranglée sur un parking de l'autoroute A57, en Rhénanie-du-Nord-Westphalie ; le 19 octobre 2004, Asta, une prostituée polonaise de vingt-cinq ans, est laissée pour morte, éventrée, sur l'A57. Elle a été violée. Elle survit à ses graves blessures ; le 1er novembre 2005, Aneta, une polonaise de trente et un ans, est retrouvée étranglée sur l'autoroute A45, dans le land de Hesse ; le 8 juillet 2006, Anna, dix-huit ans, est retrouvée nue, étranglée, sur une aire de repos entre Cassel et Fritzlar.

Lorsque l'assassin a appris que son ADN avait été retrouvé, il a jeté le téléphone portable et le porte-monnaie d'Anna à plusieurs centaines de kilomètres de l'endroit où son corps a été découvert.

31 AOÛT 1888

PREMIER MEURTRE COMMIS PAR « JACK L'ÉVENTREUR »

Du 31 août au 9 novembre 1888, à Londres, cinq prostituées sont épouvantablement massacrées. Ces cinq misérables victimes et dix semaines de terreur sont à l'origine d'une énigme et d'un mythe qui durent depuis plus d'un siècle. Dans l'état actuel des recherches il est tout à fait impossible de mettre un nom sur le mystérieux meurtrier de Whitechapel. En tout cas, il est le serial killer le plus représenté au cinéma depuis 1915, avec plus de quarante apparitions, sans compter la télévision où il est présent dans des séries telles que *Alfred Hitchcock présente*, *Thriller*, *La Quatrième dimension*, *Star Trek*, *Le Frelon vert*, *Chapeau melon et bottes de cuir*, *Sliders - Les mondes parallèles* ou *Babylon 5*.

Dans *Farmer Spudd and His Missus Take a Trip to Town* (Angleterre, 1915) de J.V.L. Leigh, un couple de campagnards visite le Musée de cire de Madame Tussaud. Ils rêvent que les figures de cire de la Chambre des horreurs prennent vie. Parmi ces figures, une reproduction de Jack l'Éventreur. *Das Wachsfigurenkabinett* (*Le cabinet des figures de cire*), réalisé en 1924 par Paul Leni avec William Dieterle, Emil Jannings, Conrad Veidt et Werner Krauss dans le rôle de Jack l'Eventreur, est un des grands classiques du cinéma expressionniste allemand. Le troisième épisode de ce film à sketches est présenté sous la forme d'un rêve où le narrateur et sa fiancée sont pourchassés par Jack l'Éventreur. Il s'agit d'une superbe illustration de l'expressionnisme dans ce qu'il a de meilleur : magnifiques décors, images distordues, cadrages étranges et, par dessus tout, une caméra d'une grande fluidité. *The Lodger – A Story of the London Fog* (*Les cheveux d'or*) (1926) est le premier film policier réalisé par Alfred Hitchcock avec Ivor Novello (Le locataire, Jonathan Drew), Marie Ault et Arthur Chesney. Ivor Novello joue un locataire tranquille d'une pension de famille. Petit à petit, des soupçons s'accumulent contre lui qui font croire aux propriétaires qu'il est responsable des meurtres qui terrorisent Londres. Une foule fanatique s'apprête à le lyncher, lorsqu'on découvre qu'il est innocent. À travers le thème de Jack l'Éventreur, Hitchcock utilise pour la première fois un thème familier de son oeuvre : l'homme accusé à tort de crimes qu'il n'a pas commis et qui cherche à échapper à ses poursuivants. En 1928, *Die Büchse der Pandora* (*La boîte de Pandore* ou *Loulou*), réalisé en Allemagne par G.W. Pabst avec Louise Brooks, Fritz Kortner, Franz Lederer et Gustav Diessl dans le rôle de Jack l'Éventreur, est un des chefs d'œuvre du cinéma muet. Il s'agit de la première adaptation des deux pièces de théâtre de Wedekind, *Erdgeist* et *Die Büchse der Pandora*, où Louise Brooks est une extraordinaire Lulu, qui tombe sous les coups de couteau de l'Éventreur. Ses crimes y sont clairement définis comme une psychose d'origine sexuelle. D'autres versions, y compris des opéras, sont filmées, notamment : *Lulu* (*Les liaisons douteuses*) (1962), réalisé en Autriche par Rolf Thiele avec Nadja Tiller, O.E. Hasse, Mario Adorf et Georges Régnier dans le rôle de Jack l'Éventreur, où Nadja Tiller est loin de posséder l'aura de Louise Brooks dans la version de G.W. Pabst ; autre version, française celle-là, *Lulu* est un téléfilm réalisé en 1978 par Marcel Bluwal avec Michel Piccoli et Danielle Lebrun; le *Lulu* américain, tourné la même année par Ronald Chase avec Paul Shenar, Elisa Leonelli et Thomas Roberdeau dans le rôle de Jack l'Éventreur, possède la particularité (pour un film de 1978) d'être muet, car les acteurs ne parlent pas et l'histoire progresse par l'entremise d'intertitres ; quant au « Lulu » de Walerian Borowczyk, il s'agit d'une coproduction franco-italienne de 1980 avec Ann Bennent, Jean-Jacques Delbo et le vénéneux Udo Kier dans le rôle de Jack l'Éventreur.

Die Dreigroschenoper (*L'opéra de quat'sous*), réalisé en 1930 par Georg Wilhelm Pabst avec Fritz Rasp, Carola Neher et Rudolf Forster dans le rôle de Mackie Messer, est une adaptation de la pièce de Brecht, avec une musique de Kurt Weill. Le personnage de « Mackie Messer » (« Mack le Couteau ») est inspiré par Jack l'Éventreur. Dans la version française, tournée simultanément, avec Gaston Modot, Florelle, Jane Markem et Antonin Artaud, c'est Albert Préjean qui reprend le rôle de Mackie Messer. En 1963, une nouvelle version est réalisée par Wolfgang Staudte avec Sammy Davis Jr., Hildegarde Neff, Lino Ventura, Gert Frobe et Curt Jurgens dans le rôle de « Mack le Couteau ». *The Lodger* ou *The Phantom Fiend* est un remake anglais de 1935 du film de Hitchcock par Maurice Elvey avec Ivor Novello, Elizabeth Allan et Jack Hawkins. Ivor Novello signe l'adaptation de ce remake du film d'Hitchcock où il reprend son rôle de locataire innocent accusé d'une série de crimes. Dans *Drôle de drame*, réalisé en 1937 par Marcel Carné avec Michel Simon,

Louis Jouvet et Jean-Louis Barrault dans le rôle de William Kramps, un boucher-assassin qui commet des meurtres similaires à ceux de l'Éventreur. Pour *Charlie Chan at the Wax Museum*, tourné par Lynn Shores en 1940 avec Sidney Toler, Marc Lawrence et Marguerite Chapman, le détective oriental Charlie Chan cherche à découvrir l'identité d'un célèbre criminel qui s'est réfugié dans la Chambre des horreurs d'un musée de cire. Parmi les mannequins, on remarque Jack l'Éventreur aux côtés de Barbe-bleue. Avec *The Lodger* (*Jack l'Eventreur,*1944), film américain de John Brahm avec Merle Oberon, George Sanders, Sir Cedric Hardwicke et Laird Cregar dans le rôle du locataire, nous avons la meilleure des diverses adaptations du roman de Marie Belloc Lowndes, marquée par l'extraordinaire performance de Laird Cregar, ainsi qu'une splendide photo de Lucien Ballard. Contrairement au roman et aux deux précédentes versions filmées, le locataire est bien Jack l'Éventreur.

Avec *Room to Let* (1950), réalisé par Godfrey Grayson avec Jimmy Habley, Valentine Dyall (Dr Fell), Christine Silver et Merle Tottenham, c'est une pièce radiophonique de la BBC du célèbre auteur de romans policiers Margery Allingham qui est portée à l'écran par la Hammer Films (qui se rend célèbre dans les années 1950 et 1960 par ses nombreuses versions de Dracula et de Frankenstein). *Room to Let* ressemble beaucoup aux différentes versions du *Lodger*, avec ce sinistre locataire interprété par Valentine Dyall que les deux femmes propriétaires de la pension pensent être Jack l'Éventreur et où le suspense est maintenu jusqu'aux ultimes minutes du film. *El Hombre sin Rostro* (qui se traduit par « l'homme sans visage »), réalisation mexicaine de 1950 de Juan Bustillo Oro avec Arturo de Cordova, Carmen Molina et Miguel Angel Ferriz, nous dépeint les tourments d'un médecin (de Cordova) qui est obsédé par des rêves où des prostituées sont affreusement mutilées par un émule de Jack l'Éventreur. Comme dans tous les films de Juan Bustillo Oro, la narration est assez compliquée avec des retours en arrière à l'intérieur d'autres flashbacks. Le médecin commet ses forfaits déguisé sous la forme de sa propre mère qui, pour compliquer les choses, lui apparaît dans ses rêves comme un homme sans visage.

Nettement plus léger, *Here Come the Girls* (*Il y aura toujours des femmes*), dirigé par Claude Binyon en 1953 avec Bob Hope, Tony Martin, Arlene Dahl, Millard Mitchell et Robert Strauss dans le rôle de Jack the Slasher, est une comédie musicale où un tueur de femmes, Jack the Slasher, poursuit Bob Hope pendant tout le film.

Quant à *Man in the Attic*, tourné par Hugo Fregonese en 1954 avec Jack Palance (Slade), Constance Smith et Byron Palmer, il s'agit d'un remake de *The Lodger* avec une solide interprétation de Jack Palance. Le scénariste, Barré Lyndon, est l'auteur de trois Jack l'Éventreur différents : *The Lodger* (1944), *Man in the Attic* (1954) et *Yours Truly, Jack the Ripper* (1961), un épisode de la série télé *Thriller.* Autre épisode d'une série télé, *The Thisle Killer* (*L'assassin aux chardons*), vingtième épisode de la série *The New Adventures of Sherlock Holmes* (*Les nouvelles aventures de Sherlock Holmes*), est réalisé et produit par Sheldon Reynolds en 1955, avec Ronald Howard dans le rôle de Sherlock Holmes et H. Marion Crawford dans celui du Dr Watson. Il s'agit de la première confrontation à l'écran entre Sherlock Holmes et Jack l'Éventreur, avec ce tueur en série qui assassine cinq femmes en cinq nuits, à Londres. Près de chaque cadavre, il dépose trois chardons. Autres avatars de cette rencontre fictive entre le fameux détective et l'Éventreur, deux excellents films : *A Study in Terror* (*Sherlock Holmes contre Jack l'Eventreur*) réalisé en 1965 en Angleterre par James Hill avec John Neville, Donald Houston, John Fraser dans le rôle de Jack l'Éventreur), Anthony Quayle et Robert Morley, ainsi que *Murder by Decree* (*Meurtre par décret*) filmé en 1975 au Canada par Bob Clark avec Christopher Plummer, James Mason, David Hemmings, Susan Clark, Geneviève Bujold, Donald Sutherland, Anthony Quayle et John Gielgud. Le film est superbe, même s'il est basé sur les théories fumeuses d'un ouvrage de Stephen Knight, où le gouvernement anglais, aidé par les francs-maçons, organise un complot pour cacher l'identité de Jack l'Éventreur. Finalement, Sherlock Holmes accepte aussi de faire vœu de silence pour des raisons d'état.

Pour « Alfred Hitchcock présente », c'est Robert Stevens qui réalise en 1957 *The Hands of Mr Ottermole* avec Rhys Williams,

Theodore Bikel, Arthur Gould-Porter, Barry Harvey, Torin Thatcher et John Trayne où une série de meurtres par strangulation se déroule à Londres par nuits de brouillard. Il s'agit d'une très bonne adaptation de la nouvelle de Thomas Burke, qui reste un classique de la littérature policière anglo-saxonne. *The Veil* est une série inédite de 1958 produite par la télévision américaine et dont les divers épisodes sont présentés par Boris Karloff. Dans *Jack the Ripper*, réalisé par David MacDonald avec Nial McGinnis, le scénariste se base sur les pseudo-révélations de 1931 du voyant psychique Robert Lees qui, à bord d'un bus londonien, aurait identifié Jack l'Éventreur parmi les passagers, pour le suivre jusque chez lui et découvrir qu'il s'agissait d'un médecin renommé qui fut interné après son dix-septième meurtre !

Grand classique en noir et blanc du cinéma d'horreur britannique le *Jack the Ripper* (*Jack l'Éventreur*) de 1958 co-réalisé par Robert s. Baker & Monty Berman avec Lee Patterson, Eddie Byrne et John Le Mesurier nous dépeint l'Éventreur sous les traits d'un chirurgien rendu fou par une maladie vénérienne et qui désire nettoyer la société du virus de la prostitution. Cet excellent film, à l'atmosphère très morbide, comporte deux versions, avec quelques scènes de nus supplémentaires pour le continent européen. Avec le *Yours Truly, Jack the Ripper*, un épisode de cette excellente série *Thriller* qui, comme *The Veil*, est présentée par Boris Karloff. Réalisé en 1961 par Ray Milland avec John Williams, Donald Woods, Edmond Ryan, Adam Williams, Nancy Valentine et Ransom Sherman, il nous montre un Jack l'Éventreur toujours vivant dans l'Amérique des années 1950 : le tueur reste immortel grâce à des meurtres rituels commis à intervalles réguliers. Il s'agit d'une bonne adaptation pour la télévision de la célèbre nouvelle de Robert Bloch, *Votre dévoué, Jack l'Eventreur*, qui parut dans *Weird Tales* en 1943. Plus exotique, le *Santo en el Hotel de la Muerte*, tourné au Mexique en 1961 avec Santo, Fernando Casanova et Ana Lepe fait partie d'une série de plusieurs dizaines de longs-métrages où le célèbre catcheur masqué combat des adversaires diaboliques, ici, un tueur de femmes, émule de Jack l'Éventreur. Pour *The Phantom of the Opera* (*Le Fantôme de l'Opéra*), réalisé par Terence Fisher en 1962 avec Herbert Lom, Heather Sears et Michael Gough, une séquence du film nous montre le « Black Museum » de Scotland Yard où se déroule une exposition sur Jack l'Éventreur. Dans *The New Exhibit*, un épisode inédit en France de la série *Twilight Zone* (*La quatrième dimension*), réalisé par John Brahm en 1963 avec Martin Balsam, Will Kuluva, Maggie Mahoney, Milton Parsons et David Bond dans le rôle de Jack l'Eventreur, Martin Balsam interprète un employé d'un musée de cire sur le point de faire faillite et qui décide de garder certaines des figures de cire dans la cave de sa maison. Une à une, qu'il s'agisse de Jack l'Éventreur, de Burke & Hare, d'Albert Hicks ou de Henri-Désiré Landru, celles-ci vont s'animer et tuer divers visiteurs. Après un musée de cire, c'est un théâtre qui est le champ d'opérations d'un mystérieux tueur masqué dans *Das Ungeheuer von London City* (Allemagne, 1964) réalisé par Edwin Zbonek avec Marianne Koch, Hansjoerg Felmy et Dietmar Schoenherr. Pendant que l'acteur Richard Sand interprète Jack l'Éventreur sur la scène du théâtre Edgar Allan Poe, à Whitechapel, une série de meurtres se déroule dans le quartier. Le véritable coupable est en fait le Dr Greely, un ami de l'acteur. Le film est basé sur un roman de Bryan Edgar Wallace, le fils d'Edgar Wallace.

Avec *Wolf in the Fold* (« Un loup dans la bergerie »), Jack l'Éventreur fait une apparition surprenante à bord du vaisseau Enterprise dans cet épisode de 1967 de *Star Trek*, réalisé par Joseph Pevney avec William Shatner, Leonard Nimoy, John Fiedler, Charles Macauley, Pilar Seurat et Charles Dierkop. L'ingénieur Scotty est suspecté d'avoir assassiné trois femmes, jusqu'à ce que Kirk découvre qu'il a été possédé par l'esprit de Jack l'Éventreur. Le scénario original, qui détonne par rapport aux histoires habituelles de la série, est signé par Robert Bloch, l'auteur de *Psychose* et de la célèbre nouvelle *Votre dévoué, Jack l'Éventreur*. Autre série télé, *The Green Hornet* (*Le frelon vert*) dont l'épisode *Alias the Scarf* montre en 1967 un émule de Jack l'Éventreur vaincu par le Frelon Vert et son assistant Kato (Bruce Lee). Les autres apparitions télévisuelles de Jack sont *Fog* (*Brouillard*), un épisode de la série *The Avengers* (*Chapeau melon et bottes de cuir*), filmé par John Hough en 1969 avec Patrick Macnee, Linda Thorson, Nigel Green, Guy Rolfe, Terence Brady et Paul Whitsun-Jones. Des meurtres commis par nuit de brouillard recréent l'atmosphère des crimes de Whitechapel de 1888. Le coupable s'enfuit même dans un fiacre. Les soupçons de Steed et de Tara King se portent sur les membres du « Gaslight Ghoul Club » dont le but avoué est de découvrir la véritable identité de Jack l'Éventreur. *With Affection, Jack the Ripper*, un épisode de la série *The Sixth Sense* (*Le sixième sens*) avec Gary Collins, Catherine Farrar, Patty Duke Astin, Robert Foxworth, Percy Rodrigues et Mitch Carter, tourné en 1972. Il y a eu un autre *With Affection, Jack the Ripper*, mais celui-ci date de 1980 et est un épisode de la série *Fantasy Island* (*L'île fantastique*) avec Ricardo Montalban, Lynda Day George et Victor Buono dans le rôle du Dr Albert z. Fell. *The Ripper* (*L'Éventreur*) est un épisode de 1974 de la série *Kolchak* (*Dossiers brûlants*) réalisé par Allen Baron avec Darren McGavin, Simon Oakland, Beatrice Colen et Mickey Gilbert dans le rôle de l'Éventreur. Le véritable Jack l'Éventreur est responsable d'une série de cinq meurtres sanglants à Chicago de nos jours. Il a tué soixante-dix femmes sur ces quatre-vingt dix dernières années. Il est doté de pouvoirs surnaturels, puisqu'il saute d'un quatrième étage sans se faire de mal ou défonce une voiture qui le heurte à soixante kilomètres heure. Couplé à un autre épisode, il est sorti en vidéo aux États-Unis sous le titre de *The Nigh Stalker : Two Tales of Terror*.

Coup sur coup, la Hammer Films, compagnie anglaise spécialisée dans la production de films d'horreur depuis 1956, met en chantier en 1971 *Dr Jekyll and Sister Hyde* (*Dr Jekyll et Sister Hyde*) de Roy Ward Baker avec Ralph Bates, Martine Beswick et Gerald Sim, une nouvelle mouture de Jekyll qui se change en Hyde, une femme très sensuelle, qui est aussi Jack l'Éventreur. Un scénario très habile de Brian Clemens donne un nouvel éclairage à ces deux mythes. Signalons que Brian Clemens avait été pressenti en 1994 pour écrire la trame d'un film de Francis Leroi, *Moi, Jack l'Éventreur*, qui devait être produit par Alain Siritzky, mais le projet ne vit jamais le jour. Ensuite, *Hands of the Ripper* (*La fille de Jack l'Éventreur*), réalisé par

Peter Sasdy avec Eric Porter, Angharad Rees et Jane Merrow, où Anna voit son père Jack l'Éventreur tuer sa mère, avant de s'enfuir dans la nuit. Marquée par cet événement, elle tue tous ceux qui cherchent à l'embrasser. Un psychiatre tente en vain de lui porter secours et devient à son tour une victime d'Anna qui finit par se suicider. Nettement moins intéressant, le *Jack el Destripador de Londres* voit le roi de l'horreur en Espagne, Paul Naschy, quitter ses traditionnels habits de loup-garou dans ce film réalisé en 1971 par José-Luis Madrid avec Patricia Loran. Il s'agit d'une version modernisée de Jack l'Éventreur qui mutile des jeunes femmes à Soho. Comme son prédécesseur, il envoie des missives à la police. Les soupçons se portent sur un ex-trapéziste alcoolique (Paul Naschy). Un film très médiocre, dont les quelques extérieurs tournés à Londres ne parviennent pas à masquer l'origine hispanique du film. *The Ruling Class*, réalisé par Peter Medak avec Peter O'Toole, Alastair Sim, Arthur Lowe et Harry Andrews, représente l'Angleterre au Festival du Film de Cannes en 1972, dans cette superbe comédie marquée par une prodigieuse interprétation de Peter O'Toole en membre du Parlement, le duc de Gurney, qui croit longtemps qu'il est Jésus, découvre finalement qu'il est Jack l'Éventreur !

Dans *Terror in the Wax Museum*, tourné en 1973 par Georg Fenady avec Ray Milland, Elsa Lanchester, Broderick Crawford, Maurice Evans, John Carradine et Louis Hayward, à l'époque du Londres victorien, Claude Dupree est apparemment assassiné par la figure de cire de Jack l'Éventreur, au moment où il s'apprête à vendre son musée de cire à un américain. Malgré une bonne distribution de vétérans hollywoodiens, le film est pauvrement réalisé, avec des figures de cire qui n'arrêtent pas de bouger (il en est de même dans le film *Waxwork* d'Anthony Hickox). Autre film à costumes, *A Knife for the Ladies* ou *Jack the Ripper Goes West* (1973) de Larry G. Spangler avec Jack Elam, Ruth Roman, Jeff Cooper et Gene Evans, se déroule à l'époque de la conquête de l'Ouest dans ce western ultra fauché et sans grand intérêt. On reste dans le domaine du cinéma-bis trash avec *The Groove Room* qui a plus de titres que de talent, puisqu'on le connaît aussi sous les noms de *Champagne*

Gallop, *A Man with a Maid*, *What the Swedish Butler Saw*, *Tickled Pink* ou *Teenage Tickle Girls*. Cette coproduction anglo-suédoise de 1973 est réalisée par Vernon Becker avec Sue Longhurst, Diana Dors et Martin Ljung dans le rôle de Jack l'Éventreur ; il s'agit d'une comédie érotique soft tournée en relief et adaptée du roman *A Man with a Maid* dont l'auteur est resté anonyme.

Outre la Hammer Films, l'Angleterre possède, dans les années 1960 à 1980, Amicus, une autre compagnie spécialisée dans les films d'horreur dont *From Beyond the Grave* (*Frissons d'outre-tombe*), tourné en 1974 par Kevin Connor est un bon exemple. Amicus est spécialisé dans les films à sketches. Le premier, *The Gate Crasher*, est tiré d'une nouvelle de l'auteur R. Chetwynd-Hayes, avec Peter Cushing, David Warner (Edward Charlton), Wendy Alnutt, Rosalin Ayres, Dennis Price et Marcel Steiner (The « Face »). David Warner achète un vieux miroir à l'antiquaire Peter Cushing. Lors d'une soirée avec des amis, il organise une séance de spiritisme qui tourne mal : hanté par un visage qui apparaît dans le miroir, il est poussé à tuer des prostituées. Il finira lui-même dans le miroir. L'homme qui le hante n'est jamais identifié comme étant Jack l'Éventreur, au contraire de la nouvelle d'origine.

Jess Franco est très certainement le réalisateur de cinéma bis le plus prolifique de tous les temps. Son *Jack the Ripper* ou *Der Dirnenmoerderer von London*, une coproduction germano-suisse de 1976 avec Klaus Kinski, Josephine Chaplin, Herbert Fuchs et Lina Romay, est un film médiocre, fauché et très sanglant qui ne tient que par l'interprétation de Klaus Kinski en docteur philanthrope, obsédé par la mémoire de sa mère prostituée. Le *Time after Time* (*C'était demain*), tourné par Nicholas Meyer en 1979 avec Malcolm McDowell, David Warner (Stevenson/Jack l'Eventreur), Mary Steenburgen et Charles Cioffi, bénéficie d'un excellent scénario servi par de savoureux dialogues de Jack l'Éventreur : « aujourd'hui, je ne suis plus qu'un amateur. » On y voit H.G. Wells utiliser une machine à remonter le temps pour suivre Jack l'Éventreur dans le San Francisco de notre époque. *Ragewar* ou *The Dungeonmaster* coréalisé en 1984 par Rosemarie Turko, John Buechler, David Allen,

Stephen Stafford, Peter Manoogian, Ted Nicolaou & Charles Band avec Jeffrey Byron, Leslie Wing et Richard Moll nous montre un magicien qui traverse la galaxie pour faire prisonnière une jeune fille. Il lance divers défis qui donnent à chacun des sept réalisateurs l'occasion de filmer une histoire. Un Jack l'Éventreur moderne hante Los Angeles dans l'épisode *The Slasher.* Autre variation moderne sur Jack l'Éventreur, *Bridge Across Time* ou *The Arizona Ripper* ou *Terror on the London Bridge* (titre de la sortie en vidéocassette) (en France : *La malédiction du pont* ou *Le retour de Jack l'Éventreur* ou *Le fantôme de Jack l'Éventreur*) est un téléfilm de 1985 réalisé par E.W. Swackhamer avec David Hasselhoff, Adrienne Barbeau, Stephanie Kramer, Clu Gulager et Paul Rossilli dans le rôle de l'Éventreur. Londres, 1888. Blessé par des policiers lancés à ses trousses, Jack l'Éventreur bascule dans la Tamise, entraînant avec lui une pierre du pont de Londres. En 1985, dans l'Arizona, un quartier du vieux Londres est reconstitué avec son musée de cire et le fameux pont de Londres. La veille de l'inauguration de ce parc touristique, une femme est égorgée. D'autres femmes sont ensuite assassinées de la même manière que les crimes de Jack l'Éventreur. Un médiocre téléfilm basé sur la longue nouvelle de William Nolan, *The Final Stone.*

Amazon Women on the Moon co-réalisé en 1985 par John Landis, Joe Dante, Carl Gottlieb, Peter Horton & Robert K. Weiss avec Michelle Pfeiffer, Russ Meyer, Carrie Fisher, Sybil Danning et Henry Silva, fut en fait tourné en 1983. Il s'agit d'une suite de *Kentucky Fried Movie* (*Hamburger Film sandwich* en France) où, dans un des sketches, Henry Silva fait une imitation de Jack Palance et présente le show *Bullshit or Not* afin de prouver que Jack l'Éventreur était le monstre du Loch Ness. Filmé directement en vidéo en 1985 à Tulsa, dans l'Oklahoma, *The Ripper* de Christopher Lewis avec Tom Savini dans le rôle de l'Éventreur, Tom Schreier, Wade Tower et Mona Van Perris, est un film très sanglant qui distille surtout un ennui mortel. Le professeur Harwell, spécialisé en criminologie, parle à ses élèves des crimes de Jack l'Éventreur. En visitant un magasin d'antiquités, il est fasciné par une bague ornée d'un énorme rubis. Lorsqu'il la porte, il devient l'Éventreur et finira abattu par la police, avant d'atteindre l'immortalité. Dans *Jack's Back* (*Sur le fil du scalpel*, 1988) de Rowdy Herrington avec James Spader, Cynthia Gibb, Rod Loomis, Rex Ryon et Robert Picardo, un serial killer moderne réitère à Los Angeles les crimes de Jack l'Éventreur lors des dates anniversaires des forfaits de 1888. Le scénario est habile et James Spader y joue le rôle de deux frères jumeaux. Doté d'un énorme budget pour un téléfilm en deux parties, *Jack the Ripper* (Jack l'Éventreur), réalisé par David Wickes avec Michael Caine, Armand Assante, Ray McAnally, Jane Seymour, Susan George, Lewis Collins et Ken Bones, célèbre à sa manière les cents ans des crimes de Whitechapel. Le film est une grande réussite, malgré la prétention fallacieuse d'un souci d'authenticité extrême exprimé par la production, notamment sur le fait que le chirurgien de la Reine Victoria ait été directement impliqué dans les crimes, alors que le pauvre homme, âgé de plus de soixante dix ans, avait souffert de deux attaques cardiaques qui lui avaient paralysé tout le côté gauche du corps.

Ces dernières années, à l'exception de *From Hell* des frères Hughes en 2001 et la série anglaise *Whitechapel* (2009) où un imitateur moderne du tueur en série copie son modèle, Jack l'Éventreur n'a pas engendré d'œuvres majeures. Parmi tous ces films, citons *Deadly Advice* (1994) de Mandie Fletcher où John Mills fait une brève apparition en Jack l'Éventreur, *Love Lies Bleeding* (1999) de William Tannen avec Paul Rhys, Malcolm McDowell et Faye Dunaway, l'épisode *Snakes and Ladders* (2009) des *Enquêtes de Murdoch*, *A Rogue In Londinium* (2010) de Whitney Hamilton ou *SoulMate : True Evil Never Dies* (2012) réalisé par Shawn Anthony.

Septembre

1er SEPTEMBRE 2003

ARRESTATION DU SERIAL KILLER DE VORONEZH

La Cour de Voronezh a jugé coupable le serial killer Andrei Roldugin et l'a condamné à une peine de réclusion à perpétuité pour le viol et le meurtre de plusieurs mineures en 2003. Roldugin a été arrêté le 1er septembre 2003 près de son domicile. Dès son premier interrogatoire, il avoue le meurtre de deux jeunes filles. Il emmène les enquêteurs jusqu'au lieu où il s'est débarrassé du corps d'une de ses victimes.

Avant le début de son procès, il nie avoir assassiné une troisième écolière. En décembre 2003, Roldugin avoue enfin le meurtre de trois adolescentes, ainsi que le viol de six autres mineures, la plus jeune étant âgée de onze ans. Après l'énoncé du verdict, Roldugin a déclaré qu'il va faire appel de la sentence auprès de la Cour Suprême de Russie. En 1997, il avait écopé d'une condamnation à cinq ans de prison pour cambriolage. En septembre 2001, il obtient sa libération conditionnelle.

2 SEPTEMBRE 1913

LE PÈRE HANS SCHMIDT TRANCHE LA GORGE D'ANNA AUMÜLLER AVANT DE LA DÉMEMBRER ET D'ÉPARPILLER SES RESTES DANS LE FLEUVE HUDSON

Hans Schmidt est le seul prêtre à avoir été exécuté pour meurtre aux États-Unis. Dès son enfance et son adolescence en Allemagne, il est fasciné par la religion et le crime. Personnage introverti, intelligent et cultivé, Hans Schmidt connaît des problèmes dans son diocèse de Mayence, où il commet des vols et des escroqueries.

Il s'installe aux États-Unis, à Louisville, dans le Kentucky, où il exerce en tant que prêtre. La disparition d'une fillette de neuf ans précipite son départ pour New York, où il épouse secrètement une jeune femme. Quelque temps plus tard, son cadavre démembré est découvert dans l'Hudson River, ce qui précipite l'arrestation du prêtre. Suspecté d'autres crimes, Schmidt feint la folie lors de son procès, mais il est condamné à la peine de mort.

3 SEPTEMBRE 2004

LE « VAMPIRE DU KANSAS » EST CONDAMNÉ À LA PRISON À PERPÉTUITÉ

Les jurés d'un procès à Kansas City ont délibéré à peine une heure pour déclarer Marc Sappington, vingt-cinq ans, coupable de meurtre, de kidnapping et de cambriolage aggravé. Trois semaines plus tard, il est condamné à la prison à perpétuité sans possibilité de libération conditionnelle.

Lorsqu'il prend du PCP (de l'acide), Sappington affirme, pour sa défense, que des voix dans sa tête lui ont ordonné de tuer Terry Green, vingt-cinq ans, Michael Weaver Jr., vingt-deux ans, et Alton Fred Brown Jr., seize ans. Les trois hommes sont assassinés en l'espace de quatre jours en avril 2001. Dans une confession filmée en avril 2001, Sappington parle de l'assassinat de Green dont le corps est abandonné dans un véhicule. Les voix lui auraient ordonné de poignarder à mort Weaver et d'abattre Brown d'une balle dans le dos. Ces mêmes voix lui déclarent qu'il doit démembrer le cadavre de Brown, boire son sang et manger sa chair s'il veut rester en vie. Il cuit des morceaux du corps de Brown et dévore en partie une jambe. L'avocat de Sappington a mentionné que la famille de son client a un passé émaillé de troubles psychiatriques : sa mère souffre de schizophrénie et Marc présente les mêmes symptômes dès l'âge de seize ans.

Mais, pour le procureur, c'est l'addiction de Sappington au PCP – il en prend chaque jour pendant les mois qui précèdent les trois meurtres – qui lui fait entendre des voix. Il ne souffrirait absolument pas de troubles psychiatriques, ce qui est confirmé par plusieurs expertises.

POUR EN SAVOIR PLUS :

Un reportage de KMBC TV :

- http ://www.youtube.com/watch?v=nWDDcDGiGaA

4 SEPTEMBRE 2000

ARRESTATION DE JOSEPH W. BROWN POUR LE MEURTRE DE SA PETITE AMIE GINGER GASAWAY

Condamné en 1977 à la perpétuité pour vol à main armée accompagné d'un kidnapping, Joseph w. Brown est libéré en 1995, bien qu'il ait presque battu à mort un codétenu. Pendant les huit années suivantes, Brown aurait tué au moins quinze femmes, des auto-stoppeuses et surtout des prostituées, dans sept états différents, si l'on en croit ses déclarations. Son arme favorite : un lacet de chaussure de femme qu'il utilise pour étrangler ses victimes. Il démembre parfois les corps pour en disperser les restes dans des lieux différents.

Le 19 juin 2011, Joseph w. Brown est condamné à soixante ans de prison pour avoir étranglé son co-détenu Charles Miller au Miami Correcttional Facility de Peru, dans l'Indiana

5 SEPTEMBRE 2001

MARTIN NEY, « L'HOMME NOIR », ENLÈVE ET ASSASSINE DENNIS KLEIN, NEUF ANS

Âgé de quarante ans Martin Ney a avoué les meurtres de trois enfants en Allemagne. Il est également soupçonné d'avoir tué en France et aux Pays-Bas. Surnommé « Der Schwarze Mann » (« L'homme en noir ») ou « Der Mann mit der Maske » (« L'homme au masque »), il assassine Stefan Jahr en 1992, Dennis Rostel en 1995 et Dennis Klein en 2001. Il a aussi commis une quarantaine d'agressions sexuelles sur des enfants.

Martin Ney refuse cependant d'admettre qu'il a assassiné d'autres victimes en France et aux Pays-Bas. Le profil du suspect correspond point par point au profil psychologique établi par le profiler munichois Alexander Horn.

Le suspect est un éducateur déjà connu des services de police comme délinquant sexuel depuis 2007. Les enquêteurs allemands le suspectent du meurtre de Jonathan Coulom, onze ans, qui a disparu en avril 2004 d'un centre de vacances à Saint-Brévin-les-Pins, en Loire-Atlantique. Le corps du jeune garçon avait été retrouvé six semaines plus tard. Il est également soupçonné d'avoir tué Nicky Verstappen, onze ans, aux Pays-Bas, en 1998.

6 SEPTEMBRE 2012

ARRESTATION DE DEUX CAMARADES DE CLASSE DEVENUS DES TUEURS EN SÉRIE EN CHINE

La police de la province du Yunnan a arrêté Fu Zhenli, dix-sept ans, et Liu Qizhi, dix-huit ans, à Shenzhen. Ils sont suspectés d'avoir tué sept personnes, dont une femme enceinte. Les deux adolescents, originaires de la ville de Wugang, ont assassiné, le 30 août 2012, la propriétaire enceinte d'un hôtel nommée Wu et sa fille âgée de deux ans. La police a découvert plus tard une autre victime, Tang, tuée par les mêmes auteurs. Ils ont également assassiné en août deux couples dans les provinces du Hunan et du Guangdong. Les tueurs, qui étaient camarades de classe au lycée, auraient commis ces crimes pour de l'argent.

7 SEPTEMBRE 1999

LA PREMIÈRE VICTIME DU DÉCAPITEUR DE SDF DE DENVER

En 1999, sept SDF sont assassinés entre le 7 septembre et le 17 novembre, les deux dernières victimes, Harry Redden et Joe Mendoza ont été décapitées. Plusieurs victimes sont battues à mort. Cinq ans plus tard, neuf SDF tombent sous les coups d'un – ou deux - meurtrier(s) entre le 29 juin et le 26 septembre 2004.

Sur ces seize meurtres, un seul a été élucidé par la police de Denver, celui de Melvin Washington par un gang de trois adolescents surnommés « The Mall Rats » (« Les rats du centre commercial »). Drogués, ils ont tué leur victime à coups de pied, pour lui donner une leçon, car Washington faisait la manche sur ce qu'ils considéraient être leur territoire. Pour ce crime, Christopher Ball, seize ans, a écopé de dix ans de prison, Thomas Holden, dix-neuf ans, a pris vingt-cinq ans et Nathan Harrison, vingt ans, a été condamné à seize ans de prison. Pour les enquêteurs de Denver, le trio n'est pas responsable des autres assassinats et, pendant un temps, ils ont suivi la piste d'une bande ultra-violente de SDF, les « Freight Train Riders of America », qui parcourt les États-Unis à bord de trains de marchandises. Les policiers pensent que les séries de 1999 et de 2004 n'ont pas de lien entre elles.

La cité de Denver dans le Colorado est un endroit plutôt hostile pour les SDF : en avril 2010, Michael McCormick se suicide à Granby, près de Denver, après avoir purgé une peine de prison de dix-neuf ans pour l'assassinat d'un SDF. McCormick et son père sont suspectés d'avoir tué dix-sept SDF qui ont travaillé sur leur ranch dans les années 1980.

8 SEPTEMBRE 1952

NAISSANCE DE JOACHIM KNYCHALA, LE « VAMPIRE DE BYTOM »

Tueur en série polonais surnommé le « Vampire de Bytom » ou « Frankenstein », Joachim Knychala assassine six femmes entre 1975 et 1982 dans la région industrielle de Haute Silésie. Les victimes sont Stefania M.(1975), Miroslawa Sarnowska (1976), Teresa Ryms (1976), Halina Syda (1979) et Boguslawa Ludyga (1982), d'autres victimes ont plus de chance et survivent à ses attaques.

Victime d'abus durant son enfance, il est élevé par une grand-mère despotique qui le surnomme le « bâtard polonais ». A l'âge de dix-huit ans, il est condamné à trois ans de prison pour une tentative de viol. Knychala est fasciné par les forfaits d'un autre tueur en série polonais, Zdzislaw Marchwicki, surnommé le « Vampire du bassin », qui assassine vingt et une personnes entre 1964 et 1970. Marchwicki est exécuté le 26 avril 1977, à Katowice.

Knychala peut-être considéré comme un authentique « copycat » par l'imitation des crimes et du mode opératoire du « Vampire du bassin ». Il tue principalement avec une hache et viole la plupart des victimes qui sont souvent mineures. Aux enquêteurs, il avoue les assassinats mais il refuse de reconnaître les viols et les actes post-mortem.

Il est pendu le 28 octobre 1985 dans la prison Montelupich, à Cracovie.

9 SEPTEMBRE 2005

LE « GRANNY KILLER » JOHN WAYNE GLOVER SE SUICIDE EN PRISON

En mars 1989 et pendant une période de quatorze mois, celui que les médias surnomment le « Granny Killer » assassine à Sydney, en Australie, six femmes âgées entre soixante et quatre-vingt-douze ans. Il les frappe d'abord à coups de marteau avant de les étrangler avec leurs propres sous-vêtements. Il dispose ensuite les cadavres dans une posture dégradante, la jupe remontée sur la tête, les jambes écartées et les chaussures alignées avec soin le long du cadavre.

À ses yeux, ces « matronnes de Mosman » (du nom du quartier de North Shore à Sydney) représentent sa mère et sa belle-mère qu'il déteste. John Wayne Glover est arrêté le 19 mars 1990 et il tente de se suicider le jour même. En 1991, il est condamné à six peines de réclusion à perpétuité. Il se donne la mort par pendaison le 9 septembre 2005, à l'âge de soixante-douze ans. Son casier judiciaire était déjà très fourni avant sa série de meurtres, que ce soit en Grande-Bretagne où il a grandi, à Melbourne et à Sydney : exhibitionnisme, cambriolage, vol à main armée ou tentative de meurtre.

POUR EN SAVOIR PLUS :

Granny Killer un documentaire en cinq parties de la série *Forensic Investigators* :

- http ://www.youtube.com/watch?v=_FZi2zzx-fE

10 SEPTEMBRE 2008

ARRESTATION DE CINQ CANNIBALES QUI ONT TUÉ QUATRE ADOLESCENTS DE 666 COUPS DE COUTEAU

Quatre adolescents ont été tués à coups de couteau, découpés et en partie mangés dans la région de Iaroslav, par cinq étudiants de dix-neuf ans, aidés par trois autres suspects. Ils ont attiré leurs proies dans une maison à la campagne et les ont massacrées une à une au cours de l'été 2008. Trois filles et un garçon gothiques âgés de seize et dix-sept ans ont été forcés à boire de l'alcool jusqu'à l'inconscience, avant d'être tués de 666 coups de couteau, selon un rite sataniste, puis découpés en morceaux. Le groupe sataniste faisait ensuite un feu de bois sous un arbre pour dévorer des parties de leurs victimes. Dans les cendres, les enquêteurs ont découvert des cheveux appartenant à leurs victimes. « Satan va m'aider à échapper à la responsabilité », a déclaré un suspect lors d'un interrogatoire.

En juillet 2010, Nikolaï Ogolobniak, a été condamné à vingt ans de prison, ses autres complices à des peines variant de huit à dix ans de réclusion. L'un des membres a été déclaré irresponsable et interné dans un établissement psychiatrique.

POUR EN SAVOIR PLUS :

Un reportage de Russia Today :

- http ://www.youtube.com/watch?v=8hnFspWhf34

11 SEPTEMBRE 2003

ARRESTATION D'UN TUEUR EN SÉRIE DE PROSTITUÉES DANS LE COLORADO

Fin septembre 2003, les autorités du Comté d'Arapahoe, proche de Denver, dans le Colorado, font un appel à témoins pour les aider à identifier les restes d'une femme trouvée enterrée dans l'arrière-cour d'un homme qui a déjà avoué six meurtres. Richard Paul White, trente ans, est arrêté le 11 septembre 2003, après le meurtre quatre jours plus tôt de son ami et collègue de travail, Jason Reichardt, vingt-sept ans, découvert tué d'une balle dans la tête à son domicile d'Aurora. White, sans emploi et dormant dans sa voiture, est recueilli par Reichardt qui lui obtient un travail chez son employeur.

Quelques jours avant le crime, Richard White quitte son poste sans prévenir et il cherche à dérober le véhicule de Reichardt, lorsque celui-ci le surprend. Le meurtrier téléphone à sa sœur pour lui apprendre qu'il a fait « une connerie ». Pendant les heures qui suivent, White fait preuve d'une nervosité extrême et il dégaine son arme dès qu'une voiture croise son chemin. Il veut utiliser le véhicule de son ami pour une expédition punitive à l'encontre de dealers qui l'ont escroqué. Lorsqu'il est interpellé par les policiers d'Aurora, White avoue rapidement qu'il a tué cinq prostituées par strangulation et que les corps ont été cachés un peu partout dans le Colorado. Après ses aveux, les enquêteurs découvrent les restes de deux victimes dans le jardin de White, au 2885 Albion Street, à Denver ; seule Annaletia Maria Gonzales, vingt-sept ans, originaire de Denver, a pu être identifiée grâce à son ADN. Elles ont probablement été enterrées en octobre 2001.

Depuis les aveux du tueur, plusieurs prostituées ont témoigné pour raconter des agressions dont elles ont été victimes de la part de Richard White. Courant 2000, Tracy est installée au croisement de Columbine Street et d'East Colfax Avenue, lorsqu'un conducteur gare son pickup pour la faire monter à bord. Il est aux environs de midi et Tracy remarque que les mains de White tremblent, ses cheveux sont sales et décoiffés, tandis que ses yeux donnent l'impression qu'il est sous l'influence de speed. « Il était complètement parano. Il regardait de gauche et de droite, pour voir si quelqu'un nous observait. Peut-être savait-il qu'il allait me faire du mal. On s'est mis d'accord pour un tarif de 40 $, mais, quand je lui ai demandé le fric, il a hurlé qu'il fallait d'abord aller ailleurs. Il m'a dit : « on va faire ça bien. Rapproche-toi, comme si t'étais ma petite amie ». Il s'est garé sur un parking, à l'arrière d'un immeuble.

Il a fait semblant de chercher du fric dans son portefeuille mais il a sorti un pic à glace. D'une main, il m'a pris par les cheveux pour me forcer à lui faire une pipe et de l'autre il pressait la pointe sur ma nuque. Il a commencé à crier des injures à l'encontre des prostituées de Colfax : « toutes des salopes. Elles veulent avoir du pognon pour rien faire ! » Je me suis débattue et il a commencé à me labourer les bras et les jambes à coups de pic à glace. J'ai cru que j'allais y passer. Puis White a dû voir quelqu'un car il a démarré à toute vitesse et j'en ai profité pour ouvrir la portière. À l'époque, je n'ai pas porté plainte, parce que les flics me recherchaient pour prostitution aggravée. »

En novembre 2004, Richard Paul White est condamné à trois peines de prison à perpétuité qui s'ajoutent à cent-quarante-quatre années de réclusion pour le viol et les tortures de trois autres victimes qui ont survécues.

12 SEPTEMBRE 2007

DÉBUT DE L'ENQUÊTE SUR UN INFIRMIER SERIAL KILLER À GAND

En l'espace d'une semaine en 2007, Kurt Dobbelaere, un infirmier de quarante-cinq ans, a administré une dose mortelle d'insuline à cinq pensionnaires. Accusé d'un quadruple assassinat et d'une tentative de meurtre, il affirme avoir agi sur les ordres de sa défunte mère dont la voix lui a ordonné de commettre ces crimes. Les faits se sont déroulés dans la maison de repos « Bagattenstraat » à Gand. Dobbelaere est accusé de l'assassinat d'Yvonne Van Cauwenberghe, quatre-vingt-cinq ans, le 24 août, d'Albrecht Landuyt, quatre-vingt-huit ans, le 25 août, de Palmyre Antheunissen, quatre-vingt-six ans, le 31 août et de Germaine Haeghens, quatre-vingt-treize ans, le 12 septembre. Une cinquième victime, Fernande M., âgée de quatre-vingt-deux ans, est tombée dans le coma après avoir reçu la dose d'insuline, mais elle a survécu. Sa mère choisissait les numéros de chambre et il devait « lui amener » les victimes, explique-t-il. Les psychiatres estiment que Dobbelaere est totalement responsable de ses actes et qu'il a inventé de toutes pièces la thèse de « la voix ».

Le 2 avril 2010, Kurt Dobbelaere est condamné à la réclusion criminelle à perpétuité par la cour d'assises de Gand.

13 SEPTEMBRE 1978

LE TUEUR EN SÉRIE RODNEY ALCALA PARTICIPE À *TOURNEZ MANÈGE*

Reconnu coupable de cinq meurtres, Rodney Alcala, est un ancien participant de l'émission *The Dating Game* (*Tournez manège*) en 1978. Photographe reconnu dans les milieux artistiques et underground de Los Angeles et de New York, il avait séduit sans grande difficulté Cheryl Bradshaw face à ses deux concurrents. À la question « quel est votre moment favori de la journée ? », il avait répondu « la nuit », avec une évidente connotation sexuelle. Après l'émission, la jeune femme avait malgré tout refusé d'aller plus loin, expliquant que son nouveau prétendant lui « donnait la chair de poule ». Un an avant sa participation à *Tournez manège*, Alcala avait déjà tué au moins trois jeunes femmes dans la région de Los Angeles et il faisait figure de suspect à cause de son inclusion dans le fichier des délinquants sexuels. En 1971, il avait été condamné pour viol et tentative de meurtre sur une fillette de huit ans pour être libéré après trois ans de prison.

Dans les mois qui suivent l'émission, il commet au moins deux nouveaux crimes. À chaque fois, les corps sont retrouvés mutilés. Rodney Alcala a été condamné à la peine de mort pour les cinq affaires remontant à la période 1977-1979. Le jury de Santa Ana, en Californie, lui a infligé la peine capitale. Les policiers, qui ont enquêté sur ces cinq affaires, estiment que Rodney Alcala, âgé de soixante-six ans, pourrait avoir fait bien d'autres victimes. Les enquêteurs cherchent notamment à identifier deux cent quinze personnes retrouvées dans les archives personnelles du tueur en série.

POUR EN SAVOIR PLUS :

Les 215 photos découvertes au domicile du tueur de *Tournez manège* :

- http ://www.nydailynews.com/news/nypd-seeks-clues-photos-serial-killer-rodney-alcala-gallery-1.7546

Un documentaire *The Killing Game* de l'émission *48 Hours* de CBS News :

- http ://www.youtube.com/watch?v=OD5uOTCxRCk

L'émission de *Tournez manège* avec le serial killer Rodney Alcala :

- http ://www.youtube.com/watch?v=9Uf95INZmWI

14 SEPTEMBRE 2005

UN TUEUR EN SÉRIE EST ARRÊTÉ DANS LA PROVINCE DU SICHUAN

Hu Daoping, qui a assassiné sept personnes en 2004 et 2005, a été arrêté dans le district de Yuechi, dans la province du Sichuan. Il a aussi volé des bijoux pour une valeur de 40 000 € dans une bijouterie le 1er décembre 2003 et dérobé 15 000 € dans une banque, toujours à Yuechi. Les sept victimes sont deux bijoutiers, deux policiers et trois vigiles qui ont été abattues au cours de ces vols.

15 SEPTEMBRE 1996

DÉCÈS D'OTTIS TOOLE, LE « CANNIBALE DE JACKSONVILLE »

Ottis Elwood Toole est né à Jacksonville, en Floride, le 5 mars 1947. Il est le huitième enfant de Sarah Toole et de son mari alcoolique, William Henry Toole, peintre en bâtiment. Le couple donne naissance à neuf enfants. La famille vit à Springfield, un district du nord du « downtown » Jacksonville. Autrefois quartier élégant, ses boutiques ont été remplacées par des bars louches, et la criminalité y est très forte. Sarah Toole perd trois enfants en bas âge : deux jumelles mortes avant d'atteindre leur second anniversaire et Albert, le dernier-né, emporté par une méningite. Peu de temps après la naissance d'Ottis, Sarah Toole met son mari à la porte. Celui-ci ne donne plus jamais de ses nouvelles. Obligée de travailler pour nourrir sa marmaille, Sarah les élève à la dure en appliquant les préceptes de la Bible qu'elle cite constamment en exemple.

Timide à l'excès, Ottis se réfugie toujours dans les jupes de sa mère : il exige beaucoup plus d'attention que ses autres frères et sœurs. À cinq ans, il accompagne sa grand-mère sataniste dans des expéditions nocturnes et l'aide à déterrer des cadavres dans des cimetières. Authentique sorcière, jeteuse de sorts, la grand-mère punit le jeune Ottis en lui versant des pots de chambre sur la tête quand il refuse d'obéir : elle le surnomme bientôt « The Devil's Child », (« l'Enfant du Diable »). À l'école, il sert de souffre-douleur à ses camarades qui l'accablent de quolibets et d'insultes, parce qu'il apprend trop lentement ses leçons, même les plus élémentaires. Un jour, dans la cour, un enfant lui envoie une pierre qui le touche à la tête. Ottis en conservera des séquelles, il aura des convulsions et piquera des crises fréquentes. Il préfère la compagnie de ses frères et sœurs, et, plus particulièrement, celle de Drusilla, sa sœur aînée. Drusilla adore le déguiser en petite fille. À dix ans, elle a déjà perdu sa virginité et initie son jeune frère au sexe. Abusé sexuellement par son père, Ottis subit le même sort avec son beau-père, Robert Harley. Drusilla l'oblige à se prostituer dès six ans, mais elle se fait arrêter par la police et file en maison de correction. Ottis, qui étudie peu et mal dans des classes spéciales, fait d'énormes progrès en matière de sexe grâce à Drusilla. Les jeux érotiques de sa sœur le mettent toutefois mal à l'aise et il préfère ceux que lui enseigne un de ses voisins adultes. Ses camarades de classe sont excités lorsqu'ils regardent des photos de femmes nues dans les « girlie » magazines, mais Ottis reste de marbre. La vue d'un incendie, en revanche, le plonge dans une profonde extase érotique qui provoque aussitôt une forte érection. Ottis adore le feu, surtout les flammes hautes, la nuit. Il allume des incendies dans des maisons abandonnées de son quartier, à Jacksonville, puis il se cache dans l'ombre et jouit du spectacle en se masturbant avec frénésie. La plupart du temps, il en a les jambes coupées et il doit se reposer une dizaine de minutes avant de rentrer chez lui. Le feu et le sexe le libèrent de la peur et de la tension qui l'étreignent en permanence. Après, il se sent heureux.

Un premier crime à quatorze ans

Toole effectue un grand nombre de fugues, mais il revient toujours au foyer. Dès l'âge de huit ans, il absorbe de grandes quantités d'alcool et se drogue régulièrement. À douze ans, il est arrêté pour la première fois par la police pour vol de bicyclette. On le relâche sous contrôle judiciaire mais, quelques mois plus tard, il est surpris en train de cambrioler. Cette fois, la justice le condamne, le 30 octobre 1960, à la maison de correction, au Florida State School for Boys. Lorsqu'il quitte cet établissement il décide d'abandonner définitivement l'école. Âgé de treize ans, il mesure plus d'un mètre quatre-vingts et possède un physique avantageux. Il sait se défendre et châtier ceux qui se moquent de lui. Sa mère tente de calmer sa nature violente en le bourrant de barbituriques, mais rien n'y fait et Ottis se fait même tirer dessus par un de ses frères. Il fréquente assidûment le Confederate Park où les toilettes publiques servent de lieu de rendez-vous aux homosexuels. Durant l'été 1964, on l'arrête pour prostitution. Il est condamné à travailler trois mois dans une ferme pénitentiaire au nord de la ville. Un mois après sa libération, Ottis se retrouve condamné à quatre-vingt-dix jours d'emprisonnement pour le vol d'une batterie de voiture.

La fois suivante, il ne se contente plus de la batterie, mais il vole un véhicule qu'il tente de passer dans l'état voisin. Il écope de deux ans de travaux forcés au Federal Correctional Institute, à Ashland, dans le Kentucky. Libéré en 1967, Toole reste libre trois semaines avant d'être à nouveau incarcéré. Jusqu'au début des années 1970, il alterne ainsi de brèves périodes de liberté avec des séjours derrière les barreaux. À vingt-cinq ans, Ottis Toole totalise déjà treize condamnations qui vont du vol à la prostitution, en passant par le vagabondage ou la possession illégale d'une arme à feu.

S'il est arrêté pour des délits mineurs, Toole est déjà un assassin impuni. Selon ses propres dires, lors d'une de ses nombreuses fugues en Californie, il commet son premier meurtre à l'âge de quatorze ans, après avoir été pris en auto-stop par un voyageur de commerce et son compagnon. À bord du véhicule, Toole assiste à une dispute entre les deux hommes. Le conducteur poignarde son ami avant de menacer Ottis, qui sort de la voiture. Après une poursuite dans les bois, Toole parvient à prendre le volant et écrase le chauffeur avec son propre véhicule.

Mentalement retardé, avec un quotient intellectuel de 75, Toole éprouve encore de grosses difficultés à lire ou à écrire. Dès qu'il est libre, il retourne chez sa famille, sa mère Sarah, son beau-père Robert Harley et sa sœur Drusilla. À l'image d'Ottis, celle-ci s'adonne à la boisson et aux drogues, et elle collectionne les hommes. Elle donne naissance à trois enfants de deux pères différents : Sarah, Frieda « Becky » Powell, née le 27 février 1967, et Frank Jr., qui naît en 1968. Ottis Toole se marie mais sa femme le quitte au bout de trois jours, dégoûtée par ses tendances homosexuelles. Grâce aux leçons de sa sœur, il a gardé le goût de s'habiller en femme. Habilement maquillé, le corps rasé de près, il connaît un franc succès dans les bars spécialisés du « downtown » Jacksonville. Pendant un temps, il s'injecte même des hormones pour développer sa poitrine et se donner une allure plus féminine. Les hommes préférés d'Ottis sont les bisexuels : il adore les ramener chez lui, leur faire l'amour, les regarder caresser sa jeune nièce Sarah Jr. La nuit, Ottis perd toute inhibition quand il est « en chasse ». Lorsqu'il travaille, il semble tout différent : dur au mal, il est capable de soulever une armoire à lui tout seul, mais, réservé et timide, il ne parle pratiquement pas à ses collègues. Son caractère s'assombrit lorsqu'il est en manque ou croit que quelqu'un se moque de lui. L'une de ses sœurs se souvient qu'il a un jour pourchassé un homme dans la rue qui l'avait traité de « pédé ». Il lui avait tiré dessus avec une carabine.22 long rifle.

Un tueur sur la route

En 1974, Toole vagabonde à travers les états de l'Ouest à bord d'une vieille camionnette. À l'époque, personne ne prête attention à ses trajets, mais au vu de ses itinéraires, les autorités le suspectent d'avoir assassiné un minimum de quatre personnes en six mois. Le 18 avril 1974, Patricia Webb, âgée de vingt-quatre ans, est abattue à Lincoln, dans le Nebraska. Le 1er juillet, Shelley Robertson, vingt-quatre ans, disparaît dans des circonstances mystérieuses à Golden, dans le Colorado. Son cadavre nu est retrouvé le 1er août, à Berthed Pass. Ted Bundy a été accusé du crime mais le dernier témoin à avoir aperçu Shelley vivante, un policier, l'a vue monter dans une vieille camionnette conduite par un « homme échevelé et sale ». Ted Bundy, qui était toujours impeccablement habillé, conduisait une Coccinelle.

Le 19 septembre 1974, un homme se présente, l'arme au poing, dans un salon de massage de Colorado Springs. Une employée, Yon Lee, est poignardée avant d'avoir la gorge tranchée. Le tueur se précipite sur Sun Ok Cousin qui est violée, poignardée et se fait tirer dessus. L'assaillant met le feu aux deux victimes mais Yon Lee survit et donne une description de l'assassin, un homme rasé de près, mesurant un mètre quatre-vingt-cinq pour quatre-vingt-dix kilos environ et conduisant une camionnette blanche. Pour d'obscures raisons, la police arrête puis fait condamner Park Estep, un soldat moustachu d'un mètre soixante-cinq, pesant à peine soixante-dix kilos et possédant une camionnette rouge. Ottis Toole a toujours affirmé sa culpabilité et il semble que désormais les autorités le croient puisqu'il doit être extradé au Colorado pour être entendu à ce sujet.

Le 10 octobre 1974, Ellen Holman, trente et un ans, est kidnappée à Pueblo, dans le Colorado. On retrouve son cadavre près de la frontière de l'Oklahoma : elle a été tuée de trois balles dans la tête. La police estime que Toole est son assassin.

La folie à deux

Le 14 janvier 1977, au grand étonnement de sa famille, Ottis Toole épouse une femme de vingt-quatre ans son aînée. Novella Toole est surprise de devoir partager sa couche avec les hommes que drague son mari : « quelques nuits après notre mariage, Ottis me déclare son extrême nervosité quand il ne peut pas avoir d'homme. Il connaît alors de brusques crises de colère et n'arrive plus à être excité par une femme. » Quand il désire un compagnon pour la nuit, à Jacksonville, Toole se rend souvent sur Main Street, dans une antenne locale de l'Armée du Salut. C'est là, en février 1979, qu'il reconnaît Henry Lee Lucas. Les deux hommes se sont déjà rencontrés dans un bar de Pennsylvanie autour de quelques bières, alors qu'Ottis était en route pour la Floride. Henry Lee Lucas est sans doute le serial killer le plus controversé de l'histoire du crime américain. Né le 23 août 1936, ce borgne sadique, bisexuel, a été condamné pour onze meurtres. Il est soupçonné d'avoir directement participé à cent cinquante-sept assassinats. Lucas tue sa mère, une prostituée alcoolique, en 1960, passe dix années en prison, avant d'être condamné une fois de plus pour une tentative de kidnapping sur deux jeunes adolescentes, au début des années 1970. Par la suite, il vit d'expédients et traîne à travers les États-Unis. Il tue. Il viole les cadavres de femmes, d'hommes ou d'enfants. En 1985, après ses aveux, Lucas change de stratégie et assure que ses confessions étaient mensongères. Depuis, il a de nouveau confirmé ses aveux. Même si Henry Lee Lucas est un simulateur invétéré, il a commis plusieurs dizaines de crimes. La police a retrouvé des cadavres et des preuves sur les lieux qu'il a indiqués. Dans les années 1990, il sert d'enjeu politique dans une lutte d'influence entre des politiciens texans, la presse, certains journalistes peu scrupuleux et les Texas Rangers accusés d'avoir fait endosser à Lucas trop de crimes non élucidés. Les enquêtes et le procès de Lucas se poursuivent à l'heure actuelle.

En ce dimanche de février 1979, Toole ignore la vraie nature de Henry Lee Lucas. Il le ramène chez lui, le lave et devient son amant. Sachant que Lucas n'a pas d'argent, il lui propose de rester. Ils se découvrent une passion commune : le meurtre. Les deux hommes travaillent à l'occasion pour une entreprise de bâtiment de Jacksonville, Southeast Color Coat. Couvreurs, ils ne gagnent pas beaucoup, juste un peu plus de cent dollars par semaine, mais avec ce maigre salaire complété par quelques vols, Lucas achète une voiture d'occasion, à la plus grande joie de Toole. Celui-ci adore en effet les voitures, mais il n'a pas son permis, ce qui lui a déjà valu deux arrestations, et il éprouve quelques difficultés à interpréter correctement les panneaux de signalisation. La directrice du personnel, Eileen Knight, se souvient très bien de Toole et de Lucas : « Ottis s'absentait régulièrement, mais nous le réengagions toujours, car il travaillait bien. Ils quittaient souvent Jacksonville. Toole ne s'intéressait qu'à une chose : sa vieille bagnole. Je crois qu'ils s'en servaient pour des cambriolages, car ils ne semblaient jamais être à court d'argent pour des gens qui ne travaillaient pas régulièrement. »

Lucas et Toole passent de plus en plus de temps à errer le long de l'autoroute I-35. Souvent, ils emmènent les enfants de Drusilla, Frank et surtout Becky, dont Lucas est tombé amoureux. A l'époque, Frieda « Becky » n'a que douze ans. Leurs crimes ne sont jamais préparés, c'est l'occasion qui met sur leur chemin des auto-stoppeurs ou des automobilistes en panne au bord de l'autoroute. La victime est emmenée dans un chemin de traverse, tuée, puis très souvent violée par les deux hommes avant d'être mutilée. Toole, qui a un penchant pour la chair humaine, cuit des bras ou des cuisses au barbecue. Henry Lee Lucas n'apprécie que modérément ce genre de cuisine, il estime que la sauce barbecue de Toole est trop épicée. Lors d'un de ces voyages, Toole aurait présenté Lucas à une secte satanique, « The Hand of Death », pour laquelle les deux hommes auraient accompli de nombreuses « missions » : kidnapping d'enfants, sacrifices humains, fourniture de victimes pour des films pornos extrêmes, les snuff movies où l'on tue en direct. Parmi leurs premières victimes connues, un couple d'adolescents, Rita Salazar et Kevin Key, dont le véhicule est tombé en panne d'essence sur l'autoroute I-35. C'est Toole qui abat le jeune homme de dix balles de.22 long rifle, Lucas se charge de Rita. Ils ne touchent pas aux corps et se contentent des dollars récupérés dans les poches de leurs victimes. Le 2 octobre 1979, Sandra Mae Dubbs, trente-quatre ans, tombe en panne non loin d'Austin, au Texas. Elle est prise en stop par les deux fous, poignardée plus de trente fois et éviscérée par Toole. Les deux hommes violent son cadavre à plusieurs reprises. Le 1er novembre 1979, on découvre le corps nu d'une jeune femme non identifiée à ce jour. Seul signe distinctif : des chaussettes orange qui lui vaudront le surnom de « Orange Socks ». Le corps a été déposé sous un pont, non loin de la I-35. « Orange Socks » est morte étranglée, mais sans subir de violences sexuelles. Le shérif Boutwell, chargé de ces trois assassinats, découvre dans la presse régionale d'autres crimes semblables dont les victimes ont été retrouvées près de la même route. Il convoque une conférence impromptue le 28 octobre 1980, à Austin, où se rendent des officiers de police de dix-huit juridictions. Ils étudient ensemble une vingtaine d'homicides. Les victimes varient en âge et en sexe, certaines ont subi des violences sexuelles, d'autres sont mortes étranglées, poignardées ou le crâne fracassé à coups de pierre. Les policiers échangent leurs dossiers et décident de se tenir au courant de tout nouveau crime.

La trahison

Le 16 mai 1981, la mère d'Ottis décède d'une crise cardiaque à la veille de ses soixante-dix ans. On l'enterre au cimetière d'Evergreen. Ottis refuse d'admettre l'évidence. Il déclare souvent à Henry Lee Lucas que sa mère est en train de dormir. La nuit, il se rend au cimetière, en sautant par-dessus le mur, pour s'allonger sur la tombe. Il sent alors le sol trembler, mais il s'agit de secousses causées par le passage des trains qui longent le cimetière. Ottis entend sa mère lui parler : elle lui enjoint de se suicider pour la rejoindre.

Le 27 juillet, Adam Walsh, un enfant de six ans, disparaît d'un centre commercial de Hollywood, en Floride, et l'on retrouve le 10 août sa tête dans un canal de Vero Beach. Cette affaire donne lieu à une véritable croisade des parents d'Adam qui réussissent à faire voter au Congrès une loi permettant aux parents d'enfants disparus de consulter l'ordinateur du FBI. Depuis, John et Reve Walsh ont créé une association, « Adam Walsh Child Resource Center », à West Palm Beach, en Floride, destinée à aider ce genre de recherches. John Walsh est également producteur d'une émission, *America's Most Wanted*, qui reconstitue des affaires criminelles non résolues et lance des appels à témoins. Deux téléfilms, *Adam* (1983) de Michael Tuchner et *Adam : His Song Continues* (1986) de Robert Markowitz, traitent de cette affaire. Leur passage à la télévision américaine a été suivi par la diffusion de dizaines de photos d'enfants disparus et un certain nombre d'entre eux a été retrouvé grâce à ce procédé.

1981 est une mauvaise année pour Toole. Le 16 décembre Drusilla décède d'une overdose. Ses enfants Becky et Frank sont confiés à une institution de l'État de Floride. Quinze jours plus tard, Becky s'enfuit et rejoint Henry Lee Lucas sur les routes, abandonnant Ottis qui entend toujours des voix lui parler de suicide. Le 4 janvier 1982, à Jacksonville, une vieille demeure victorienne de deux étages brûle entièrement, causant la mort de George Sonnenberg, âgé de soixante-cinq ans. Après enquête, la police conclut à un accident, et ce n'est qu'en 1983 que Lucas désigne Toole comme le responsable de cet incendie. S'estimant trahi par son ami qui l'a abandonné, Toole broie du noir, sombre dans l'alcool et la drogue. Entre février 1982 et février 1983, il vagabonde à travers six états, tue neuf personnes au passage et allume près d'une centaine d'incendies à Jacksonville et dans ses environs.

Pendant ce temps, Henry Lucas et Becky Powell s'installent dans une communauté religieuse de Montague, au Texas. Ils sont engagés comme domestiques par une fermière de quatre vint ans, Kate Pearl Rich. Le 18 septembre 1982, le shérif de Montague apprend la disparition de la vieille dame. Il en vient très vite à soupçonner Lucas, parti en Californie. Lorsqu'il retourne à Montague, le 17 octobre 1982, Lucas est seul. Il explique au shérif que Becky l'a quitté pour un camionneur et qu'il ignore tout de la disparition de Kate Rich. Sa voiture, abandonnée en Californie, comporte des taches de sang humain sur l'un des sièges. Lucas accepte de passer au détecteur de mensonge. Le test confirme les soupçons des policiers mais ils ne possèdent pas de preuves pour arrêter Lucas. Malgré de nombreux interrogatoires, le suspect s'en tient à son récit et ils sont obligés de le relâcher.

Les aveux de Lucas

Lucas n'est pas un criminel ordinaire. Au lieu de fuir, il reste. Finalement, le 11 juin 1983, il est arrêté pour possession illégale d'une arme à feu. Le 15 juin, il avoue qu'il a tué d'innombrables personnes, dont sa compagne, Becky Powell, poignardée le 24 août 1982 parce qu'elle voulait retourner à Jacksonville. Après l'avoir assassinée, il lui a fait l'amour une dernière fois avant de découper son cadavre en neuf morceaux et d'en disperser les restes dans les bois. Il reconnaît également le meurtre de Kate Rich dont on retrouve les ossements brûlés dans un four. Lucas a violé le cadavre de la vieille dame. Dans les mois qui suivront, Henry Lee Lucas reconnaîtra avoir participé à plusieurs centaines de crimes avant de se rétracter pour ne plus avouer que le seul assassinat de sa mère. Habile manipulateur, il profite à merveille de la volonté qu'ont certains policiers de clore des « cold cases ». Lucas ment effrontément, il endosse la responsabilité de meurtres qu'il n'a pas commis mais il emmène les enquêteurs sur des lieux où ils ramassent en effet des restes humains. Les Texas Rangers et les policiers de Jacksonville le croient toujours responsable de cent cinquante-sept assassinats, dont cent huit commis avec Ottis Toole, chacun ayant par ailleurs tué seul de son côté.

Le 22 juin 1983, le shérif Boutwell rend visite à Henry Lee Lucas qui signe des aveux concernant les assassinats de Sandra Mae Dubbs, Kevin Key et Rita Salazar. Emprisonné, il écrit à Ottis Toole, l'assurant qu'il ne l'a pas impliqué auprès des autorités, ce qui est faux. Par un curieux hasard, Toole se trouve sous les verrous à Jacksonville depuis le 6 juin. Deux complices avec lesquels il avait déclenché des incendies l'ont dénoncé. Toole plaide coupable. Il est condamné le 5 août à vingt ans de prison. À la suite des aveux de Lucas qui impliquent Toole, les Texas Rangers avertissent la police de Jacksonville, qui interroge Lucas le 11 août. Au cours de cet entretien ils apprennent que la prétendue mort accidentelle de George Sonnenberg, le 4 janvier 1982, est en fait due à Toole. De retour à la Florida State Prison, les policiers de Jacksonville n'ont aucun mal à obtenir une confirmation d'Ottis Toole qui signe des aveux complets, ajoutant même qu'il avait allumé près d'une centaine d'incendies au cours de l'année écoulée. Le 21 octobre, Toole confesse par écrit qu'il a tué le jeune Adam Walsh, qu'il a « adoré baiser ce succulent garçon, dont les cris d'effroi lui ont procuré beaucoup de plaisir ». Le chef Leroy Hessler organise une conférence de presse et informe les médias que « certains détails ne peuvent être connus que par l'assassin. C'est Toole le coupable. Il m'a convaincu ». Toole connaît des moments difficiles en prison, ses codétenus lui pissent dessus ou lui balancent leurs gamelles à la figure. En fait, cette lettre d'aveux lui a été dictée par un autre serial killer, Gerard John Schaefer, auteur du *Journal d'un tueur* (paru aux éditions Jacques Bertoin), le responsable supposé du meurtre de trente-quatre femmes. Ayant vu cette lettre, je peux confirmer qu'elle est écrite de la main de Schaefer et signée par Ottis Toole. Par d'autres sources, j'ai également pu lire un courrier de G. J. Schaefer adressé aux forces de l'ordre où celui-ci demande à bénéficier de faveurs pour avoir dénoncé un « dangereux criminel tel que Toole ». Les policiers ne restent pas longtemps sur leur première impression et, quelques semaines plus tard, ils annoncent que Toole n'est plus officiellement considéré comme suspect dans l'assassinat d'Adam Walsh.

Le 28 décembre 1983, Lucas est amené par avion à Jacksonville afin d'y être confronté avec Toole, pour la première fois depuis leurs arrestations. Dans le bref entretien filmé qui s'ensuit, Lucas avoue à son amant et complice qu'il a tué Becky Powell et il lui en demande pardon. Toole le lui accorde. Les deux hommes s'enlacent brièvement avant d'être séparés par les policiers pour des interrogatoires dans des pièces contiguës.

D'après les récits de leurs crimes, on constate que Henry Lee Lucas et Ottis Toole sont des serial killers nomades qui choisissaient leurs victimes parmi les auto-stoppeurs ou les auto-stoppeuses. Lucas tue presque toujours les femmes, Toole se réserve plutôt les hommes. Lucas poignarde ou étrangle tandis que Toole utilise des armes à feu, surtout des calibres.22. Les deux hommes mutilent presque toujours leurs victimes, Lucas les mord ou les déchiquette avec un couteau, il coupe les parties génitales et tente de les décapiter. Une fois au moins, Lucas traverse plusieurs états avec la tête coupée d'une femme posée sur le siège arrière de sa voiture. Toole, quant à lui, préfère découper les cadavres d'hommes – notamment les fesses et les côtes – pour les cuire et les manger. Lucas viole de façon presque systématique les femmes qu'il a tuées, Toole plutôt les hommes. Malgré leurs aveux détaillés, la seule partie de leurs récits qui soulève un certain nombre de doutes concerne leur appartenance à la secte satanique « The Hand of Death », pour laquelle ils auraient accompli des « missions ». La police n'a jamais pu prouver l'existence d'un tel groupe sous la forme d'une structure organisée.

Condamnés à mort

Le vendredi 13 avril 1984, Henry Lee Lucas est condamné à mort pour les meurtres de Becky Powell et « Orange Socks ». En cette fin d'année 1991, il a été jugé et condamné pour les assassinats suivants :

– perpétuité pour la mort de Kate Rich, quatre-vingt ans ;

– perpétuité pour avoir poignardé Linda Phillips, vingt-six ans, le 9 août 1970, dans l'État du Texas ;

– perpétuité pour avoir abattu l'officier de police Clemmie Curtis, le 3 août 1976, en Virginie ;

– soixante ans de prison pour le viol et le meurtre de Lillie Pearl Darty, dix-huit ans, le 1er novembre 1977, au Texas ;

– soixante-quinze années d'emprisonnement pour avoir étranglé Dianna Bryant, au Texas ;

– perpétuité pour avoir poignardé Glenna Biggers, soixante-six ans, le 19 décembre 1982, au Texas. Son corps a été empalé et une fourchette profondément enfoncée dans son cou ;

– perpétuité pour une victime non identifiée, le 17 mars 1983, au Texas ;

– perpétuité pour le meurtre, le 18 avril 1983, de Laura Jean Domez, seize ans, au Texas.

En décembre 1990, Henry Lee Lucas est inculpé pour quatre meurtres commis en Floride. Il reste officiellement inculpé de vingt autres assassinats, d'autres juridictions ont abandonné pour s'épargner des controverses médiatiques et politiques qui se sont attachées à la personnalité de Lucas. Certains procureurs ont hésité à le poursuivre à cause du coût très élevé – parfois plusieurs millions de dollars –, de l'instruction d'un procès, d'autant que Lucas a déjà été condamné à mort au Texas. Le 22 mars 1989, après les divers appels qui suivent automatiquement toute condamnation à mort aux États-Unis, et ralentissent la procédure judiciaire, une première date d'exécution est prononcée pour le 3 décembre 1990. Mais le 29 novembre elle est repoussée à une date ultérieure par la Court of Criminal Appeals. Le 27 juin 1998, le gouverneur George Bush commue la peine de mort de Lucas en réclusion à perpétuité, car il est reconnu innocent du meurtre de « Orange Socks ». Il décède d'une crise cardiaque le 11 mars 2002.

Ottis Toole, quant à lui, est condamné à mort pour le meurtre de George Sonnenberg, le 18 mai 1984. En novembre 1985 la Cour suprême de Floride change la condamnation à mort de Toole en perpétuité, estimant que son jugement n'a pas tenu compte de circonstances atténuantes, notamment son état de délabrement mental au moment du meurtre. Toole a tout de même été condamné à perpétuité pour l'assassinat d'Ada Mildred Johnson, dix-neuf ans, en Floride. Il est décédé le 15 septembre 1996 des suites d'une maladie du foie dans la prison de Starke.

HENRY : PORTRAIT OF A SERIAL KILLER

Véritable OVNI cinématographique, *Henry : Portrait of a Serial Killer* réalisé en 1986 par John McNaughton avec Michael Rooker (Henry), Tracy Arnold et Tom Towles, est une authentique expérience dont on ne peut pas sortir indemne. C'est un film que l'on admire mais qu'il est impossible d'aimer, tellement ses trois protagonistes sont tous plus odieux les uns que les autres. Malgré l'utilisation des prénoms réels de Henry, Otis et Becky, le film est une fiction réaliste qui ne cherche pas à rester fidèle à la véritable histoire de Henry Lee Lucas, Ottis Toole et Becky Powell, ainsi que l'affirme John McNaughton ; « l'idée du film lui est venue d'un entretien avec Lucas auquel il a assisté à la télévision. La mise en scène, je dirais même la mise en abîme, de John McNaughton nous enferme dans le quotidien banal de Henry, un tueur en série sans états d'âme, et de son complice Otis. Une séquence particulièrement atroce, celle où les tueurs revoient au ralenti et en buvant une bière, les meilleurs moments du massacre d'une famille filmée au camescope, nous interpelle et nous renvoie, nous spectateurs, à notre position de voyeurs. Cette scène est aussi une sorte d'hommage à l'admirable *Peeping Tom* de Michael Powell, tourné en 1960.

Tourné en 16 mm pour un budget dérisoire en 1986, mais bloqué pendant près de quatre ans pour des faillites successives de ses producteurs et distributeurs, *Henry : Portrait of a Serial Killer* devient petit à petit un film culte grâce au circuit des séances de minuit à travers les États-Unis.

Reconnu à sa juste valeur, notamment par des cinéastes aussi prestigieux que Martin Scorsese, le film permet à John McNaughton de tourner quelques productions plus importantes comme *Mad Dog and Glory*, produit par Scorsese, ou *Sex Crimes* et à Michael Rooker, l'interprète de Henry, de décrocher des rôles dans des gros budgets hollywoodiens tels que *JFK*, *Mississipi Burning* ou dans la série *Walking Dead*. Mais ces deux réalisations sont loin d'atteindre la puissance de *Henry* et ce n'est qu'avec une nouvelle production indépendante, *A Normal Life*, que McNaughton retrouve la grande forme. Diffusé en avril 1999 sur Cinéstar et inspiré d'un fait-divers réel, *A Normal Life* explore, en flash-back, la chute d'un flic qui plonge dans le crime pour l'amour d'une femme déséquilibrée. Signalons que *Henry : Portrait of a Serial Killer* est devenu un film difficile à voir malgré une diffusion vidéo par René Chateau, avant que Jean-Pierre Dionnet ait le courage de le diffuser pour la première fois à la télévision dans son émission *Quartier interdit*, sur Canal Plus.

Filmé dix ans plus tard, *Henry : Portrait of a Serial Killer, Part 2*, réalisé en 1996 par Chuck Parello avec Neil Giuntoli (Henry), Rich Komenich et Kate Walsh, est une pauvre copie du précédent, financé par les producteurs du film de McNaughton. Seuls rescapés du premier, Robert McNaughton, Rick Paul et Patricia Hart, retrouvent respectivement leurs postes d'auteur de la musique, des décors et des costumes. On y suit les tribulations, d'abord solitaires, de Henry, interprété par le médiocre et bedonnant Neil Giuntoli, qui fait une brève référence à la mort de Becky et Otis. Le film démarre, comme le premier, par de lents travellings sur plusieurs des victimes de Henry, avant de le voir à l'œuvre sur une femme qu'il achève à coups de barre de fer, après un laconique « No more question ». Marginal, Henry se déplace au gré des refuges de miséreux et des distributions de soupes populaires, où il côtoie notamment un SDF qui veut lui faire l'amour. Il échoue finalement dans une petite ville sinistre et pluvieuse de l'Illinois. Il trouve un emploi dans une entreprise de location de toilettes mobiles (« un travail de merde ! » s'exclame un des personnages) dirigée par Rooter, Kal et son épouse Cricket. Henry est hébergé par Kal, il rencontre Louisa, la sœur de Cricket, timide jeune fille qui enseigne le dessin dans une école pour handicapés.

En visitant la cave de son hôte, Henry se rend compte que Kal et Rooter sont des pyromanes professionnels qui gagnent beaucoup d'argent dans des escroqueries à l'assurance. Bientôt, Henry travaille pour eux et montre ses aptitudes à éliminer des témoins gênants – deux drogués surpris dans un entrepôt désert qu'ils doivent incendier. Petit à petit, il entraîne Kal dans sa spirale meurtrière et le duo commet des crimes gratuits : un SDF qui les importune en voulant nettoyer le pare-brise de leur véhicule ou un pompiste.

Louisa, qui est persécutée par les enfants du voisinage, tombe amoureuse de Henry qui paraît s'intéresser aux peintures macabres qu'elle exécute. Ils dorment ensemble, mais Henry refuse de s'impliquer dans leur idylle : « je suis un homme mauvais. Tu ne t'en rends pas compte, » explique-t-il. Fragile, Louisa se suicide devant Kal, Cricket et Henry, lorsque ce dernier refuse de partir avec elle. Après avoir assassiné un couple, dont il tranche la tête, Henry tue Rooter d'un coup de tournevis dans la narine, puis il se débarrasse de Kal et de Cricket. Après avoir mis le feu à leur maison, il s'enfonce dans la nuit, probablement vers d'autres meurtres

Quasi inconnu aux États-Unis et en Europe, *Confessions of a Serial Killer*, réalisé en 1987 par Mark Blair avec Robert A. Burns (Daniel Ray Hawkins), Dennis Hill (Moon Lewton), Berkley Garrett et Sidney Brammer, est un excellent film à petit budget, entièrement tourné au Texas. Il est le plus fidèle sur le cas de Henry Lee Lucas, Ottis Toole et Becky Powell qui deviennent ici Daniel Ray Hawkins, Moon et Molly Lewton.

Une voiture roule dans la nuit. À son bord, Daniel Ray Hawkins, un petit homme rabougri et moustachu, avec de grosses lunettes, fume cigarette sur cigarette, tout en écoutant de la country-music. Son intérêt s'éveille lorsqu'il aperçoit une jeune femme près de son véhicule en panne. Il lui propose de la déposer dans un garage, mais son comportement inquiète la passagère qui cherche à fuir. Peine perdue : la portière ne peut pas s'ouvrir. Hawkins lui tranche la gorge. Fin du prégénérique.

Nous sommes maintenant le 4 juin 1987, dans une salle d'interrogatoire où le shérif Gaines questionne Hawkins qui accepte de parler, si l'on est « gentil » avec lui. Par des flashbacks successifs, il évoque sa vie criminelle : son premier crime à quinze ans dont la victime est une prostituée, son enfance où lui et sa sœur assistent aux soirées de débauche de leur mère devant un père en fauteuil roulant qui finit par se suicider. Puis, lorsqu'il travaille comme déménageur, c'est la rencontre avec Moon Lewton qui devient son amant. Tous les deux se mettent à assassiner ensemble, avant d'être rejoints par Molly, la sœur de Moon, qui participe à leurs crimes.

En guise de souvenirs, Hawkins prend des Polaroïds de ses différentes victimes qu'il garde dans des cartons à chaussures enfermés dans le casier d'une garde routière. Pendant leurs errances, ils font la connaissance du docteur Krivics qu'ils aident à changer un pneu crevé ; au moment où ils s'apprêtent à le tuer, le passage d'une voiture de police les empêche de passer à l'acte. Reconnaissant de leur coup de main, Krivics les engage pour travailler sur sa propriété où il vit avec sa fille Monica et son assistante Doris Simpson. Le trio meurtrier s'installe dans une grande pièce située au-dessus du garage où ils continuent à emmener des victimes pour les torturer et les assassiner. Mais Moon en a assez de cette existence sédentaire et il prend la route pour se faire arrêter à Baton Rouge, en Louisiane.

Pendant ce temps, Molly tue Doris Simpson qui a trouvé des trophées macabres dans leur chambre. Les événements se précipitent lorsque Daniel Ray Hawkins assassine successivement un policier, Molly et Monica, la fille du Dr Krivics. La nuit venue, il est stoppé pour un contrôle de routine et les policiers découvrent dans le coffre un sac qui contient la tête de Molly. Retour à la salle d'interrogatoire où Daniel Ray Hawkins dévore avec appétit un énorme hamburger, tout en fumant. Il s'adresse au shérif Gaines : « je voulais pas tuer Molly. J'espère que Moon m'en voudra pas. Est-ce que je pourrais avoir un autre milkshake au chocolat ? » Fin du film.

L'acteur qui interprète Daniel Ray Hawkins, Robert A. Burns, est plus connu pour son rôle de décorateur et de directeur artistique sur un certain nombre de films fantastiques indépendants tels que *La colline a des yeux* de Wes Craven ou *Massacre à la tronçonneuse* de Tobe Hooper ; un clin d'œil cinéphilique est d'ailleurs adressé à ce film puisque Robert Burns dépèce une de ses victimes avec une tronçonneuse.

16 SEPTEMBRE 2012

DÉBUT DU PROCÈS D'UN ADOLESCENT FAN DE TED BUNDY QUI TORTURE ET VIOLE UNE FAMILLE DE QUATRE PERSONNES À WINNIPEG

Fan de Ted Bundy, un adolescent de Winnipeg (Canada) voulait dépasser son « maître ». Suivi par trois psychiatres à cause de son obsession pour les serial killers et ses envies de meurtres, il passe à l'acte en octobre 2010. Il suit une jeune fille jusqu'à son domicile où il ligote l'ensemble de la famille, les parents et les deux enfants, avant de les soumettre à des actes dégradants. Il force la mère et son fils à se dénuder pour avoir des relations sexuelles.

Le père et le fils parviennent à se libérer et à le maîtriser. Lorsque la police fouille l'ordinateur de l'apprenti serial killer, on y découvre son journal intime. En voici quelques extraits : « je veux devenir aussi célèbre que Ted Bundy. » Juin 2010 : « j'ai abandonné toute idée de vie normale, je veux tuer des gens. Il est inévitable que je devienne un tueur en série, c'est ma seule voie vers le succès et la toute puissance. »

« J'ai un désir immense de brûler vif une personne dans un cocktail d'enfer. » La Cour de justice de Winnipeg demande et obtient un emprisonnement à vie pour l'accusé, un fait rare au regard de la minorité de l'individu au moment des faits.

17 SEPTEMBRE 1925

NAISSANCE DE JOHN EMIL LIST

Le 9 novembre 1971, ce comptable très religieux tue sa mère, sa femme et ses trois enfants avant de déposer quatre des corps dans la salle de bal de sa maison de dix-huit pièces à Westfield, dans le New Jersey, à l'exception du cinquième cadavre : « mère est au grenier. Elle est trop lourde à déplacer, » explique-t-il dans une lettre à son pasteur. Il disparaît ensuite sans laisser de traces.

Le 1er juin 1989, il est arrêté par la police après la dénonciation d'un téléspectateur qui a vu l'émission *America's Most Wanted* qui lui était consacré. Il vivait à Richmond, en Virginie, sous l'identité de « Robert P. Clark ». Condamné à cinq peines de prison à perpétuité le 1er mai 1990, List décède derrière les barreaux le 21 mars 2008, à l'âge de quatre-vingt-deux ans.

En 1971, List perd son emploi et il a du mal à assumer les dépenses liées à sa vaste demeure et à sa famille nombreuse. Dans une lettre au pasteur de sa paroisse, il explique que sa femme sombre dans la folie à cause de la syphilis et que les années 1970 sont une « époque de péché et de tentations ». En tuant tous les membres de sa famille, il les sauve de Satan, en particulier sa fille aînée qui souhaite devenir actrice.

POUR EN SAVOIR PLUS :

La lettre de John Emil List à son pasteur, le 9 novembre 1971 :

- http ://murderpedia.org/male.L/images/list_john/john_list.pdf

18 SEPTEMBRE 2004

LE SERIAL KILLER JEREMY BRYAN JONES ASSASSINE LISA NICHOLS

Surnommé le « Redneck Ted Bundy », Jeremy Bryan Jones est un adolescent violent qui commet plusieurs viols, avant de passer au meurtre accompagné de mutilations. Condamné à mort pour l'assassinat de Lisa Nichols, une mère de famille de l'Alabama, Jones avoue ensuite avoir commis plus de douze meurtres sur une période de treize ans.

19 SEPTEMBRE 1440

OUVERTURE DU PROCÈS DE GILLES DE RAIS

Né en 1404, Gilles de Rais appartient à l'une des plus grandes familles du début du XVe siècle. Orphelin à onze ans, il est élevé par son grand-père maternel Jean de Craon, un homme violent qui lui apprend la désobéissance envers toute autorité. Gilles raconte qu'« au temps de sa jeunesse, il avait pour son plaisir et selon sa volonté fait tout le mal qu'il pouvait ». À vingt ans, il décide de devenir soldat et se distingue par son courage. Il combat aux côtés de Jeanne d'Arc à Orléans, le 8 mai 1429. Le 17 juillet suivant, à Reims, il participe au sacre de Charles VII, où il est fait maréchal de France. Il dilapide très vite la fortune familiale et, en 1432, un an après la mort de son grand-père, il débute sa vie de criminel. Gilles de Rais croit que l'alchimie va lui permettre de se renflouer. Pour cela, il mène de nombreuses expériences avec un alchimiste à Tiffauges, en Vendée.

Le 15 septembre 1440, Gilles est arrêté. Il est accusé de crime et de sodomie sur des enfants et d'évocation des démons. Plusieurs témoignages font état que « Gilles faisait massacrer de jeunes enfants pour en prendre leur sang et en écrire des formules magiques ». Des rumeurs circulent au sujet de disparitions près des châteaux du sire de Rais, à Tiffauges et à Machecoul, et à l'hôtel de La Suze à Nantes. Des dizaines de parents indiquent que Gilles et ses complices sont responsables : « pauvres gens, ils ont envoyé un de leurs fils, âgé d'environ dix ans, demander l'aumône au château de Machecoul ». Plusieurs serviteurs de Gilles soupçonnés d'avoir participé aux enlèvements et aux meurtres sont incarcérés. Leurs diverses dépositions accablent Gilles de Rais : ils racontent des livraisons d'ossements à Machecoul et Champtocé, des rapts d'enfants, des supplices infligés aux victimes, des débauches qui accompagnent ces forfaits, des évocations du diable. Au bout d'un certain temps, Gilles de Rais passe aux aveux, admet les crimes qu'on lui impute, donnant à son tour d'horribles détails sur ses pratiques. Il avoue être incapable de dire combien il a commis de meurtres dans ses diverses demeures, « où il tua, fit tuer, brûler et réduire en cendres plusieurs enfants du nombre desquels il ne se souvient pas ». Un de ses domestiques confirme des pratiques perverses de son maître : « lorsque le sang coulait et même une fois leur tête tranchée, il s'asseyait parfois sur leur ventre et se plaisait à les voir ainsi mourir et il s'asseyait de biais pour mieux voir leur fin et leur mort ».

Le 25 octobre 1440, Gilles de Rais est excommunié par la cour ecclésiastique pour « apostasie hérétique, évocation des démons, crime et sodomie avec des enfants » des deux sexes. Après s'être confessé, il est remis à la cour séculière qui le condamne à être pendu et brûlé le lendemain.

20 SEPTEMBRE 1999

DÉBUT DU PROCÈS DE WILLIAM « CODY » NEAL

Psychopathe séducteur de femmes, « Wild Bill » Cody Neal adore multiplier les conquêtes, avant de les humilier et de les maltraiter. Ensuite, il les quitte, après les avoir escroquées. Mais cela n'est pas suffisant et il commence à les tuer. Une fois sous les verrous, Neal n'hésite pas à fanfaronner qu'il est « meilleur que Ted Bundy ». Il est condamné à mort le 29 septembre 1999. En 2003, cette sentence est commuée en réclusion criminelle à perpétuité.

21 SEPTEMBRE 1966

NAISSANCE DE SCOTT LEE KIMBALL

Suspecté de dix-sept meurtres qu'il aurait avoués auprès d'un codétenu, Scott Kimball admet être un serial killer dans une lettre de 147 pages qu'il a envoyée aux parents de quatre victimes, Kaysi McLeod, dix-neuf ans, LeAnn Emery, vingt-quatre ans, Terry Kimball, son oncle âgé de soixante ans, et Jennifer Marcum, vingt-cinq ans, en mars 2011. En 2009, il plaide coupable pour ces quatre meurtres et il écope d'une condamnation à soixante-dix ans de prison.

En décembre 2010, Kimball fait l'objet d'une enquête pour les « West Mesa Murders », une série de onze meurtres de prostituées à Albuquerque, au Nouveau-Mexique

POUR EN SAVOIR PLUS :

Un reportage de Fox News :

- http ://www.dailymotion.com/video/xg08bp_serial-killer-scott-lee-kimball-may-be-linked-to-another-victim_news#.URfKqhw2rWE

Un autre reportage de 9 News :

- http ://www.9news.com/news/article/184670/339/Convicted-murderer-admits-to-being-serial-killer

22 SEPTEMBRE 2009

UNE FEMME EST À MOITIÉ ÉTRANGLÉE ET VIOLÉE PAR ANTONY SOWELL, LE « CLEVELAND STRANGLER »

Depuis des années, des voisins se plaignaient de l'odeur infecte qui émanait de la maison d'Anthony Sowell, au 12205 Imperial Avenue, à Cleveland, dans l'Ohio. Ils ne se doutaient pas qu'elle provenait des onze corps enterrés dans sa propriété. Libéré en 2005 après avoir purgé quinze ans de prison pour viol, c'est finalement à cause de la plainte d'une femme qui affirme avoir été abusée par Sowell le 22 septembre 2009 que les policiers ont perquisitionné le domicile du suspect cinq semaines plus tard. Tout d'abord, cinq corps de femmes en état de décomposition avancée ont été trouvés dans la maison, un sixième dans le jardin. Ensuite, les enquêteurs découvrent quatre autres cadavres, ainsi qu'un crâne, ce qui porte le nombre de victimes présumées à onze.

Ainsi que le rapporte « France-Soir », en septembre 2009, Eli Tayeh, qui tient une boutique située à quelques rues du domicile du tueur en série, se souvient : « un jour, Sowell s'est pointé ivre mort dans mon magasin. Il sentait terriblement mauvais, à tel point que j'ai dû ouvrir toutes les portes après son passage. Un peu plus tard, je suis passé devant chez lui. Avec d'autres riverains, on ne supportait plus la puanteur qui se dégageait de son domicile… » Comme d'aucuns, il avait alerté les autorités de l'odeur flottant dans cette partie d'Imperial Avenue. « Elles n'ont pas bougé, accuse-t-il aujourd'hui. De toutes les manières, dans le quartier, plus personne ne s'émeut lorsqu'une fusillade éclate. Alors pour le reste… »

Le 12 août 2009, le « Cleveland Strangler » est condamné à la peine de mort.

23 SEPTEMBRE 2009

LE « WEST SIDE RAPIST » EST MIS EN EXAMEN POUR CINQ MEURTRES

John Floyd Thomas, un enquêteur d'assurances âgé de soixante-douze ans, que les médias et la police ont surnommé le « West Side Rapist » est sans doute le pire tueur en série identifié dans le Comté de Los Angeles depuis vingt ans. Il est accusé d'avoir étranglé et violé six femmes âgées mais on le soupçonne de plusieurs dizaines d'assassinats de vieilles dames en Californie. Le département des « cold cases » a par ailleurs étendu l'enquête à vingt-cinq autres morts non élucidées dans le sud de la Californie.

Détenu à la prison du Comté de L.A. depuis son arrestation, le 31 mars 2009, Thomas possède un casier judiciaire riche d'innombrables condamnations. Il perd ses parents à l'âge de douze ans. Renvoyé de l'U.S. Army en 1956, il se marie à cinq reprises. En 1957, il purge une peine de six ans après un cambriolage assorti d'une tentative de viol. En 1966, il retourne en prison pour avoir enfreint à deux reprises les obligations de sa libération conditionnelle. En 1978, il est condamné à cinq ans pour un viol commis à Pasadena.

Le « West Side Rapist » s'introduisait au domicile de femme âgées vivant seules, dans les quartiers ouest de L.A., pour les violer avant de les étrangler. Les dix-sept victimes ont été retrouvées le visage recouvert d'un oreiller ou d'une couverture.

Le 1er avril 2011, John Floyd Thomas plaide coupable pour sept meurtres et il écope d'une peine de sept emprisonnements à perpétuité, sans possibilité de libération conditionnelle.

POUR EN SAVOIR PLUS :

Un reportage de CNN :

- http ://www.youtube.com/watch?v=K3AnVE5rrIw

24 SEPTEMBRE 2006

ARRESTATION D'UN TUEUR EN SÉRIE DANS LE NORD-EST DE LA CHINE

Shi Yuejun, un boucher de trente-cinq ans, originaire de la ville de Tonghua, qui a tué douze personnes et en a blessé cinq autres, a été arrêté dans la province du Jilin, après six jours de poursuite. Cette traque a mobilisé plus de douze mille personnes, dont des soldats, la police et des résidents locaux, avant sa capture dans un champ de maïs. Lors d'un interrogatoire, Shi Yuejun a indiqué avoir agi par « vengeance pour les humiliations qu'il a subi par la société ». Il est fusillé par un peloton d'exécution le 20 décembre 2006.

25 SEPTEMBRE 2011

LE TUEUR EN SÉRIE DE BATON ROUGE, JEFFERY LEE GUILLORY, EST RECONNU COUPABLE DU MEURTRE DE RENEE NEWMAN

À quarante-cinq ans, Jeffery Lee Guillory est le troisième serial killer de Baton Rouge arrêté ces dix dernières années en Louisiane. Condamné à la perpétuité pour l'assassinat de Rennee Newman, quarante-six ans, en 2002, il était incarcéré pour le meurtre d'une autre femme à Lafayette en 2007, crime pour lequel il a écopé de cinquante ans de prison. Il n'a pas encore été jugé pour les assassinats de Sylvia Cobb en 2001 et de Florida Edwards en 1999. Guillory est aussi suspecté des meurtres de huit autres femmes à Jefferson Davis Parish.

POUR EN SAVOIR PLUS :

Un reportage de WAFB News :

- http ://www.youtube.com/watch?v=1vvXcwzCGzk

26 SEPTEMBRE 1996

WILLIAM K. SAPP AVOUE QU'IL EST UN TUEUR EN SÉRIE LORS DE SON INTERROGATOIRE EN FLORIDE

En 1992, la ville de Springfield, dans l'Ohio, est choquée d'apprendre que quatre des siens ont violé et assassiné deux adolescentes. Mais des tests ADN montrent qu'ils n'ont été que des complices et que le véritable coupable court toujours. Pendant plusieurs années, ces quatre hommes vont continuer à mentir aux enquêteurs et les mettre sur de fausses pistes.

Durant cette période, Belinda Anderson, trente et un ans, est violée et assassinée, tandis que Helen Preston, trente-huit ans, survit par miracle à une tentative d'assassinat. En 1996, une prostituée témoigne de son calvaire et permet l'arrestation de William K. Sapp, bon père de famille de trois enfants qui, derrière cette façade, voue une haine féroce à l'encontre de la gent féminine. Il est condamné à la peine de mort le 21 octobre 1999.

27 SEPTEMBRE 2011

JOSEPH LABOUCAN EST RECONNU COUPABLE DU MEURTRE D'ELLIE MAY MEYER

En avril 2005, le meurtre de Nina Courtepatte révèle l'existence d'un gang de tueurs en série. Joseph Laboucan et ses complices ont violé, torturé et battu à mort deux femmes en deux jours, du 1er au 3 avril 2005. En mars 2007, Joseph Laboucan a été condamné à une peine d'emprisonnement à vie pour ce meurtre le 3 avril 2005. Après sa condamnation, le meurtrier a dû fournir un échantillon d'ADN et les policiers ont pu établir le lien entre Joseph Laboucan et la mort d'Ellie May Meyer, dont le corps a été retrouvé en mai 2005. D'après Radio-Canada, « les policiers soupçonnent les complices de Joseph Laboucan dans le meurtre de Nina Courtepatte d'avoir aussi été impliqués dans la mort d'Ellie May Meyer. Aucune accusation n'a toutefois été portée contre eux. En plus de Joseph Laboucan, Michael Williams purge une peine d'emprisonnement à vie pour le meurtre de Nina Courtepatte, âgée de treize ans. Stephanie Bird a aussi été condamnée à douze ans de prison tout comme une femme qui avait moins de dix-huit ans au moment du meurtre. » La Gendarmerie Royale du Canada qualifie Joseph Laboucan de « violeur et de tueur en série » dans un document rendu public.

28 SEPTEMBRE 1966

DÉCOUVERTE DU CORPS D'ALLEN GEOFFREY REDSTON, SIX ANS, ASSASSINÉ PAR LE TUEUR EN SÉRIE PÉDOPHILE DEREK ERNEST PERCY

Emprisonné depuis plus de quarante ans en Australie, Derek Ernest Percy est considéré comme un tueur pédophile sadique qui aurait violé et assassiné au moins huit enfants entre 1965 et 1969. Condamné pour le seul assassinat d'Yvonne Tuohy, à Warneet, en 1969, Percy a été déclaré irresponsable.

POUR EN SAVOIR PLUS :

Un bref reportage sur YouTube :

- http ://www.youtube.com/watch?v=dqwF-WE_btk

29 SEPTEMBRE 2003

L'HOMME AUX TRENTE-SEPT VICTIMES

Le 29 septembre 2003, Jonathan Roman, un homme mince de trente-neuf ans, qui parle avec un accent Afrikaans, est arrêté à Avoca par la police de Durban, à la suite d'informations transmises par le propriétaire et employeur de cet ancien vigile. Depuis deux semaines, Roman lui répète qu'il a tué plusieurs douzaines de prostituées à Durban, Cape Town et Johannesburg. Une fouille de sa maison a permis de retrouver un poignard. Les premiers éléments de l'enquête prouvent que le suspect est responsable d'au moins un meurtre d'une femme non identifiée retrouvée dans des buissons proches d'une dune de Durban, en juillet 2003 : elle a été poignardée à de très nombreuses reprises.

Dans ses aveux, Roman affirme qu'il a tué trente-sept femmes, principalement des prostituées, et qu'il continuera de tuer s'il ne reçoit pas l'aide d'un psychiatre. Son mode opératoire consiste à lier connaissance avec ses futures victimes, à les emmener dans des endroits isolés pour obtenir des relations sexuelles, avant de les assassiner à l'arme blanche. Lorsqu'il les tue, il est toujours entièrement nu pour ne pas tacher de sang ses vêtements. Début octobre 2003, Jonathan Roman est envoyé trente jours en observation au « Midlands Hospital » de Pietermaritzburg.

30 SEPTEMBRE 2005

ARRESTATION D'UN FAUX MÉDECIN QUI AURAIT EMPOISONNÉ TREIZE PERSONNES

Alexandre Astachev, quarante-neuf ans, qui a passé vingt-cinq ans en prison, faisait du porte-à-porte déguisé en médecin et il conseillait un médicament sous la forme d'un liquide coloré. Quand un client perdait connaissance, le faux médecin pillait son appartement pour emporter tous les objets de valeur. Il est soupçonné de treize empoisonnements, dont trois mortels, commis dans la région de Kirov.

Octobre

1ER OCTOBRE 2006

DÉCOUVERTE DU CORPS DE JOAN DIVER TUÉE PAR LE « BIKE PATH RAPIST », ALTEMIO SANCHEZ, À NEWSTEAD, DANS L'ÉTAT DE NEW YORK

Altemio c. Sanchez a commis au moins trois assassinats de femmes et en a violé quatorze autres entre 1981 et 2006, à Buffalo et aux alentours, dans l'État de New York. Son surnom de « Bike Path Killer » ou de « Bike Path Rapist » provient du fait qu'il traque souvent ses victimes le long de pistes cyclables. Le 16 mai 2007, il plaide coupable pour les meurtres de Linda Yalem, Majane Mazur et Joan Diver. Il est fortement suspecté d'autres meurtres et, s'il les avoue, il sera transféré dans une prison proche de sa famille.

L'arrestation de Sanchez permet la libération en mars 2007 d'un schizophrène, Anthony Capozi, qui a passé vingt-deux ans derrière les barreaux pour plusieurs des viols en fait commis par le « Bike Path Rapist ».

POUR EN SAVOIR PLUS :

Un reportage sur le procès d'Altemio Sanchez :

- http ://www.youtube.com/watch ?v=Fx3-2CpOi8s

2 OCTOBRE 2003

CONDAMNATION DE CHARLES ATWOOD, LE SERIAL KILLER DE NEW-ORLEANS

Charles Atwood, qui draguait des femmes dans des bars pour finir par les tuer avant de les démembrer, a plaidé coupable le 2 octobre 2003 dans trois affaires de meurtre, celles de Susan Keller, quarante-cinq ans, Dixie Esaki, trente-cinq ans et Anjanette Penzica, vingt-sept ans. Le juge LaDart l'a condamné à trois peines d'emprisonnement à perpétuité.

L'ex-petite amie d'Atwood, Patricia Biehn, trente-trois ans, a témoigné en 2002 qu'elle est assise sur le rebord de la baignoire de leur appartement tandis que le tueur coupe la tête de Keller. Elle a plaidé coupable comme complice dans cette affaire, tout en étant inculpée pour les deux autres victimes. Biehn a conduit les enquêteurs jusqu'aux marais de la paroisse de St Charles où la tête a été jetée. Atwood, employé dans une imprimerie, et Biehn, danseuse de boîte de nuit connue sous le surnom de Crystal, ont abordé Keller au Cajun Club, à la Nouvelle Orléans, le 19 décembre 2001, pour la ramener chez eux, au 6826 Veterans Memorial Boulevard, sous le prétexte d'une partie fine. Il l'étrangle avant de la démembrer sur une bâche en plastique déposée au fond de la baignoire, puis de laver le corps. Les policiers ont retrouvé des traces ADN sur cette bâche qui ont été déterminantes.

Cinq semaines plus tard, Biehn convainc une ancienne petite amie, Dixie Esaki, de participer à une soirée spéciale chez elle ; pendant ce temps, Atwood rencontre Anjanette Penzica au « Hoggs Bar », un établissement du Quartier français, pour la ramener chez lui. Pendant que Biehn et Esaki prennent un bain ensemble, Atwood qui se trouve dans la pièce à côté augmente le volume de la musique, assomme Penzica, avant de l'étrangler. Lorsque les deux jeunes femmes quittent la salle de bains, Esaki se rend compte qu'elle est tombée dans un piège, mais Atwood l'étrangle et la frappe à la tête. Il coupe les doigts des deux victimes puis se débarrasse des corps dans des sacs poubelle qu'il dépose près de l'autoroute 510 au coin de Lake Forest Boulevard. Pour sa défense, Atwood a déclaré qu'il a tué ces deux femmes par crainte de se faire « escroquer ».

3 OCTOBRE 2009

UN TUEUR EN SÉRIE GÉORGIEN SE SUICIDE DANS UN COMMISSARIAT

Le 29 septembre 2009, à Dmanisi, en Géorgie, Vladik Asgarov assassine sa fiancée Flora Zeynalova, avant de lui couper le bras. Il tue ensuite le chauffeur de taxi Jahanguir Safarov qui refuse de le prendre en charge à cause de ses vêtements ensanglantés. Une dispute éclate et Asgarov le décapite.

Le même jour, il agresse sa tante et poignarde à mort un vieillard âgé de quatre-vingt ans ainsi que son fils, qui survit à ses blessures. Les deux hommes faisaient leurs courses sur le marché de Dmanisi. Caché en forêt, Vladik Asgarov est arrêté le 2 octobre 2009 et il se jette par la fenêtre du commissariat. Grièvement blessé à la tête, il décède le lendemain à l'hôpital de la ville.

4 OCTOBRE 1997

DÉCOUVERTE DU CORPS D'UNE VICTIME DU TUEUR EN SÉRIE AUSTRALIEN PETER DUPAS

Peter Dupas, un criminel sexuel australien de cinquante ans est fortement suspecté d'avoir commis d'autres homicides dans un rapport de synthèse adressé au Coroner de l'État de Victoria. En 2000, Dupas a été jugé coupable de l'assassinat de Nicole Patterson, poignardée et mutilée dans sa maison de Northcote le 19 avril 1999.

En octobre 2002, il est mis en examen pour avoir poignardé et mutilé Margaret Maher, une prostituée droguée de quarante ans, dont le corps est déposé près de l'autoroute de Hume, à Somerton, le 4 octobre 1997.

Une analyse génétique effectuée sur un gant retrouvé près du cadavre indique que l'ADN a 450 000 fois plus de chances d'appartenir à Peter Dupas qu'à n'importe qui d'autre. Le rapport montre aussi les similitudes quant à la signature criminelle lors des homicides de Nicole Patterson et de Margaret Maher, notamment au niveau des mutilations et de la découpe des vêtements. Il indique que Dupas est le suspect numéro un du meurtre de Mersina Halvagis, vingt-cinq ans, qui a été sauvagement poignardée le 1er novembre 1997 alors qu'elle se rend une visite à la tombe de sa grand-mère, au cimetière de Fawkner, et de Kathleen Downes, quatre-vingt-quinze ans, frappée à la gorge avec une arme blanche dans une chambre de la maison de retraite de Brunswick Lodge, le 31 décembre 1997, où elle est une pensionnaire depuis huit ans.

Le 16 août 2004, Peter Dupas est condamné à deux peines de prison à perpétuité. Le 26 novembre 2010, il écope d'une nouvelle condamnation à perpétuité pour l'assassinat de Mersina Halvagis. Il est toujours suspecté de trois autres meurtres. En prison, il épouse une infirmière qui a seize ans de plus que lui, mais ils divorcent quelques années après car Grace McConnell trouve que son époux est « égoïste, fainéant, imbu de lui-même, et un vrai snob ».

POUR EN SAVOIR PLUS :

Beyond the Darklands, un documentaire sur Peter Dupas :

- http ://www.youtube.com/watch?v=vmudo4P6UJQ

5 OCTOBRE 2004

MEURTRE AU TOURNEVIS, DÉPEÇAGE ET FANTASMES CANNIBALES À BERLIN

Le 5 octobre au soir, un Berlinois âgé de quarante et un ans s'est présenté au poste de police de Neukölln, un quartier de la capitale allemande, pour y avouer spontanément le meurtre d'un homme de trente-trois ans, Joe Ritzkowsky, homosexuel comme lui, dont il avait fait la connaissance par le biais d'un groupe de discussion gay sur Internet. Ils s'étaient déjà rencontrés à deux reprises pour des séances sado-masochistes qui s'étaient déroulées sans anicroche. Leur troisième rendez-vous avait eu lieu la veille. Ralf Meyer, un peintre en bâtiment au chômage depuis quelque temps, passait ses journées sur le Net à la recherche d'hommes en vue de séances SM. Il est originaire de Kiel, dans le Nord de l'Allemagne. Il avait quitté Brême pour venir s'installer à Berlin quatre ans plus tôt. Les derniers temps, il vivait de l'aide sociale, seul avec ses deux chats, dans un appartement du quartier de Neukölln. Ses voisins et les commerçants qui le connaissaient l'ont décrit comme un homme courtois, presque timide, passant plutôt inaperçu et sortant peu de chez lui. Le 5 octobre, il avait donné rendez-vous chez lui à Joe Ritzkowsky, fils d'un pasteur connu à Kreuzberg pour son soutien aux SDF. Il vivait dans le quartier de Fridenau. Il avait fait des études d'histoire et enseignait la musique dans une école alternative. Une fois que Joe s'est retrouvé étendu sur le lit, ligoté et les yeux bandés, Ralf Meyer a sorti un tournevis de sous le matelas où il l'avait caché deux mois auparavant. Il l'a tué de quinze coups dans le dos, sept dans la poitrine et plusieurs autres dans la tête, puis a été obligé de « faire une pause » café et cigarettes car ses mains tremblaient. Au bout de six heures, il a commencé par ouvrir le ventre de sa victime et à l'éviscérer à l'aide d'un cutter; il a placé les organes internes au réfrigérateur, a donné une partie des poumons à ses deux chats, sur une planche à viande, et a tranché le pénis et les testicules qu'il a mis dans un sac avec du sel, dans le but de les consommer plus tard ce qu'il n'a jamais fait, car tout cela l'a vite « dégoûté ».

Dix heures plus tard, le cadavre commençait à sentir très mauvais ; Ralf a tenté de chasser les odeurs avec un spray, en vain. « La situation réelle de l'abattage n'a pas correspondu au fantasme de l'accusé », a expliqué M. Alexandre Böhle, expert psychiatre. Puis le meurtrier a entrepris de dépecer le cadavre à l'aide d'un sécateur pour les côtes et d'une scie pour la colonne vertébrale. Les policiers ont retrouvé le tronc dans le tiroir de rangement du lit ; les jambes étaient dans des sacs-poubelles, sur le lit. Un drap était enfoncé dans la cage thoracique, pour stopper l'hémorragie. La tête était enveloppée d'une taie d'oreiller et de papier d'aluminium.

Pendant ce temps, Dirk, trente-six ans, qui partageait la vie de Joe depuis huit ans, s'inquiétait de ne pas voir rentrer son compagnon. Il a refait les derniers numéros composés par Joe sur son portable et il est tombé sur Ralf Meyer qui a d'abord nié connaître le musicien. Intrigué, Dirk a décidé de recomposer ce numéro, ce qui a eu pour effet d'inciter Ralf à s'enfuir en direction de Leipzig au volant de la voiture de sa victime. Il savait qu'on allait le retrouver et s'est résolu à se dénoncer pour le crime qu'il avait commis la veille. Ralf Meyer a été accusé de meurtre aggravé, avec exploitation de la confiance de sa victime pour la satisfaction de ses pulsions sexuelles, selon la définition du droit allemand. Il semble qu'il ait dépecé le corps pour s'en débarrasser plus facilement, mais aussi sans doute poussé par ses fantasmes cannibales. Les enquêteurs n'ont trouvé aucun indice permettant de dire si la chair de la victime avait été consommée ou non ; rien ne permet de penser non plus que Ritzkowsy ait été dépecé vivant. Ils estiment en outre qu'il s'agit d'une victime unique.

Cette affaire présente de nombreuses similitudes avec celle du « Cannibale de Rotenburg » – une certaine presse a d'emblée surnommé Meyer le « Cannibale de Berlin » ou le « Cannibale de Neukölln » – qui a pu, de l'avis l'avocat de la défense, agir comme un « catalyseur » sur les fantasmes de son client. Le cas d'Armin Meiwes a littéralement fasciné le tueur berlinois qui l'a étudié dans le détail. « J'ai peur de moi-même », furent les premières parole de Ralf Meyer, devant la cour. Il a déclaré nourrir des fantasmes d'abattage liés au plaisir sexuel depuis une quinzaine d'années, et de cannibalisme depuis plus de dix ans. Le fantasme qui déclenchait ses orgasmes était surtout celui d'intestins jaillissant du ventre. Sur son ordinateur, il a simulé la séquence de la décapitation du musicien, sur une table pliante qu'il avait transformée en abattoir. Ralf Meyer a un frère d'un an son aîné qui pratiquait des jeux sadiques avec lui durant l'enfance : il lui arrivait très souvent de mimer des scènes d'abattage de cochons et exerçait son sadisme sur son jeune frère. L'expert psychiatre a aussi parlé d'une relation oedipienne anormale avec une mère froide et dominante. Meyer n'a eu qu'une fois une relation sexuelle avec une femme, à l'âge de vingt-deux ans.

Son procès s'est ouvert le 3 mai 2005. Le 10 mai, il a été condamné à une peine de treize ans de réclusion mais, l'expert psychiatre ayant décelé chez lui une responsabilité pénale atténuée et une grande dangerosité, le tribunal a ordonné son placement immédiat dans une unité psychiatrique. L'expert estime cette mesure nécessaire : « dans sa cellule, il continue de fantasmer sur des scènes d'abattage et de dépeçage tout en se masturbant [...]. Il recommencerait, il est très dangereux et malade », a conclu Alexander Böhle. Lors de l'énoncé du verdict, l'accusé s'est déclaré tout à fait d'accord avec la décision d'internement; « ma plus grande erreur a été de ne pas commencer des soins psychiatriques à temps ».

La question de sa sortie de la clinique psychiatrique est totalement ouverte. Le juge a souligné que l'accusé représentait un grand danger pour la communauté, raison pour laquelle « il doit être enfermé et traité ». Le procureur avait requis un emprisonnement de quatorze ans et neuf mois ; il a retenu une importante altération du discernement. La défense souhaitait voir cette peine de réclusion limitée à dix ans, l'accusé n'ayant pas, selon elle, prémédité son acte. Quant aux parties civiles – la mère et le compagnon de la victime – elles avaient réclamé la réclusion à perpétuité.

6 OCTOBRE 2009

ARRESTATION D'UN TUEUR À GAGES QUI SE PRENAIT POUR BATMAN

Un tueur à gages de vingt-sept ans, accusé de vingt-cinq meurtres, a été arrêté au Mexique au volant d'une « Batmobile » qui projetait des clous et des bouts de verre pour se débarrasser de ses poursuivants. Le véhicule possédait aussi plusieurs dispositifs spéciaux pour cacher de la drogue et des armes. Une fouille intensive a permis de découvrir onze kilos de marijuana, un pistolet 9 mm et un fusil d'assaut AK-47, cachés dans des compartiments secrets. Le suspect est lié au cartel de la drogue de Ciudad Juarez. Il avait déjà été arrêté en octobre 2008 pour les meurtres présumés de vingt-trois personnes, mais il avait été relâché en septembre 2009. Il est soupçonné d'avoir tué deux autres personnes depuis sa libération.

7 OCTOBRE 2003

LE TUEUR EN SÉRIE TOMMY LYNN SELLS AVOUE UN NOUVEAU MEURTRE

Ancien chauffeur routier, forain et vagabond de trente-six ans, Tommy Lynn Sells tue Kaylene Harris, treize ans, le 30 décembre 1999 lorsqu'il s'introduit dans sa maison de Del Rio, au Texas. Son amie de dix ans, Krystal Surles survit malgré de terribles blessures à la gorge. Son témoignage permet l'arrestation du tueur qui reconnaît douze assassinats commis dans sept états différents par tous les moyens possibles et imaginables : strangulation, pic à glace, arme à feu, couteau, batte de baseball, etc. Il est condamné à mort pour le meurtre de Kaylene Harris.

Lors d'un nouveau procès qui a débuté à la mi-septembre 2003, Sells a surpris l'audience en avouant un nouveau crime dont il n'était même pas accusé, celui de Mary Bea Perez, neuf ans, à San Antonio, en 1999. Ivre et sous l'emprise de drogues, il s'est réveillé dans un champ près de la ville, couché sur un matelas déglingué avant de se battre avec un forain qui cherchait à le violer. Pendant la lutte, Sells aperçoit une fillette qui pleure à moitié dévêtue. Quelques instants plus tard, Mary meurt des mains de Sells : « elle m'a supplié. Ne me fais pas de mal. Ne me fais plus de mal. C'est à ce moment-là que je l'ai étranglée. Les morts ne parlent pas ». Lors d'entretiens avec les policiers, Sells a reconnu plus de soixante-dix meurtres sur tout le territoire américain.

POUR EN SAVOIR PLUS :

Un reportage d'*Envoyé Spécial* sur Stéphane Bourgoin où on le voit interroger Tommy Lynn Sells :

- http ://www.youtube.com/watch?v=i1AGxFuriyc

8 OCTOBRE 2007

ARRESTATION DU CANNIBALE DE MEXICO

José Luis Calva Zepeda, trente-huit ans, a étranglé et mutilé deux de ses fiancées à Mexico, dont il a apparemment mangé les restes. C' est un toxicomane et un alcoolique, adepte de magie noire, de pornographie et de zoophilie. Il est aussi soupçonné d'un troisième meurtre de femme. Zepeda a été hospitalisé après avoir tenté de fuir en se jetant du balcon de son appartement à l'arrivée des policiers. Une ancienne fiancée, qui a rompu avec lui en juillet 2007, l'a décrit à l'AFP comme « un homme jaloux et possessif, [...] qui pratiquait la sorcellerie, regardait beaucoup de films pornographiques et de zoophilie ». Il l'avait conquise en lui écrivant des poèmes et en lui disant que « les anges existent et qu'il était l'ange qui allait prendre soin d'elle ».

De la viande en train de cuire dans une poêle retrouvée dans son appartement « est de la chair humaine », d'après les analyses des experts. Un bras et une jambe de sa fiancée Alejandra Galeana ont été trouvés dans son réfrigérateur et le reste du corps dans un placard. « Le poète cannibale » avait laissé en plan un roman « Instincts cannibales », avec en couverture un portrait très ressemblant au personnage Hannibal Lecter.

Condamné à quatre-vingt-quatre années de prison pour deux meurtres, José Luis Calva Zepeda a été retrouvé pendu dans sa cellule le 11 décembre 2007. Les autorités le suspectent d'avoir commis huit assassinats.

POUR EN SAVOIR PLUS :

Une brève biographie du « poète cannibale » :

- http ://www.youtube.com/watch ?v=gsKKy0LzHBM

9 OCTOBRE 2004

MISE EN EXAMEN DU TUEUR EN SÉRIE JEREMY JONES

Né le 12 avril 1973, Jeremy Bryan Jones a été mis en examen pour le meurtre de Lisa Nichols, quarante-quatre ans, à Mobile, en Alabama. Mais il est aussi le principal suspect dans deux assassinats commis dans le Comté de Douglas, en Géorgie. Les autorités de l'Arizona s'intéressent aussi beaucoup à son cas car il est connu de leurs services sous une autre identité.

Lorsque Jeremy Jones a été arrêté le 19 septembre 2004, les policiers ont trouvé en sa possession un album contenant huit photos de femmes inconnues. L'une d'elles est Lisa Nichols, que Jones a assassinée. Jones est le suspect n°1 de deux autres meurtres en Géorgie. Les cinq autres femmes n'ont toujours pas été identifiées et elles pourraient être des victimes supplémentaires du tueur, qui refuse de parler.

Jeremy Paul Jones a été condamné à la peine de mort le 29 novembre 2009 par une Cour de justice de l'Alabama. Certains enquêteurs estiment qu'il pourrait être responsable de la mort de vingt et une femmes âgées de seize à quarante-quatre ans.

10 OCTOBRE 2008

L'ASPIRANT CINÉASTE MARK TWITCHELL ASSASSINE JOHNNY ALTINGER EN S'INSPIRANT DE DEXTER

La fiction peut aussi nourrir l'imaginaire d'un meurtrier. Pour preuve, ce qui s'est passé à Edmonton, dans la province de l'Alberta, au Canada, le 10 octobre 2008. Johnny Altinger, trente-huit ans, se rend dans un garage où il croit trouver une jeune femme qui a répondu à une annonce sur Internet. Dès qu'il pénètre dans le garage, Altinger est frappé à la tête à de nombreuses reprises avec un tuyau de cuivre, puis il est achevé à l'aide d'un couteau. Son corps est démembré et les restes éparpillés dans les égouts de la ville. L'assassin est mis sous les verrous trois semaines plus tard : Mark Twitchell, un père de famille de trente et un ans, est un cinéaste indépendant qui a tourné plusieurs parodies de *Star Wars* mises en ligne sur YouTube. Les policiers ont découvert que Twitchell avait loué ce garage à l'automne 2008 à Edmonton, dans le but d'y tourner un court-métrage d'horreur. Le film, intitulé *House of Cards*, devait raconter une histoire en tous points identique à ce qui s'est produit dans la réalité. Un autre homme originaire d'Edmonton, Gilles Tetreault, avait été attiré au garage de la même façon par l'accusé, mais avait réussi à se sauver. Un texte retrouvé sur l'ordinateur de Mark Twitchell décrit la façon dont il aurait tué sa victime. Ce « scénario » de quarante-deux pages avait été effacé mais un enquêteur spécialisé en informatique est parvenu à le reconstituer. Il est rédigé à la première personne et commence par cet avertissement : « cette histoire est basée sur des faits réels [...] Elle montre mon cheminement pour devenir tueur en série ». Le document raconte en détail comment un homme se fait passer pour une femme sur des sites de rencontre pour attirer sa victime et comment il la tue avant de la démembrer. « Je sais que je suis un être différent du commun des mortels. J'avais un besoin urgent d'explorer ma face obscure. Je suis pas un type qui prend son pied à torturer. J'ai tout prévu pour le meurtre. Mon plan diabolique. Un psychopathe avec un masque. J'avais quelqu'un à tuer et de nouvelles méthodes à tester. Je suis un admirateur inconditionnel de la série *Dexter.* Ce vendredi, j'ai senti mon âme de prédateur qui prenait le dessus. Sa réaction a été du pur Hollywood. Sa chute et le grognement n'auraient pas déparés un épisode TV. J'avais un cadavre sur les bras et il fallait que je me mette au boulot, et c'est ce que j'ai fait. Démembrer un corps humain n'est pas une tache excitante. Mais j'avais mis au point des méthodes pour y mettre du piment. J'avais une personne à éradiquer. Cela m'a rappelé quand j'évide une citrouille pour Halloween. Je me suis senti plus fort, bien au-dessus des autres. J'étais le détenteur d'un sombre secret que personne d'autre ne connaissait. Cela fait quelque chose de conduire avec ce qui était un être humain empaqueté dans le coffre de sa voiture. Personne ne pouvait imaginer que le conducteur qui s'arrête à un feu rouge est un serial killer. Les égouts, bien sûr, une évidence, personne ne descend jamais là-dessous. Je suis retourné sur le lieu du crime pour effacer le reste des preuves. »

Sur Internet, une habitante de l'Ohio, Renee Waring, avait confié ses propres envies de meurtre à Mark Twitchell. Ce dernier lui a dit « avoir franchi la ligne » le jour où la police le soupçonne d'avoir tué Johnny Altinger. Renee Waring est devenue « amie » avec Mark Twitchell par l'intermédiaire de sa page Facebook. Twitchell se cache sous le nom de « Dexter Morgan ». Au cours de leur correspondance, ils ont évoqué leurs « pensées sombres » et échangé des idées pour ne pas laisser de traces lors d'un meurtre, Le 14 octobre, quatre jours après la date supposée du meurtre de Johnny Altinger, Mark Twitchell s'excuse dans un mail d'être resté silencieux quelques jours. « Quelque chose d'autre m'a occupé, mais je ne veux vraiment pas en parler à cause des conséquences », explique-t-il, « il suffit de dire que j'ai franchi la ligne vendredi et que ça m'a plu. »

L'aspirant serial killer et fan de Dexter est condamné en 2011 à la réclusion criminelle à perpétuité.

POUR EN SAVOIR PLUS :

L'interrogatoire de Mark Twitchell par l'inspecteur Bill Clark :

- http ://www.dailymotion.com/video/xhteog_det-bill-clark-questions-mark-twitchell-warning-this-clip-contains-profane-language_news#.USRB4Rw2r5g

11 OCTOBRE 2003

ARRESTATION D'UN COUPLE DE SERIAL KILLERS DANS L'ÉTAT DE WASHINGTON

Michelle Knotek, quarante-neuf ans, a accepté de collaborer avec les autorités et de témoigner contre son mari David, cinquante et un ans, afin d'éviter la peine de mort. Le couple a été arrêté en août 2003, après plusieurs disparitions suspectes de personnes hébergées depuis 1994 dans leur ferme aux briques rouges de Raymond, bourgade de deux mille neuf cents habitants de l'Etat de Washington. Dépeinte comme une femme aux deux visages, celle d'une mère de trois filles qui adore les animaux domestiques (plus d'une dizaine), mais aussi celle de « Crazy Shelley » qui va jusqu'à harceler sans interruption une automobiliste pour un banal accident de la route.

Lors de fouilles effectuées dans la propriété des Knotek, les enquêteurs ont trouvé les restes de Ronald Woodworth, cinquante-sept ans, disparu en juillet 2003. Ce SDF recueilli par le couple est obligé d'effectuer divers travaux en plein hiver, à peine vêtu d'un caleçon et les pieds nus. Une fois au moins, elle lui brûle les pieds avec de l'eau bouillante pour le « réchauffer ». Il est aussi régulièrement frappé par David qui est ouvrier dans le bâtiment.

Kathy Loreno, trente-six ans, coiffeuse, ne donne plus signe de vie en 1994. Elle est victime de tortures, avant d'être assassinée à coups de barre de fer par Michelle Knotek, ensuite son corps est brûlé.

David, quant à lui, affirme que Loreno est morte accidentellement en s'étouffant avec son propre vomi. Shane Watson, dix-neuf ans, le neveu des Knotek, est abattu d'une balle dans la tête, son cadavre est brûlé, car le couple craint qu'il ne les dénonce suite au meurtre de Kathy Loreno. Michelle Knotek est suspectée du décès en février 2002 de James McClintock, quatre-vingt-un ans, à son domicile de South Bend : elle travaillait à son service comme aide à domicile. Dans cette affaire, les policiers sont critiqués par la famille de Kathy Loreno qui les accuse de négligence pour ne pas avoir tenu compte de leurs soupçons dès 1995.

POUR EN SAVOIR PLUS :

Home Sweet Home, un épisode de la série *Wicked Attraction* :

➜ http ://www.youtube.com/watch ?v=TfU-mYSAvq4

12 OCTOBRE 1994

DISPARITION D'EMELITA REEVES

Le veuf Jack Reeves trouve sa quatrième épouse Emelita Villa par le biais de petites annonces d'un journal qui propose des femmes originaires des Philippines. Le 12 octobre 1994, Emelita disparaît dans des circonstances mystérieuses. Lorsque les enquêteurs épluchent le passé de Reeves, ils découvrent que plusieurs de ses mariages se sont terminés par des morts violentes. Il est condamné à quatre-vingt-dix-neuf années de réclusion pour l'assassinat de deux de ses épouses, avec une possible libération conditionnelle à partir de 2045.

13 OCTOBRE 54

NÉRON ACCÈDE AU TRÔNE ET DEVIENT EMPEREUR

Il assassine sa mère en 59, puis plusieurs proches, avant de tuer sa compagne Poppée d'un coup de pied au ventre alors qu'elle est enceinte, si l'on en croit les écrits de Suétone et de Tacite. Beaucoup d'historiens estiment qu'il est responsable du célèbre incendie de Rome qui éclate le 19 juillet 64. Néron se délecte du spectacle de la crucifixion des chrétiens qu'il persécute.

Démis de ses fonctions par le Sénat romain, Néron se suicide en se poignardant à la gorge le 9 juin 68 afin d'éviter d'être condamné au supplice des parricides.

14 OCTOBRE 2063

LA DATE OÙ EDWIN « NED » SNELGROVE POURRA DEMANDER SA LIBÉRATION CONDITIONNELLE : IL SERA ALORS ÂGÉ DE CENT TROIS ANS

Fan de Ted Bundy, ce natif du Connecticut tue l'une de ses victimes dans sa région d'origine, avant de devenir violeur et tueur en série dans le New Jersey entre 1983 et 1988. L'une de ses proies, Mary Ellen, survit et son témoignage est déterminant dans l'arrestation de « Ned » Snelgrove.

15 OCTOBRE 2010

ANDREW CONLEY EST CONDAMNÉ À LA PERPÉTUITÉ SANS POSSIBILITÉ DE LIBÉRATION CONDITIONNELLE

Andrew Conley est un fan âgé de dix-sept ans de la série *Dexter*, qui tue son petit frère Connor, dix ans, en lui serrant la gorge jusqu'au sang, pour ensuite l'étouffer avec un sac plastique autour de la tête pendant que les parents se trouvent au travail. Apparemment, il s'apprête à faire subir le même sort à son père. Interrogé par les enquêteurs, l'adolescent a déclaré qu'il « se sentait » comme Dexter. Il n'a pas manifesté le moindre remords ni la moindre émotion pour son acte.

Après le meurtre de son frère, Conley rend visite à sa copine et se débarrasse du corps dans un bois. Jugé en tant qu'adulte devant la Cour de l'Ohio, il est condamné à la perpétuité en août 2012.

POUR EN SAVOIR PLUS :

Un reportage de la chaîne HLN :

- http ://www.youtube.com/watch?v=rHg7Xn8Fu_o

Les confessions filmées d'Andrew Conley :

- http ://www.youtube.com/watch?v=sjMmNTDfeQ4

16 OCTOBRE 2003

« SLAVEMASTER » RECONNAÎT CINQ NOUVEAUX MEURTRES

Devant le tribunal du comté de Cass (Missouri), John Edward Robinson Sr. a plaidé coupable pour l'assassinat de cinq femmes tuées à coups de marteau ou à l'aide d'un objet contondant. En échange de cet aveu, il a été condamné à perpétuité, sans possibilité de libération conditionnelle. Les cinq victimes qu'il a reconnues sont Beverly Bonner, Sheila Faith et sa fille de quatorze ans, Debbie, Paula Godfrey et Catherine Clampitt. Les trois premières ont été retrouvées dans des barils d'une unité de stockage à Raymore ; les deux dernières ont disparu dans les années 1980.

Agé de cinquante-six ans et grand-père, cet entrepreneur de Kansas City est le premier cyber serial killer de l'histoire. Connu sous le pseudonyme de « Slavemaster » sur Internet, Robinson est un adepte de jeux sadomasochistes extrêmes où il exige une domination totale, afin de donner libre cours à ses fantasmes de torture.

Pendant l'été 2000, les autorités découvrent les restes décomposés de deux femmes dans des barils de la ferme de Robinson, avant que trois autres corps soient mis à jour dans des unités de stockage. Lors d'un premier procès dans l'État du Kansas, il est condamné à mort pour les trois meurtres de Lisa Stasi, Suzette Trouten et Izabela Lewicka. Le bébé de Stasi avait été élevé par le frère de Robinson et sa belle-sœur qui pensaient l'avoir adopté légalement.

POUR EN SAVOIR PLUS :

Un documentaire, *Internet Slave Master*, de la série FBI *Criminal Pursuit* :

- http ://www.youtube.com/watch ?v=Q7wP9bzf3YQ

17 OCTOBRE 2010

SUKHWINDER DILLON FAIT APPEL DE SA CONDAMNATION DE 1995

À Hamilton, dans l'Ontario, surnommé « Steeltown », Parvesh Dhillon, une Canadienne d'origine indienne, décède dans d'étranges circonstances. Peu de temps après, au sein de la même communauté, un jeune homme meurt. Chaque fois, le bénéficiaire des assurances-vie des deux victimes est Sukhwinder Dhillon, natif du Punjab, dans l'Inde.

Les enquêteurs vont découvrir que le passé de Dhillon est entaché de morts suspectes, aussi bien en Inde qu'au Canada : deux de ses femmes, deux enfants jumeaux et un ami proche ont été empoisonnés. Il faudra deux procès pour faire condamner le suspect en 1995.

Le 20 octobre 2010, son appel est rejeté par un tribunal de Toronto.

18 OCTOBRE 2005

« MATAVIEJITAS », LE « TUEUR DE PETITES VIEILLES », ASSASSINE SA QUARANTE-SIXIÈME VICTIME

Le « tueur de petites vieilles », qui sévit depuis 1998 dans la ville de Mexico, a assassiné sa quarante-sixième victime, une femme âgée de quatre-vingt-douze ans. Cette dernière est morte étranglée, dans son lit, à son domicile. Les enquêteurs pensent d'abord que le serial killer serait un travesti d'âge moyen qui s'attaque uniquement à des personnes âgées isolées et vulnérables. Aussi sont-ils très surpris lorsque « le » coupable est arrêté le 25 janvier 2006. Juana Barraza Sampiero, quarante-huit ans, est surprise en train de quitter en courant l'appartement de Maria de los Reyes, une femme âgée de quatre-vingt-un ans. La victime est retrouvée étranglée avec un stéthoscope autour du cou.

Ancienne catcheuse, Juana Sampiero est devenue promotrice de matchs de catch, tout en travaillant comme aide à domicile pour les personnes âgées. Ses empreintes ont été retrouvées sur onze scènes de crime.

19 OCTOBRE 2003

UN INNOCENT JUGÉ POUR LES CRIMES DU SERIAL KILLER MARC EVONITZ ?

À la veille du procès de Darrell Rice, trente-six ans, qui s'est déroulé le 20 octobre 2003, le FBI annonce qu'il va effectuer des analyses ADN de cheveux retrouvés sur les corps dénudés de Juliane Williams, vingt-quatre ans, et Laura Winans, vingt-six ans, violées et égorgées le 1er juin 1996 dans un parc des Appalaches. Alors qu'il purge une peine de prison pour l'enlèvement d'une jeune femme dans ce même parc en 1997, Rice a indiqué à un compagnon de cellule qu'il a commis le double meurtre et la police sait qu'il est sur place le lendemain du crime avec des amis.

Une analyse du programme VICAP du FBI, qui effectue des rapprochements entre des milliers d'affaires contenues dans sa base de données, montre de nombreuses similitudes avec les forfaits commis par le violeur et tueur en série Marc Evonitz. Ce dernier se suicide le 27 juin 2002 à Sarasota, en Floride, alors qu'il est encerclé par les forces de l'ordre, suite à l'enlèvement et au viol d'une adolescente de quinze ans. Né en 1972, marié à une jeune femme de vingt ans et possédant un emploi stable, Evonitz reçoit deux médailles militaires pendant ces huit années de service dans la Navy. Suite à son décès, les enquêteurs de Spotsylavania, Virginie, vont découvrir, grâce à des comparaisons d'empreintes et d'ADN, qu'il est responsable de l'enlèvement et du meurtre de Sofia Silva, seize ans, en 1996 et du double kidnapping suivi de l'assassinat des deux sœurs Kristin et Kati Lisk, quinze et douze ans, en 1997. D'autres preuves permettent aussi de lui attribuer le décès d'Alicia Showalter Reynolds en 1996, notamment par le biais de notes manuscrites et de plans retrouvés à son domicile. Les meurtres de Silva et des sœurs Lisk correspondent à une période où Evonitz connaît des problèmes conjugaux avec sa première épouse Bonnie qui a dix-sept ans à l'époque.

Agé de quinze ans, Evonitz est arrêté en Floride pour s'être exhibé et masturbé devant deux adolescentes. Il est condamné à trois années de probation, pendant lesquelles il est obligé de suivre une thérapie, après ses déclarations où il affirme « fantasmer sur les adolescentes. J'ai un problème, j'adore me masturber devant elles. Quand les pulsions deviennent trop fortes, je ne peux pas résister ». Il ne figure pas sur le fichier des délinquants sexuels car celui-ci ne voit le jour qu'en 1993.

À un moment donné, Evonitz est mentionné comme un suspect potentiel parmi des centaines d'autres noms lors du meurtre des sœurs Lisk, mais il n'est jamais questionné. Entre-temps, il a déménagé pour s'installer à Columbia, en Caroline du Sud. Entre 1996 et 1997, six jeunes femmes ont été kidnappées et assassinées dans un rayon de cent kilomètres autour de Fredericksburg par celui que l'on surnomme le « 29 Stalker », à cause de l'autoroute US 29 qui traverse la région. Marc Evonitz serait-il ce mystérieux tueur, ainsi que l'auteur des assassinats de Juliane Williams et de Laura Winans ?

Les analyses ADN du FBI n'ont pas permis de conclure à une quelconque culpabilité de Rice ou d'Evonitz. Depuis, Darrell Rice a été libéré à plusieurs reprises pour retourner derrière les barreaux à cause d'infractions mineures. Il a été incarcéré à nouveau le 7 juillet 2010, avant de retrouver la liberté le 5 avril 2011. À chaque fois, des femmes ont disparues dans les villes où il habitait. Est-il responsable ? Le mystère demeure…

20 OCTOBRE 2003

VINGT ANS APRÈS, L'ADN PIÈGE UN TUEUR DE PROSTITUÉES

Michael Blackwell, quarante-six ans, a été arrêté le 20 octobre 2003 pour les meurtres par strangulation de deux prostituées de Phoenix en Arizona, commis il y a vingt ans. Oleta McElhanon, vingt-six ans, est morte en 1983 et son corps a été retrouvé près du domicile de Blackwell à l'époque. Carolyn Scott, vingt-deux ans, a été assassinée dans une chambre d'un motel ; l'empreinte digitale de Blackwell est identifiée sur les lieux. Cette empreinte est liée à Blackwell en 2001, mais le suspect n'est pas retrouvé. Il travaille comme forain pour « Ray Cammack Shows Inc. », une compagnie itinérante de Phoenix.

De retour en ville, Blackwell se soumet à une analyse ADN qui correspond aux traces prélevées sur les deux victimes. Par ailleurs, Blackwell est sorti de prison en 1997 après avoir purgé une condamnation de onze ans pour l'assassinat par strangulation d'un volontaire de l'association des Alcooliques Anonymes lors d'une dispute qui tourne mal en 1986.

21 OCTOBRE 2003

L'AUTOBIOGRAPHIE D'UN TUEUR EN SÉRIE ANGLAIS

Ancien militaire et policier pendant un an, Dennis Nilsen, qui est homosexuel, tue quinze hommes entre 1978 et 1983. Il est découvert à cause de problèmes de plomberie : des restes mutilés de ses victimes bouchent les toilettes de l'immeuble londonien où il loue son appartement. Maintenant âgé de cinquante-sept ans, il a écrit son autobiographie, *The History of a Drowning Boy*, qui a été interceptée par l'administration pénitentiaire en 2001 alors qu'il l'avait proposée à un éditeur. En mars 2002, la justice a décidé que le manuscrit, qui n'est pas terminé, pouvait être lu et censuré, avant d'être retourné aux avocats de son auteur afin qu'il puisse l'achever.

Pour Dennis Nilsen, ce refus de l'administration pénitentiaire de lui rendre son ouvrage en l'état est une atteinte aux Droits de l'Homme. C'est dans ce sens que ses avocats vont plaider le 21 octobre 2003 à l'encontre du ministre de l'Intérieur et des autorités de la prison de Fall Sutton, près de York, où Nilsen purge sa peine à perpétuité. À ses yeux, c'est un ouvrage sérieux sur la psychologie et le mode de fonctionnement d'un tueur en série dont tous les bénéfices seront reversés à une œuvre de charité.

Après le refus des autorités judiciaires britanniques, la Cour européenne des Droits de l'Homme doit statuer sur le sort de l'autobiographie de Dennis Nilsen.

POUR EN SAVOIR PLUS :

Un documentaire *Dennis Nilsen* de la série *Born To Kill* :

+ http ://www.youtube.com/watch ?v=4muzWQ5P4jw

22 OCTOBRE 2009

ARRESTATION EN INDE D'UN SERIAL KILLER TUEUR DE DIX-HUIT FEMMES

Mohan Kumar est un séducteur de femmes qui leur propose une union sans qu'elles aient à fournir une dot. Il contacte ses victimes devant des arrêts de bus, les emmène chez lui et, après une relation sexuelle, il les oblige à avaler une fausse pilule contraceptive. Mais en fait de médicament, il s'agit de cyanure. Au total, dix-huit jeunes femmes ont été la proie de ce serial killer indien. C'est par exemple le cas d'Anitha, une jeune femme de vingt-deux ans du village de Barimaru, qui est portée disparue le 17 juin 2009. Le relevé de ses appels téléphoniques met les enquêteurs sur la trace d'un suspect, un enseignant qui travaille une vingtaine d'années avant de quitter son poste en 2003. C'est le fournisseur de cyanure, accusé de complicité, qui a permis de faire le lien entre les meurtres. La fouille du domicile de Mohan Kumar a révélé la présence de huit comprimés de cyanure, de quatre téléphones portables et d'un bijou appartenant à Anitha. Les psychiatres dépeignent le tueur en série comme quelqu'un de cohérent, parfaitement conscient de ses actes. Il n'a jamais été soupçonné car il se gardait de tout contact avec la famille des victimes. Marié à trois reprises, Mohan Kumar a commencé à tuer en 2000, après avoir essuyé le refus d'une quatrième femme qu'il convoitait.

À l'époque, il avait tenté de la pousser d'un pont pour la tuer. Mais l'affaire en est restée là faute de preuves concrètes.

23 OCTOBRE 2011

DANS DES LETTRES, UN CONDAMNÉ À MORT AVOUE AVOIR TUÉ DIX-SEPT FEMMES ET TOURNÉ UN « SNUFF MOVIE »

Steven Hayes a été condamné à mort en 2010 pour avoir assassiné une femme et ses deux filles. Le père de famille, lui, parvient à survivre après avoir été battu avec une batte de baseball et attaché à un poteau dans la cave. Hayes a écrit des courriers dans lesquels il se vante d'avoir violé puis tué dix-sept femmes, et d'avoir réalisé un « snuff movie ». Il a souvent gardé les chaussures de ses victimes comme des trophées lui rappelant ses actes. Il a été reconnu coupable d'un viol suivi d'un triple assassinat.

Dans ses lettres, Steven Hayes se vante d'être l'auteur de meurtres non résolus en Nouvelle-Angleterre entre le début des années 1980 et 2007. Il y dépeint de façon détaillée la façon dont il a violé puis tué ces femmes, qui sont presque toujours des auto-stoppeuses. Comme l'explique ABC News, il a ainsi ligoté sur son lit l'une d'entre elles pendant tout un week-end pour la violer avant de l'achever. Il a filmé ce crime : « seize heures de vidéo, de loin le meilleur « snuff movie » jamais réalisé », écrit-il. D'après ses affirmations, ses victimes sont toutes âgées de quatorze à vingt-cinq ans. Il utilisait parfois du GHB, la « drogue du viol », pour faciliter ses assassinats. Mais il est surtout très fier des dix-sept « trophées », les chaussures de tennis de ses victimes.

POUR EN SAVOIR PLUS :

Des écrits de Steven Hayes où il raconte ses meurtres :

- http ://abcnews.go.com/TheLaw/page?id=11925877

24 OCTOBRE 2004

DES TESTS ADN IDENTIFIENT UN VIOLEUR EMPRISONNÉ COMME ÉTANT UN TUEUR EN SÉRIE DE DOUZE FEMMES À LOS ANGELES

Des tests ADN menés par la police de Los Angeles ont permis d'identifier un violeur emprisonné comme étant responsable d'une douzaine d'homicides. Les résultats de ces analyses ont entraîné la libération d'un homme qui avait été reconnu coupable par erreur de trois de ces assassinats. Les victimes de Chester Dwayne Turner, trente-huit ans, sont des femmes, dont certaines sans domicile fixe et d'autres des prostituées ou toxicomanes. Elles ont été violées, étranglées puis jetées dans des ruelles, des bâtiments abandonnés et même une douche de chantier. Le concierge David Allen Jones, un handicapé mental de quarante-quatre ans, a été victime d'une erreur judiciaire pour trois de ces meurtres en 1995 : il est maintenant établi que ces crimes ont été commis par Turner, a indiqué la police. En conséquence, Jones a été relâché en mars 2004 après que les tests ADN aient prouvé son innocence dans deux des crimes dont il est le suspect numéro un. Quant au troisième cas, aucune preuve génétique n'a pu être préservée. Les tests ADN ont conduit la police à l'arrestation de Turner, qui n'a pas contesté l'accusation contre lui et qui a été reconnu coupable de onze meurtres. Il est maintenant détenu dans la prison centrale de Sierra, près de Stockton.

Chester Dwayne Turner doit encore être jugé pour quatre assassinats supplémentaires.

25 OCTOBRE 2004

ACQUITTEMENT DE L'EX-MAÎTRESSE DU « SERIAL PIÉGEUR » DE CHARLEROI

L'histoire de Louis Dethy, ajusteur à la retraite, et de sa maison piégée est pour le moins surréaliste. Au fil des ans, elle s'est nourrie d'amertume, d'esprit de vengeance délirant et d'ingéniosité qui ont fini par se retourner contre le concepteur des pièges lui-même. Il en a été, comble d'ironie, la première et unique victime. Le dimanche 6 octobre 2002, à trois heures du matin, le téléphone sonne à la permanence du service d'enlèvement et de destruction des engins explosifs (SEDEE) de l'Armée Belge. L'adjudant-chef de service cette nuit-là ne se doute pas qu'il va être entraîné dans l'histoire de déminage la plus incroyable de sa carrière : trois semaines de recherches minutieuses, centimètre par centimètre, pour désamorcer les pièges mortels machiavéliques imaginés par un septuagénaire animé par la haine. Il était depuis des années fâché avec ses quatorze enfants et ses trente-sept petits-enfants qui, par conséquent, ne lui rendaient plus visite. Deux heures avant ce coup de téléphone, Louis Dethy, soixante-dix-neuf ans, meurt touché en pleine carotide par un engin explosif précédemment installé par ses soins et sur lequel il devait être en train d'effectuer un test de fonctionnement lorsque le piège s'est déclenché. Sur le coup, les policiers, alertés par Monique Reumont, la colocataire et ex-maîresse du retraité qui a découvert le cadavre au premier étage, pensent d'abord à un suicide. Jusqu'à ce qu'ils décident de fouiller l'habitation et manipulent un coffre : en l'ouvrant, une double détonation retentit. Ils font alors appel au SEDEE. « Dès notre arrivée, vers cinq heures du matin, nous nous sommes rendu compte que l'affaire ne serait pas banale, explique le chef de l'équipe. Le piège du coffre démontrait un travail de précision diabolique. Les deux canons se relevaient à l'ouverture. Que l'on soit à gauche ou à droite, la décharge vous éclatait la tête. Heureusement, les policiers se trouvaient à l'arrière du coffre, sinon… » Les trois hommes de l'équipe se mettent au travail : la fouille, en plus d'être méticuleuse, s'annonce immense car, outre la maison de trois étages, ils doivent inspecter une cour et quatorze box de garage dont trois, ils le découvriront plus tard, sont piégés. Les engins de mort sont bien cachés, les plus indécelables étant carrément coulés dans les murs de la maison, recouverts de plâtre et de papier peint. « Il n'y avait pas de logique dans l'installation des engins, poursuit le chef d'équipe. Excepté le fait qu'ils visaient toujours la tête. Le système de déclenchement variait, les emplacements aussi. Pratiquement toutes les pièces étaient couvertes. »

Au vu de l'ampleur de la tâche, le lieutenant-colonel à la tête du service envoie une deuxième équipe. Deux hommes ont failli être touchés par des décharges de chevrotine. L'un des pièges en question était installé dans un tonneau rempli de bois; par chance, le technicien retirait les bûches avec une pince. Le cinquième jour, un élément nouveau surgit dans l'enquête : la police entre en possession d'une liste des pièges sous forme d'aide-mémoire destiné à leur désamorçage. Elle se trouvait dans une mallette contenant des morceaux de papier, de journaux, de nappe sur lesquels Louis Dethy avait inscrit des annotations – énigmatiques – et des descriptions. Les pièges pouvaient ainsi porter un nom – La Vierge de l'Apocalypse, par exemple, ou La Parmentière, qui était liée à Mr Parmentier, le pharmacien du village, indiquant qu'un piège se trouvait à proximité de l'armoire à pharmacie – ou bien être désignés par une phrase, telle que « le vin est tiré », signifiant qu'un engin relié à un fil se trouvait dans la cave à vin. La liste faisait état de vingt pièges. « À ce moment, nous avions déjà trouvé dix-sept pièges. Il en restait encore trois à identifier », conclut le chef d'équipe. Le vingtième et dernier piège n'a jamais été décelé. Le retraité l'avait baptisé « Les douze apôtres sont opérationnels sur les galets » : il est resté insaisissable malgré toutes les recherches et les pistes de réflexion. Jusqu'au jour où les démineurs se sont intéressés de plus près aux pièces trouvées dans l'atelier du vieil ajusteur : en les assemblant, il y avait là de quoi fabriquer le vingtième piège. « Dethy n'a probablement jamais eu le temps de l'installer », commente le chef d'équipe. La colocataire de Louis Dethy, Monique Reumont, n'a pas signalé la présence de pièges aux enquêteurs ni aux démineurs; de l'avis des inspecteurs, elle en connaissait pourtant l'existence – certains des mécanismes mortels étaient installés dans la partie de la maison qu'elle occupait –, notamment lorsqu'elle est revenue plus tard rechercher clandestinement la fameuse mallette contenant les indices.

Elle a été poursuivie pour non-assistance à personne en danger devant le tribunal correctionnel de Charleroi où les deux policiers qui avaient failli perdre la vie en examinant le coffre se sont constitués parties civiles. Mais Madame Reumont a nié savoir que la maison était piégée; elle a reconnu avoir eu une liaison autrefois avec le défunt sans avoir été informée de la présence des machines infernales. Elle a raconté comment elle avait découvert le corps de la victime, avant d'emporter, comme Louis Dethy le lui avait demandé, la mallette comportant ses dernières volontés et qu'il avait intitulées « Quand l'inéluctable se produira ». Ces déclarations ont été relayées par le président du tribunal qui a estimé qu'elle s'est emparé de la mallette alors qu'elle était en état de choc et qu'elle cherchait seulement à accomplir les dernières volontés de son ex-amant. « Il s'agit d'un voyage au bout de la folie qui s'accomplit en solitaire », a déclaré le président.

« Révéler son funeste objectif, c'était risquer de le compromettre. Dethy avait d'ailleurs profité de l'absence de la prévenue pour travailler sur les deux pièges situés dans sa partie à elle. »

Le 25 octobre 2004, Monique Reumont a été acquittée. L'inévitable question des raisons qui ont poussé Louis Dethy à truffer sa maison de pièges tous mortels, de la cave au grenier, jusque dans la cour se pose.

Cette maison, il l'avait construite dans les années soixante – les matériaux de construction étant payés par sa mère – pour y habiter avec son épouse et ses quatorze enfants, dix filles et quatre garçons. Un jour, sa femme l'a surpris en flagrant délit d'adultère; c'était vingt ans avant les faits relatés ci-dessus. Elle est partie en emmenant les enfants et a demandé le divorce. Louis Dethy s'est senti abandonné par sa progéniture, l'amertume s'est installée, faisant place à une haine qui a explosé le jour où il a appris que sa mère avait légué dans son testament sa maison « à lui », mais payée par elle, à l'une de ses filles, Jeanne, quarante-neuf ans. Il a engagé une procédure judiciaire qu'il a perdue, à la fin des années quatre-vingt-dix. C'est alors qu'il a commencé à installer ses pièges. Il s'est dit que s'il venait à se faire expulser de chez lui ou à mourir, le nouveau propriétaire ne profiterait pas longtemps de la maison… Le destin en a apparemment décidé autrement.

POUR EN SAVOIR PLUS :

La maison de l'apocalypse, un documentaire de la série *Devoir d'enquête* :

- http ://www.dailymotion.com/video/xoihu3_la-maison-de-l-apocalypse_news#.USSh6hw2r5g

26 OCTOBRE 2003

À HOUSTON, UN SERIAL KILLER EST PIÉGÉ PAR SON ADN DIX-SEPT ANS APRÈS SON PREMIER CRIME

Laurie Lee Tremblay, quinze ans, disparaît le 26 septembre 1986 vers 6 h 30 du matin alors qu'elle se prépare à prendre un bus à Houston.

Maria Del Carmen Estrada, vingt et un ans, se dirige à pied vers son lieu de travail. Il est 6h30 du matin, le 16 avril 1992.

Le 7 août 1994, il est environ midi quand Diana Rebollar, neuf ans, part acheter du sucre chez l'épicier du coin.

Le 6 juillet 1995, à 19h30, Dana Sanchez, seize ans, téléphone à son petit ami pour lui annoncer qu'elle va faire du stop pour le rejoindre dans les quartiers nord de Houston.

Les familles des quatre victimes apprendront qu'elles ont toutes été violées et étranglées. Le 26 octobre 2003, la police met en examen Anthony Allen Shore, quarante et un ans, après des tests ADN concluants. Auparavant, les tests effectués par le labo de la police n'avaient rien donné à la suite d'erreurs de manipulation.

Après son arrestation, Shore a reconnu les faits. Ce routier figure sur le fichier des délinquants sexuels depuis janvier 1998, à cause d'agressions sexuelles sur deux fillettes de onze et treize ans, membres de sa propre famille. Pour ces actes, il a écopé d'une période de probation de huit ans. Père de famille, il vit avec sa nouvelle épouse qui ignore tout de ses activités meurtrières. Lors de son arrestation, les policiers indiquent que Shore est resté très calme, comme s'il s'attendait à cet événement. Le 14 juillet 1995, il aurait téléphoné à la chaîne KPRC-TV pour affirmer qu'un serial killer est à l'œuvre, en donnant des indications pour retrouver le corps de Sanchez qui est portée disparue depuis huit jours.

Le profil du serial killer de Houston

Joueur de piano, Shore est un musicien tout aussi talentueux avec la guitare. Il écrit des chansons, un homme sympathique qui inspire confiance, un séducteur. Mais Tony Shore possède un côté obscur, c'est un chasseur et un maniaque qui veut tout contrôler. Après avoir molesté deux fillettes de sa propre famille, il charme une femme de quatorze ans plus jeune que lui, au point de l'épouser… et de la faire fuir deux ans plus tard quand elle se réveille une nuit avec les mains de son mari autour du cou. « Tony m'avait dit une fois qu'il parviendrait à me rendre célèbre, » raconte Amy Lynch, une chanteuse qui divorce en 1999 après que Tony ait tenté de l'étrangler. « Je pensais que ce serait grâce à notre musique. Jamais je n'aurais pu imaginer que c'était parce que j'avais épousé un monstre ».

Amy Lynch est étudiante à la Pearland High School lorsqu'elle croise le chemin de Tony qui est son accompagnateur au piano. Il a déjà deux enfants d'une première union et ils se marient en 1997. Lorsque Shore est condamné, Amy le croit innocent : « il a réussi à me persuader. Je l'ai aidé à payer les avocats. J'ai même vendu ma maison et tous nos instruments de musique. Avant même qu'il ne tente de m'étrangler. Je crois que j'ai toujours eu peur de lui. C'est lui qui choisissait mes vêtements, mon look et ma couleur de cheveux ».

Quand les enquêteurs trouvent une concordance entre l'ADN retrouvé sous un des ongles de Maria Estrada et celui de Tony Shore qui figure dans le fichier des délinquants sexuels, ils l'arrêtent sur le champ. Interrogé sur le seul crime d'Estrada, Shore avoue calmement les trois autres assassinats, ceux d'une fillette de neuf ans et de deux autres femmes. Lors de la fouille à son domicile de Freeport, les policiers ont saisi des écrits personnels, un couteau à la lame pliante tachée de sang, deux pellicules photos non développées, ainsi que de nombreuses photos de femmes nues découpées dans des magazines, certaines ayant fait l'objet de collages élaborés. Avant de travailler comme routier, Tony Shore a été employé dix-sept ans par Southwestern Bell, une compagnie téléphonique pour laquelle il se déplaçait tous les jours. Sans la moindre surveillance de ses supérieurs.

Surnommé le « Tourniquet Killer », Anthony Shore attend son exécution dans le couloir de la mort du Texas.

27 OCTOBRE 2011

DÉCÈS DU TUEUR EN SÉRIE RUSSELL SMREKAR QUI AVOUE SES CRIMES SUR SON LIT DE MORT

En 1976, dans la petite ville de Lincoln, dans l'Illinois, Russell Smrekar, un étudiant, vole de la viande dans un supermarché. Mais pour éviter à tout prix d'être poursuivi pour ce larcin de quelques dollars, Smrekar décide d'échafauder un plan machiavélique pour éliminer tous les témoins de son forfait.

Un à un, ils sont assassinés ou disparaissent sans laisser de traces. Une enquête minutieuse permet d'arrêter le tueur en série.

Le 27 octobre 2011, sur son lit de mort à l'hôpital de la prison de Menard Correctional Center, Russell Smrekar avoue l'ensemble de ses meurtres.

28 OCTOBRE 1970

JOHN LINLEY FRAZIER EST MIS EN EXAMEN POUR CINQ MEURTRES À SANTA CRUZ (CALIFORNIE)

John Linley Frazier s'est pendu le 13 août 2009 dans sa cellule d'une prison de Californie. Schizophrène, toxicomane, ce SDF entend des voix qui lui commandent de débarrasser le monde du matérialisme. Il tue quatre personnes - deux adultes et deux enfants - en 1970. Sur la scène de crime, Frazier dépose des cartes de tarot et un mystérieux message crypté. D'abord condamné à mort, sa peine est commuée en perpétuité lorsque la peine de mort est (brièvement) supprimée en Californie. Il est le premier tueur à terroriser les rues de la petite cité de Santa Cruz, avant Herbert Mullin et Edmund Emil Kemper, ce qui vaudra à la ville le surnom peu enviable de « capitale mondiale des tueurs en série ».

29 OCTOBRE 2003

UN TUEUR PÉDOPHILE AVOUE LE MEURTRE DE SIX ENFANTS AUX BAHAMAS

Deux officiels du National Center for Missing & Exploited Children, dont l'ancien agent spécial du FBI Bill Hagmaier, se sont rendus à Freeport, aux Bahamas, à la demande des autorités pour enquêter sur la disparition inquiétantes d'enfants depuis mai 2003. Ils vont rejoindre des agents du FBI et des policiers de Scotland Yard. Les trois premiers enfants, Jake Grant, douze ans, Mackinson Colas, onze ans, et DeAngelo McKenzie, treize ans, ont disparu en l'espace de dix-huit jours au mois de mai 2003. Junior Reme, onze ans, s'est évanoui le 30 juin et Desmond Rolle, quatorze ans, le 28 septembre, devant le supermarché où il travaillait. Cette dernière disparition a permis aux enquêteurs de faire le lien avec les précédentes.

Les cinq enfants ont tous été employés, à un moment donné, par le Winn Dixie Supermarket où ils étaient chargés d'emballer les provisions des clients. Depuis cette découverte, plusieurs suspects ont été interrogés. Lundi 6 octobre, de nombreux policiers ont commencé à fouiller les environs de « Tivoli Gardens », un coin boisé proche de Freeport. Un T-shirt blanc et d'autres vêtements déchirés ont été retrouvés. Deux chiens spécialisés dans les recherches de cadavres sont arrivés par avion de Floride pour participer aux fouilles. En 2002, il y a eu cinquante-deux meurtres dans cette ancienne colonie britannique de trois cent mille habitants et les enlèvements ou assassinats d'enfants y sont extrêmement rares.

Cette enquête a débouché sur l'arrestation, le vendredi 10 octobre 2003, de Cordell Darrell Farrington, trente-cinq ans, meurtrier de quatre enfants et d'un homme. Cet employé d'un entrepôt de Kelly's Freeport Limited a tué Jamaal Kareem Robins, vingt-deux ans, vers le 12 juillet 2002, Mackinson Colas, onze ans, aux alentours du 16 mai 2003, tandis que Junior Reme, onze ans, disparaît le 29 juillet 2003 au sortir de l'école primaire de Freeport. DeAngelo McKenzie, treize ans, ne donne plus signe de vie le 30 juin 2003, après qu'il ait quitté Jack Hayward High, son établissement scolaire, et Desmond Rolle, quatorze ans, s'évanouit dans la nature le 28 septembre 2003.

Pour ceux qui l'ont fréquenté, Cordell Farrington est un ancien drogué au crack, un lecteur assidu de la Bible et un artiste qui aidait financièrement sa famille en travaillant dans un entrepôt de Freeport, aux Bahamas. Pendant un temps, il suit un enseignement sur la Bible à la Jamaïque et il regarde avec avidité toutes les émissions télévisées sur des affaires criminelles. Dean, son ancienne compagne qui s'occupe de leur fille de trois ans, a indiqué aux enquêteurs que Farrington lui interdisait l'accès à une pièce où il travaillait à ses œuvres artistiques, des sculptures sur bois et des assemblages de coquillages qu'il gardait précieusement dans des boîtes en carton. Elle le qualifie de « bon père » et il lui aurait avoué avoir été violé durant son enfance. En 2002, il change son nom de famille, Brennan, qui est celui de sa mère, pour adopter l'identité de Farrington, qui est celle de son père. Dean décide de le quitter le jour même où il se rend à la police, car elle le suspecte d'être à nouveau accro à la cocaïne. Après leur séparation, Farrington dépose trois cartons scellés avec soin chez sa mère. Ces boîtes contiennent des ossements enveloppés dans des sacs plastique, chaque sac portant une étiquette avec un numéro. Après cette découverte, les enquêteurs travaillent sur l'hypothèse d'autres victimes potentielles du tueur des Bahamas.

30 OCTOBRE 2003

UN TUEUR EN SÉRIE DE PERSONNES ÂGÉES SÉVIT À UMBILO, PRÈS DE DURBAN

Un tueur en série de personnes âgées sévit depuis deux mois à Umbilo, près de Durban, en Afrique du Sud. Le 30 octobre 2003, un voisin remarque que les barreaux d'une fenêtre de l'appartement de Joanna Beangstrom, quatre-vingt-un ans, ont été découpés, avant d'être forcés. Quelques minutes plus tard, la vieille femme est trouvée morte assise dans un fauteuil : elle a été étouffée avec un coussin. L'assassin a emporté un téléviseur et une théière.

Ce cas ressemble beaucoup au meurtre de Richard Mercer, soixante-dix-huit ans, et de son épouse Shiralee, soixante-seize ans. Pendant leur sommeil, le criminel s'est introduit dans leur maison en découpant les barreaux d'une fenêtre. Richard Mercer est étouffé avec un coussin, tandis que sa femme succombe à de violents coups à la tête donnés avec un objet contondant. À l'époque de cette découverte, le capitaine Shane Smith de l'unité Durban Serious and Violent Crimes déclare que le double homicide est très probablement lié à l'assassinat d'un vieillard, Mr. Piano, battu à mort dans son domicile de Montclair.

31 OCTOBRE 2004

AUTEUR DE TRENTE-NEUF MEURTRES, LOUIS VAN SCHOOR, DONT LA FILLE EST AUSSI UNE MEURTRIÈRE, EST LIBÉRÉ APRÈS AVOIR PURGÉ DOUZE ANS DE PRISON

Le tueur en série sud-africain Louis van Schoor a bénéficié d'une libération conditionnelle après avoir passé douze ans derrière les barreaux d'une prison d'East London. Il a été condamné en 1992 pour sept assassinats et deux tentatives de meurtre. Van Schoor, cinquante-quatre ans, est un ancien maître-chien d'une unité de la police. Lorsqu'il quitte le service, il se fait engager comme vigile. Son mode opératoire consiste à se faire engager dans des commerces ou des entreprises dotés d'une alarme silencieuse pour y abattre par la suite les intrus ou les voleurs. Les enquêteurs estiment qu'il a tué trente-neuf personnes.

Avant sa condamnation, Van Schoor raconte à un journaliste qu'il a abattu cent personnes pendant sa carrière de vigile entre 1986 et 1989. Sa fille Sabrina, vingt-trois ans, purge quant à elle une peine de vingt-cinq ans de prison pour meurtre dans le même établissement. Elle a utilisé les services d'un tueur à gages pour faire égorger sa mère Beverly en 2002. Le mobile ? La victime n'arrêtait pas d'insulter Sabrina et de se moquer de ses amants « de race noire ». Lorsque l'assassin poignarde et égorge Beverly, Sabrina se trouve dans la pièce voisine avec son bébé dans les bras. Elle estime que sa mère est raciste.

En ce qui concerne Louis van Schoor, toutes ses victimes sont des noirs. Van Schoor a promis à Sabrina qu'il allait s'occuper d'élever sa fille Tatum à présent âgée de trois ans. Lorsqu'il a quitté la prison de Fort Glamorgan, le tueur en série a fougueusement embrassé sa fiancée, Eunice de Kock, une avocate de trente-neuf ans qu'il a rencontrée grâce aux médias en 2000. Toute habillée de noir, Eunice a déclaré qu'elle deviendrait la cinquième épouse de Van Schoor mais qu'ils ne vivraient peut-être pas ensemble. Van Schoor a lu une brève déclaration où il affirme son désir de « retrouver son rang au sein de la société et de se consacrer à l'agriculture. J'envisage d'écrire mon autobiographie ». Il a ajouté qu'il n'avait « rien à dire » aux familles des hommes qu'il a tués. Puis, pressé de questions par les journalistes, il s'est rétracté pour demander leur pardon.

Novembre

1ER NOVEMBRE 1962

NAISSANCE D'ADOLFO DE JESUS CONSTANZO

Le 9 avril 1989, les recherches effectuées conjointement par les polices mexicaine et américaine afin de retrouver Mark Kilroy, un jeune étudiant en médecine du Texas, se terminent par une macabre découverte au ranch Santa Elena, non loin de Matamoros, au Mexique. Dans une cabane, le commandant Juan Benitez trouve un chaudron de fer à l'odeur pestilentielle contenant du sang desséché, un cerveau humain, des mégots de cigares et une tortue rôtie. Tout autour de cette bicoque, les policiers déterrent les cadavres mutilés de Kilroy et de quatorze autres victimes. Les complices arrêtés avouent qu'ils ont massacré ces personnes sur les ordres d'El Padrino, le Parrain Adolfo de Jésus Constanzo, et de sa compagne Sara Aldrete qui dirigeaient ce gang de trafiquants de drogue selon des rites de magie noire.

Adolfo avait pourtant tout pour réussir : beau, intelligent, charmeur, du charisme et un talent d'orateur. Né le 1er novembre 1962, à Miami, de parents marielitos, des Cubains réfugiés, Adolfo est initié dès son plus jeune âge au rituel de la *Santeria*, une religion inoffensive, ainsi qu'au *Palo Mayombe*, d'une nature autrement agressive mais qui a de nombreux points communs avec la Santeria.

Cette religion a été importée à Cuba au XIXe siècle par les esclaves du peuple Yoruba, originaire du Nigeria. Les dieux yorubas, ou Orishas, sont au nombre de quatorze. Pour les vénérer, on leur offre des sacrifices : Chango, dieu du tonnerre, reçoit un agneau ou un bouc ; Oggun, le guerrier, qui veille sur les armes et la sorcellerie, se voit offrir du sang, des plumes, une lame d'acier ou des rails de chemin de fer. La Santeria compte à peu près cent millions d'adeptes ou *santeros* à travers le monde.

Pour le *santero* tout événement possède une signification précise. Vous avez un accident ? Il est tout de suite interprété comme la conséquence d'un sort jeté par un ennemi. Au contraire des autres religions, la Santeria et ses dérivés ne se pratiquent pas dans un lieu de culte, mais chez soi, là où se trouvent vos objets sacrés. Cette religion ne présente pas non plus un système de valeurs : il n'existe aucune règle concernant le sexe, la drogue, l'alcool ou les délits. Le concept du Bien ou du Mal ne fait pas partie de la Santeria, et il est laissé à l'appréciation du pratiquant. Dès lors, on comprend pourquoi la Santeria, le Palo Mayombe ou l'*Abaqua* plaisent aux criminels. Personne ne se rend dans une synagogue ou dans une église pour demander à Dieu ou à un prêtre de tuer son ennemi ou de protéger un arrivage de cocaïne : avec la Santeria et le Palo Mayombe, c'est tout à fait possible, voire conseillé.

Devenu un *mayombero*, magicien noir, Adolfo commence en 1980 à vendre ses services à une clientèle de plus en plus nombreuse dans la région de Miami. Il n'a aucun problème majeur avec la police, mis à part deux arrestations en 1981 pour de banals vols à l'étalage (une habitude héritée de sa mère). En 1983, ses amis bisexuels de Miami lui obtiennent un travail de mannequin à Mexico. Grâce à ses prétendus pouvoirs magiques et à son charisme, il connaît un succès foudroyant dans le monde interlope de *La Zona Rosa*, le quartier des prostitués homosexuels. Les rituels de protection et de purification lui rapportent entre 8000 et 40000 dollars, selon ses clients parmi lesquels figurent d'importantes personnalités mexicaines. Arrêtés, les adeptes du culte avouent qu'une des plus grandes vedettes du cinéma mexicain, des trafiquants de drogue et des membres haut placés de la police faisaient partie des clients d'Adolfo, comme Florentine Ventura, le directeur d'Interpol à Mexico. En 1988, Ventura se suicida dans des circonstances mystérieuses après avoir abattu sa femme et ses enfants, et on ignore si Adolfo eut ce jour-là une quelconque influence.

Ivre de pouvoir, Adolfo bascule dans le meurtre rituel. Dans les deux années qui précèdent les événements de Matamoros, la police a retrouvé huit cadavres affreusement mutilés et défigurés, attachés à des blocs de ciment dans le fleuve Zumpango : José de Jesus Gonzales-Rolono et Celia Campos, le 6 mai 1987, Federico de la Vega et Gabriela Mondragon, Ramon Baez alias Edgar ou Claudia Yvette, le 2 juillet 1988, ainsi que des corps non identifiés. Divers témoignages indiquent qu'en 1988 Adolfo et ses complices, Martin Quintana et Vidal Garcia, massacrent neuf membres de la famille Calzada, des trafiquants de drogue. Vidal Garcia est à la fois le grand-prêtre du culte de Constanzo et policier fédéral. Il est depuis sous les verrous.

Les victimes sont torturées. Ainsi l'homosexuel Ramon Baez, ou Claudia, est-il écorché vif avant d'être scalpé. Son martyre s'achève lorsque ses bourreaux lui arrachent le cœur.

Parmi la clientèle d'Adolfo Constanzo on remarque un jeune homme d'une vingtaine d'années, Elio Hernandez Jr., l'héritier d'une dynastie de trafiquants de drogue. À Matamoros, une ville frontalière de 350 000 habitants qui fait face à Brownsville au Texas, les Hernandez ont connu plusieurs graves revers. Elio éprouve le besoin de se rassurer et Adolfo profite de la situation. En deux mois, il domine le jeune et angoissé Elio, dont l'initiation se déroule à Mexico, peu avant Noël 1987.

Naissance d'une secte

Entre-temps, au cours d'un séjour à Matamoros, Adolfo fait la connaissance de Sara Aldrete, une jeune divorcée bcbg qui tombe sous le charme venimeux du beau Cubain en se faisant lire des cartes de tarot à la terrasse d'un café. Les deux jeunes gens deviennent inséparables et une sorte de folie à deux s'installe, comme chez Martha Beck et Raymond Fernandez, Caril Ann Fugate et Charles Starkweather ou Myra Hindley et Ian Brady. Sara, qui est née le 6 septembre 1964, devient la grande-prêtresse du culte et participe activement, selon les aveux de ses complices, aux diverses cérémonies sanglantes de Mexico. Elle recrute les nouveaux membres. Pour expliquer les agissements de la secte aux postulants, Sara leur projette plusieurs fois de suite un film de John Schlesinger sur la Santeria, *Les Envoûtés*. Martin Sheen y joue le rôle d'un psychiatre de la police, qu'on pousse à sacrifier son fils pour satisfaire à des rites magiques.

Pour mieux asseoir sa domination sur Elio Hernandez, Adolfo oblige Sara à coucher avec le jeune homme. Afin de ne pas éveiller les soupçons, la secte s'installe sur un terrain isolé, au Rancho Santa Elena, à quelques kilomètres de la ville. Adolfo promet à ses adeptes une invulnérabilité totale aux balles et le pouvoir de devenir invisibles s'ils suivent au pied de la lettre ses préceptes.

Les meurtres rituels de Matamoros débutent en juin 1988 pour s'achever en avril 1989 avec la découverte du charnier de Santa Elena. Pour pouvoir se protéger des mauvais esprits, un *mayombero* doit confectionner un nganga, ou chaudron magique, dont la méthode de préparation demeure un secret jalousement gardé. À des ingrédients tels que des bouts de bois, des cigares, des cadavres d'animaux, un fer à cheval, des épices, le *mayombero* doit ajouter le sang, la tête, les doigts de pied et de main, les côtes et les tibias d'un cadavre. Il faut que le cerveau soit encore intact à l'intérieur du crâne, ce qui implique un corps (ou *kiyumba*) relativement frais : ainsi le cerveau du *kiyumba* pourra-t-il penser et mieux agir. Le *mayombero* est un magicien noir qui cherche en priorité le cerveau d'un criminel ou d'un fou. Les cadavres des Blancs sont un morceau de choix, car la tradition veut que le cerveau d'un Blanc soit plus facile à influencer que celui d'un Noir.

Pour l'exécutant de meurtres rituels, la torture est un élément essentiel. L'âme de la victime doit apprendre à craindre son bourreau pour l'éternité, afin de lui être totalement asservie. Selon les premières déclarations de Sara Aldrete à la police, elle a exécuté elle-même plusieurs personnes dont Gilbert Sosa, un ancien policier reconverti en trafiquant de drogue. Devant les membres du culte, elle ordonne que Sosa soit pendu par le cou, les mains libres, afin qu'il puisse survivre en s'accrochant à la corde. Puis elle le plonge dans un baril rempli d'eau bouillante. Pendant qu'il hurle de douleur et tente d'éviter la suffocation, Sara lui arrache les bouts des seins avec des ciseaux. Le rite s'achève lorsque les participants avalent une soupe constituée de sang cuisiné avec le cerveau et d'autres morceaux du cadavre. Ils sont convaincus qu'une puissance fabuleuse les a envahis. Une autre fois c'est Elio qui maintient sa victime en vie après lui avoir coupé le pénis, les jambes et les doigts. Elio lui ouvre la poitrine d'un coup de machette, s'empare du cœur et, sans même le détacher, le mord à pleines dents pendant que le moribond le regarde.

Mort d'un gringo

Adolfo Constanzo a besoin d'un gringo pour rendre ses fidèles invulnérables. Le 14 mars 1989, vers deux heures du matin, il fait enlever Mark Kilroy dans une ruelle de Matamoros. Avertis de la disparition de leur fils, James et Helen Kilroy remuent ciel et terre pour le retrouver. Ils se heurtent tout d'abord à une certaine indifférence de la part des autorités policières des deux côtés de la frontière, qui penchent pour l'hypothèse de la fugue, ainsi que des médias. Pour pallier cela, James Kilroy se rend à Matamoros le 18 mars pour y distribuer des avis de recherche.

La disparition de Mark Kilroy intervient à un mauvais moment de l'histoire des relations américano-mexicaines. Le Mexique, surendetté auprès des banques américaines à cause de la chute des prix du pétrole, se voit reprocher son absence de collaboration par la DEA (Drug Enforcement Agency) et son laxisme certain vis-à-vis des gros bonnets de la drogue. Le président Salinas souhaite par-dessus tout changer cette désastreuse image. Quand la disparition du jeune Kilroy commence à faire du bruit, la police mexicaine reçoit l'ordre de tout mettre en œuvre pour le retrouver.

Le 9 avril, le jeune Serafin Hernandez Garcia roule à toute allure sur la route de Brownsville à Matamoros : il vient annoncer à Adolfo qu'un important chargement de drogue a été livré. Il est arrêté par le commandant Juan Benitez qui croit avoir affaire à un simple passeur de drogue. Le même jour, Elio Hernandez, Sergio Martinez et David Serna, membres du culte et déjà sous surveillance depuis quelques jours, rejoignent en prison le jeune Garcia. L'attitude des prisonniers étonne les policiers. Ils rient, se déclarent invulnérables, prétendent que leur âme est morte et se moquent des *federales*.

Un interrogatoire « à la mexicaine » se déroule pour obtenir des « aveux spontanés », on secoue une bouteille d'eau gazeuse que l'on enfonce ensuite dans une des narines du suspect. Même répété, le processus ne laisse pas de traces, mais il s'avère extrêmement douloureux pour les suspects qui ont l'impression que leur tête explose. Parfois ils en perdent l'ouïe ou la vue. Les fidèles d'Adolfo se déballonnent, leurs aveux se recoupent, et Reyes, un vieux ranchero, reconnaît Mark Kilroy sur une photo.

Les recherches concernant Mark Kilroy s'achèvent et le cauchemar commence.

Trois cents policiers aux trousses des « mayomberos »

Les fouilles débutent par la découverte de quatorze cadavres horriblement mutilés. Le 23 avril, à la demande de la police, un *curandero* exorcise les esprits maléfiques du Rancho Santa Elena. Son exorcisme achevé, il met le feu au temple d'Adolfo Constanzo.

Trois cents policiers travaillent à plein temps pour retrouver Adolfo Constanzo, Sara Aldrete et leurs autres complices. Pendant trois semaines d'une fuite à travers le Mexique, Constanzo, qui a récupéré beaucoup d'argent liquide dans ses nombreuses caches, tente de négocier avec les autorités mexicaines : il menace de révéler les noms de personnages haut placés mais cela ne pèse pas lourd en regard de l'atrocité de ses actes. La police reste intransigeante. Début avril, Adolfo se réfugie avec ses derniers fidèles dans un appartement de la calle Rio Sena, à Mexico.

Sara Aldrete, sentant la fin proche, fait parvenir des messages à la police. La nature de leurs négociations est restée secrète, mais on peut penser qu'elle bénéficiera de circonstances atténuantes lors de son procès. Le 6 mai, la police se prépare à donner l'assaut. Le matin même, Adolfo fait jurer à ses compagnons un pacte de suicide mutuel au cas où la police les encerclerait. L'un d'eux aperçoit des agents en civil et retourne prévenir Adolfo. Assez excité, Alvaro de Leon, « El Dubi », ouvre le feu sur les policiers dans la rue, mais sans toucher personne. Adolfo demande à « El Dubi » de le tuer avec son amant, Martin Quintana. « Je lui réponds que je ne pourrai pas le faire, a raconté "El Dubi", mais Adolfo me frappe au visage et me menace des pires tourments de l'enfer. Il embrasse ensuite Martin Quintana et s'enferme avec lui dans un placard. Je me décide à leur tirer dessus à travers la porte, avec ma mitraillette. »

Quelques instants plus tard, la police pénètre dans l'appartement pour y arrêter « El Dubi », Sara Aldrete et Omar Ochoa. Avec les suspects tués ou mis sous les verrous, il ne reste plus qu'à attendre les suites judiciaires de cette affaire de serial killers.

Cependant, un certain nombre de points restent à élucider.

On peut se demander pourquoi la police arrête brusquement les fouilles autour du ranch de Santa Elena, alors que certains interrogatoires de suspects, notamment celui d'Alvaro de Leon, laissent supposer qu'il y aurait d'autres victimes enterrées ?

Certaines informations officieuses font état de la découverte par la police de plusieurs autels sacrificiels ensanglantés dans des appartements de Mexico, grâce à des renseignements fournis par Maria, la jeune sœur de Martin Quintana. Dans un de ces endroits au moins, on aurait retrouvé plusieurs vêtements d'enfants couverts de sang. Des enfants ont-ils été victimes du culte à Mexico ? Sur ce point, également, la police mexicaine est restée muette. Serait-ce dû au fait que certains de ces appartements appartiennent à des personnes très haut placées ?

Enfin, lors de la destruction du ranch de Santa Elena, le 23 avril 1989, un seul objet est emporté par la police : le fameux *nganga*. Quelques jours plus tard, des journalistes de Brownsville demandent à voir ce fameux chaudron. On leur répond tout d'abord qu'il a été détruit avant d'affirmer que le *nganga* a été perdu. Personne ne sait où il se trouve à l'heure actuelle...

POUR EN SAVOIR PLUS :

La bande-annonce du film *Les envoûtés* :

- http ://www.youtube.com/watch?v=bEtUaQVjMkc

2 NOVEMBRE 2004

ARRESTATION EN INDE D'UN PÉDOPHILE AYANT TUÉ AU MOINS DIX-SEPT ENFANTS ÂGÉS DE TROIS À DIX ANS

La police de Jalandhar annonce l'arrestation de Darbara Singh, un ancien soldat de cinquante-deux ans, responsable de la disparition de dix-sept enfants dans le district. Les victimes sont des fillettes et des garçons âgés de trois à dix ans. Sur la base de plusieurs témoignages, un portrait-robot du kidnappeur avait été préparé et, grâce à un informateur, un piège a pu être tendu à Basti Bawa Khel. Interrogé, Darbara Singh a reconnu avoir enlevé au moins vingt et un enfants qu'il a tous violés et tués pour se « venger de dix ans passés en prison ».

Pendant son service militaire, Singh a déjà connu de nombreux problèmes. Après une dispute avec son supérieur, le major V.K. Sharma, Singh a jeté une grenade à l'intérieur de sa maison, blessant l'épouse et le fils de l'officier. Mais le tribunal militaire l'acquitte à cause d'un manque de preuves, tout en l'obligeant à quitter l'uniforme. Pour subvenir à ses besoins, Singh fabrique de l'alcool de contrebande qu'il vend à des ouvriers agricoles dont il viole les filles. Dénoncé, il est condamné à trente ans de réclusion, une peine qui est ensuite réduite à dix ans. Il est libéré en décembre 2003 et engagé comme vigile dans une fabrique de cuir à Basti Bawa Khel.

Le lendemain de son arrestation, Darbara Singh guide les enquêteurs jusqu'à un champ de canne à sucre proche de la route qui mène de Jalandhar à Kalasanghi où il a enterré les corps de deux cousins, Khurshid, cinq ans, et Ruku, six ans, qui avaient disparu le 24 octobre 2004. Il les a violés avant de leur trancher la gorge. Singh a expliqué qu'il avait bu une bouteille de rhum pour se donner du courage et commettre son forfait. La plupart des victimes ont été noyées à Tarn Taran et à Rayyia où des fouilles vont débuter. Avant l'interpellation du tueur, trois cadavres avaient été retrouvés : Rani, Asha et Lalu Pashad étaient tous trois enfants de travailleurs étrangers. Une fillette de onze ans, Nishu, qui a été blessée par Singh à Adampur, a donné un signalement très précis de son agresseur qu'elle a immédiatement reconnu par la suite.

Shakuntala, l'épouse de Singh, qui ne l'a pas autorisé à vivre à ses côtés depuis sa libération de prison en décembre dernier, a déclaré aux journalistes qu'elle souhaitait la mort par pendaison de son mari dont les penchants pédophiles étaient connus de tout le voisinage.

3 NOVEMBRE 1926

NAISSANCE DE GENZO KURITA

En février 1948, Genzo Kurita assassine deux femmes. Le 8 août 1951, il viole et tue une femme de vingt-quatre ans, sous les yeux de son bébé. Il a des relations sexuelles avec le cadavre. Le 11 octobre de la même année, il recommence avec une femme de vingt-neuf ans dont il jette les trois enfants du haut d'une falaise. Le 13 janvier 1952, c'est au tour d'une femme de soixante-trois ans d'être assassinée avec sa nièce de vingt-quatre ans. Il viole ensuite le corps de la plus jeune des deux.

Le tueur en série nécrophile est arrêté quelques jours plus tard, à cause de ses empreintes digitales qui ont été prélevées sur la dernière scène de crime. La Cour de Chiba le condamne à la peine de mort pour deux meurtres le 12 août 1952, puis une autre cour, celle du district d'Utsunomyia, pour six autres assassinats le 21 décembre 1953. Genzo Kurita est pendu le 14 octobre 1959.

4 NOVEMBRE 1998

LE ROUTIER SERIAL KILLER SE BALADE AVEC UN SEIN COUPÉ DANS SA POCHE

Le juge Michael A. Smith du Comté de San Bernadino a rejeté des aveux du serial killer Wayne Adam Ford, quarante-deux ans, car celui-ci avait demandé la présence d'un avocat, le 5 novembre 1998, lorsqu'il reconnaît le meurtre de Tina Gibbs pendant un interrogatoire avec le psychologue Paul Berg. Ce vice de procédure sur un crime ne lui évite pas un procès car les preuves accumulées à son encontre restent incontestables, de même que ses confessions pour les autres assassinats. Le tueur en série va plaider non-coupable lors de son procès où il risque la peine de mort alors qu'il a justement exigé d'être condamné à la peine capitale, lorsqu'il se rend aux policiers pour se confesser de son plein gré en 1998.

Le 4 novembre 1998, le routier Wayne Adam Ford se présente au bureau du shérif du Comté de Humboldt, en Californie, pour affirmer que Dieu lui a demandé d'avouer qu'il est un serial killer. Pour preuve de ses dires, Ford sort un sac plastique d'une de ses poches qui contient un sein mutilé de femme. Il estime avoir violé et tué au moins quatre victimes qu'il prend en stop. Certaines parties des corps sont découpées et conservées un an dans son congélateur. Pris de remords, Ford craint de ne pouvoir se contrôler et de passer à l'acte à nouveau, notamment envers son ex-femme, et que son fils de trois ans devienne un orphelin.

Wayne Adam Ford est reconnu coupable de quatre meurtres le 27 juin 2006 et il est condamné à la peine de mort.

POUR EN SAVOIR PLUS :

Un reportage audio sur Wayne Adam Ford :

- http ://www.youtube.com/watch?v=1maN9Y4VP3w

5 NOVEMBRE 2003

DÉBUT DU PROCÈS D'UN SERIAL KILLER TRAVESTI DE SOIXANTE-SEIZE ANS

Eric H. Anderson Jr, soixante-seize ans, un travesti à moitié sourd, qui a purgé de nombreuses peines de prison pour des agressions contre les femmes depuis 1950, passe en jugement à partir du 5 novembre 2003 devant la Cour de Brockton (Massachusetts) pour l'assassinat de Ruth Masters et de sa fille de neuf ans, commis en 1977 lors d'une promenade dans la forêt du parc de Myles Standish. Deux compagnons de cellule du tueur vont témoigner pour l'accusation.

À la fin des années 1980, dans la prison de Norfolk, Eric Anderson déclare à Evan Holtman : « imagine un peu ce que ça fait de trancher l'artère fémorale, tu vois la peau devenir toute blanche, le corps se refroidit, tu vois les yeux rouler dans leurs orbites, et puis tu commences à découper les parties les plus juteuses de cette bonne femme ». Sur un des murs, Anderson a collé le poster d'une femme dont certaines parties ont été tranchées. « Voilà comment je les aime, » a-t-il coutume de dire à Holtman. Selon ses confessions, il aurait frappé la tête de Ruth Masters avec la crosse d'un calibre.22, avant de la poignarder avec un couteau à cuisine et de la mutiler. Un chargeur de ce calibre a été trouvé sur la scène du crime, ainsi qu'un minuscule morceau de la lame d'un couteau enfoncé dans la poitrine de la victime. Anderson a été mis en examen pour cet homicide en 1998, soit vingt et un ans après les faits, à cause de ses déclarations à ses co-détenus. Un autre prisonnier, Carroll St. Germaine, affirme qu'Anderson lui a dit : « j'ai sacrément tranché dans le lard d'une femme. Et c'est pas celle pour laquelle j'ai été condamné ».

À cette époque, il purge une condamnation pour avoir agressé une femme dans le Maine et lui avoir tranché une partie du nez ; il est libérable sous conditionnelle en 2007. Les jurés ne seront pas concernés par les antécédents d'Anderson et seuls les témoignages de ses deux codétenus seront pris en compte.

Eric Anderson Jr. a été condamné à la prison à perpétuité sans possibilité de libération conditionnelle pour l'assassinat accompagné de mutilations de Ruth Masters, le 14 mai 1977, dans le Masachussetts. Les jurés ont délibéré trois heures avant de rendre leur verdict. Cinq mois après le meurtre de Ruth Masters, Anderson avait été condamné pour le kidnapping d'une femme à Bourne, qu'il ligote avant de commencer à la poignarder ; fort heureusement, la victime parvient à s'échapper et il écope d'une peine de prison. Libéré en 1988, Anderson récidive dans l'État du Maine. Il est condamné à vingt ans de prison pour ce crime. Cet homme, qui reconnaît détester les femmes, a commencé à agresser ses premières victimes en 1950.

6 NOVEMBRE 1956

NAISSANCE À IXELLES (BELGIQUE) DE MARC DUTROUX QUI EST CONDAMNÉ À LA RÉCLUSION CRIMINELLE À PERPÉTUITÉ POUR CINQ ASSASSINATS.

Le 18 février 2013, la justice rejette la demande de remise en liberté de l'homme « le plus détesté de Belgique », en raison de « l'absence de perspective de réinsertion » de Dutroux.

7 NOVEMBRE 2008

LE « PAPY TUEUR EN SÉRIE » QUI DÉFIE LA POLICE ALLEMANDE

Depuis 2005, un inconnu envoie des courriers anonymes à la police allemande, dont un dans lequel il s'accuse d'un meurtre de 1962. Pour le confondre, les enquêteurs prélèvent l'ADN de tous les hommes de plus de soixante-cinq ans d'une petite ville de la Sarre. Plus de cinq mille hommes vont devoir se plier à ces tests. Le « papy tueur en série » joue avec les nerfs des enquêteurs, comme nous l'explique le journal *Le Parisien* : « j'ai un aveu à faire. Je suis vieux et malade. Je me retourne sur ma vie passée et il y a quelque chose que je n'ai pas réglé : J'ai tué quelqu'un, je ne l'ai jamais oublié. » En 2006, la police de Kaiserslautern comprend que l'auteur s'accuse du meurtre de Lydia Schürmann, treize ans, découverte à moitié enterrée près de Bielenfeld.

Dans une autre lettre en novembre 2005, la police de Nüremberg lit « qu'un ami, aujourd'hui décédé, s'est accusé du meurtre de Heiderose Berchner. » Mais l'auteur de cette missive ne peut-être que le tueur de cette prostituée de vingt-sept ans, poignardée, le corps en partie calciné dans une forêt non loin de Nüremberg, en 1970. Coup de chance, l'homme a laissé des empreintes digitales et des traces ADN sur les enveloppes qui ont été comparées à des scellés relevés sur les scènes de crimes. Les auteurs des trois lettres ne sont en fait qu'une seule et même personne, l'assassin lui-même.

8 NOVEMBRE 2005

ROBERT BRUCE SPAHALSKI SE REND DANS UN COMMISSARIAT DE POLICE DE ROCHESTER POUR AVOUER LE MEURTRE DE VIVIAN IRIZZARY

À la fin des années 1980, la ville de Rochester, dans l'État de New York, connaît une épidémie de serial killers, avec notamment trois meurtriers qui sévissent dans le seul quartier d'Edgerton. Le moins connu de ces criminels est Robert Bruce Spahalski. Son cas est unique puisqu'il a un frère jumeau, Stephen, qui est aussi un assassin. Stephen est le premier à tuer, lorsqu'il frappe le propriétaire d'un magasin, Ronald Ripley, à coups de marteau. Robert Bruce Spahalski, lui, sort de la norme car il change de mode opératoire à chacun de ses forfaits et ses victimes sont toutes différentes en terme d'âge, de sexe et de race.

À l'aide d'un câble d'acier, il étrangle la prostituée Morraine Armstrong pendant qu'ils ont une relation sexuelle. Mais c'est à mains nues qu'il étouffe sa petite amie Adrian Berger. Il se sert d'un objet contondant pour ôter la vie de l'homme d'affaires Charles Grande. Robert Spahalski termine sa carrière meurtrière par l'assassinat d'une amie, Vivian Irizarri. Il avoue ces quatre assassinats, mais la police le suspecte de nombreux autres crimes.

POUR EN SAVOIR PLUS :

Un reportage de Robert Spahalski, un épisode de la série *Confession d'un tueur en série* :

- http ://www.dailymotion.com/video/xxmo8i_confession-d-un-tueur-en-serie-robert-spahalski_webcam#.UST72hw2rWE

9 NOVEMBRE 1970

NAISSANCE DU TUEUR EN SÉRIE JEFFREY MAILHOT

Cet ouvrier de trente-trois ans, fan de bodybuilding et de catch, tue trois prostituées, Audrey Harris, en février 2003, Christine Dumont, en avril 2004, et Stacie Goulet, en juillet 2004, dans son appartement de Woonsocket, dans l'État du Rhode Island. Surnommé le « Rhode Island Ripper », Jeffrey Mailhot démembre les cadavres à la scie dans sa baignoire avant d'en disperser les restes dans des sacs poubelles. Il est identifié après deux agressions sur des prostituées qui le signalent aux policiers.

10 NOVEMBRE 2003

UN TUEUR EN SÉRIE MANNEQUIN D'UN DÉFILÉ DE MODE

Célèbre en Australie par ses autobiographies, le tueur en série Mark « Chopper » Read a fait ses débuts dans un défilé de mode branché de Melbourne pour le couturier Ivan Gomez et son label « Vicious Threads ». Il est apparu tatoué, avec ses oreilles coupées lors d'un de ses nombreux séjours en prison, revêtu d'un T-shirt nommé « Scar Tee » qui arbore un dessin qu'il a effectué sur deux boxeurs. Après le défilé, Mark Read a déclaré devant les spectateurs et les nombreux journalistes présents : « j'emmerde tous les enculés qui ont écrit sur moi, » en faisant référence à la controverse suscitée par son apparition publique.

De nombreuses associations de victimes se sont élevées contre cette présentation, d'autant que « Chopper » avait affirmé dans une interview : « j'ai toujours été à la pointe de la mode et j'ai été novateur dans bien des domaines. » Sa biographie a été portée à l'écran dans un excellent film d'Andrew Dominik, *Chopper*, avec l'interprétation impressionnante d'Eric Bana.

POUR EN SAVOIR PLUS :

Le film *Chopper* :

- http ://www.youtube.com/watch?v=ntadd4ksgI4

11 NOVEMBRE 2003

ANNULATION DE LA PEINE DE MORT POUR UN TUEUR DE DEUX FILLETTES

La Cour suprême de Floride vient d'annuler la peine de mort de Howard Steven Ault, un violeur et tueur pédophile de deux fillettes en 1996. Elle a trouvé un vice de procédure lors du procès de l'accusé, car le procureur Tim Donnelly a demandé et obtenu le renvoi d'un juré qui s'était déclaré opposé par principe à la peine de mort. Cette décision, qui va déboucher sur un nouveau procès de l'accusé qui est dans le couloir de la mort de la prison de Broward, a consterné les parents des victimes et la ville d'Oakland Park où les crimes se sont déroulés.

Le 4 novembre 1996, les deux sœurs DeAnne Mu'min, onze ans, et Alicia Jones, sept ans, quittent l'école à 14 h 05 et croisent la route de Howard Ault dans un magasin. Il leur offre des bonbons et propose de les ramener chez elles. Les fillettes acceptent car Ault les a déjà rencontrées à Easterlin Park, où leur mère s'est installée dans une caravane, la famille n'ayant pas de domicile fixe. Ault leur offre même la possibilité d'utiliser sa douche.

Une fois chez lui, les fillettes sont violées et étranglées, leurs cadavres cachés dans un faux plafond. Selon le médecin légiste, Alicia était probablement toujours vivante, même si elle était plongée dans un profond coma, lorsque Ault l'a cachée dans le grenier. Dans ses aveux, Ault affirme qu'il a tué les enfants parce qu'il a eu peur de retourner en prison. À l'époque des meurtres, il est en libération conditionnelle à cause d'un autre viol, et sous le coup d'une accusation pour une autre agression sexuelle.

Le 24 octobre 2007, Howard Ault est à nouveau jugé et condamné à la peine de mort.

12 NOVEMBRE 2007

VINGT-HUIT ANS POUR L'ACCUSÉ QUI SE RÊVAIT TUEUR EN SÉRIE

Aboubacar Abdallah A., vingt-quatre ans, a tué deux amies « par plaisir » en s'identifiant au tueur en série de l'Est parisien. « Comme Guy Georges, je vais être jugé par neuf jurés blancs », écrit le journaliste Luc Leroux dans *La Provence.* « J'avais d'autres cibles », affirme-t-il aux jurés. En 2002, puis 2004, il étrangle avec un fil électrique deux jeunes femmes, placées, comme lui, dans un foyer du cinquième arrondissement de Marseille. Deux crimes commis sous influence de cannabis, pour satisfaire des pulsions sadiques. L'apprenti serial killer éprouve un grand plaisir « dans les gestes meurtriers » et ne ressent plus d'émotions depuis l'âge de quinze ans, convaincu d'être « un tueur ». Il écope de vingt-huit ans de réclusion.

13 NOVEMBRE 2010

UN SERIAL KILLER IRANIEN PENDU POUR SEIZE MEURTRES DE FEMMES

Farid Baghlani, un tueur en série, condamné pour le meurtre de seize femmes et jeunes filles sur une période de quatre ans, a été pendu à Ahvaz, dans le sud de l'Iran. Motivé par sa haine des femmes, il a commis ses assassinats entre 2004 et 2008 dans la ville portuaire d'Abadan. Pour célébrer l'occasion, les familles de ses victimes ont distribué des confiseries aux spectateurs qui assistaient à l'exécution.

14 NOVEMBRE 2003

PERPÉTUITÉ REQUISE EN APPEL POUR LA « BÊTE DE HARKSTEDE »

Willem van E. a soixante-deux ans, il a tué au moins cinq femmes – peut-être davantage – dont deux en 1971 et en 1975 (la première, âgée de quinze ans, a été violée puis étranglée ; la seconde a reçu seize coups de couteau. Il avait alors été condamné à dix-huit ans de prison, interné et était sorti de clinique psychiatrique en 1990) et trois autres, des prostituées (Michelle Fatol en 1993, Annelies Reinders en 1995 et Saja Schenker en 2001), faits pour lesquels il a été condamné à la réclusion à perpétuité en novembre 2002 par le tribunal de Groningue (Pays-Bas, province de Frise). La même peine a été requise en appel par la Cour de Leeuwaarden, le 14 novembre 2003, mais cette fois pour trois meurtres avec préméditation (par strangulation), et non plus un meurtre et deux homicides. Willem van E. a dénudé les trois corps avant de les noyer dans des canaux.

En 1994, à un journaliste qui s'était rendu chez lui afin de l'interviewer, il avait déclaré qu'il ne pensait autrefois aux femmes qu'en termes de « possession » et d' « humiliation », mais que ce n'était plus le cas. D'après l'expertise psychiatrique la plus récente, l'accusé, qui a été baptisé par la presse à sensation la « Bête de Harkstede », d'après le nom de la ville où il habitait, est un psychopathe présentant un risque de récidive très élevé et sur lequel les thérapies devraient se révéler inopérantes, conclusions contestées par les deux avocats de la défense.

15 NOVEMBRE 2003

DÉCÈS DU SERIAL KILLER ROBERTO ARGUELLES

Le serial killer Roberto Arguelles est décédé à l'âge de quarante et un ans le samedi 15 novembre 2003, à l'infirmerie de la prison d'État de l'Utah où il était emprisonné dans l'attente de son exécution. D'après le directeur de l'établissement, Clint Friel, « la mort ne semble pas suspecte et il ne s'agit pas d'un suicide ».

Le 17 juin 2003, Arguelles était supposé mourir fusillé par un peloton d'exécution, mais l' Utah Department of Corrections a exigé un examen mental de l'accusé, à cause de sa tentative de suicide par pendaison avec un sac à linge en 2000. Ce samedi 15 novembre, vers 11 h 30, un gardien observe que le détenu est pâle et qu'il ne paraît pas dans son état normal. À 14 h 30, il est emmené à l'infirmerie où il est l'objet de soins d'un médecin. À 17 h, il arrête de respirer. Les efforts pour le ramener à la vie sont vains et son décès est prononcé à 17 h 27.

Depuis plusieurs mois, Arguelles rendait souvent visite à l'infirmerie ayant pris pour habitude de manger ses propres matières fécales, ainsi que divers objets. Lorsqu'il est passé au tribunal au début 2003, il est apparu incohérent, se plaignant de multiples sévices à la nuque et à la colonne vertébrale infligés par un gardien. Arguelles était revêtu d'un masque protecteur afin qu'il ne crache pas sur les spectateurs présents.

En 1992, Arguelles a avoué les viols et les meurtres en 1992 de Stephanie Blundell, treize ans, de Lisa Martinez, seize ans, de Tuesday Roberts, quinze ans, et de Margo Bond, quarante-deux ans. Lorsqu'il a commis ces assassinats, Arguelles était en liberté conditionnelle pour avoir agressé deux fillettes, l'une d'elles ayant échappé de peu à la mort.

16 NOVEMBRE 1869

NAISSANCE DE JOSEPH VACHER

Né à Beaufort dans l'Isère, Joseph Vacher a quinze frères et sœurs. Dès son plus jeune âge, il mutile des animaux et frappe les autres enfants de la famille. Violent à l'école, il se venge des camarades de classe dont il est le souffre-douleur.

« Je suis comme possédé. Si je rencontrais quelqu'un, je crois que je ne pourrais pas m'empêcher de lui faire du mal », explique-t-il. Pendant son service militaire, il tente de se suicider à plusieurs reprises. Le 19 mai 1894, il commet son premier assassinat reconnu sur la personne d'Eugénie Delhomme, vingt et un ans, qui est étranglée, mutilée et violée à Beaurepaire. Marcheur infatigable, il parcourt les régions où il sème la mort avec au moins vingt victimes à son actif, en l'espace de trois ans et demi.

Le « Jack l'Éventreur du Sud-Est » sera finalement arrêté grâce au méticuleux travail de recoupements du juge Emile Fourquet en août 1897. Au bout de trois mois d'incarcération, Vacher écrit au juge pour admettre « tous les crimes que vous m'avez reprochés, dans des moments de rage ».

Le procès de Joseph Vacher s'ouvre le 26 octobre 1898 à Bourg-en-Bresse où il est condamné à la peine de mort. Il est guillotiné le 31 décembre 1898.

17 NOVEMBRE 1957

DÉCOUVERTE DE CORPS DÉPECÉS DANS LA FERME D'ED GEIN, LE « VAMPIRE DE PLAINFIELD »

Norman Bates le héros de *Psychose* est « né » le 17 novembre 1957 lorsque l'écrivain Robert Bloch écoute à la radio l'annonce des découvertes macabres effectuées par la police au domicile d'Edward Theodore Gein, dit « Ed », un fermier de cinquante et un ans, qui vit à Plainfield, une minuscule ville du Wisconsin d'à peine quatre cents habitants.

Homme de petite taille à la voix douce, Ed Gein habite une ferme isolée située à dix kilomètres à l'ouest de Plainfield. Lui et son frère aîné Henry subissent les foudres d'une famille dysfonctionnelle. Ils sont abusés physiquement et verbalement par un père alcoolique et une mère dominatrice qui est une fanatique religieuse. Augusta Gein leur apprend que le sexe est l'incarnation du mal. En 1914, la famille déménage de La Crosse pour s'installer dans une ferme de quatre-vingt hectares. Dès le départ, les Gein se détachent du reste de la population de Plainfield. Augusta refuse de participer aux activités habituelles de la collectivité, ses seules sorties sont réservées pour la messe, tandis que son époux, qui ne travaille pas, est dans un état d'ivresse perpétuelle. À l'école, les élèves se moquent d'Ed et de ses manières efféminées, car il ne fait partie d'aucune des équipes de sport pendant sa scolarité qui s'achève lorsqu'il a seize ans.

En avril 1940, son père décède et, en mai 1944, c'est son frère Henry qui meurt asphyxié lors d'un feu dans les marais qui encerclent la ferme familiale. Le shérif local tarde à délivrer un certificat de mort accidentelle car Henry présente de nombreuses traces de coups à la tête ; or les deux frères se trouvent seuls à combattre l'incendie. À la fin du mois de décembre 1945, la tragédie frappe à nouveau les Gein avec la disparition d'Augusta, la mère adorée d'Ed. Quelques jours plus tard, Ed nettoie avec soin la chambre de sa maman dont il scelle la porte en clouant des planches, comme une sorte d'autel permanent dédié à sa mémoire.

Seul dans la ferme, Gein survit comme homme à tout faire pour les habitants de Plainfield, dont il garde souvent les enfants lors des sorties parentales. La plupart le considère comme un excentrique, une sorte d' « idiot du village ». Timide, Ed Gein est plus à l'aise avec les enfants qu'il régale avec ses récits de réducteurs de têtes et de cannibales, qu'il dévore dans les magazines « pulps ». Parfois, il invite des enfants à venir admirer sa collection de têtes réduites qu'un cousin lui aurait envoyées pendant qu'il combat aux Philippines lors de la Seconde guerre mondiale.

Le 8 décembre 1954, Mary Hogan, cinquante et un ans, disparaît à Pine Grove, dans la taverne dont elle est la propriétaire, à dix kilomètres de Plainfield. Une douille de calibre.32 est découverte sur le plancher et une mince traînée de sang mène les enquêteurs jusqu'au parking attenant où le kidnappeur a probablement chargé le corps de la victime.

L'histoire semble se répéter trois ans plus tard, le 16 novembre 1957, lors de la disparition d'une propriétaire d'un magasin de Plainfield, Bernice Worden, qui est âgée de cinquante-huit ans. La découverte d'un reçu pour l'achat d'antigel qui porte le nom d'Ed Gein éveille les soupçons car le fermier est venu le jour précédent s'enquérir du prix de ce produit. Sur le champ, les autorités décident de se rendre à la ferme des Gein pour fouiller les lieux. Dans une grange, un enquêteur trouve le cadavre décapité de Bernice Worden suspendu par les chevilles à un croc de boucher. Le corps a été dépecé et éviscéré, les parties génitales sont manquantes.

Dans le bâtiment principal, les policiers ne sont pas au bout de leurs surprises. Un bol de soupe a été fabriqué avec le crâne évidé d'un être humain. Le lit d'Ed Gein est entouré de piliers de bois sur lesquels il a enfoncé d'autres crânes. Une boîte à chaussures contient neuf sexes de femmes, une autre recèle quatre nez tranchés. Une ceinture faite à partir de seins de femmes repose sur un fauteuil recouvert de peau humaine. Des « masques » ont été façonnés avec les visages de différentes victimes. L'un de ces visages est celui de Mary Hogan dont la chevelure est encore intacte.

Mais tout ceci n'est rien comparé à la « garde-robe » de Gein. Elle contient une veste dont les pans arborent encore la poitrine et les parties génitales d'une femme d'âge moyen. Le propriétaire des lieux avoue un peu plus tard qu'il porte cette « veste » lorsqu'il danse, nu, au clair de lune. En tout, on découvre des restes de quinze femmes.

Arrêté, l'homme avoue les meurtres de Hogan et de Worden, et il explique que les restes des autres femmes proviennent de quarante profanations de sépultures effectuées entre 1947 et 1954. D'un ton bonhomme, Ed raconte : « quand j'ai fabriqué ces masques, voyez-vous, je les ai fourrés avec du papier pour qu'ils s'assèchent. Par contre, sur les vagins, j'ai mis un peu de sel. »

Afin de confirmer les dires du tueur, les autorités décident d'exhumer la tombe d'Eleanor Adams, cinquante-deux ans, enterrée six ans plus tôt près de celle d'Augusta Gein. Le 23 novembre 1957, son cercueil est déterré : le corps a disparu. Non loin de là, c'est le cadavre de Mabel Everson, soixante et un ans, décédée six ans plus tôt qui a été enlevé. Gein admet avoir porté ces « vêtements » car il rêvait de devenir une femme et, à l'époque, les opérations de changements de sexe étaient hors de portée de sa bourse. Il nie avoir violé les cadavres car « ils sentaient trop mauvais », de même qu'il affirme ne jamais avoir mangé de chair humaine, ce qui paraît improbable au vu des restes retrouvés dans sa cuisine. Le 6 janvier 1958, à Wisconsin Rapids, Ed Gein est déclaré irresponsable de ses actes. Il est interné à l'hôpital psychiatrique de Waupun.

Le 20 mars 1958, dix jours avant la mise aux enchères de ses maigres possessions, la ferme d'Ed Gein brûle dans un incendie criminel. Deux mille personnes assistent à la vente aux enchères et un entrepreneur de Rockford, dans l'Illinois, achète la Ford de Gein pour la modique somme de sept cent soixante dollars. Il la présente dans un show itinérant intitulé *Ed Gein's Crime Car* dans d'innombrables villes du Midwest.

Dix ans après la découverte du cadavre de Bernice Worden, Ed Gein est jugé apte à passer en jugement devant le juge Robert Gollmar. Le 14 novembre 1968, il est déclaré coupable, mais irresponsable à cause de son état psychotique. En février 1974, il demande à être libéré, ce qui lui est refusé. Le 26 juillet 1984, Ed Gein décède à cause de problèmes respiratoires au Mendota Mental Health Institute de Madison, à l'âge de soixante-dix-huit ans. Quelques semaines plus tard, il est enterré dans le secret près de la tombe de sa mère, dans le cimetière de Plainfield, sans avoir jamais pu lire le roman de Robert Bloch, *Psychose*, ni avoir vu le film d'Alfred Hitchcock.

L'histoire d'Ed Gein est adaptée en 1974 par Jeff Gillen et Alan Ormsby dans *Deranged* où le tueur devient « Ezra Cobb ». Il apparaît sous sa véritable identité dans *Ed Gein en 2000* et *Ed Gein : The Butcher of Plainfield* en 2007.

POUR EN SAVOIR PLUS :

Un documentaire, *Ed Gein, le boucher de Plainfield* :

- http ://www.youtube.com/watch?v=a5EKM-ZJKEU

18 NOVEMBRE 2012

ARRESTATION DU « POSTCARD KILLER » JOHN FRANCK HICKEY

En 1914, la police met un terme aux activités criminelles de John Frank Hickey qui, pendant trois décennies, a sillonné la côte Est des États-Unis en semant la mort sur son passage. Il commet son premier meurtre à l'âge de dix-huit ans. Ses victimes sont principalement de jeunes vendeurs de journaux qui arpentent en solitaire les rues de leurs villes. Hickey mène la vie anonyme d'un employé de bureau dans les endroits où il s'installe, mais bientôt, les meurtres ne lui suffisent plus. Il prend de plus en plus de risques, n'hésitant pas à tuer en plein jour devant des témoins. Il éprouve l'envie de se faire connaître et de se moquer des familles de ses victimes, ainsi que de la police, en écrivant un grand nombre de cartes postales. Ce seront ces mêmes cartes postales qui entraîneront l'arrestation du « Postcard Killer ».

19 NOVEMBRE 2007

DÉCÈS DE MORT NATURELLE DU TUEUR EN SÉRIE JOHN STRAFFEN

Né en 1930, John Straffen assassine trois fillettes en 1951 et 1952. Condamné à la peine de mort, sa peine est transformée en incarcération à l'hôpital de Broadmoor, à cause de son état mental. À sa mort, il aura passé cinquante-cinq derrière les barreaux. Jamais aucun autre détenu britannique n'aura purgé une peine aussi longue.

20 NOVEMBRE 2010

MATTHEW MILAT MASSACRE DAVID AUCHTERLONIE À COUPS DE HACHE

En novembre 2010, Matthew Milat, âgé de dix-sept ans et petit-neveu du célèbre tueur en série australien Ivan Milat, a torturé puis tué un de ses camarades, dans une forêt de l'État de Nouvelle-Galles du Sud, là même où son grand-oncle, avait enterré les cadavres de sept auto-stoppeurs tués au début des années 1990. Matthew Milat, accompagné de Cohen Klein, y a emmené David Auchterlonie, un de ses amis qui fêtait ce jour-là ses dix-sept ans. Milat l'a frappé à la poitrine d'un coup de hache, avant de le menacer pendant une dizaine de minutes : « si tu bouges, je te coupe la tête ». Les menaces et les insultes, ainsi que les supplications de David ont été enregistrées via un téléphone portable par Klein, y compris le coup fatal. « C'était un meurtre pour le plaisir de la part de Milat », a déclaré Jane Matthews, la juge de la Cour suprême de Nouvelle-Galles du Sud. Matthew Milat a été condamné à la perpétuité et Cohen Klein à vingt-deux ans de prison.

Quant à son grand-oncle Ivan Milat, entre décembre 1989 et avril 1992, il est responsable de la disparition de sept auto-stoppeurs et auto-stoppeuses dans le sud de l'Australie. Le cas du « Backpack Killer » est résolu en 1994 par l'arrestation dans les faubourgs de Sydney d'Ivan Milat, un repris de justice condamné pour vols, agressions et viols. À son domicile, des trophées appartenant aux victimes sont découverts. « Ivan le Terrible » est jugé en juillet 1996 et condamné à sept peines de prison à perpétuité. D'après divers témoignages, Milat est un fan de bondage et de contrôle, son ex-compagne le dépeint comme quelqu'un qui ne supporte pas la moindre contradiction et un obsédé de la propreté et du rangement. De nombreux experts estiment que Milat a tué beaucoup plus de victimes que les sept reconnues officiellement et qu'il aurait pu recourir aux services d'un ou de plusieurs complices.

21 NOVEMBRE 2009

SUICIDE EN PRISON D'UN TUEUR EN SÉRIE CHINOIS

Le tueur en série Jeong Nam-Gyu, quarante ans, qui a tué et violé treize personnes dont deux enfants entre janvier 2004 et avril 2006 et qui était condamné à mort, s'est suicidé à 2 h 40 du matin dans sa cellule en se pendant à l'aide de sacs plastiques accrochés à la télévision fixée en haut de sa cellule.

22 NOVEMBRE 2011

UNE FEMME ACCUSÉE D'AVOIR TUÉ TROIS NOUVEAU-NÉS

Âgée d'une trentaine d'années, Meredith Katharine Borowiec est accusée d'avoir tué trois enfants qui venaient de naître, le premier au début de 2008 et le second pendant l'été 2009. Le troisième a été découvert encore vivant dans une benne à ordures alors que les corps des deux autres n'ont pas été retrouvés par les policiers.

Les enquêteurs ont été profondément troublés par ce qu'ils ont découvert, a indiqué la sergente Kelly Campbell à l'agence de presse QMI. « Ça a été une enquête longue et pénible, a-t-elle dit. Bouleversante. » Les policiers ignorent si les trois bébés avaient le même père. Mais ils n'ont aucune raison de soupçonner le père du bébé trouvé dans le conteneur, qu'il avait d'ailleurs aidé à sauver après l'avoir entendu pleurer. Le nouveau-né était nu à l'intérieur d'un sac de plastique et portait toujours son cordon ombilical. Le père « a été très coopératif. Rien ne nous permet de croire qu'il savait que madame était enceinte à ces trois occasions », a déclaré la sergente Campbell. »

23 NOVEMBRE 1989

LE TUEUR EN SÉRIE ARTHUR SHAWCROSS TUE JUNE STOTT

Décédé le 10 novembre 2008, à l'âge de soixante-trois ans, Arthur Shawcross a été condamné pour quatorze meurtres de femmes à Rochester, ses victimes étant, pour l'essentiel, des prostituées.

Voici son récit de l'assassinat de June Stott :

« June Stott – trente ans – décédée en octobre 1989.

« Tu connaissais déjà June Stott ?

– Oui, je l'avais rencontrée deux ou trois fois, au Midtown. Je la connaissais juste sous le nom de Jay. Elle était un peu retardée.

– Comment savais-tu qu'elle était retardée ?

– En discutant. J'avais déjeuné une fois avec elle.

– Qu'est-ce qui s'est passé avec elle ?

– On bavassait au bord de la rivière, près de l'usine à ciment. Elle m'a dit qu'elle était encore vierge et elle voulait que je lui montre comment on faisait l'amour. J'ai dit d'accord. On a commencé à enlever nos vêtements.

– C'est elle qui s'est déshabillée ?

– Oui, je l'ai juste aidée un peu pour son soutien-gorge.

– Il faisait nuit ?

– Non, on était en plein jour.

– Et il n'y avait personne ?

– Si, mais ils ne nous dérangeaient pas. On a utilisé des bouts de tapis qui traînaient dans le coin pour nous allonger dessus. Nous étions complètement nus. Et je l'ai pénétrée, mais c'était bien trop facile : June n'était pas vierge. Elle m'avait menti et je le lui ai dit. Son vagin ne saignait pas. Je lui ai répété qu'elle se moquait de moi. Elle paraissait bouleversée et s'est mise en colère. Elle m'a frappé et j'ai fait pareil, avant de l'étrangler.

– Qu'as-tu fait de ses vêtements ?

– Je les ai jetés dans la rivière où ils ont coulé tout de suite.

– Tu as gardé quelque chose ?

– Juste un petit couteau qu'elle avait toujours sur elle.

– Pourquoi ce couteau ?

– Je l'aimais bien, c'était un chouette petit couteau.

– Qu'as-tu fait du corps ?

– Je l'ai laissé là où il était.

– Tu es revenu sur les lieux ?

– Oui, trois jours plus tard.

– Dans la journée ?

– Oui, juste avant le lever du jour. Je venais de quitter mon travail. Il y avait encore du brouillard.

– Tu es venu en voiture ?

– Non. Avec le bus. Je crois même que c'était le premier bus.

– Pourquoi revenir sur les lieux ?

– Pour mutiler le corps. Je l'ai ouvert du cou jusqu'au vagin.

– Tu étais en colère après elle ?

– Non, j'aimais bien June. Mais c'était pour que le corps se décompose plus rapidement. Puis, j'ai retourné le corps sur le ventre et posé le tapis sur elle, afin qu'on ne la retrouve pas. (Par la suite, Arthur Shawcross affirmera à un psychiatre de la défense qu'il a violé le cadavre et en a dévoré certaines parties.) Le corps était chaud. Il n'était pas encore rigide. Alors, je l'ai encore baisée. Après l'avoir mutilée de la nuque au trou du cul, j'ai découpé sa chatte que j'ai dévorée crue.

– Pensais-tu revenir encore une fois ?

– Oui, une fois décomposée, je serais retourné pour jeter les os dans la rivière.

– Pourquoi ne pas avoir jeté le corps dans la rivière, la première fois ?

– J'aimais bien June.

– Pourquoi ne pas avoir enterré les corps ?

– Je n'avais pas de pelle.

– Et si c'était à refaire ?

– J'aurais aimé trouver un grand trou pour y mettre tous les corps, afin qu'elles soient toutes ensemble.

– Cela aurait été mieux ?

– Oui, ça m'aurait plu.

– Tu as coupé June avec son propre couteau ?

– Oui. »

24 NOVEMBRE 1946

NAISSANCE DE THEODORE ROBERT « TED » BUNDY

Le plus célèbre des serial killers est exécuté le 24 janvier 1989, en Floride, pour trois meurtres ; il est suspecté d'une vingtaine d'autres crimes à travers les USA et d'une série de vingt-huit assassinats au Canada connus sous le nom de « Highway Murders ». La nuit précédant son exécution, Bundy avoue de nombreux meurtres dans une interview télévisée, espérant ainsi, mais en vain, surseoir au châtiment.

Ted Bundy est la première affaire criminelle sur laquelle le profiler Robert Keppel travaille. Il est le premier à utiliser un de ces monstrueux ordinateurs (qui occupe la taille d'une pièce !) des années 1970 pour le nourrir de cartes perforées sur les « Ted Murders » qui se multiplient dans tous les États du Nord-Ouest américain. Keppel dresse de longues listes de camarades d'université ayant fréquenté les mêmes cours que les victimes, de proches de ces jeunes femmes, de propriétaires de coccinelles Volkswagen (un modèle est aperçu et photographié sur le lieu d'un des crimes) et de bien d'autres compilations. Il parvient à réduire le nombre des suspects de plus de deux mille à une vingtaine. Et le nom de Ted Bundy apparaît sur quatre de ces listes ! Plus de quinze ans après, Keppel croise à nouveau la route du serial killer le plus célèbre des États-Unis lorsque celui-ci écrit pour proposer ses services aux enquêteurs du Green River Killer, auteur du meurtre de quarante-neuf prostituées à Seattle et dans ses environs. Bundy est alors aux abois, car condamné à mort, ses différents appels ont été rejetés ; il cherche par tous les moyens à sauver sa peau. Son plan est machiavélique : en échange de conseils, il espère échapper à la chaise électrique ou, du moins, repousser la date de son exécution, car qui mieux qu'un serial killer peut connaître un autre de ses semblables. C'est Bob Keppel qui répond à Bundy et lui rend visite dans sa cellule de la Florida State Prison, à Starke. L'essentiel de leurs nombreuses heures de conversation est consigné par Keppel dans son ouvrage, *The Riverman : Ted Bundy and I, Hunt for the Green River Killer.*

25 NOVEMBRE 1946

NAISSANCE DU « TORSO KILLER » RICHARD COTTINGHAM

À l'image de Jack l'Éventreur à Londres, Richard Cottingham tue, viole et mutile des prostituées à New York entre 1977 et 1980. Condamné pour cinq meurtres, le « Torso Killer » laisse entendre dans des interviews qu'il aurait tué entre quatre-vingt et cent victimes.

POUR EN SAVOIR PLUS :

Un documentaire sur Richard Cottingham et Elmer Wayne Henley :

- http ://www.youtube.com/watch ?v=qC2-urQlOVE

26 NOVEMBRE 1994

LE TUEUR EN SÉRIE DU WISCONSIN DAVID SPANDAUER AVOUE L'ENSEMBLE DE SES CRIMES APRÈS DES PREMIERS AVEUX HUIT JOURS PLUS TÔT

Arrêté le 14 novembre 1994, David Spanbauer est un tueur en série pédophile qui assassine deux fillettes, Ronelle Eichstedt, dix ans, et Cora Jones, douze ans, ainsi que Trudi Jeschke, vingt et un ans, entre 1992 et 1994, dans l'État du Wisconsin.

Dès 1960, Spanbauer collectionne les incarcérations pour des cambriolages, des vols, des tentatives d'enlèvement, ainsi que des viols.

Né en janvier 1941, il est condamné le 20 décembre 1994 à trois peines de réclusion à perpétuité, auxquelles se sont ajoutés quatre cent trois ans de prison. David Spanbauer est décédé derrière les barreaux le 29 juillet 2002.

POUR EN SAVOIR PLUS :

Un article du site *Murderpedia* :

- http ://murderpedia.org/male.S/s/spanbauer-david.htm

27 NOVEMBRE 2010

DÉBUT DU PROCÈS D'UN TUEUR EN SÉRIE DÉPECEUR RUSSE

D'après Europe 1, Alexandre Bouchouïev, un retraité russe, a été condamné à vingt-cinq ans de prison pour les meurtres de quatre jeunes hommes à Arkhanguelsk, dans le nord-ouest de la Russie. Cet ex-horticulteur a attiré les quatre victimes dans sa maison de campagne en 2000 et en 2001. Il a découpé les corps et jeté les morceaux dans les bois des environs. Ces assassinats ont été provoqués par le refus des victimes de céder aux avances sexuelles du retraité.

28 NOVEMBRE 2009

SUICIDE DU MEURTRIER DE SIX VILLAGEOIS EN CHINE

Wen Tishuan, quarante-six ans, suspecté d'avoir tué six villageois et d'en avoir blessé un autre s'est suicidé en Mongolie. Son corps a été retrouvé dans une grotte d'une région montagneuse.

Six villageois avaient été assassinés par le suspect dans le village de Lijiaershihao, parmi eux un couple et d'autres personnes n'ayant aucune relation de parenté.

Près de sept cents agents de police ont été mobilisés pour rechercher le suspect, un père de famille avec trois enfants âgés de six à seize ans.

29 NOVEMBRE 1996

ROBERT FRY ASSASSINE MATTHEW TRECKER ET JOSEPH FLEMING

Robert Fry a été condamné à la peine de mort pour le double assassinat de Matthew Trecker, dix-huit ans, et de Joseph Fleming, vingt-cinq ans, qui ont été poignardés à mort et quasi décapités à Farmington, en 1996. Fry a aussi tué Donald Tsosie, quarante et un ans, à Ganado, en Arizona, et Betty Lee, quarante-quatre ans, en 2000, à Shiprock, dans le même état. Depuis qu'il est dans le couloir de la mort, les autorités le suspectent de plusieurs autres crimes, après la disparition de Pernell Tewagonitewa et de Travis Killen.

Lors d'un entretien, Robert Fry a déclaré : « j'ai le mal en moi. Ce n'est pas que je sois mauvais, c'est juste que je me suis laissé entraîné vers des choses mauvaises. » Depuis qu'il est en prison, Fry donne des cours de Bible à d'autres détenus.

30 NOVEMBRE 2000

EXÉCUTION PAR PENDAISON DU SERIAL KILLER JAPONAIS KIYOTAKA KATSUTA

Né le 29 août 1948, Kiyotaka Katsuta est un cambrioleur et tueur en série, responsable d'un nombre indéterminé de meurtres qu'il commet avec une arme à feu ou par strangulation. Condamné pour huit meurtres, les autorités suspectent cet ancien pompier d'avoir tué vingt-deux personnes. Il en a violé certaines. Katsuta est exécuté par pendaison le 30 novembre 2000.

Décembre

1 DÉCEMBRE 2012

SUICIDE DU SERIAL KILLER ISRAEL KEYES

Israel Keyes, trente-quatre ans, qui a avoué huit meurtres avant de se suicider en prison à Anchorage dans la nuit du 1er au 2 décembre 2012, était très bien organisé, d'après les témoignages d'agents du FBI qui l'ont interrogé. Il a commis son premier assassinat en 2001, la victime et le lieu sont toujours inconnus à ce jour.

Entre 2004 et 2012, Keyes a voyagé à trente-cinq reprises aux États-Unis, au Mexique et au Canada pour préparer ses crimes. Il repérait ses victimes dans des lieux isolés : campings, parcs, cimetières et ports de loisirs. Il finançait ses campagnes meurtrières grâce à des braquages de banques. Keyes tuait parce qu'il « aimait ça ». Il a avoué ne jamais avoir agi sur une pulsion et tout à fait capable de se contrôler. Lorsqu'il partait en voyage, c'était pour tuer quelqu'un. Le tueur en série avait installé des caches d'armes, de munitions, d'argent et de matériel destiné à se débarrasser de corps un peu partout aux États-Unis. Sur ses indications, le FBI a découvert deux de ses cachettes, au nord d'Anchorage (Alaska) et à Blake Falls Reservoir dans l'État de New York.

« Ce n'est pas une lettre de suicide mais une ode au meurtre. » Voilà comment un profiler du FBI qualifie les quatre pages retrouvées sous le corps du serial killer Israel Keyes lorsqu'il s'est tailladé les veines et pendu avec ses draps dans sa cellule d'Anchorage, en Alaska. Les notes de Keyes ne contiennent pas de code ou de messages cachés d'après les analystes du FBI. Ses écrits n'apportent pas non plus d'éclairage sur le nombre total de ses victimes. En voici quelques extraits : « famille et amis vont laisser couler quelques larmes, prétendre que le Paradis vous ouvre les bras. Mais la réalité fait que vous n'êtes que viande et ossements, et avec votre cerveau, l'âme périt également. »

« Consommez ce dont vous n'avez pas besoin, des stars vous idolâtrez, poursuivez ce que vous admettez n'être qu'un rêve, et Américains, vous crevez. »

« Okay, qu'on en finisse avec ces parlottes, les mots sont mous et faibles, passez à l'action, sinon c'est la médiocrité qui vous attend. Regardez-moi quand je me mets au boulot maintenant, sentez le choc électrifiant quand je vous touche, ouvre-toi ma fleur tremblante, ou je vais écrabouiller tes pétales. »

L'enquête du FBI continue pour retrouver d'autres victimes d'Israel Keyes.

POUR EN SAVOIR PLUS :

Un reportage d'ABC News sur Israel Keyes :

- http ://abcnews.go.com/Nightline/video/confessions-serial-killer-17899958

2 DÉCEMBRE 2007

UN INFIRMIER TCHÈQUE ACCUSÉ DE SEPT MEURTRES ET DE DIX TENTATIVES DE MEURTRE

Petr Zelenka, trente et un ans, est un infirmier tchèque accusé de sept assassinats et de dix tentatives de meurtre de patients à l'hôpital de Havlickuv Brod. Il a tué ses victimes, des sexagénaires et des septuagénaires, entre mai et septembre 2006, alors qu'il travaillait au service d'anesthésie et de réanimation de l'hôpital. Il a reconnu leur avoir injecté des doses massives d'héparine, un anticoagulant qui provoque des hémorragies : « je le faisais pour que quelque chose se passe, pour qu'il y ait une pagaille autour de ces gens-là », a écrit Petr Zelenka pendant sa détention. Après l'arrestation de Zelenka, la presse locale a émis l'hypothèse qu'il ait pu s'inspirer du roman *Anges et Démons* de l'écrivain américain Dan Brown, qui évoque l'usage mortel de cet anticoagulant.

3 DÉCEMBRE 1995

DÉCOUVERTE DU CADAVRE DE WILLIAM PETTIT, UNE VICTIME DU « BOXCAR KILLER »

Surnommé « The Boxcar Serial Killer », à cause de son habitude de voyager à bord de train de marchandises, Robert Silveria Jr est un SDF drogué qui appartient à une mystérieuse organisation criminelle, « The Freight Train Riders of American ». Silveria avoue le meurtre de William Pettit, trente-neuf ans, un ancien du Viêt-Nam dans un camp de vagabonds proche d'Albany, en Californie, mais il est suspecté de plusieurs dizaines d'autres crimes.

4 DÉCEMBRE 1960

NAISSANCE D'ADOLPH JAMES RODE

Le 24 décembre 2009, James Rode, un condamné à mort assassin de quatre femmes dans les années 1990 est décédé de mort naturelle à l'infirmerie du pénitencier d'État de l'Oregon. Né en Floride sous le nom de James Rode, il adopte l'identité de Cesar Barone par fascination pour les gangsters de la mafia italienne.

Né en 1960, Rode a vingt et un ans lorsqu'il est condamné pour cambriolage. Dans la prison de Starke, en Floride, il se lie d'amitié avec Ted Bundy qui attend son exécution. Ce dernier lui donne un journal de Seattle qui contient des annonces de rencontres pour trouver des femmes, proies de choix pour ce violeur et tueur en série. Sous l'identité de Cesar Barone, il se rend en Oregon avec sa jeune épouse pour donner libre cours à ses instincts meurtriers. En 1995, il est condamné à mort pour les assassinats de Martha Bryant, Margaret Schmidt, Chantee Woodman, Alice Stock et Betty Williams.

5 DÉCEMBRE 1999

LE TUEUR EN SÉRIE ÉCOSSAIS WILLIAM BEGGS ASSASSINE BARRY WALLACE

Le tueur le plus connu d'Écosse coûte une véritable fortune aux contribuables du pays depuis sa condamnation. La somme officielle n'est pas connue car le ministère refuse de la divulguer, mais les journalistes estiment qu'elle se monte à « quatre zéros » au minimum, en £ sterling. Né en 1961, William Beggs dépose sans cesse des demandes de libération et des plaintes sur ses conditions d'incarcération.

Le 5 décembre 1999, William Beggs assassine Barry Wallace après l'avoir menotté et torturé dans son appartement de Kilmarnoch. Le lendemain, des plongeurs de la police qui s'entraînent dans le Loch Lomond, au nord de Glasgow, trouvent par hasard des membres humains. Le 15 décembre, une femme qui promène son chien sur la plage de Barassie découvre une tête décapitée. Six jours plus tard, la police annonce que Beggs est le tueur après avoir identifié vingt minuscules taches de sang comme appartenant à la victime dans l'appartement de Beggs que celui-ci a pourtant soigneusement lessivé et redécoré. Entre-temps, celui-ci s'est réfugié aux Pays-Bas où il est arrêté le 28 décembre de la même année. Au bout de deux ans de procédures, William Beggs est extradé en Écosse le 9 janvier 2001, avant d'être condamné le 12 octobre suivant. En 1989, Beggs a déjà été inculpé pour un meurtre accompagné de mutilation, mais la procédure a dû être annulée faute de preuves, car il affirme que la victime, Barry Oldham, vingt-huit ans, l'a agressée et qu'il l'a tuée en légitime défense. Oldham est égorgé et Beggs a tenté en vain de le démembrer. Deux ans plus tard, il est condamné à six ans de prison pour une agression au rasoir sur un autre homme qui prévient les enquêteurs que Beggs va récidiver une fois relâché. Encore une fois, la justice reste sourde aux avertissements sur la dangerosité de Beggs qui est libéré en 1994. En 2001, celui qui a été surnommé « The Limbs in the Loch » (« les membres dans le Loch »), à cause des mutilations qu'il a fait subir au jeune Barry Wallace, dix-huit ans, est condamné à purger une peine incompressible de vingt ans d'emprisonnement.

Beggs exige des autorités pénitentiaires de la prison de Peterhead qu'ils arrêtent de le priver de ses droits en réclamant un accès privatif à un ordinateur. D'après lui, il s'agit d'une atteinte aux Droits de l'Homme d'après la législation européenne. Pour mieux préparer sa procédure d'appel, il demande à être en contact permanent avec ses avocats et il refuse aux autorités le droit de lire son courrier. Précédemment, Beggs est déjà entré en conflit avec l'administration au sujet de l'envoi de magazines X gays qu'un ami lui adresse. Tous les policiers, psychologues ou magistrats qui ont été confrontés à la personnalité de William Beggs sont persuadés qu'il a tué d'autres victimes.

6 DÉCEMBRE 1957

NAISSANCE DE DANA SUE GRAY

Lorsque sa mère apprend qu'elle souffre d'un cancer du sein, Dana Sue Gray a quatorze ans et elle se promet qu'elle deviendra infirmière pour soigner les malades. Elle réalise son rêve en 1981, mais sa vie personnelle tourne au cauchemar : avortement, ruptures, divorces, problèmes de drogue et dettes récurrentes.

En 1994, Gray tue trois personnes âgées dans la région de Temecula, en Californie. Une quatrième victime survit et permet l'identification de la tueuse en série qui est condamnée à perpétuité, le 16 octobre 1998.

7 DÉCEMBRE 1938

EXÉCUTION D'ANNA MARIE HAHN

Née en 1906 en Bavière, Anna Hahn est la plus jeune d'une fratrie de douze enfants. Adolescente, elle donne naissance à Oskar, un fils illégitime. Scandalisés, ses parents l'envoient à Cincinnati en 1929, où réside une forte communauté germanique. Elle épouse Philip Hahn en 1930. À partir de 1933, elle débute sa carrière criminelle en empoisonnant Ernst Kohler. Anna Hahn tue pour hériter de ses victimes, hommes et femmes, qui sont en règle générale des personnes âgées, afin de subvenir à sa passion du jeu.

En novembre 1937, Anna Hahn est condamnée à la peine de mort pour cinq assassinats. Elle est exécutée sur la chaise électrique de l'État de l'Ohio le 7 décembre 1938. Jusqu'au bout, elle clame son innocence, mais peu de temps après son décès, les enquêteurs découvrent une confession de vingt pages, écrite de sa main.

8 DÉCEMBRE 2004

UN ROUTARD DU CRIME ALLEMAND, PÉDOPHILE, FAIT APPEL DE SA CONDAMNATION À PERPÉTUITÉ

Entre le viol et le meurtre de Levke Strassheim et l'arrestation de son meurtrier, trente et une semaines se sont écoulées. La fillette était âgée de huit ans au moment de sa mort, Marc Hoffmann, père de deux petites filles, avait trente et un ans lors de sa mise en examen. Felix Wille, disparu le 30 octobre 2004 et dont le corps a été retrouvé le 7 janvier 2005 sur les indications de son assassin, avait également huit ans. Le 23 août, la police allemande a pensé avoir trouvé le cadavre, presque réduit à l'état de squelette, de la petite Levke qui avait disparu le 6 mai alors qu'elle rentrait de l'école, à Cuxhaven près de la mer du Nord. Ses restes ont été retrouvés par un cueilleur de champignons près d'Attendorn, dans une forêt du Sauerland, près de Cologne et à plus de quatre cent kilomètres de Cuxhaven. Les animaux avaient éparpillé les ossements.

Avant même d'avoir la confirmation de l'identité de la victime, grâce aux analyses ADN, les enquêteurs étaient à peu près convaincus qu'il s'agissait de la dépouille de la fillette : la découverte de vêtements, des affaires de sport et d'école sur un parking situé à vingt kilomètres de son domicile le lendemain de sa disparition, d'une part, et la découverte d'un sous-vêtement et d'un pantalon correspondant à ceux qu'elle portait le jour de sa disparition et sur lesquels on a récupéré des cheveux blonds, d'autre part, en témoignaient de façon quasi certaine. Dans cette affaire qui remontait à près de quatre mois, la police avait reçu l'aide massive de la population : plus de deux mille témoignages. Certaines personnes avaient remarqué une voiture immatriculée dans le nord de l'Allemagne près du lieu où le corps a été retrouvé.

Dix jours après la découverte, les analyses ADN ont confirmé son identité. Levke n'a pas été violée ni tuée à l'endroit où on l'a découverte. La police, qui a mis soixante-dix hommes sur l'affaire, a collecté des branches d'arbres sur une superficie de cent mètres, à l'endroit de la découverte du cadavre, dans l'espoir d'y retrouver des fibres ou des cheveux ayant appartenu à l'assassin. Mais les résultats de ces analyses ne seront pas connus avant plusieurs mois. Grâce à la diffusion d'un portrait-robot le 24 novembre, MarcHoffmann est arrêté le 8 décembre. Il avait des antécédents judiciaires : en 1994, il avait été condamné à deux ans de réclusion avec sursis pour tentative de viol sur une auto-stoppeuse. En 2000, il avait récidivé – en tentant de violer une handicapée mentale de dix-sept ans qu'il avait forcée à monter dans sa voiture et qu'il avait ligotée – mais il avait bénéficié d'un non-lieu.

Ce chauffagiste au chômage vivait seul avec sa fille aînée, âgée de dix ans, sa benjamine (deux ans) vivant avec son ex-femme qui l'avait quitté en raison de sa fréquentation assidue de sites pornographiques sur Internet et de prostituées. Hoffmann est passé aux aveux. La victime et lui ne se connaissaient pas. Levke se rendait à l'école lorsqu'il l'a abordée et contrainte à monter dans sa voiture. Il a été mis en examen pour viol aggravé et meurtre. Hoffmann a également avoué avoir tué Felix Wille, qui avait disparu le 30 octobre entre son domicile, à Neu Ebersdorf, et celui d'un ami à Hipsted chez qui il était parti jouer. Les recherches intensives de la police et de nombreux appels à témoins n'avaient pas permis de retrouver l'enfant. Son corps a finalement été découvert le 7 janvier 2005 sous un pont surplombant la rivière Geeste à Schiffdorf (région de Bremerhaven), à une vingtaine de kilomètres de l'endroit où il avait disparu. Il était enveloppé dans des couvertures, et avait été placé dans un sac-poubelle lesté de pierres ; il gisait à quatre mètres de profondeur dans la rivière. Hoffmann a raconté à son avocat qu'il avait « fait couler » le petit garçon, qui est vraisemblablement mort étouffé.

La police a craint que l'homme ait commis d'autres meurtres; elle a donc choisi – fait rare en Allemagne – de rendre publique son identité. « Nous avons un besoin urgent d'informations sur les différentes résidences de Marc Hoffmann depuis qu'il a obtenu son permis de conduire, à l'âge de dix-huit ans », a expliqué le responsable de l'enquête sur Levke. « Avec deux enfants en six mois, notre travail a pris une nouvelle dimension. Nous allons y inclure désormais des cas de disparition et de meurtres de petits garçons ».

De meurtrier pédophile d'une fillette, Hoffmann était devenu un « routard du crime » potentiel attiré par les enfants des deux sexes. En décembre, il s'est confié – ou vanté ? – auprès d'un codétenu auquel il a raconté qu'il avait tué six autres personnes un peu partout en Allemagne, à savoir deux enfants, deux jeunes auto-stoppeuses et deux femmes âgées (dont une retraitée de quatre-vingt-six ans, disparue en 1994 et qui habitait le village voisin de celui où vivait alors Hoffmann). Les enquêteurs ont pris ces « confidences » très au sérieux, ils se sont attachés à retracer de très près son parcours dans tout le pays depuis 1992, date de l'obtention de son permis de conduire; ils se sont même demandé s'il n'était pas le pédophile connu sous le surnom de « l'homme au masque noir ». Mais aucun des autres meurtres présumés n'a pu être prouvé.

Le procès de celui que la presse surnommait parfois « Le monstre de Bremerhaven » s'est ouvert le 9 mai 2005 dans la ville de Stade, en Basse-Saxe; il devait répondre des meurtres de Levke et de Felix. Une expertise psychiatrique l'avait reconnu totalement responsable de ses actes. Le 29 juin, Marc Hoffmann a été condamné à la réclusion à perpétuité, sans possibilité de libération conditionnelle, en raison de la gravité des faits qui lui étaient reprochés. Il a été conduit à la maison d'arrêt de haute sécurité d'Oldenburg. Dans les jours qui ont suivi la condamnation, les deux avocats de la défense ont annoncé que l'accusé voulait se pourvoir en appel. Cette demande devait toutefois d'abord être justifiée puis transmise à la Cour fédérale de Justice.

9 DÉCEMBRE 2007

ARRESTATION DE ROBERT PICKTON

Robert William Pickton est le tueur en série le plus connu du Canada et celui qui a fait le plus de victimes. Ce criminel de Colombie-Britannique a été reconnu coupable, le 9 décembre 2007, d'avoir enlevé, tué et démembré le corps de six travailleuses du sexe qui opéraient dans le « Downtown Eastside », un quartier pauvre de Vancouver. Cet éleveur de porcs de Port Coquitlam a été condamné à un emprisonnement de vingt-cinq années en décembre 2007.

Le tueur en série a été arrêté en 2002. Il avoue alors à un faux codétenu être responsable de quarante-neuf meurtres. Il espérait atteindre le seuil de cinquante assassinats. Il attirait ses victimes sur son exploitation agricole en banlieue de Vancouver. Lors de la fouille du terrain où vivait Pickton, à Port Coquitlam, à une cinquantaine de kilomètres de Vancouver, la police a trouvé dans un congélateur deux seaux en plastique contenant deux têtes de femmes. « Dans les deux cas, la tête avait été coupée en deux verticalement », a précisé le Procureur. Et il a placé les mains coupées des deux femmes à l'intérieur de leurs crânes évidées. Dans les seaux se trouvaient également les mains des jeunes femmes et une partie de leurs pieds. « L'ADN, les empreintes digitales et la dentition ont montré qu'il s'agissait de deux des victimes, Sereena Abotsway et Andrea Joesbury », a ajouté le procureur. Il a également indiqué que leurs crânes portaient la marque d'une blessure par balle.

La plupart des éléments de preuve ont été retrouvés dans le mobile-home de Pickton, dans l'abattoir ou dans l'atelier de mécanique qui se trouvaient sur son terrain. La police a également creusé la terre sur une profondeur de plusieurs mètres et retrouvé des ossements humains et animaux ainsi que des dents, selon le procureur. Dans une pièce de sa maison, la police a trouvé un pistolet de calibre 22 auquel était attaché un godemiché. Sur ces deux objets des traces ADN ont été retrouvées, appartenant à une des victimes, Mona Wilson, et à Pickton. Des traces de sang de Mona Wilson ont également été retrouvées sur un matelas.

POUR EN SAVOIR PLUS :

The Pig Farm, un documentaire sur Robert Pickton :

- http ://www.youtube.com/watch?v=L3HfVIurJA8

Robert Pickton filmé en caméra cachée dans sa cellule, avouant les meurtres à un faux détenu :

- http ://www.youtube.com/watch?v=y3gPa-wx43c

10 DÉCEMBRE 2007

PREMIÈRE CONDAMNATION POUR TIMOTHY KRAJCIR

Né en 1944, Timothy Wayne Krajcir a été condamné à treize peines de réclusion à perpétuité pour l'assassinat de cinq femmes dans le Missouri et de quatre autres en Pennsylvanie et dans l'Illinois entre 1977 et 1982, ainsi que de nombreuses tentatives de meurtres et de viols sur d'autres femmes.

Après son engagement dans la Navy en 1962, il est renvoyé au bout de quatorze mois à cause d'un viol. À partir de 1963, il passe l'essentiel de son existence derrière les barreaux pour de nombreux crimes sexuels. L'enquête sur les meurtres de Krajcir est difficile, car il varie ses modes opératoires. Certaines victimes sont attachées sur leur lit, d'autres non, plusieurs sont emmenées dans un autre état. Il étrangle, poignarde ou tue avec une arme à feu.

POUR EN SAVOIR PLUS :

Un épisode de la série *Very Bad Men* :

- http ://www.youtube.com/watch ?v=Tc5LBIVCGwE

11 DÉCEMBRE 2000

LE TUEUR EN SÉRIE ROBERT DURST SE MARIE POUR LA SECONDE FOIS

Robert Durst est le riche héritier d'un vaste empire immobilier à New York. Il a tout pour être heureux, mais la mort semble s'attacher à ses pas. Sa première épouse Kathie disparaît sans laisser de traces. Sa meilleure amie, Susan Berman, est abattue à Los Angeles. Une autre connaissance, un mystérieux SDF, Morris Black, est démembré, et ses restes sont découverts flottant dans la baie de Galveston, au Texas. Durst est arrêté en Pennsylvanie quelques semaines plus tard.

Les enquêteurs découvriront petit à petit les terribles secrets de ce criminel millionnaire qui adorait se travestir et apparaître en tant que femme.

12 DÉCEMBRE 1931

NAISSANCE DE GILBERT PAUL JORDAN

Né le 12 décembre 1931, Gilbert Paul Jordan a tué au moins dix femmes à Vancouver, en Colombie-Britannique, entre 1965 et 1987. La plupart de ses victimes étaient des autochtones habitant le célèbre « Downton Eastside » de la ville. L'homme les tue avec de l'alcool. Il prend plaisir à payer des tournées à ces femmes et leur proposer de l'argent pour coucher avec lui.

Son mode opératoire est toujours le même. Il invite ses proies dans des hôtels minables ou dans son vieux salon de barbier. Lorsqu'elles perdent connaissance, il enfonce des doses massives d'alcool dans le fond de la gorge, les viole alors qu'elles meurent lentement. À seize ans, Jordan est déjà alcoolique et décrocheur, n'ayant pas obtenu son diplôme d'études secondaires. À vingt ans, il possède déjà un casier judiciaire fourni fait de vols, d'agressions et de possession d'héroïne.

13 DÉCEMBRE 1792

EXÉCUTION DE « SÉVÉ », LE « MONSTRE CANNIBALE DE COMMINGES »

Blaise Ferrage, un maçon vivant du XVIIIe siècle, était surnommé « Sévé ». On lui attribue plus de quatre-vingt victimes aux alentours de 1780, principalement des adolescentes et des femmes isolées qui gardaient les troupeaux le dimanche. Il les enlevait pour les violer et s'adonner à des actes de cannibalisme. Petit, brun, trapu, doté d'un tempérament farouche et vicieux, « Sévé » vivait dans une ancienne grotte d'ours, devenue son repaire. Comme nous l'apprend le journal *La Dépêche du Midi*, « il se nourrissait de bétail, de volaille qu'il volait. Et lorsque ses instincts meurtriers prenaient le dessus, il poursuivait ses victimes sous la menace d'un fusil. Les belles assommées étaient portées sur ses épaules jusque dans la caverne où il abusait d'elles « et d'ordinaire, il coupait les seins et les cuisses, puis, après avoir commis son office, achevait de les mettre en pièces pour en tirer les intestins ainsi que le foie dont il se régalait. »

Arrêté, « Sévé », âgé de vingt-cinq ans, est condamné au supplice de la roue, avant d'être brûlé vif. Le « monstre du Comminges » reste impassible lors de son exécution le 13 décembre 1792. La foule, immense, avait fait le déplacement de tout le département pour assister au châtiment du coupable.

14 DÉCEMBRE 2010

ARRESTATION DE JASON GRIFFITH

À Las Vegas, Jason Griffith invite son ex-petite amie à passer la soirée devant la télé pour regarder la série *Dexter*. Deborah Flores-Narvaez, trente-deux ans, qui est une danseuse sexy du show *Burlesque* de l'hôtel Luxor, accepte l'invitation et en fait part à sa colocataire : elle ne donne plus jamais aucun signe de vie. Son amie prévient la police, qui ne fait rien, jusqu'au coup de fil d'un ami de Jason Griffith qui leur a indiqué où trouver le corps de Deborah. Devant un épisode de la série, les deux amants se disputent, les coups pleuvent et Jason la bat à mort avant de découper son corps à la hache. Il cache ensuite le cadavre dans du ciment frais. Interné en psychiatrie auparavant, Jason Griffith est dépeint comme un « authentique salaud » par ses proches.

15 DÉCEMBRE 1970

JOHN RICE SE REND AUX AUTORITÉS DE NEW CANAAN, CINQ JOURS APRÈS LE MASSACRE DES MEMBRES DE SA FAMILLE, IL AFFIRME ÊTRE AMNÉSIQUE ET NE PAS SE SOUVENIR DE CE QUI S'EST PASSÉ

Le 27 mai 1969, la petite ville tranquille de New Canaan, dans le Connecticut, est horrifiée d'apprendre l'enlèvement et l'assassinat de Mary Mount, dix ans, la fille d'un chercheur d'IBM. Plusieurs individus, y compris des serial killers tels que Charles Piece et Hadden Clark, sont suspectés.

Un an et demi après, le 10 décembre 1970, John Rice, un étudiant et ancien Boy Scout de dix-sept ans, massacre quatre membres de sa famille. Rice devient alors le suspect n° 1 du meurtre de l'écolière. Déclaré irresponsable de la tuerie familiale, il passe cinq années dans l'établissement psychiatrique du Whiting Institute avant d'être libéré.

16 DÉCEMBRE 1978

DÉCOUVERTE DES CORPS D'ALICE HULING ET DE SES TROIS ENFANTS, SUSAN, PATTI ET WAYNE PRÈS DE CLEARWATER.

En 1978, Joseph Donald Joseph Ture Jr., né en 1951, massacre Alice Huling, trente-six ans, ainsi que trois de ses quatre enfants. Le 8 mai 1979, il frappe à mort Marlys Wohlenhaus, dix-huit ans, dans sa maison de Stillwater. En 1980, il kidnappe, viole et assassine Diane Edwards, dix-neuf ans, à St. Paul, dans le Minnesota.

17 DÉCEMBRE 1994

LE « CLEVELAND STRANGLER » DAVID SELEPE EST ABATTU PAR UN POLICIER SUD-AFRICAIN

En septembre 1994, cela fait quatre mois que pour la première fois l'ensemble des Sud-Africains a pu participer à des élections libres, marquant ainsi la fin de l'Apartheid. Plusieurs mois s'écoulent encore avant que la South African Police Force ne devienne officiellement le SAPS, le South African Police Service, pour passer d'un fonctionnement quasi militaire à un service public.

Le 3 septembre, un corps de femme noire est découvert dans des fourrés proches de la gare de Jupiter, près de Heriotdale, à Cleveland, une banlieue industrielle de Johannesburg, essentiellement peuplée de Noirs. Le 7 septembre, un deuxième cadavre est trouvé à proximité de l'une des larges autoroutes multivoies qui sillonnent la métropole, non loin d'Heriotdale. Le même jour, des promeneurs qui fouillent dans une décharge minière tombent sur une troisième victime. Aucune ne possède de papiers d'identité, elles ont toutes été violées et partiellement dénudées, avant d'être étranglées. Malgré de nombreux appels à témoins dans les médias, la police a beaucoup de mal à mettre un nom sur ces femmes. Certains journalistes n'hésitent pas à parler de l'existence d'un serial killer. La direction centrale de la police sud-africaine confie ces trois affaires aux enquêteurs de la Brixton Murder and Robbery Unit. Quelques jours plus tard, ces policiers font le lien avec deux autres cas de femmes victimes de strangulation dont les corps ont été découverts le 16 et le 31 juillet 1994. Celle du 16 juillet est identifiée le 10 novembre suivant comme étant Maria Monamu, une étudiante de Pretoria âgée de dix-neuf ans. À l'intérieur de la cuisse droite, le meurtrier a écrit à l'encre noire : « She a beach » (« C'est une salope », avec une faute d'orthographe, « beach » au lieu de « bitch ») et « I am not fighting with you please » (« Je ne cherche pas à me battre avec vous ») ; sur l'autre cuisse, on peut lire « Nous devons rester ici aussi longtemps que vous ne comprendrez pas ».

Le 12 septembre, une conférence de presse officialise la présence d'un tueur en série à Cleveland.

Une semaine plus tard, un sixième corps est trouvé près d'une autre décharge minière d'Heriotdale. La jupe est remontée sur les hanches, le visage de la victime est couvert avec son pull. Les enquêteurs sont très surpris qu'aucune de ces six femmes n'ait fait l'objet d'un avis de disparition car elles ont toutes été découvertes dans un rayon de cinq kilomètres. Le 21 septembre 1994, une opération de grande envergure est mise sur pied. Un hélicoptère survole Cleveland et Heriotdale, cent cinquante policiers sont mobilisés, ainsi que deux chiens spécialisés dans la recherche de cadavres. Deux nouveaux corps en état de décomposition portent le nombre des victimes à huit, toutes âgées de vingt-trois à trente ans. Près de ces deux derniers cadavres, les forces de l'ordre remarquent de nombreux sous-vêtements féminins. Ces femmes ont été étranglées avec leur ceinture ou leur lingerie.

Ce même jour, l'inconnue découverte le 31 juillet est identifiée comme étant Hermina Papenfus, une infirmière de vingt-cinq ans qui est formellement reconnue par son mari. Le 23 septembre, les policiers intensifient leurs fouilles dans la région de Cleveland. Ils récupèrent une paire de sandales féminines, un chemisier ensanglanté et une pierre tachée de sang. Cette chemise est découverte dans des buissons bordant un sentier qui serpente entre différentes usines de cette zone industrielle sinistre. D'après les premières constatations, elle pourrait appartenir à la cinquième ou à la sixième victime.

La toute première femme à avoir été retrouvée par la police près de la gare de Jupiter, le 3 septembre 1994, est finalement identifiée par son père le 26 septembre. Il s'agit de Ntombi Maria Makhasi, vingt-trois ans, qui vit à Orlando West, à Soweto, un des townships de Johannesburg. Elle faisait des études pour devenir modiste et ses camarades de classe déclarent qu'elle n'est pas venue à l'école le 2 septembre parce qu'elle envisageait de rendre visite à sa mère malade dans le KwaZulu-Natal. Pour se déplacer la jeune étudiante utilise fréquemment les taxis collectifs, tout comme Hermina

Papenfus, la seule autre victime identifiée à ce stade de l'enquête. Ces taxis sont des minibus transformés pour transporter un grand nombre de personnes, principalement la population noire pauvre qui ne peut pas se permettre l'achat d'un véhicule. Souvent en mauvais état, ces taxis provoquent de nombreux accidents de la route en Afrique du Sud, sans compter la rivalité, souvent sanglante, entre les différentes compagnies.

La pression médiatique devient importante et au quartier général de la police sud-africaine, à Pretoria, le Brigadier general Suiker Britz, qui dirige toutes les brigades criminelles du pays, décide de visiter les neuf scènes de crime en compagnie de la célèbre « profiler » Micki Pistorius dont les services sont proposés aux enquêteurs locaux. Cette décision contrarie fortement le commandant du Brixton Murder and Robbery Unit, le colonel Van Dyk Kruger, un policier de l'ancienne école proche de la retraite, qui manifeste ouvertement son mécontentement. Même si les corps ne sont plus en place, Micki Pistorius tient à s'imprégner de l'atmosphère des lieux. Le 28 septembre, elle note avec effarement que les enquêteurs locaux ont parfois fait preuve de négligence. Pour la cinquième victime, découverte le 7 septembre, la jeune psychologue remarque un tampon hygiénique ensanglanté qui n'a pas été prélevé par les techniciens de scène de crime. Cet indice est important car cette femme non identifiée a déjà été enterrée sans que les policiers locaux aient pensé à prélever son ADN. Fort heureusement, le tampon permet de réparer cette bourde. En visitant l'endroit où la septième victime, Daphne Papo, a été assassinée le 9 septembre et trouvée douze jours plus tard, le commandant du commissariat de Brixton explique que, cette fois-ci, il a veillé en personne à ratisser la scène de crime. Mais, encore une fois, Micki Pistorius lui inflige un terrible camouflet lorsqu'en grattant le sol elle met à jour un préservatif usagé qui a peut-être appartenu au meurtrier. À cet instant, Micki se rend compte qu'elle s'est fait un ennemi et qu'elle pourra difficilement compter sur la coopération des autorités policières de Brixton.

Il y a de nombreuses similitudes entre toutes ces affaires : les victimes sont toutes des femmes noires qui ont été violées et étranglées avec leurs propres vêtements ou ceintures, elles ont été retrouvées nues ou partiellement dévêtues, aucune n'est une prostituée et elles avaient toutes une occupation – un emploi ou des études. Sur l'un des corps, l'assassin a placé les bijoux de la victime. Pour le Dr Pistorius, le tueur en série est un individu très arrogant. Le 31 juillet, le corps d'Hermina Papenfus est découvert. Le 3 septembre, Ntombi Makhasi est déposée au même endroit et, le 19 septembre, un troisième cadavre est trouvé sur ce même lieu. Lorsque Micki Pistorius s'en rend compte, il est trop tard pour mettre le lieu sous surveillance policière car les médias ont indiqué qu'un groupe spécial d'enquêteurs a été formé. Du coup, le meurtrier a changé son fusil d'épaule et il choisit un nouveau lieu pour se débarrasser de ses victimes. Cette opportunité de piéger un serial killer a aussi été gâchée aux États-Unis lors des premiers crimes du Green River Killer. Les tueurs en série ont souvent un cimetière privé qu'ils gardent jalousement secret pour pouvoir y retourner à loisir. Cela a été le cas pour des tueurs à tendances nécrophiles tels que Ted Bundy, Gerard Schaefer, Gary Ridgway ou Stewart Wilken.

Dans son profil du tueur, Micki Pistorius dresse le portrait d'un homme de race noire âgé de vingt-cinq à trente ans. Il présente bien, est habillé avec soin, probablement charmant et se déplace au volant d'un véhicule luxueux. Elle estime que le statut social des différentes victimes les a poussées à suivre quelqu'un qui donne l'impression d'avoir réussi dans l'existence. Il est très certainement marié et possède un casier judiciaire marqué par des affaires d'escroquerie ou de vol. C'est un individu qui lit les journaux pour se tenir au courant des développements de son cas. Apparemment, il préfère tuer le vendredi soir, ce qui semble suggérer qu'il travaille pendant le reste de la semaine. Il éprouve bien évidemment de la haine et de la colère vis-à-vis des femmes, étant donné la nature de ses meurtres. Une femme en particulier lui a causé du tort, et c'est peut-être l'élément déclencheur de son passage à l'acte. Il ressent un besoin évident d'extérioriser cette colère, ce qui se manifeste par le message écrit sur les cuisses de sa première victime connue. Pour Micki, il a recours à l'écriture parce qu'il a peut-être des difficultés à s'exprimer par la parole. Elle suggère qu'il pourrait être bègue ou avoir un défaut de prononciation. Mais elle ne se sent pas à l'aise avec ce profil du tueur car ce défaut de parole est en contradiction avec le portrait d'un homme qui charme ses victimes.

Début octobre 1994, les enquêteurs tentent toujours d'identifier six des femmes assassinées. Le 7 octobre, un nouveau corps est découvert près de la gare de Geldenhuis, sur la même ligne que celle de Cleveland, qui est l'arrêt suivant. Peggy Bodile, trente ans, a été violée puis étranglée avec sa petite culotte et le tueur lui a enfoncé des morceaux de vêtements dans la bouche. Trois jours plus tard, des investigations mettent à jour deux autres meurtres dont les cadavres ont été trouvés près de la gare de Geldenhuis, le 6 août et le 3 septembre. Le mode opératoire est similaire.

Le 13 octobre 1994, le commandant du commissariat de Brixton convoque la presse pour une conférence. Il adresse un message au serial killer : « nous sommes à vos trousses. Tôt ou tard, nous allons vous arrêter. Nous savons que vous avez besoin d'aide et des spécialistes sont à nos côtés pour vous écouter. Laissez-nous vous aider avant que les choses n'empirent. Appelez avant qu'il ne soit trop tard. » La police annonce qu'une récompense de trente mille euros est offerte pour tout renseignement qui entraînerait l'arrestation du tueur. Un appel à témoins solennel est lancé pour permettre l'identification des victimes. Pendant cette conférence de presse, Micki Pistorius transmet certains éléments de son profil psychologique : « il a l'impression d'être déjà mort. Il pense probablement à la mort en permanence. Il fantasme sur chacun de ses meurtres et il tente de commettre le crime parfait car il a cette pulsion qui le pousse à tuer, mais il est incapable de la comprendre. Tuer est le seul moyen qu'il a d'exprimer ses sentiments et d'affirmer son identité. Il ne pourra pas s'arrêter de tuer. »

L'appel à témoins porte ses fruits. Quatre jours plus tard, un homme reconnaît sa fille parmi les photos publiées des victimes. Amanda Kefobile Thethe a vingt-six ans lorsqu'elle quitte le domicile de ses parents le matin du 2 août pour enseigner à Soshanguve, près de Pretoria. Son cadavre est découvert le 6 août. Dans une interview publiée le 20 octobre, la tante d'Amanda raconte les difficultés rencontrées par sa famille pour signaler aux autorités la disparition de la jeune femme. Le 9 août, ils se sont rendus au commissariat de John Vorster Plain, à Johannesburg, où on leur signifie qu'il est impossible de déposer une plainte par manque de formulaires papiers. Les agents les adressent au commissariat de Krugersdrop où ils remplissent les papiers nécessaires. Une semaine plus tard, lorsqu'ils viennent s'enquérir des progrès de l'enquête, les policiers leur apprennent que le dossier a été égaré.

Malesu Betty Phalahadi, vingt-cinq ans, est également reconnue par ses parents. Elle disparaît le 2 août, le même jour que Ntombi Makhasi. Les deux femmes sont découvertes le lendemain, toutes les deux près d'une gare, Jupiter pour l'une et Geldenhuis pour l'autre. Jusqu'à présent, toutes les victimes ont été déposées dans des endroits très proches les uns des autres, mais les enquêteurs se posent des questions sur d'autres affaires. Le 19 août et le 7 octobre, le gardien d'un troupeau situé à l'ouest de Pretoria trouve deux femmes partiellement dévêtues et non identifiées qui ont été étranglées à l'aide de leur bas. Certaines des femmes tuées à Cleveland étaient originaires de Pretoria ou y habitaient. La capitale de l'Afrique du Sud se situe à une soixantaine de kilomètres de Johannesburg et de sa banlieue industrielle de Cleveland. Ce qui renforce encore l'hypothèse avancée par Micki Pistorius d'un tueur en série motorisé.

Douze jours après la publication par les journaux des portraits des femmes non identifiées, deux nouvelles victimes sont reconnues par leurs proches. Dikeledi Daphney Papo, vingt-huit ans, sans emploi au moment de sa disparition, avait été découverte le 21 septembre à Heriotdale. Dorah Mokoena, vingt-cinq ans, était employée d'un péage autoroutier près de Pretoria lorsqu'elle disparaît le 9 septembre au matin. Son cadavre est localisé le 21 septembre à Heriotdale.

Plusieurs proches de victimes reçoivent des appels anonymes étranges. Par exemple, trois jours après la disparition de Dorah Mokoena, un homme téléphone à son patron pour annoncer qu'elle a été victime d'un accident et ne pourra pas reprendre le travail.

Il lui demande de verser son complément de salaire sur son compte, prétextant qu'elle est hospitalisée et qu'elle a un besoin urgent de cet argent. Quand l'employeur s'enquiert de l'identité de cet interlocuteur, l'inconnu reste silencieux un long moment avant d'indiquer qu'il s'appelle Martin. Dans le cas de Joyce Mashabela, trente-deux ans, qui disparaît le 9 août lorsqu'elle prend un taxi pour rencontrer sa sœur et dont le cadavre est trouvé le 19 août, un certain « Moses Sima » téléphone à son patron pour signaler qu'il a ramassé les papiers d'identité de la jeune femme dans un champ en se rendant à pied à son travail. Il laisse un téléphone et une adresse. Des membres de la famille de Joyce récupèrent les papiers et « Moses Sima » leur répète son récit. Si son rôle s'est limité à la découverte des documents, comment a-t-il pu connaître l'identité et les coordonnées téléphoniques de la disparue ?

L'identification de Refilwe Mokale le 2 novembre représente un moment important de l'enquête. La jeune femme de vingt-quatre ans, qui mène des études pour devenir dessinatrice de mode à Pretoria, disparaît le 5 septembre avant d'être retrouvée morte deux jours plus tard à Heriotdale. Le jour qui précède sa disparition, des témoins l'aperçoivent en train de discuter avec un homme qui lui propose de vendre des téléphones cellulaires. Apparemment, ils conviennent tous les deux d'un rendez-vous pour le lendemain. Mais personne ne la revoit vivante après cette date. Plusieurs autres témoignages de femmes qui se sont vues offrir un emploi par cet homme permettent aux policiers d'établir un portrait-robot. L'inconnu âgé de vingt-cinq à trente ans présente bien et parle couramment le zoulou. Les médias publient son portrait-robot le 10 novembre.

Une semaine plus tard, les enquêteurs parviennent à identifier ce suspect. David Abraham Selepe, trente et un ans, habite une maison à Boksburg, dans la banlieue de Johannesburg, qui se situe à environ vingt kilomètres de Cleveland. Il possède un institut privé d'enseignement de l'informatique qui comprend presque exclusivement de jeunes étudiantes, le Vision English Girls College, pour lequel il loue des bureaux à Pretoria. Un lien est ainsi effectué entre les deux villes. Comme Micki Pistorius l'a prédit, Selepe conduit une Mercedes-Benz. Mais il a plusieurs mois de retard dans le remboursement de son crédit automobile qui est enregistré au nom d'une femme. Il doit aussi de l'argent pour le loyer et l'électricité de son établissement et ses quatre employés n'ont pas touché leur dernier salaire. Selon ses dires, David Selepe est parti à l'étranger pour trouver de l'argent à investir dans son entreprise. Il est marié mais vit séparé de son épouse qui ne le voit que très rarement. De nombreux témoins le décrivent comme un homme à femmes, toujours habillé de vêtements coûteux, et il a plusieurs amis proches qui possèdent des taxis. Une femme qui l'identifie après la publication de son portrait-robot affirme à la police qu'il lui a proposé du travail. Quand elle l'a rencontré, Selepe aurait tenté de la violer.

Fin novembre, les policiers sud-africains n'ont toujours pas réussi à mettre la main sur le suspect et ils décident d'étendre leurs recherches aux états voisins. La démarche porte ses fruits le 15 décembre 1994 avec l'arrestation de David Selepe à Maputo, la capitale du Mozambique voisin. Il est au volant de sa Mercedes qu'il cherche à revendre pour subvenir à ses besoins de fugitif. Dans le coffre du véhicule, on trouve de nombreuses coupures de presse relatant les meurtres en série de Cleveland, ainsi que des empreintes de pied qui suggèrent qu'une personne a été enfermée à l'intérieur. Le jour même, Selepe est transféré en Afrique du Sud et enfermé dans une cellule du commissariat de Brixton. Le lendemain, le vendredi 16 décembre, est un jour férié en Afrique du Sud, ce qui donne aux policiers tout le temps nécessaire pour interroger le présumé meurtrier durant le week-end qui suit. À un moment donné, il reconnaît avoir tué quinze femmes dans la région de Cleveland – soit quatre de plus que le nombre connu jusqu'alors. Par contre, Selepe refuse de signer une confession écrite de ses meurtres. On ne le questionne pas sur les deux meurtres perpétrés à Pretoria. Dans son aveu oral, il cite le nom de deux hommes « qui pourraient être utiles aux investigations », et il accepte de guider les policiers jusqu'aux différents sites où il a déposé les cadavres.

Le samedi 17 décembre, après avoir guidé les enquêteurs sur trois scènes de crime, Selepe pointe du doigt les quatre nouveaux sites, inconnus des policiers. Le lendemain, pendant que les visites se poursuivent à l'endroit où Amanda Thethe a été retrouvée le 6 août, un désastre se produit.

David Selepe est accompagné par trois inspecteurs, Joseph du Toit, Felix Tiedt et Timothy Mngomozulu. Il est enchaîné aux chevilles et aux poignets, mais le terrain proche de la gare de Geldenhuis est très accidenté, et les policiers craignent que le suspect ne se blesse. Si cela était le cas, ils pourraient être accusés de brutalités policières pour avoir extorqué des aveux par la force. À l'époque, la police sud-africaine sort à peine du régime d'Apartheid où il était coutumier de frapper et de torturer des prisonniers noirs. Pendant de très nombreuses années, il est habituel de photographier en petite tenue, de face et de dos, les suspects qui sont passés aux aveux afin de contrecarrer d'éventuelles accusations de maltraitance lors des procès qui s'ensuivent. On lui retire la chaîne qui entrave ses pieds. Selepe se propose de montrer où il a caché un sac plastique qui contient les sous-vêtements de la victime. Pour y parvenir, les agents lui enlèvent aussi les menottes afin qu'il puisse se glisser sous d'épais buissons épineux. Lorsque Felix Tiedt se penche pour récupérer le sac, il est frappé dans le dos avec une lourde branche d'arbre. Il entend son collègue Timothy Mngomozulu s'exclamer : « stop ! Stop ! » Puis un bref coup de feu claque. Selepe est touché à la tête et il meurt à dix-sept heures lors de son transfert à l'hôpital central de Johannesburg.

Cette mort entache une enquête de longue haleine qui a nécessité plus de trente mille heures de travail et quelque six mille appels téléphoniques, des chiffres cités dans le journal Beeld, et qui a été rondement menée depuis la publication du profil psychologique de Micki Pistorius. Il faut trois mois depuis la découverte des premiers corps pour mettre hors d'état de nuire le serial killer de Cleveland.

Le fiasco engendré par la mort de David Selepe déclenche un déluge de critiques de la part des journalistes concernant l'attitude de la police. Pourquoi a-t-on tué Selepe alors qu'il aurait suffit, par exemple, de le blesser aux jambes ? L'officier de liaison auprès des médias se mélange les pédales en publiant un premier communiqué où il indique que Selepe est menotté lorsqu'on lui tire dessus, puis il se rétracte pour affirmer que le prisonnier ne l'était finalement pas. Autre cafouillage : la veuve de Selepe apprend la nouvelle de son décès par les journaux, car la police a oublié de la prévenir. Le fait qu'il n'y ait pas de confession écrite ajoute encore à la confusion et, à partir de fin décembre, certains quotidiens n'hésitent pas à écrire que la police a peut-être abattu un innocent.

Le 22 décembre, le ministre de la Justice convoque une trentaine de proches de huit des victimes de Cleveland dans un hôtel de Pretoria pour leur annoncer l'ouverture d'une enquête approfondie. Les deux hommes mentionnés par Selepe comme pouvant « être utiles aux investigations » sont interrogés par les enquêteurs. Leur ADN est comparée aux prélèvements effectués sur les différentes scènes de crime, sans le moindre résultat positif. L'un des deux individus est même en prison au moment où les crimes sont commis. Ils sont exonérés de tout soupçon et l'on ignore à ce jour pourquoi David Selepe a cru bon de les impliquer dans l'affaire.

Quelques jours plus tard, la police annonce que du sang appartenant à David Selepe a été retrouvé sur la petite culotte de l'une des victimes et que le coffre de son véhicule contient de l'ADN d'une autre femme assassinée. Le communiqué ajoute que le tueur est lié de manière certaine à quatre autres crimes, sans donner plus de précisions.

Le 19 juin 1995, la commission d'enquête sur les meurtres en série de Cleveland et la mort de David Selepe se réunit sous l'égide du procureur général Adrian Eager. Les policiers chargés d'encadrer le tueur présumé lors des visites sur les différentes scènes de crime ne font l'objet d'aucune poursuite. Le rapport conclut à la culpabilité de Selepe, tout en émettant des doutes sur sa véritable identité. Jugé coupable de fraude le 2 mai 1985, l'escroc aurait été trouvé en possession de papiers d'identité au nom de David Selepe. Finalement, la provenance de ces documents n'a jamais pu être prouvée d'une manière ou d'une autre, et l'individu en question est condamné sous le nom de « David Selepe. » Il obtient légalement cette identité en mai 1992.

18 DÉCEMBRE 2003

CONDAMNATION DE GARY RIDGWAY, LE « GREEN RIVER KILLER »

Gary Ridgway, le « Tueur de la Green River » à Seattle, est un assassin de prostituées, comme l'ont été avant lui, le Français Louis-Joseph Philippe, Jack l'Éventreur, Arthur Shawcross, Charles Albright, Douglas Clark, Richard Cottingham, Kendall François, Volker Eckert, Jack Unterweger, Sean Vincent Gillis, Bobby Joe Long, Steven Pennell, Bruce Mendenhall, Gerald Stano, Robert Lee Yates, Anthony Sowell ou Robert Pickton. Et cette liste est loin d'être exhaustive.

D'après une étude récente du FBI, les prostituées ont dix-huit fois plus de risques d'être victimes d'un homicide que la moyenne des femmes. Plus de 35 % des prostituées victimes d'homicide sont assassinées par des tueurs en série, selon une étude de 2006 qui a examiné les statistiques nationales entre 1982 et 2000.

Cette étude montre que, au total, 2,7 % des femmes victimes d'homicides sont des prostituées. Les proxénètes sont de moins en moins inculpés dans les meurtres de prostituées, en raison de la consommation grandissante de crack qui rend les prostituées plus vulnérables aux disputes avec des clients, avance cette même étude.

Le 5 novembre 2003, Ridgway plaide coupable pour l'assassinat de quarante-huit femmes dans le seul Comté de King. En échange, les autorités judiciaires renoncent à demander la peine de mort. Le 18 décembre 2003, Gary Leon Ridgway est condamné à la prison à perpétuité sans possibilité de libération conditionnelle. Lors des interrogatoires, le « Green River Killer » a avoué avoir assassiné soixante et onze victimes au total. Il affirme ne pas se souvenir de détails personnels concernant les victimes, par contre sa mémoire est intacte quant aux endroits où il a disposé les corps. Il déteste avoir à se débarrasser des cadavres : « c'est un fardeau de trouver un endroit pour les mettre ». Dès qu'il tue à son domicile, Ridgway nettoie très vite les lieux. En moins d'une demi-heure, il a fini sa tâche. Il fait très attention lorsqu'il déplace les cadavres. Il les traîne sur un tapis ou une bâche en plastique. Son pick-up est garé juste devant la porte, il ouvre la portière arrière, charge le corps avant de refermer le hard-top. Les victimes sont dénudées afin d'éviter la découverte de tout indice matériel. « Je n'ai jamais gardé aucun des vêtements. De toute façon, c'était des guenilles. De simples guenilles. » Par contre, il conserve les bijoux : « elles crèvent. Je prends les bijoux. » Au fil des ans, Ridgway dépose une vingtaine de ces bijoux – montres, colliers, boucles d'oreilles – dans les toilettes pour femmes de l'usine Kenworth où il travaille : « j'étais très excité à l'idée que quelqu'un se balade avec l'un de ces bijoux. »

Quand il se débarrasse des corps, Ridgway roule la nuit jusqu'à un endroit isolé où il les jette rapidement. Pour lui, c'est très important qu'on ne découvre pas les corps :

– Ça voulait dire que cette belle personne m'appartenait… que c'était ma possession. Quelqu'un que moi seul connaissait, ça me faisait comme un vide quand elles étaient retrouvées.

– Qu'avez-vous ressenti, Gary, dans les années 1980, lorsqu'on a trouvé les corps ?

– Cela me donnait l'impression qu'on me volait quelque chose qui m'appartenait. Après la découverte des deux premiers corps, j'ai mis les suivants au fond de la Green River, avec des grosses pierres par dessus. Et celles-là, je ne voulais pas qu'elles s'en aillent comme les autres.

– Vous vous considérez comme un serial killer ?

– Euh… oui.

– Et si on devait vous donner une note de un à cinq, cinq correspondant au pire des assassins, combien vous vous donneriez ?

– Je dirais un trois.

– Un trois ?

– Oui. D'accord, je les ai tuées… Par contre, je ne les ai pas torturées. Et elles sont parties vite…

Gary Ridgway n'est pas inhibé par des questions morales. Lors des interrogatoires, il n'exprime jamais le moindre remords. Il tue parce qu'il le veut. Parce qu'il le peut. Et parce que cela lui fait plaisir.

19 DÉCEMBRE 2011

DÉCOUVERTE DES CORPS DE DEMESHA HUNT ET DE SA COUSINE RESHINA LANDERS À DETROIT

À Detroit, un serial killer traque des prostituées sur Internet. Les corps de quatre jeunes femmes, dont trois proposaient des services sur le site Internet Backpage.com, ont été retrouvés en quelques jours à Detroit, où la police se demande si elle n'a pas affaire à un tueur en série. « Ce lien (entre trois des victimes) est très troublant », a déclaré à l'AFP le chef de la police de Detroit Ralph Godbee. « Nous ne sommes pas loin de penser que nous pouvons avoir affaire à un meurtrier en série », a-t-il ajouté.

Les cadavres des deux premières victimes, Demesha Hunt, vingt-quatre ans, et de sa cousine Renisha Landers, vingt-trois ans, ont été découverts le 19 décembre dans le coffre d'une voiture garée sur le parking d'un immeuble vide. « Il n'y avait aucun signe extérieur de blessure sur les corps et aujourd'hui, nous ne savons pas quelle est la cause de la mort », a précisé M. Godbee.

Les pompiers ont découvert les corps des deux autres victimes, âgées de vingt-huit et vingt-neuf ans, dans le coffre d'une voiture incendiée. Le site Internet de petites annonces sur lequel trois des victimes offraient leurs services collabore avec les enquêteurs.

Une semaine plus tard, la police de Detroit annonçait l'arrestation d'un homme noir de vingt-quatre ans, James Brown, un résident du quartier de Sterling Heights.

POUR EN SAVOIR PLUS :

Un article et une vidéo sur le site de *The Huffington Post* :

- http ://www.huffingtonpost.com/2012/11/26/james-brown-escort-murders-detroit-backpage_n_2191792.html

20 DÉCEMBRE 2010

UNE TUEUSE EN SÉRIE PENDUE EN IRAN

Mahin Qadiri, condamnée pour le meurtre de cinq femmes quadragénaires entre février 2008 et mai 2009, a été exécutée par pendaison dans la prison de Qazvin. Après leur avoir fait perdre connaissance, elle les étrangle. D'après l'AFP, l'Iran aurait pendu au moins deux cent soixante-dix personnes en 2009.

21 DÉCEMBRE 1929

EXÉCUTION SUR LA CHAISE ÉLECTRIQUE DU TUEUR EN SÉRIE D'ORIGINE POLONAISE PETER KUDZINOWSKI

Né en 1903, Peter Kudzinowski est un ouvrier des chemins de fer et un mineur qui a assassiné trois enfants dans le New Jersey entre 1924 et 1928. Actif au même moment qu'un autre tueur pédophile, Albert Fish, il fut même suspecté d'un de ses crimes, celui du petit Billy Gaffney qui disparaît en 1927. Kudzinowski est aussi soupçonné d'avoir kidnappé Irving Pickelny à Brooklyn, en février 1927.

Arrêté à Detroit, il avoue ses crimes et est extradé à Jersey City pour y être jugé en novembre 1928. Le 17 novembre, il est condamné à la peine de mort. Kudzinowski est exécuté sur la chaise électrique de la prison de Trenton, dans le New Jersey le 21 décembre 1929.

22 DÉCEMBRE 2010

PERPÉTUITÉ POUR UNE INFIRMIÈRE FINLANDAISE RECONNUE COUPABLE DE CINQ MEURTRES

Aino Nykopp-Koski, une infirmière finlandaise de soixante ans, a été reconnue coupable par un tribunal d'Helsinki d'avoir empoisonné cinq personnes âgées et de cinq autres tentatives de meurtre sur des malades dont elle avait la charge entre 2004 et 2009. Arrêtée en mars 2009, elle a passé des examens psychiatriques qui ont conclu en novembre 2010 qu'elle était saine d'esprit au moment de commettre ces actes, même si elle souffre de troubles de la personnalité. Elle a donc été déclarée responsable de ses gestes. D'après l'AFP, « l'infirmière, qui a plaidé non coupable, a toujours nié avoir voulu tuer qui que ce soit, affirmant que les décès étaient dus à des causes naturelles ou à des surdoses accidentelles ou non intentionnelles, mais quoi qu'il en soit pas de sa main. » Elle a été condamnée à la réclusion criminelle à perpétuité.

23 DÉCEMBRE 2008

PERPÉTUITÉ POUR UN TUEUR EN SÉRIE RECONNU COUPABLE DE TRENTE-SEPT MEURTRES ENTRE 1984 ET 2005

Une cour ukrainienne a condamné à la réclusion à perpétuité Serguey Tkatch accusé d'avoir violé et assassiné trente-sept fillettes et jeunes femmes entre 1984 et 2005 dans les environs de Dnipropetrovsk et de Zaporijia. Il s'est d'ailleurs lui-même dépeint pendant son procès comme « une brute à enfermer dans une cage ». Père de cinq enfants et marié à trois reprises, il a travaillé pour la police en Sibérie, avant de s'installer en Ukraine. « Je demande au tribunal de me condamner à la peine maximale. Les paroles me manquent pour décrire mes crimes, de telles paroles n'ont pas encore été inventées », a ajouté Tkatch, qui a avoué avoir commis une centaine de meurtres et de viols, dont seule une partie a pu être élucidée pour le moment.

24 DÉCEMBRE 1885

EULA PHILLIPS, DIX-SEPT ANS, ET SUSAN HANCOCK SONT LES DEUX DERNIÈRES VICTIMES DU « SERVANT GIRL ANNIHILATOR »

À Austin, Texas, en 1884 et 1885, seize personnes sont tuées à coups de hache par ce mystérieux criminel. En 1885, six femmes, un enfant et un homme sont massacrés à coups de hache pendant leur sommeil. Les victimes sont, pour la plupart, de race noire.
La police étant impuissante à arrêter le criminel, la municipalité décide de recourir à l'agence privée Pinkerton. Rien qu'en 1885, quatre cents hommes sont interpellés et interrogés. La veille de Noël, deux nouvelles servantes, blanches cette fois-ci, sont assassinées, mais les meurtres s'arrêtent brusquement, sans que le coupable ne soit jamais identifié.

25 DÉCEMBRE 1969

DÉCÈS DU PÈRE DE JOHN WAYNE GACY

Lorsque le père de John Wayne Gacy décède, celui-ci n'apprend la nouvelle que deux jours plus tard. Il est alors en prison pour un viol sur un adolescent. Il demande à bénéficier d'une permission de sortie pour assister aux funérailles mais celle-ci lui est refusée. Furieux, Gacy se jure de ne plus jamais retourner derrière les barreaux. À partir de sa libération en 1970, il ne laissera plus de témoins de ses exactions

Dans sa demeure de Chicago, Gacy assassine, viole et torture trente-trois adolescents. Leurs corps sont tous enterrés sous sa maison et dans son jardin. Malgré les odeurs nauséabondes de décomposition, personne parmi ses voisins ne paraît s'en inquiéter durant cinq années (1973-1978). Devenu peintre pendant son emprisonnement, Gacy a été exécuté en 1994.

Depuis son exécution, les autorités du Comté de Cook tentent de découvrir de nouvelles victimes du tueur en série John Wayne Gacy. En novembre 2011, ils ont identifié William George Bundy comme faisant partie des victimes de Gacy. Cet ouvrier dans le bâtiment avait disparu en octobre 1976.

Du sang prélevé sur John Wayne Gacy en 1979, au moment de son arrestation, et en 1994, juste avant son exécution, a permis de dresser un profil génétique qui va être comparé à la base de données CODIS du FBI. Le serial killer a beaucoup voyagé au Canada et dans au moins seize autres états américains que l'Illinois où il a tué ses trente-trois victimes. L'État de l'Illinois, bientôt suivi par d'autres juridictions, compte aussi établir l'ADN d'autres condamnés à mort exécutés avant la création de la banque de données ADN du F.B.I.

POUR EN SAVOIR PLUS :

Un documentaire sur John Wayne Gacy :

- http ://www.youtube.com/watch?v=EzYSeQAva88

26 DÉCEMBRE 1915

DÉJÀ CONDAMNÉE, LINDA BURFIELD HAZZARD EST LIBÉRÉE APRÈS DEUX ANS DE PRISON

En 1911, dans une forêt isolée de l'État de Washington, le Dr. Linda Burfield Hazzard dirige d'une main de fer un sanatorium réservé à de riches patients. Elle prétend guérir un certain nombre de maladies grâce à un régime basé sur une diète totale. En fait, ils sont affamés à tel point que bon nombre d'entre eux décèdent. Et c'est généralement le Dr. Hazzard qui hérite de leurs possessions.

Lorsque les autorités mettent un terme aux activités de ce faux médecin, qui a seulement un diplôme d'ostéopathe, les pensionnaires survivants sont si squelettiques que l'établissement est surnommé « Starvation Heights ». On estime à environ quarante le nombre total de ses victimes.

27 DÉCEMBRE 2011

DÉBUT DU PROCÈS DE DEUX ANCIENS POLICIERS RUSSES AYANT TUÉ VINGT-DEUX AUTOMOBILISTES

Evgenni Fedorov et Dmitri Semine, deux anciens policiers russes devenus chefs d'un gang de « carjackers » de véhicules haut de gamme et un complice ont été condamnés à la prison à vie pour avoir agressé, volé et tué vingt-deux automobilistes de 2000 à 2007 à Moscou et dans sa région. Revêtus d'un uniforme de policier, les membres de cette bande stoppaient des conducteurs d'automobiles haut de gamme pour un contrôle routier, dérobaient leur argent et, la plupart du temps, assassinaient leurs occupants.

28 DÉCEMBRE 1954

NAISSANCE DE DONALD GENE MILLER

Elevé dans une banlieue tranquille d'East Lansing, dans le Michigan, Donald Miller n'a jamais été victime d'abus durant son enfance. En 1976, cet étudiant modèle annonce ses fiançailles avec Martha Sue Young, originaire de la même ville. Mais, à quelques jours du Nouvel An, Martha rompt son engagement. Deux jours plus tard, elle disparaît. Les autorités suspectent Donald Miller, mais ils ne trouvent pas d'éléments concrets pour l'inculper.

Pendant les dix-huit mois qui suivent, trois autres jeunes femmes de Lansing disparaissent également. Deux jours après cet ultime enlèvement, Miller tente d'assassiner Lisa Gilbert, quatorze ans, et son frère Randy. Il est arrêté et condamné pour cette seule double tentative de meurtre à une peine comprise entre trente et cinquante ans de détention. Une fois emprisonné, il avoue les quatre assassinats et il accepte de mener les enquêteurs sur les lieux où il s'est débarrassé des corps. En échange, la justice du Michigan accepte de ne pas le condamner à une peine supplémentaire.

29 DÉCEMBRE 1996

ARRESTATION DE WILLIAM DARRELL LINDSEY

Le 29 novembre 1988, Anita Stevens, une prostituée de vingt-sept ans, est assassinée dans le quartier chaud de Saint-Augustine en Floride, surnommé « Crack Head Corner ». Pendant les six années suivantes, six autres prostituées sont étranglées, abattues et frappées à mort par un serial killer qui abandonne les corps dans des postures obscènes et grotesques. Pendant toute cette période, les policiers examinent des dizaines de suspects, jusqu'au jour de Noël 1996, où un meurtre commis à Asheville, en Caroline du Nord, leur donne l'identité du tueur fantôme, William Darrell Lindsey.

Né en 1935, marié à deux reprises, père d'un enfant de cinq ans, il avoue les sept crimes, mais les enquêteurs estiment le nombre de ses victimes entre douze et vingt. En avril 1999, Lindsey plaide coupable de quatre meurtres, afin d'éviter la peine de mort. Il est ensuite condamné à trente ans de réclusion. Il décède en prison le 17 avril 2001.

30 DÉCEMBRE 1957

EXÉCUTION DU TUEUR EN SÉRIE TCHÈQUE VACLAV MRAZEK

Né le 22 octobre 1925, dans une famille de douze enfants, Mrazek est condamné à la peine de mort pour avoir violé et assassiné sept femmes entre 1951 et 1957. La plupart du temps, il repère ses proies lors de promenades à bicyclette, avant de les tuer avec un morceau de bois ou de leur tirer dessus.

Outre les meurtres, son casier judiciaire comprend cent vingt-sept crimes différents, notamment de nombreux vols et cambriolages. Il est arrêté le 17 mars 1957 lors d'une fouille de sa maison qui permet de retrouver le butin de nombreux vols.

Il est pendu à la prison de Pankrac, à Prague, le 30 décembre 1957.

31 DÉCEMBRE 1960

NAISSANCE DE JOHN ALLEN MUHAMMAD, L'UN DES « SNIPERS DE WASHINGTON »

En octobre et novembre 2002, le « Sniper de Washington » déclenche la plus grande enquête de toute l'histoire criminelle. Même s'il exige le paiement d'une rançon, le tueur est motivé par son désir de puissance et de mégalomanie. Sur les lieux d'un de ses crimes, il dépose une carte de tarot où il a inscrit « Je suis Dieu ». Lors de ses appels, il est furieux qu'on ne le prenne pas au sérieux et il se vante de meurtres commis dans d'autres états, ce qui entraîne son arrestation et celle de son complice mineur, John Lee Malvo. Pendant son incarcération, Muhammad, un Noir qui a tout raté dans l'existence, raconte aux gardiens qu'il a été motivé par sa haine des Blancs et qu'il a volontairement abattu des Noirs pour brouiller les pistes.

John Allen Muhammad a été exécuté le 10 novembre 2009 par injection mortelle en Virginie.

POUR EN SAVOIR PLUS :

Un documentaire sur « Le sniper de Washington » :

- http ://www.youtube.com/watch?v=X-nGytSUm_o

Remerciements

Merci à Isabelle Longuet et au site au-troisieme-œil.com où certains de ces portraits ont été publiés pour la première fois. Ainsi qu'à Simon Riaux.

Les archives des sites suivants ont été consultées :

CBS ; Yonda ; NBC ; Belga ; Novinite ; Libération ; Reuters ; AFP ; La Dépêche du Midi ; Le Monde ; Berliner Morgenpost ; Xinhua ; Ria Novisti ; SAPA ; IOL ; AP ; Courrier International ; Swiss Info.ch ; Tueursenserie.org ; Le Quotidien du Peuple ; 20 Minutes ; Pattaya Daily News ; Murderpedia ; Wikipedia ; Ici Lomé ; Historia ; Aujourd'hui Le Maroc ; PANA ; Paris Match.com ; La Tribune de Genève ; MAP ; Raidio-Canada ; Le Journal de Montréal ; CTV ; LCN ; Canoë ; RDI ; Goregrish ; Actuallite.com ; ABC News ; Metro Montreal ; La Dernière Heure ; Sudpresse ; RTL.fr ; RTL-TVI ; RTL.be ; Corus Nouvelles ; ATK ; La Voix du Nord ; L'Alsace ; L'Est Républicain ; Mobile-Register ; Asie Infos.fr ; TF1.fr ; France-Soir ; Le Parisien ; APA.AZ ; ATS ; 20 MINUTES.ch ; La Provence ; Le Télégramme ; Agence QMI ; Europe 1.

Achevé d'imprimer
PAR CPI FIRMIN DIDOT
en MAI 2013

-

Dépot légal : MARS 2013
Numéro d'édition : 0006
Numéro d'impression : 118394
Imprimé en France

-

ISBN : 979-1-09-144704-1